VON DER ERSTEN ZUR LETZTEN HAND

THEORIE UND PRAXIS DER LITERARISCHEN EDITION

FOLIO VERLAG

BERNHARD FETZ / KLAUS KASTBERGER (Hg.) ÖSTERREICHISCHES LITERATURARCHIV DER ÖSTERREICHISCHEN NATIONALBIBLIOTHEK

INHALT

VORWORT Bernhard Fetz/Klaus Kastberger 6
DER PRÄZISE ABSCHIED VOM DEFINITIVEN Wendelin Schmidt-Dengler 7

PHILIPP HAFNER: KOMMENTIERTE WERKAUSGABE Johann Sonnleitner 11
FERDINAND RAIMUND: EDITION AUS BÜHNENMANUSKRIPTEN Gerhard Renner 16
JOHANN NEPOMUK NESTROY: DIE NEUE HISTORISCH-KRITISCHE AUSGABE Walter Obermaier 23
FRANZ GRILLPARZER: DER NACHLASS UND DIE HISTORISCH-KRITISCHE AUSGABE Hermann Böhm 30
GEORG BÜCHNER: KARL EMIL FRANZOS ALS EDITOR Jan-Christoph Hauschild 36
ADALBERT STIFTER: DIE NEUE HISTORISCH-KRITISCHE AUSGABE Alfred Doppler/Wolfgang Wiesmüller 43
FRANZ MICHAEL FELDER: „AUS MEINEM LEBEN" Jürgen Thaler 50
FRANZ KAFKA: STATIONEN EINES EDITIONSPROZESSES Wilhelm Hemecker 57
GEORG TRAKL: INNSBRUCKER AUSGABE Eberhard Sauermann 62
DAS KARL-KRAUS-ARCHIV Hermann Böhm 69
ÖDÖN VON HORVÁTH: VORAUSSETZUNGEN EINER KRITISCH-GENETISCHEN AUSGABE Klaus Kastberger 75
ROBERT MUSIL: „DER MANN OHNE EIGENSCHAFTEN" Walter Fanta 82
LUDWIG VON FICKER: BRIEFWECHSEL Walter Methlagl/Anton Unterkircher 90
LUDWIG WITTGENSTEIN: TAGEBÜCHER Ilse Somavilla 98
LUDWIG WITTGENSTEIN: GESAMTBRIEFWECHSEL Monika Seekircher 102
GRETE GULBRANSSON: TAGEBÜCHER Ulrike Lang 106
FERDINAND EBNER: DAS TAGEBUCH AUS MÜHLAU Richard Hörmann/Monika Seekircher 112
FRITZ VON HERZMANOVSKY-ORLANDO: ZWEI EDITIONEN Klaralinda Ma-Kircher 115
HEIMITO VON DODERER: HISTORISCH-KRITISCHE EDITION DER „DÄMONEN" Wendelin Schmidt-Dengler/Gerald Sommer 121
INGEBORG BACHMANN: DAS „GIER"-FRAGMENT Robert Pichl 128
CHRISTINE LAVANT: DER GESAMTBRIEFWECHSEL Ursula A. Schneider/Annette Steinsiek 134
ERICH FRIED: HERAUSFORDERUNGEN EINER LESEAUSGABE Volker Kaukoreit 138
ALBERT DRACH: PROJEKT EINER WERKAUSGABE Bernhard Fetz/Eva Schobel 145
REINHARD PRIESSNITZ: WERKAUSGABE Thomas Eder 152
FRIEDERIKE MAYRÖCKER: MODELL EINER GENETISCHEN ANALYSE Klaus Kastberger 158
ERNST JANDL: ÜBERLEGUNGEN ZU EINER WERKGENETISCHEN AUSGABE Bernhard Fetz 164
BEITRÄGER 173

VORWORT

Der vorliegende Band dokumentiert die Leistungen der österreichischen Literaturarchive und der österreichischen Germanistik auf dem Gebiet der Editionstätigkeit. Es entspricht dem gewachsenen Selbstbewußtsein der Archive, daß sie ihre Bestände nicht nur sammeln und formal erschließen, sondern auch zunehmend forschend bearbeiten.

Dabei erhebt der Band keinen Anspruch auf eine Darstellung sämtlicher Editionen zu österreichischen Autoren. Gerne hätten wir Beiträge zur Edition der Tagebücher Arthur Schnitzlers und zur großen Oxforder Wittgenstein-Ausgabe aufgenommen. Daß dazu die Bereitschaft der Herausgeber fehlte, bedauern wir. Doch werden auf den folgenden Seiten die wichtigsten Editionsprojekte zur neueren österreichischen Literatur meist von den Editoren selbst beschrieben. Jedem Beitrag sind Faksimiles und Materialien beigeschlossen, die die jeweils spezifischen Anforderungen an die Editoren anhand signifikanter Beispiele illustrieren.

Jede neue Edition hebt sich kritisch von älteren ab und belegt damit den Fortschritt der editionswissenschaftlichen Diskussion. Dies tut den Leistungen älterer Editoren keinen Abbruch. Die Fülle der dargestellten Editionen, ihre historischen Bedingtheiten und ihre Typenvielfalt – von Lese-, Studien-, historisch-kritischen und genetischen Ausgaben bis zu Faksimile- und CD-Rom-Editionen – machen die Entwicklung der editorischen Praxis und Theorie deutlich. Die Beiträge formulieren Fragestellungen an Editionen, wie sie sich aus ökonomischen, technischen und theoretischen Anforderungen ergeben. Einige Beiträge stellen Vorüberlegungen zu möglichen Ausgaben an, dadurch rücken künftige Aufgaben und Arbeitsfelder der österreichischen Editionswissenschaft ins Blickfeld.

Bernhard Fetz/Klaus Kastberger

Wendelin Schmidt-Dengler

DER PRÄZISE ABSCHIED VOM DEFINITIVEN. ZU THEORIE UND PRAXIS DER EDITION

Wer eine verläßliche Induktionsbasis für die Geschichte der Geisteswissenschaften benötigt, ist mit dem Studium der Editionspraxis gut beraten – von der Antike bis in die Gegenwart. Selbst in Perioden, in denen – wie etwa in unseren Tagen – das Philologische an sich und die Textnähe nicht hoch im Kurse zu stehen scheinen und bei systemtheoretischen Ansätzen die konkreten Probleme der Editoren kaum Beachtung finden, zweifelt niemand so recht an der Notwendigkeit dieser Grundlagenarbeit. Die Befassung mit Ausgaben hat immer Konjunktur, denn Bedarf für sie gibt es weit über die Fachgrenzen hinaus, und nirgends lassen sich die Standards im Umgang mit der literarischen Tradition eines Landes so deutlich und genau bestimmen wie durch das Vorhandensein oder Nichtvorhandensein fachmännisch besorgter Editionen von Werken namhafter Autorinnen und Autoren.

Vorliegender Band soll einen Überblick über rund 200 Jahre editorisches Wirken in Österreich geben, wobei es – mit der markanten Ausnahme Georg Büchner – um österreichische Literatur gehen soll. Es handelt sich aber nicht um einen Rechenschaftsbericht oder um eine Leistungsschau der österreichischen Literaturwissenschaft, auch nicht um eine Gesamtdarstellung der Geschichte der österreichischen Editionswissenschaft, sondern um eine kritische Sichtung des Vorliegenden, um eine Beschreibung des Status quo und um die Präsentation von Projekten, kurzum um eine Erhebung, die die Vielfalt der Aktivitäten in der Vergangenheit, Gegenwart und Zukunft illustrieren soll. Auch wenn jeder einzelne Beitrag einem bestimmten Leitbild verpflichtet ist, so geht es doch nicht um Reklame für ein Unternehmen oder um die Festschreibung einer ein für allemal verbindlichen Methode, sondern allenfalls um eine Begründung, weshalb dieses oder jenes Verfahren gewählt wurde, um eine Diskussion seiner Vorzüge und Nachteile, vor allem aber darum, ein Bewußtsein dafür zu entwickeln, welch radikalen Eingriff das Edieren von Texten allemal bedeutet.

In diesem Rahmen verliert die von der Fachwissenschaft vielfach erhobene Forderung nach historisch-kritischen Ausgaben zwar nicht ihre Verbindlichkeit, doch wird der mit ihr meist verbundene Absolutheitsanspruch fragwürdig. Schon der Gedanke, daß alles, was irgendwie im Kanon der Literaturgeschichten Platz gefunden hat, sich nur in Gestalt einer solchen höchsten Ansprüchen genügenden Edition, die alle Entstehungs- und Überlieferungsvarianten verzeichnet, konsumieren lasse und es außerhalb dieser kein literaturwissenschaftliches Heil gebe, hat – um vom ökonomischen Aspekt zu schweigen – aus der Sicht des Literaturvermittlers, sei er Kritiker, sei er Lehrer, schon etwas Beunruhigendes: Ein komplizierter Apparat würde den „Normalleser", den nahezu jeder Schriftsteller sich eher wünscht als den literaturwissenschaftlich gebildeten, verschrecken. Zudem würde dies einen Arbeitsauftrag an die Philologen bedeuten, der sie alle zur Editorentätigkeit verpflichtet; man würde mit den vorhandenen Literaturwissenschaftlern kaum auskommen, keine Verlage finden, und die Ressourcen der Wissenschaftsförderung wären in kürzester Zeit erschöpft.

Die Entscheidung, ob ein Werk einer solchen historisch-kritischen Ausgabe für würdig befunden wird, fällt in einem Gebiet, das weitab von der Editionswissenschaft liegt, denn dafür sind eine Reihe von Faktoren maßgeblich, deren Zusammenspiel letztlich ein solches Unternehmen als dringlich erscheinen läßt: In erster Linie ist der Wert, der dem Werk zugestanden wird, ausschlaggebend, aber nicht nur; es kommt das öffentliche Interesse hinzu, die Bereitschaft eines Verlages und die Kapazität der Herausgeber, der politische Wille der Instanzen, die für die Kulturpolitik entscheidend sind, und – last but not least – die Förderung durch die zuständigen Stellen oder private Sponsoren.

Zum anderen wird gerade erst durch eine solche Ausgabe im Detail evident, wie komplex ein Werk sein kann und wie wichtig es ist, sich um vieles zu kümmern, was auf den ersten Blick irrelevant zu sein scheint. Im allgemeinen läßt sich sagen, daß die akribische Zuwendung zu Schriften eines Autors oder einer Autorin direkt proportional ihrer Qualität ist, daß das, was die literarische Substanz eines Oeuvres ausmacht, sich an der Intensität der philologischen Auseinandersetzung von Fall zu Fall ermessen läßt, eine Einschätzung, die allerdings durchaus nicht immer mit der öffentlichen Meinung in Einklang sein muß. Die intensive Befassung der Wissenschaft

mit Texten von William Shakespeare, James Joyce, Friedrich Hölderlin, Georg Büchner, Georg Trakl, Franz Kafka, Paul Celan und Ingeborg Bachmann ist Zeugnis für ein sehr spezifisches Interesse, das sich nicht mit einer *déformation professionelle* erklären läßt, auf Grund derer die Befaßten den Blick für das Wesentliche verlieren, sondern mit einem Bewußtsein, das sich um die Organisation sublimer Gebilde müht und auf nichts verzichten möchte, was der Klärung der Rätsel dienen könnte, vor die uns Literatur von Rang allemal stellt.
Allerdings scheint es verfehlt zu sein, sich die Lösung aller Rätsel von der Edition zu erhoffen; auch sie kann nur ein Instrument dafür sein, wenngleich das grundlegende. Gerade die Hinwendung zur genetischen Methode hat im vergangenen Jahrhundert die Diskussion in der hermeneutischen Praxis entschieden belebt, wenngleich die Einsicht, daß die Analyse der Entstehung nicht die des Werkes ersetzen dürfe, weiterhin als Maxime zu gelten hat.
Doch steht die historisch-kritische Ausgabe nicht am Anfang der Editionen; sie ist das höchst elaborierte Ergebnis eines lange währenden Prozesses, der auch durch all das, was bis jetzt als definitiv vorgelegt wurde, nicht als beendet gelten kann. Im Gegenteil, gerade die in jüngster Zeit vorgelegten Beispiele bestätigen eindrucksvoll, daß selbst mit solchen Ausgaben, die mit ihren Ergebnissen den Schlußstein konsequenter Bemühung zu setzen schienen (z. B. im Falle Musil oder Trakl), die Debatte nicht zur Ruhe kommt, sondern sich immer wieder triftige Anlässe ergeben, die Arbeit nicht als getan zu betrachten. Das überlieferte Material der Textzeugen erweist sich als resistent gegen alles, was als endgültig gelten soll; ganz abgesehen davon, daß es nicht selten überraschende Funde gibt, die viele der bisherigen Annahmen widerlegen, bringt das genaue Studium der Handschrift stets aufs neue Einsichten, die jegliche Wiedergabe durch den Druck immer schwieriger und auch fragwürdiger erscheinen lassen.
Die Impulse für Editionen kamen nicht immer von jenen, die in der akademischen Forschung und Lehre tätig waren. Es bedarf offenkundig einer Art Vorzensur durch eine interessierte Öffentlichkeit, ehe dem zu edierenden Text die Dignität wissenschaftlicher Befassung zuerkannt wird. Ohne diese Impulse von jenen, die im engeren Sinne nicht „vom Fache" waren, wäre vieles nicht erhalten oder vieles auch der Aufmerksamkeit der Literaturwissenschaft entgangen. Beispielhaft dafür ist unter den in diesem Band vorliegenden Beispielen das, was Joseph Sonnleithner für Philipp Hafner, Karl Emil Franzos für Büchner, Karl Nepomuk Vogl für Ferdinand Raimund, Vincenz Chiavacci und Ludwig Ganghofer für Johann Nestroy und Friedrich Torberg für Fritz von Herzmanovsky-Orlando taten.
Diese Pioniertaten indes wurden und werden für die Literaturwissenschaft, die ihnen das Objekt ihrer Befassung verdankt, zum Anlaß, sich auf Grund der oft evidenten Mängel über diese zu erheben und sich selbst an die Arbeit zu machen und eine gültige Fassung vorzulegen. Besonders kraß wird dies am Falle der „Woyzeck"-Edition durch Karl Emil Franzos erkennbar: Ohne dessen entscheidende Initiative hätten wir – und diese Vermutung ist nicht abwegig – keine Kenntnis von einem der bedeutendsten Dramen des 19. Jahrhunderts. Daß dieses Stück in der Gestalt, die ihm sein Herausgeber 1878 gab, hingegen vom Original erheblich abwich, ist ebenso zutreffend. Wiederum gibt es zu denken, daß Franzos' Ausgabe bis 1922 die verbindliche Grundlage blieb und sich der Ruf dieses Stückes trotz der zahlreichen Entstellungen durch den ersten Herausgeber durchzusetzen vermochte. Zu denken gibt auch die Tatsache, daß aus dem Material zwar keine definitive Bühnenfassung abgeleitet werden kann, daß aber kaum ein Herausgeber seit Franzos es verabsäumt hat, zumindest einen spielbaren Text vorzulegen, der seiner Auffassung nach den Intentionen Büchners entsprechen sollte.
Auch Torbergs Bearbeitung der Werke Herzmanovsky-Orlandos machte den Autor, der bis dahin ein Geheimtip war, zu einem Begriff, auch wenn seine Eingriffe offensichtlich nicht nur das Limit des Notwendigen sondern auch das des Tolerablen bei weitem überschritten und überdies ein sehr aufschlußreiches Zeugnis für die unkritisch-restaurativen Tendenzen der fünfziger Jahre darstellen. Erst lange nach dieser Ausgabe vermochte Herzmanovsky-Orlandos Werk überhaupt erst die Aufmerksamkeit der Literaturwissenschaft auf sich zu ziehen, so daß eine Edition, die den unveränderten Text mit Kommentar bot, möglich wurde.
Zweifel am Rang österreichischer Autoren scheint ein Leitmotiv der Kritik gewesen zu sein, und die Durchsetzung von Stücken aus dem Bereich der Wiener Volkskomödie als Objekten wissenschaftlicher Befassung ist ein Stück Wirkungsgeschichte, das genauerer Befassung würdig wäre. Selbst Goethes und Eichendorffs positive Urteile über Sonnleithners Hafner-Ausgabe vermochten nichts zu ändern. Der Philologe Erich Schmidt spöttelte darüber, daß man den Bühnenmanuskripten Ferdinand Raimunds erhöhte Aufmerksamkeit zollte und dieser Autor durch eine historisch-kritische Ausgabe gleichsam kanonisiert wurde. Heute scheint uns just das Studium

der höchst verwickelten Überlieferungsgeschichte vordringlich zu sein, weil diese weit über die Textprobleme hinaus über die Aufführungspraxis informiert und überdies zeigt, wie das, was sich wie ein geschlossenes Werkganzes präsentiert, unzähligen Veränderungen unterworfen war.

Auch dem Werk Nestroys wäre ohne den machtvollen Zuspruch von Karl Kraus kaum das nachhaltige Interesse zuteil geworden, das eine historisch-kritische Ausgabe notwendig machte und diese bis in unsere Tage zu einem Unterfangen werden läßt, das in literaturtheoretischer und praktisch-philolologischer Hinsicht zu den fruchtbarsten Anstrengungen zwingt. Das darin angesammelte Material hält nicht nur für die Forschung Anregungen bereit, sondern kann auch den Regisseuren außerordentlich dienlich sein.

Daß das Fernziel einer historisch-kritischen Ausgabe weiterhin erhalten bleiben sollte, steht außer Zweifel, fraglich ist nur, ob sich die Arbeit der Editoren vor allem darauf zu konzentrieren hat und ob es nicht im Sinne der Autorinnen und Autoren, vor allem aber der Leser sein müßte, verläßliche Texte mit Kurzkommentaren, kurzum kritisch erarbeitete Leseausgaben bereitzustellen, die das Publikum früher versorgen, überdies das Werk im Gespräch halten und zudem als eine akzeptable Grundlage auch für Studienzwecke gelten können. Daß solche Unternehmungen nicht problemlos und zudem höchst arbeitsaufwendig sind, geht aus den Beiträgen über die bereits vorliegende Erich-Fried-Ausgabe und das Konzept einer Albert-Drach-Ausgabe hervor. Damit soll nicht ein in seinen Praktiken und Dimensionen sehr fragwürdig gewordener Büchermarkt bedient werden, sondern durch wissenschaftliche Kompetenz der Stimme der Literatur gerade angesichts einer prekären Situation zur Geltung verholfen werden.

Mit gutem Grund hat sich die Editionswissenschaft früh um die Nutzung der elektronischen Datenverarbeitung gekümmert. Viele der Probleme, die sich aus der Überfülle an Material und dessen Verwaltung ergeben, verlieren ihren Schrecken; daß sich eine Unzahl neuer Probleme ergaben, ist nicht weiter verwunderlich, doch konnten in Österreich eine Reihe von CD-ROM-Ausgaben von einer jüngeren Herausgeber-Generation, die mit der raschen Entwicklung auf diesem Sektor auch mithalten kann, gestartet werden. Eine Pionierleistung stellt die Edition des Musil-Nachlasses dar, dessen Aufbereitung auf konventionelle Weise in Buchform zu aufwendig zu werden drohte. In der CD-ROM-Version kann der Benutzer sich schnell orientieren und Gesuchtes rasch finden. Gerade für ein Material, wie es z. B. umfassende Briefwechsel darstellen, empfiehlt sich die Aufbereitung auf CD-ROM, wie anhand der Korrespondenzen von Ludwig Wittgenstein und Christine Lavant dargetan werden kann.

Wenn der Schein nicht trügt, dürfte für die Edition großer epischer Werke die Zukunft bei den CD-ROM-Versionen liegen. Im Falle von Stifters „Witiko“ ist die Überlieferungslage so schwierig, daß ein benutzerfreundlicher Apparat in gedruckter Form unmöglich scheint. Die Edition der handschriftlichen Überlieferung in elektronischer Form im Internet bedient den, der sich auf dieses Gebilde einzulassen bereit ist, bestens. Auch eine zweite Auflage des Musil-Nachlasses mit einem erweiterten Kommentar ist angebracht. In dieselbe Kerbe schlägt auch das Projekt einer Edition des Romans „Die Dämonen“ von Heimito von Doderer. Die Verschiedenartigkeit des zu berücksichtigenden Materials (Handschriften, Typoskripte, Druckfassungen, Tagebuchaufzeichnungen, Skizzen, Briefe) für dieses über 1300 Druckseiten starke Opus läßt sich nur so – im Wortsinne – anschaulich machen, ohne in Buchform als Faksimile vorliegen zu müssen.

Der Erkenntnisgewinn, den Faksimile-Ausgaben ermöglichen, liegt im Falle Büchners, Hölderlins, Trakls und Kafkas auf der Hand; daß diese Ausgaben indes die „normale“ Wiedergabe im Druck je vollständig ersetzen werden, steht wohl kaum zu erwarten: Für die Forschungsarbeit, für die Arbeit mit Studenten im Seminar werden solche Ausgaben bald zu unentbehrlichen Hilfsmitteln werden; besonders für die Ausbildung angehender Literaturwissenschaftler empfiehlt sich der Umgang mit solchen Ausgaben, weil sich sehr schön die Produktion von Texten illustrieren und zum Umgang mit Originalen anregen läßt. Wer mit Faksimiles oder gar mit Originalen gearbeitet hat, dem wird jeder im Druck vorliegende Text in einem positiven Sinne fragwürdig, weniger weil er der Richtigkeit des Abdruckes mißtraut, sondern weil er den Text von seiner Entstehung her begreifen möchte.

Daß es Sinn macht, gerade bei der Literatur aus der jüngsten Vergangenheit sich des Vorgangs der Werkgenese anzunehmen, geht aus den Beiträgen zu Reinhard Prießnitz, Ernst Jandl und Friederike Mayröcker hervor. Nicht mehr das ehrfurchtgebietende Monument einer alles enthaltenden historisch-kritischen Ausgabe macht seine Autorität gegenüber dem Benützer geltend, sondern auch die Einzelausgabe und die Einzelstudie erhalten ihren Wert, so sie an einschlägigen Beispielen wie etwa den Tagebüchern Ludwig Wittgensteins oder Ferdinand Ebners größere Komplexe literatur- und philosophiegeschichtlicher Natur erkennbar machen oder anhand des Bachmann-Fragmentes „Gier“ die Fragen der Rekonstruktion und des Werkzusammenhanges verdeutlichen können.

Der vorliegende Band bietet ein breites Spektrum von Möglichkeiten des Edierens an. Das bedeutet nun keineswegs eine Konzession an die Beliebigkeit eines „anything goes“, sondern verpflichtet vielmehr zur sorgsamen Suche nach den Methoden, die dem jeweiligen Gegenstande adäquat sind. Mit der zunehmenden Präzision in der Darstellung der Textstufen, in der Berücksichtigung vieler marginal scheinender Umstände wird bei den neueren Projekten gewiß eine größere Nähe zu den Originalen erreicht, man betritt das Werk nicht als in sich geschlossenes Ganzes, sondern erfährt es in der Dynamik der Entstehung, der Veränderung oder der Korrektur.
Daß nicht jede Auseinandersetzung mit Handschriften oder Typoskripten teleologisch auf eine historisch-kritische Ausgabe fixiert zu sein braucht, sollte auch als ein Akt der Befreiung verstanden werden, der es erlaubt, am Einzelfall Allgemeines sichtbar zu machen. Verpflichtend bleibt in jedem Falle der Auftrag der rechtzeitigen Sicherung des Materials durch die Archive. Die zahlreichen Fallgeschichten – man denke etwa an die Überlieferungsgeschichte von Franz Michael Felders „Aus meinem Leben“ – bestätigen, wie wichtig die rechtzeitige Intervention von fachlicher Seite ist, um einen Bestand zu sichern, der der folgenden Generation die Basis für ihre Arbeit garantiert.
In diesem Sinne kann der vorliegende Band auch als das Ergebnis der vereinten Bemühung verschiedener österreichischer Literaturarchive und Handschriftensammlungen sowie einiger Lehrender an den Universitäten in Wien, Innsbruck und Klagenfurt verstanden werden. Er soll auch zu einer wirksamen Koordination und zu einem nachhaltigeren Gedankenaustausch stimulieren, nach Möglichkeit die Isolation, die sich aus der notwendigen Konzentration auf die Objekte ergibt, durchbrechen und weitere Projekte anregen, vor allem einer größeren Öffentlichkeit bewußt machen, daß die Arbeit des Edierens eine wichtige und faszinierende Aufgabe darstellt, die den vollen Einsatz und einen hohen Grad an Sachkenntnis und Einfühlungsvermögen erfordert.
Viel wurde getan; noch viel mehr bleibt zu tun. Karl Kraus' Werk stellt eine Herausforderung an die genetische Methode dar, die – aus einsehbaren Gründen allerdings – von der Forschung nicht in dem Maße aufgenommen wurde, der der Bedeutung des Gegenstandes angemessen wäre. Auch wenn eine kritische Edition des Gesamtwerkes kaum realisierbar scheint, so wäre doch eine größere Anzahl von Einzelstudien zur Klärung dieses singulären Arbeitsprozesses angebracht. Doch auch an Leseausgaben wäre zu denken. Im Buchhandel existieren derzeit z. B. keine Gesamtausgaben der Werke Ferdinand Raimunds, Marie von Ebner-Eschenbachs oder Ferdinand von Saars. Eine Revision der Ausgaben Ödön von Horváths scheint mehr als angebracht. Auch ein Volksklassiker wie Peter Rosegger würde es verdienen, wenigstens durch eine größere Auswahlausgabe mit verläßlicher Textgestaltung und Kommentar auf dem Buchmarkt vertreten zu sein. Es kann keinen Markt für Waren geben, wenn es keine Waren für den Markt gibt.
Doch wollen wir nicht in diesem Tone enden. Schon die Einsicht in die Mängel ist der erste Schritt für deren Beseitigung. Es gilt, die Aufmerksamkeit der jüngeren Forschergeneration auf das Edieren zu lenken, wobei ein Erkenntnisgewinn sich auf diesem Terrain zwar keineswegs automatisch, aber mit größerer Sicherheit als in manchem anderen Forschungsgebiet einstellt. Wer sich dem Herausgeben von Texten widmet, entgeht dem Verdacht, dem nur Schöngeistigen zu huldigen, und er kann doch in der so heiklen Sphäre des Ästhetischen seine Fähigkeiten unter Beweis stellen. Wie sehr die Fähigkeit zur Abstraktion gefordert wird und zugleich die Sicherheit im Umgang mit dem Konkreten unabdingbar ist, läßt sich nahezu jedem der erörterten Beispiele ablesen. Schließlich verbindet sich mit diesem Band auch die Hoffnung, daß in Hinkunft die Förderung editorischer Unternehmungen intensiviert wird, denn einer solchen bedarf es. Die überzeugendsten Fürsprecher sind die bis jetzt vorliegenden Ergebnisse, die den Vorteil haben, sichtbar und überprüfbar zu sein, und doch von dem handeln, was sich kaum anschaulich machen und nicht mit Händen greifen läßt, das aber zu verstehen sich lohnt, so lange uns am Verstehen überhaupt liegt.

Johann Sonnleitner

PHILIPP HAFNER: KOMMENTIERTE WERKAUSGABE

Mit der dreibändigen kommentierten Werkausgabe der Schriften Philipp Hafners beim Wiener Verlag Wallishausser gelang dem Onkel Franz Grillparzers, Joseph Sonnleithner (1766–1835), eine kleine editorische Sensation. Hafner war wohl dem Wiener Theaterpublikum noch ein Begriff, vor allem durch Joachim Perinets singspielhafte Bearbeitungen der Komödien Hafners, der in den Literaturgeschichten als der „Begründer" des Wiener Volksstückes gilt. Mit der Ende des 18. Jahrhunderts einsetzenden Gründung der Vorstadttheater hatte die Ausdifferenzierung zwischen Bildungstheater und Volkskomödie auch ihren räumlichen Niederschlag gefunden, und so ist es umso erstaunlicher, daß gerade der jahrelange Hoftheatersekretär sich um eine sorgfältig kommentierte Edition jenes Komödiendichters annahm, der von der zeitgenössischen Kritik der Aufklärer stets heftig attackiert worden war. Wie entscheidend und wichtig diese Edition für das literarische Überleben Hafners war, belegt der Umstand, daß Sonnleithner nicht mehr in der Lage war, eine Ausgabe von Hafners Gedichten aufzutreiben.

Dem ersten Band stellte der Herausgeber ein biographisches Vorwort voran, das sich in erster Linie auf eine eher anekdotische Überlieferung stützen mußte und auch mehrere unbelegte Behauptungen über den Studiengang und die berufliche Laufbahn Hafners enthielt. Daß der mit neunundzwanzig Jahren verstorbene Hafner Jus studiert und das Amt eines Stadtgerichtsbeisitzers versehen hätte, darf eher als unwahrscheinlich gelten. Die korrekten Lebensdaten konnte erst Emil Karl Blümml eruieren.[1] Sonnleithner bietet dafür unterhaltsame „Schnurren", wie er einräumt, die Hafner als witzigen, schlagfertigen und lebenslustigen jungen Mann schildern, dessen „unordentliche Lebensweise" den frühen Tod durch Schwindsucht verursacht hätte. Auf gesicherterem Terrain bewegt sich der Autor von Komödien, Lustspielen und berühmten Libretti, wenn er sich um eine angemessene Einschätzung der dramatischen Leistung Hafners bemüht: „Hätte Hafner nur zwanzig Jahre länger gelebt, so würde er ohne Zweifel [...] Arbeiten geliefert haben, die wir einen dramatischen Schatz nennen dürften. Er gehört zu den originellsten Köpfen, die je gelebt haben [...]." Überraschen mag die Bemerkung, Hafner schriebe „großen Theils in der Oesterreichischen Mundart", wobei es sich – nach heutiger Terminologie – eher um lexikalische süddeutsche Varietäten handelt, die der Herausgeber penibel erläutert, damit sie auch dem „Nichtösterreicher" verständlich sind. Besonders genau „übersetzt" der Herausgeber das umfangreiche Schimpfregister der Hafnerschen Figuren und bemüht sich dabei in den sporadischen Registerabstufungen um soziolinguistisches Gespür. An manchen Stellen rechnet er Hafner grammatische Verstöße gegen die österreichische Mundart vor, die allerdings eher auf die Unbekümmertheit der Setzer der Erstausgaben zurückzuführen sind. Nach wie vor von Interesse sind die Anmerkungen zur Alltags-, Lebens- und Eßkultur im ausgehenden achtzehnten Jahrhundert.

Den ersten Band eröffnet die satirische Prosa „Die hanswurstischen Träume" in zwei Teilen, die Hafner als Auftragswerk für den berühmten Hanswurstdarsteller Gottfried Prehauser verfaßt hatte. Daran schließt die frühe Komödie „Der von dreyen Schwiegersöhnen geplagte Odoardo [...]" an. Der zweite Band bietet die beiden Maschinenkomödien über die „förchterliche Hexe" „Mägera" und das erst nach dem Tode Hafners veröffentlichte Lustspiel „Der Furchtsame", das sogar dem kritischen Sonnenfels Zustimmung entlockt hatte. Der dritte Band enthält „Die dramatische Unterhaltung unter guten Freunden" mit dem „vielbeschäftigten Hausregenten", die Karnevalskomödie „Etwas zu Lachen im Fasching" und die Parodie „Evakathel und Schnudi". Den Texten stellt der Herausgeber meistens knappe, zum Teil auch bewertende Kommentare bei, die den literarhistorischen und gattungspoetologischen Kontext skizzieren; zu „Evakathel und Schnudi" etwa heißt es im Anhang: „Diese Posse ist eine der frühesten Parodien in der Deutschen Literatur. Bodmer hat Weißens Romeo und Julie, Atreus und Thyest, Klopstocks Bardiet u. s. w. parodiert. Herr von Kronegk hat die Parodie einer Szene im Canut geschrieben. [...] Ich wüßte keine andre Deutsche dramatische Parodie vor Hafners Zeit, und die Originalität unsers Oesterreichischen Plautus zeigt sich hier in wahrhaft bewundernswürdigem Glanze."[2]

Sonnleithners dreibändige Hafner-Ausgabe gelangte durch die Gräfin Josephine O'Donell in Goethes Hände, der sich am 22. Jänner 1813 dafür mit den Worten bedankte:

„Die Hafnerischen Werke sind glücklich angekommen und haben mich unmittelbar in Ihre Nähe versetzt. Sie stellen die große, sinnliche Masse der Hauptstadt recht lebhaft dar, aber zugleich von einem solchen Wuste begleitet, daß es mir angst und bange darin wird. Dem Herausgeber muß man das verdiente Lob zollen, daß er diese seltsamen Produktionen der Vergessenheit entrissen und sie als Denkmal einer bedeutenden Zeit und Lokalität aufgestellt hat."[3]

Es ist zu bedauern, daß Goethe nicht näher präzisiert, welcher „Wust" in Hafners Texten ihn denn irritiert hätte. Zu einer uneingeschränkt positiven Einschätzung Hafners gelangte hingegen Joseph von Eichendorff in seiner „Geschichte des Dramas", wobei davon auszugehen ist, daß Eichendorff von Hafner erst durch Sonnleithners Ausgabe Kenntnis erhielt. Er klagt, daß in „manchem unserer modernen Lustspiele eigentlich nichts komisch ist als der Dichter selbst", und meint: „Am natürlichsten, sollte man meinen, hätte sich unser Lustspiel selbst in der neuesten Zeit an das Volksschauspiel anknüpfen lassen, wie es von Philipp Hafner bis zu unsern Tagen noch immer in Wien über die leopoldstädter Bühne gegangen."[4]

Nur ein kurzes, aber intensives Leben war dem 1735 in Wien geborenen Philipp Hafner gegönnt: Der Lyriker und Komödiendichter starb neunundzwanzigjährig 1764 in Wien an einem „lunglbrand". Damit hatte die Wiener Theaterszene wohl eines ihrer größten Talente frühzeitig verloren.

In der Mitte des 18. Jahrhunderts befehdeten sich in Wien die Gegner mit den Parteigängern Gottscheds und ihrer wirkungsästhetischen Nützlichkeitsdoktrin, die das Theater im Kontext der Aufklärung zu einer bürgerlichen Tugendschule umfunktionierte und damit auch dem Wiener Stegreiftheater mit seinem unvermeidlichen Bernardon und Hanswurst endgültig den Garaus machen wollte. Der junge Hafner griff beherzt in diese Debatte mit einer theoretischen Schrift und einigen poetologischen Kurzdramen ein, die einerseits satirisch die Schwächen eines abgenützten Stegreifspiels geißelten, andererseits dem Theater jegliche erzieherische Funktion absprachen. Den Forderungen der Aufklärer kam der profunde Kenner Molières, Holbergs und Goldonis jedoch insofern entgegen, als er im großen und ganzen auf das Stegreifspiel verzichtete, die Texte vollständig verschriftlichte und sich vordergründig auch der Schablone des Besserungsstückes bediente, so in der „bürgerlichen Dame" und in der seit zwei Jahrhunderten nicht mehr gedruckten „Neuen Bourlesque" „Etwas zu Lachen im Fasching", die Ernst Alker als Höhepunkt des Hafnerschen Schaffens bezeichnete: „Eine Gewalt der Komik, eine Kraft der dramatischen Konzentration, eine Grazie im Tanz über Abgründe zeigt sich, die kaum in einem anderen deutschen Lustspiele zu finden ist."[5] Andererseits hatte Hafner keine Scheu, die überlebte Form der Maschinenkomödie in der „Mägera" zu erneuern und die steife Alexandrinertragödie in der witzigen Satire „Evakathel und Schnudi" zu persiflieren. Die konventionellen, meist aus der Commedia dell'arte übernommenen Figurentypen wurden zunehmend individualisiert und verwienert und damit der Grundstein zu jenem literarischen Genre gelegt, für das sich der Begriff der (Alt-)Wiener Volkskomödie eingebürgert hat. Obwohl das zeitgenössische Publikum Hafners Komödien geschätzt hatte, war es nach dem vermutlich Anfang der siebziger Jahre bei Kurzböck erschienenen Band „Weiland Philipp Hafners Sammlung aller von ihm verfaßten Lustspiele" recht still um Hafner geworden, und es ist zweifelsohne das Verdienst Sonnleithners, Hafner wieder nachdrücklich in Erinnerung gebracht zu haben. Fast genau ein Jahrhundert später legte Ernst Baum eine zwar solid edierte und fachkundig kommentierte, aber unvollständige Ausgabe in zwei Bänden vor. Beim Wiener Verlagsbüro Lehner ist eine zweibändige Werkausgabe in Vorbereitung, die demnächst erscheinen wird.

Ausgabe:
Philipp Hafner's gesammelte Schriften. Mit einer Vorrede und Anmerkungen, vorzüglich über die Oesterreichische Mundart. 3 Bde. Hg. von Joseph Sonnleithner. Wien: Wallishausser 1812.

1 Vgl. Emil Karl Blümml im Vorwort zum Neudruck (Wien, Prag, Leipzig: Ed. Strache 1922) von Hafners „Scherz und Ernst in Liedern".
2 Philipp Hafner's gesammelte Schriften, Bd. 3, S. 335.
3 Johann Wolfgang Goethe: Sämtliche Werke. Briefe, Tagebücher und Gespräche. 40 Bde. II. Abt., Bd. 7: Napoleonische Zeit. Hg. von Rose Unterberger. Frankfurt: Deutscher Klassiker Verlag 1994, S.160.
4 Joseph von Eichendorff: Zur Geschichte des Dramas. In: J. v. E.: Geschichte der Poesie. Schriften zur Literaturgeschichte. Hg. von H. Schultz. Frankfurt: Deutscher Klassiker Verlag 1990, S. 633–804, Zit. S. 796.
5 Ernst Alker: Philipp Hafner. Ein Altwiener Komödiendichter. Wien, Leipzig: Wila-Verlagsanstalt 1923 (Theater und Kultur 9), S. 13.

Philipp Hafner's
gesammelte Schriften.

Mit einer Vorrede und Anmerkungen, vorzüglich über die
Oesterreichische Mundart.

Erster Band.

Wien, 1812.
Im Verlage bey Joh. Bapt. Wallishausser.

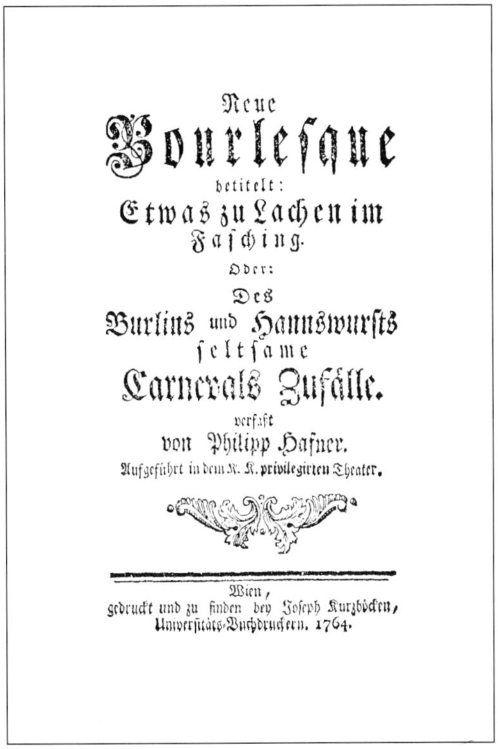
Neue
Bourlesque
betitelt:
Etwas zu Lachen im
Fasching.
Oder:
Des
Burlins und Hannswursts
seltsame
Carnevals Zufälle.
verfaßt
von Philipp Hafner.
Aufgeführt in dem K. K. privilegirten Theater.

Wien,
gedruckt und zu finden bey Joseph Kurzböcken,
Universitäts-Buchdruckern. 1764.

Der
Furchtsame
Ein Lustspiel
in drey Aufzügen.
Verfaßt
von Philipp Hafner.
Aufgeführt in dem
kaiserl. königl. privilegirten Theater.

WIEN,
gedruckt und zu finden bey Joseph Kurzböcken,
Universitätsbuchdruckern, 1764.

▲ Abbildung 1: Titelblatt der Hafner-Ausgabe von Joseph Sonnleithner

▲ Abbildung 2: Titelvignette der Erstausgabe der „Bourlesque" „Etwas zu Lachen im Fasching"

▲ Abbildung 3: Titelvignette eines posthum erschienenen Lustspiels

Anhang.

Diese Posse ist eine der frühesten Parodien in der Deutschen Literatur. Bodmer hat Weißens Romeo und Julie, Atreus und Thyest, Klopsstocks Bardiet u. s. w. parodirt. Herr von Kronegk hat die Parodie einer Scene im Canut geschrieben. (Flegels Geschichte der Burlesken S. 210.) Ich wüßte keine andre Deutsche dramatische Parodie vor Hafners Zeit, und die Originalität unsers Oesterreichischen Plautus zeigt sich hier in wahrhaft bewundernswürdigem Glanze. So wie Hafner außer nur Oesterreich wenig bekannt wurde, so unbekannt ist den Deutschen ein nicht minder origineller, aber ungleich gebildeterer Dichter der Dänen, Johann Herrmann Wessel, geblieben, der eine dramatische Parodie unter dem Titel: Liebe ohne Strümpfe (Kierlighed den Strömper) schrieb, welche sich durch einen Reichthum von Laune auszeichnet. Wessels Stück hat fünf Aufzüge; Hafner hat seine Posse mit vieler Klugheit auf zwey kurze Acte beschränkt. Ein Scherz ermüdet leicht, vorzüglich, wenn die eigentliche komische Kraft in der Form liegt. Vielleicht finde ich die nöthige Muße, um Deutschland nicht nur mit dieser Hilarotragödia Wessels, wie sie der vortreffliche Baggesen in der Vorrede zu Wessels gesammelten Schriften nennt, sondern mit den Schriften mehrerer Dänischen Dichter bekannt zu machen, und dem Deutschen Publikum einen ungleich vortheilhafteren Begriff von der Dänischen Literatur zu geben, als man in Deutschland hat und haben kann, da nur wenige Menschen mit der Sprache der Dänen bekannt sind.

▲ Abbildung 4: Nachbemerkung des Herausgebers zum 1765 posthum erschienenen „lustigen Trauerspiel von zwei Auszügen" „Evakathel und Schnudi"

Seits seyn, vielleicht heut noch im Arrest zu tanzen. — Verdammter Fasching! — Wer hätt sich denken sollen, daß die Sach ein solches End nehmen würde? Ich hab meinen guten Freunden einen Ball gegeben, und all mein Geld darauf gewendt, bis auf zwey Siebenzehner, die ich zurück habe halten wollen, um die übrigen Tage meines Lebens mich honett zu ernähren, aber auch die, und noch mehr dazu hat dem Fasching beliebt abzuhohlen. Siebenzig Personen hab ich eingeladen, und hundert und vierzig seynd gekommen, denn wo es einen Schmauß gibt, vermehren sich die Schmarozer mehr als die Wanzen; ich hab mich auf so viel Leut nicht versehen, was hab ich also machen wollen, damit meine Ehre nicht Schiffbruch leiden soll, hab ich mein letztes bordirtes *) Kleid sammt Uhr, Degen, Dosen, Schnallen von dem Leib herab zu einer Versetzerinn in die Kost gegeben, und der junge Herr Burlin muß im Schlafrock und Pantoffeln tanzen: die guten Freund haben freylich geglaubt, es sey nur ein Spaß, daß ich so aufzieh, weil alles in der Masque war, aber es ist leider ein erschrecklicher Ernst gewesen; — auch diese Fatalität war noch nicht genug; der Hannswurst bringt mir von den versetzten Sachen 70 Fl.; ich ließ gleich noch mehr zum Ball herbeyhohlen, die 70 Fl. aber wollte ich indessen bis zur Bezahlung aufheben, kaum aber kam ich in das Zimmer, so waren zwey gute Freunde zugegen, sie animirten mich zum Spielen; ich Esel ließe mich mit ihnen ein, wir spielten Saunickel **) a'la bullia, und in einer Stunde waren meine 70 Fl. beym

*) Zu Hafners Zeit waren Gold- und Silberborden die gewöhnlichste Galla des Mittelstandes.

**) Saunickel für Schweinigel. Dieses Spiel ist unter der gemeinsten Volksclasse noch sehr üblich; man unterhält auch Kinder damit, weil es so faßlich ist. Jeder Mitspielende (ihre Zahl wird nur durch die Zahl der Kartenblätter beschränkt) erhält drey Blätter; wer die Farbe nicht hat, welche ausgespielt wird, muß das ausgespielte Blatt und die zugegebenen Blätter nehmen (echt österreichisch, er muß sie fressen) und die ganze Pointe des Spiels besteht darin, daß jener, welchem allein Kartenblätter in der Hand bleiben, für den Saunickel erklärt wird, und bezahlen muß. Hafner erhöht das Comische durch den Beysatz, àlla buglia, weil die buglia nur bey einigen feinern, oder sogenannten noblern Spielen Statt hat.

Teufel und unter guten Freunden. Izt ist der Tafeldecker *) nicht bezahlt, kein Kleid auf dem Leib, die guten Freund haben das Maul abgewischt, und seynd fort, und ich kann nach meiner Comodität betteln gehn. — O unbesonnener Mensch! was hast du gethan? — Ich hab von dem ganzen Spaß nichts genoßen, auch von der Tafel ist kein Bissen übrig geblieben; die Leut, der Himmel gesegn es ihnen, haben wie die Jagdhunde gefressen, und das Uebrige noch mit sich genommen; ich hab selbst gesehen wie einer in einen Sack von einer weiß atlassenen mit Gold gestickten Weste, einen halben Capaun sammt der Mischerlsuppe **) eingesteckt, ***)

*) Zu Hafners Zeit ließen Privatpersonen, wenn sie ein großes Gastmahl oder einen Ball gaben, besondere Tafeldecker rufen, die gegen bedungenen Preis nicht nur die Tafel deckten und mit ihrem Gefolge servirten, sondern auch die Tafelwäsche und manches andere Zugehör lieferten.

**) Kleine, sehr schmackhafte Schaalenthiere aus dem adriatischen Meer, die man über Triest bezieht, wurden damahls häufig gebraucht, um Brühen zu Fleischgerichten einen haut gout zu geben. Bey jedem Garkoch, in jedem Gasthofe fand man auf der Speiseliste den Kapaun mit Mischerl. (Muschelchen) Seit einigen Jahren werden sie nicht mehr so sehr häufig genoßen.

***) So unanständig es ist, Speisen zu sich zu stecken — was die alten Römer dadurch zu verhüthen wußten, daß sie den Gästen, die zu kommen verhindert waren, ihre Portionen in die Wohnung zuschickten, — so war es doch zu Hafners Zeit, und selbst noch zwanzig Jahre später kein seltner Fall, daß sich ein Stück gebratenes Geflügel in eine Tasche verlor, wenn es den Weg dahin unbelauscht

▲ Abbildung 5: Kommentar des Herausgebers zur „Bourlesque" „Etwas zu Lachen im Fasching"

Gerhard Renner

FERDINAND RAIMUND: EDITION AUS BÜHNENMANUSKRIPTEN

Ferdinand Raimund hatte zu seinen Lebzeiten kein einziges seiner Stücke selbst zum Druck befördert. Er befürchtete, daß sie als gedruckter Text keine Wirkung hätten und deshalb, verglichen mit den Aufführungen, in der Publikumsgunst schlechter abschneiden würden. Es wäre für ihn auch schwierig gewesen, die Kontrolle über die Aufführungen von im Druck verbreiteten Texten zu behalten und, damit eng verbunden, seine Honorarforderungen zur Geltung zu bringen. Denn die Aufführung eines im Buchhandel erschienenen Werkes stand jedermann frei, ein Honorar konnte der Autor nach herrschender Meinung nur für die Überlassung des Manuskriptes fordern.[1] Aber auch dieser von Raimund genutzte und gut kontrollierbare Vertriebsweg dürfte umgangen worden sein, denn Raimund gab mehrere Male öffentlich bekannt, daß Abschriften seiner Stücke rechtmäßig nur bei ihm persönlich bezogen werden könnten. Nach Raimunds Tod änderte sich diese Situation grundlegend, da eine gewaltige Nachfrage nach den Texten der Stücke bestand. Die Wiener Buchhandlung Rohrmann und Schweigerd erwarb noch 1836, über Vermittlung von Josef Ritter von Catharin, dem Sekretär des Leopoldstädter Theaters, die Theatermanuskripte der Stücke. Sie befanden sich im Besitz von Raimunds langjähriger Lebensgefährtin Antonie Wagner, der Verlag zahlte dafür die nicht unbedeutende Summe von 3 000 Gulden.
Mit der Edition der ersten Werkausgabe auf der Basis dieser Texte wurde der unermüdliche Lyriker und Balladendichter Johann Nepomuk Vogl beauftragt, der bereits 1837 „Ferdinand Raimund's sämmtliche Werke" in vier Bänden vorlegen konnte.[2] Vogl hatte dem vierten Band der Ausgabe in guter Tradition eine knappe Biographie des Dichters angeschlossen, die auf 18 Druckseiten den äußeren Lebensgang des Verstorbenen rekonstruierte. An dieser Skizze wurde bald Kritik laut, und die Verleger beauftragten den mit dem Leopoldstädter Theater eng verbunden Dramatiker Daniel Friedrich Reiberstorffer, einen Freund Raimunds, mit der Sammlung von biographischen Mitteilungen. Die 1841 erschienene biographische Skizze enthielt jedoch nur magere Informationen: „Brieflich und mündlich wendete ich mich an nahe und ferne Freunde, Bekannte und Kunstgenossen des Verstorbenen, allein leider fast überall vergebens", beklagte Reiberstorffer seinen Mißerfolg. Seine Darstellung blieb jedoch trotz ihres fragmentarischen Charakters eine wichtige Quelle zu Raimunds Leben, mangelte es doch an umfangreicheren und zuverlässigen Darstellungen. Umso dichter wucherte das Gestrüpp aus Legenden, Anekdoten, erdichteten Tagebuchstellen und gefälschten Briefen.
Zwar enthielt Raimunds Nachlaß zahlreiche Dokumente, die manche weiße Flecken hätten aufklären können. Nach dem Tod von Antonie Wagner aber wurden viele Briefe aus dem Nachlaß – die Tradition berichtet von zwei Kisten – von ihren Schwestern vernichtet, was diese später selbst bedauerten. Die Entwürfe zu den Stücken, die Antonie Wagner ebenfalls besaß, hatten die Schwestern 1879 an den Buchhändler und Photographen Anton Einsle verkauft. Einsle ließ sie im Oktober 1879 versteigern und um 71 Gulden konnten sie, da kein weiteres Angebot vorlag, vom Archiv- und Bibliotheksdirektor Carl Weiss für die Städtischen Sammlungen, aus denen die heutige Wiener Stadt- und Landesbibliothek hervorgegangen ist, erworben werden.
Diese Texte bildeten die Grundlage für eine Neuausgabe der Werke Raimunds, die von Carl Glossy, dem späteren Direktor der Städtischen Sammlungen, und seinem in Lemberg tätigen Freund, dem damals schon renommierten Literarhistoriker August Sauer, zusammengestellt wurde. Diese Ausgabe erschien 1881 in drei Teilen beim Wiener Verlag Konegen und wurde 1891 – ohne den Nachlaßband – neuerlich gedruckt. Eine weitere Auflage, die August Sauer knapp vor seinem Tod Mitte der zwanziger Jahre vorbereitete, kam nicht mehr zustande.
Sauer und Glossy sparten nicht mit Kritik an Vogls Ausgabe. Wie Eduard Castle, der spätere Raimund-Editor und Herausgeber der „Deutschösterreichischen Literaturgeschichte", festgestellt hat, schlossen sie sich in ihrer Ablehnung an einen 1856 erschienenen Artikel des Wiener Kritikers Peter Lyser an, der den Neudruck der Voglschen Ausgabe im Jahre 1856 aufs Korn genommen hatte. Allerdings konnten sie, wie Castle kritisch bemerkte, die Relevanz und Stichhaltigkeit seiner Argumente kaum einschätzen, da ihnen die von Vogl verwendeten Manuskripte – sie waren inzwischen in den Besitz des Buchhändlers Karl Hölzl übergegangen – aus unbekannten Gründen nicht zur Verfügung standen. Trotzdem hielten sie Vogl „unmethodisches Vorgehen in der Anordnung der Stücke, die Flüchtigkeit in der Herstellung des Textes und der Correctur des Drucks, die Lückenhaftigkeit

und Unzulänglichkeit der biographischen Skizze" vor.[3] Abgesehen von der berechtigten Kritik an der Anordnung der Stücke scheint Vogl, nach Castles Untersuchungen zu urteilen, sorgfältig gearbeitet zu haben, wenn auch möglicherweise seine Entscheidungen in den Augen der akademischen Textkritik nicht immer korrekt waren. Eine Biographie Raimunds übrigens, die Glossy für einen vierten Band der Neuausgabe hätte verfassen sollen, ist nie erschienen.

Die von Vogl verwendeten Manuskripte wiesen, ebenso wie die damals noch im Archiv des Carltheaters verwahrten Soufflierbücher, nach Ansicht von Glossy und Sauer schwerwiegende Mängel auf. Sie enthielten zahlreiche Eintragungen, deren Authentizität ungeklärt sei und in vielen Fällen auch nicht zu klären sein würde, in den eigenhändigen Entwürfen hingegen sei der Dichter „in der ganzen Frische des Schaffens und in der vollen Eigenart seines Talentes" überliefert. In diesen Texten, meinten sie, „finden wir Raimund's Stücke rein und unverfälscht, wie sie der ursprünglichen Schöpfungskraft des Dichters entsprungen sind; hier treffen wir weder den Rotstift des Censors, noch die charakterisierenden Merkmale der früher besprochenen Manuscripte; sie enthalten den echten, authentischen Urtext, aus dem alle spätern Abschriften für die Bühne geflossen sind"[4]. Die Ausgabe hätte damit einen bedeutenden Stellenwert in der Geschichte der Edition neuerer Literatur gewinnen können, denn sie ist meines Wissens die erste, die vollständig auf Handschriften zurückzugreifen gezwungen war und sich nicht wie so viele andere mit den Varianten in der Überlieferung eines Werkes auseinandersetzte.[5] Doch diese Pionierleistung wurde nicht erkannt, die Edition rief im Gegenteil Verwundern und Erstaunen hervor:

„Die Herren buchen mit weitherziger Gewissenhaftigkeit jede verworfene oder eingeschobene Scene, ja sie lassen sogar nicht die kleinste Variante unter den Tisch fallen, sondern sammeln die Brosamen von dieser Tafel in Körbe. Die Handschriften und Drucke werden, wie es die Philologen beim Aristophanes oder Plautus thun, mit großen lateinischen Buchstaben bezeichnet. (...) So hat denn der Komiker der Leopoldstadt nun seine regelrechte historisch-kritische Gesammt-Ausgabe, wie sie unser bischöflicher Classiker von Cottas Gnaden, L. Pyrker, nicht hat und hoffentlich nie kriegen wird."

Diese nicht gerade freundlichen Worte stammen von Erich Schmidt, damals Professor in Berlin und bald darauf Leiter des Goethe-Archivs in Weimar. Er tat sich schwer damit, einem Leopoldstädter Komiker „all die historisch-kritischen Ehren" zuzugestehen, „deren sich Goethe und Schiller erfreuen" und vor denen er sogar den österreichischen Klassiker Ladislaus Pyrker bewahrt wissen will.[6] Schmidts Kritik der Ausgabe geht deshalb auch gar nicht auf die Probleme ein, die mit der Herstellung eines von der Voglschen Ausgabe sich doch stark unterscheidenden Textes verbunden waren, sondern skizziert, dies allerdings in eindrücklicher Weise, das Lebensschicksal Raimunds.

Für die Editionsgeschichte weniger bedeutsam ist Eduard Castles Ausgabe von Raimunds Werken in der weitverbreiteten Reihe „Max Hesse's neue Leipziger Klassiker-Ausgaben", die 1903 erschien. Die intensive Beschäftigung mit der Biographie Raimunds in dieser Ausgabe – die biographische Einleitung umfaßt immerhin über 120 eng bedruckte Seiten – und mit den Problemen der Textüberlieferung bildete aber wohl die Voraussetzung für Castles Arbeit an der bis heute umfassendsten Ausgabe, die nach bereits vor dem Ersten Weltkrieg begonnenen Vorstudien zwischen 1924 und 1934 unter dem Titel „Sämtliche Werke. Historisch-kritische Säkularausgabe in sechs Bänden" erschien.

Eduard Castle war bei seiner ersten Ausgabe in der Bewertung von Vogls Text wie Glossy und Sauer auf Annahmen angewiesen, da auch ihm Vogls Druckvorlagen nicht zur Verfügung standen. Trotzdem hatte er damals schon die Kritik der beiden Herausgeber im wesentlichen zurückgewiesen. Glossy und Sauer übersahen seiner Ansicht nach, daß „1. Raimund selbst unaufhörlich an seinen Dramen besserte, daß er 2. bei den Aufführungen in Deutschland genötigt war, manche mundartliche Eigenheit um der leichteren Verständlichkeit willen aufzugeben, daß 3. manche Änderungen durch die Zensur mögen veranlaßt worden sein, und daß 4. die Länge der Stücke bei der Aufführung manche Striche notwendig machte"[7]. Textänderungen auf Grund der Argumente zwei und drei meinte Castle dadurch adäquat berücksichtigt zu haben, daß er den ursprünglichen Text, den er bei Glossy und Sauer fand, in spitzen Klammern aufnahm, und bei Glossy und Sauer nicht abgedruckte, also später gestrichene Textstellen, in eckige Klammern setzte. Castles Argumente jedoch sind nicht gleichwertig, manche ließ er übrigens für die spätere Ausgabe nicht mehr gelten. Die „unaufhörliche" Besserung etwa: In den Bühnenmanuskripten ist, wie Glossy und Sauer schon feststellten, oft schwer erkennbar, wer Veränderungen im Text vornahm und wann sie vorgenommen wurden. Eine gesicherte Zuschreibung an Raimund wäre sehr schwierig. Die Verwischung mundartlicher Eigenheiten wiederum ist kein Argument für sich, sondern gehört in den Kontext dieser Besserungen. Auch ließ sich der Vorsatz Castles, zugleich Raimunds aus welchen Gründen immer vorgenommene Verbesserung und den „ursprünglichen" Wortlaut – diesen in spitzer Klammer – wiederzugeben, weder von den textlichen Quellen her noch drucktechnisch verwirklichen. Tatsächlich verwarf Castle den Glossy-Sauerschen Text und benützte ihn nur, um bei Vogl fehlenden – also auf dem Weg vom Entwurf zum Bühnenmanuskript abhanden gekommenen – Text zu ergänzen oder bei Glossy-Sauer fehlenden Text, interpretiert als ursprünglichen, später von Raimund verworfenen Text, in spitzen Klammern einzufügen. Die drucktechnische Gestaltung – es handelte sich ja um eine populäre Ausgabe – ließ dieses Verfahren aber nur bei direkt fehlenden Textstellen zu, bei Lesarten scheint Castle durchwegs Vogl den Vorzug gegeben zu haben. So behauptete er, bei den von Vogl ins Hochdeutsche übertragenen Dialektszenen aus „Moisasurs Zauberfluch" und „Der Alpenkönig und der Menschenfeind" die originale mundartliche Fassung in spitzen Klammern wiederzugeben, was, wie Stichproben zeigten, nicht immer der Fall ist. Wurde der eher mundartlich gefärbte Text ersetzt, gibt Castle nur diese Textersetzungen wieder.

Erst für die Säkularausgabe konnte Castle die von Vogl verwendeten Manuskripte einsehen, die bereits seit 1884 im Besitz der Hofbibliothek waren, und nun im Detail seine Meinung zur Textkonstitution begründete. Er war sich inzwischen der Tatsache bewußt, daß Raimunds Text als Theatertext per se chamäleonhafte Züge hatte, daß er schon zu Lebzeiten Raimunds „in beständigem Fluß" war und eine Ausgabe in diesen ununterbrochenen Textveränderungen den zu druckenden Text fixieren mußte. Castle wählte hiefür den „Wortlaut der ersten Aufführung"[8], den er in der sogenannten „Urabschrift", dem von Raimund für die „Erste Abschrift" durchgesehenen Text, idealiter zu finden meinte. Das bedeutete nun nicht, daß er einen „Idealtext" rekonstruieren wollte, der so nie gespielt worden war, wie ihm später öfters vorgeworfen wurde.

Diese Urabschriften waren von Kopisten auf der Grundlage von Raimunds unterschiedlich stark überarbeiteten Niederschriften – meist nicht den ersten – hergestellt worden, die Raimund wohl durchgesehen, aber, wie Castle herausarbeitete, nicht mit seinem Konzept kollationiert und in die er oftmals weitere Änderungen eingetragen hatte, etwa Varianten für die Zensur oder Striche für die Aufführung. Nach dieser durchgesehenen Urabschrift dürfte dann die in den Handschriften so bezeichnete „Erste Abschrift" vorgenommen worden sein, die ihrerseits die Grundlage von Abschriften für die Zensurbehörde und den Theatergebrauch darstellte. Nach dem nicht näher begründeten Prinzip Castles, daß der erste gespielte Text der authentische sei, enthielten jene Bühnenmanuskripte den authentischen Text, die der Ersten Abschrift bzw. der damit in der Theorie textidentischen Urabschrift, die aber beide nicht immer erhalten sind, am nächsten stehen. Die Niederschriften Raimunds zog Castle heran, um Verschreibungen der Kopisten verbessern zu können.

Eduard Castle formulierte für seine Ausgabe ein heute allgemein anerkanntes und damals ungemein modernes Konzept, das er auch deutlich von der auf die Klassische Philologie zurückgehenden Editorik abheben konnte: „Kann die Altphilologie nicht viel mehr bieten als eine Geschichte der Überlieferung und Verderbnis des Textes, so vermag die moderne Philologie, wenn ihr wie bei Raimund eigenhändige Handschriften des Dichters zur Verfügung stehen, in den poetischen Schaffensprozeß einzudringen."[9] Die finanziellen wie technischen Mittel aber, um diese Erkenntnis zu realisieren, standen Castle freilich nicht zur Verfügung. Sein Ziel war es, die beste Handschrift, also das der Urabschrift am nächsten stehende Bühnenmanuskript und damit den tatsächlich gespielten Text vollständig abzudrucken und die Abweichungen zu Raimunds Konzept in einem Lesartenapparat festzuhalten. Die Textentwicklung von Raimunds ersten erhaltenen Niederschriften bis zur frühesten erhaltenen Bühnenabschrift wäre so zu verfolgen gewesen. Auf diese Weise wurden die beiden ersten in der Ausgabe enthaltenen Stücke („Der Barometermacher auf der Zauberinsel" und „Der Diamant des Geisterkönigs") hergestellt und gesetzt, als klar wurde, daß der Lesartenapparat aus finanziellen Gründen nicht abgedruckt werden konnte. Einige der wichtigsten Lesarten aus Raimunds Konzept konnte Castle noch in den Text einarbeiten – sie sind genau nachgewiesen –, die anderen blieben unberücksichtigt. Um „an echtem Raimundischem Wort- und Gedankengut" möglichst wenig zu verlieren, kontaminierte Castle in der Folge die Bühnenabschriften und das Konzept Raimunds, und gab – in der Theorie –, wenn bei Lesarten zwischen Bühnenmanuskript und Konzept zu wählen war, dem Konzept Raimunds den Vorzug. Im Konzept des Stückes „Der Alpenkönig und der Menschenfeind" (Abb. 1) vorhandene mundartliche Färbungen („Gehst gleich", „bei der Tür herein") sind in die „Erste Abschrift" übernommen, dort jedoch zum Teil von unbekannter Hand mit Bleistift, zum Teil als Spätkorrektur – vermutlich

vom Kopisten (Abb. 3) – korrigiert worden („Komm schnell", „zur Tür herein").Von hier gingen die Korrekturen in die späteren Bühnenmanuskripte und damit in Vogls Ausgabe wie auch in Castles erste Ausgabe ein. In der Säkularausgabe stehen wieder die mehr mundartlich gefärbten Varianten, ohne daß auf die unterschiedliche Qualität der Korrekturen eingegangen werden konnte. Die in der „Ersten Abschrift" vorliegende szenische Gliederung, die Raimund in das Konzept offenbar nachträglich mit Tinte eintrug, übernahm Castle hingegen nicht.[10] Erst in der Ausgabe von Franz Hadamowsky ist die „Erste Abschrift" die alleinige Grundlage des Drucks.[11]
Für seine Raimund-Ausgaben hatte Castle als Grundlage mehrere Exemplare der Glossy-Sauerschen Ausgabe verwendet, die ja von Raimunds Niederschrift ausging und in die Castle bzw. seine Frau Margarethe oder Fritz Brukner die späteren Änderungen eintrugen. Schon diese Kollationierungen sind nicht leicht zu überblicken und noch viel schwieriger wäre es, sie für den Leser transparent in einen Drucktext einzubringen. (Abb. 2) Eduard Castles Bemerkungen zur Schwierigkeit der Textherstellung bei Raimund zeigen deutlich, daß er sich der Grenzen eines konventionellen Lesartenapparates deutlich bewußt war: „Macht man aber den praktischen Versuch, das Nach-, Durch- und Ineinander der Lesarten mit den Mitteln der Typographie darzustellen, so erweisen sich die verschiedenen Schriftarten und diakritischen Zeichen als höchst unzulänglich; man wird in Zukunft doch zu dem einzig brauchbaren Verfahren – der photographischen Wiedergabe der wertvollsten Handschrift – allgemein übergehn müssen."[12] Ein meines Wissens zuvor ungedachter Vorschlag, der erst mit der Ausgabe der Werke Hölderlins, begonnen in den 70er Jahren unseres Jahrhunderts, realisiert wurde.

Ausgaben:
Ferdinand Raimund's sämmtliche Werke. Hg. von Johann N. Vogl. Vier Teile, Wien: Rohrmann und Schweigerd 1837.
Ferdinand Raimund's sämmtliche Werke. Nach den Original- und Theater-Manuscripten nebst Nachlaß und Biographie herausgegeben von Dr. Carl Glossy und Dr. August Sauer, Wien: Konegen 1881.
Ferdinand Raimund: Sämtliche Werke. Historisch-kritische Säkularausgabe in sechs Bänden. Hg. von Fritz Brukner und Eduard Castle, Wien: Schroll, 1924–1934.
Raimunds Werke in zwei Bänden. Hg. u. eingel. von Franz Hadamowsky, Salzburg: Das Bergland-Buch 1971.

[1] Otto Opet: Deutsches Theaterrecht. Unter Berücksichtigung der fremden Rechte systematisch dargestellt. Berlin 1897, S. 277.
[2] Ferdinand Raimund's sämmtliche Werke. Hg. von Johann N. Vogl, Vier Teile, Wien: Rohrmann und Schweigerd 1837.
[3] Ferdinand Raimund's drammatische Werke. Nach den Original- und Theater-Manuscripten herausgegeben von Dr. Carl Glossy und Dr. August Sauer. – Zweite durchgesehene Auflage, Wien: Konegen 1891, S. III. Zu Castle vgl. Gerhard Renner: Eduard Castle. Sein Beitrag zur Erforschung der österreichischen Literaturgeschichte. Katalog der 229. Wechselausstellung der Wiener Stadt- und Landesbibliothek. Wien 1995. Diesem Katalog ist auch der vorliegende Text zum größten Teil entnommen.
[4] Ebda, S. IV f.
[5] Zur Einbeziehung von Handschriften in die Editionspraxis neuerer Literatur vgl. Gerhard Renner: Die Entdeckung der Nachlässe. In: Das unbekannte Erbe. Literarische Nachlässe und Literaturarchive in Österreich. Hg. v. Hildemar Holl und Hans Höller. Stuttgart 1995, S. 121–132. In dem Buch von Georg Witkowski: Textkritik und Editionstechnik neuerer Schriftwerke (Leipzig 1924), das auch einen historischen Überblick beinhaltet, wird die Raimund-Ausgabe nicht erwähnt.
[6] Erich Schmidt: Charakteristiken. Berlin 1886, S. 381 f.
[7] Ferdinand Raimunds sämtliche Werke in drei Teilen. Mit einer Einführung und Anmerkungen hrsg. v. Eduard Castle. Leipzig: Max Hesse's Verlag, S. CXXIII f.
[8] Ferdinand Raimunds Dramatische Dichtungen. Hg. von Margarethe Castle und Eduard Castle. – Erster Teil, Wien: Schroll, o. J. [Vorwort auf 1934 datiert] (= Ferdinand Raimund: Sämtliche Werke, Historisch-kritische Säkularausgabe in sechs Bänden, hg. v. Fritz Brukner und Eduard Castle ; 1), S. XXXV.
[9] Ebda, S. XXXVIII.
[10] Ferdinand Raimunds Dramatische Dichtungen. (Anm. 8), Zweiter Teil, S. 152.
[11] Raimunds Werke in zwei Bänden. Hg. u. eingel. v. Franz Hadamowsky. Salzburg: Das Bergland-Buch, 1971, die besprochene Textstelle in Bd. 1 auf S. 478.
[12] Ebda, S. XXXIII.

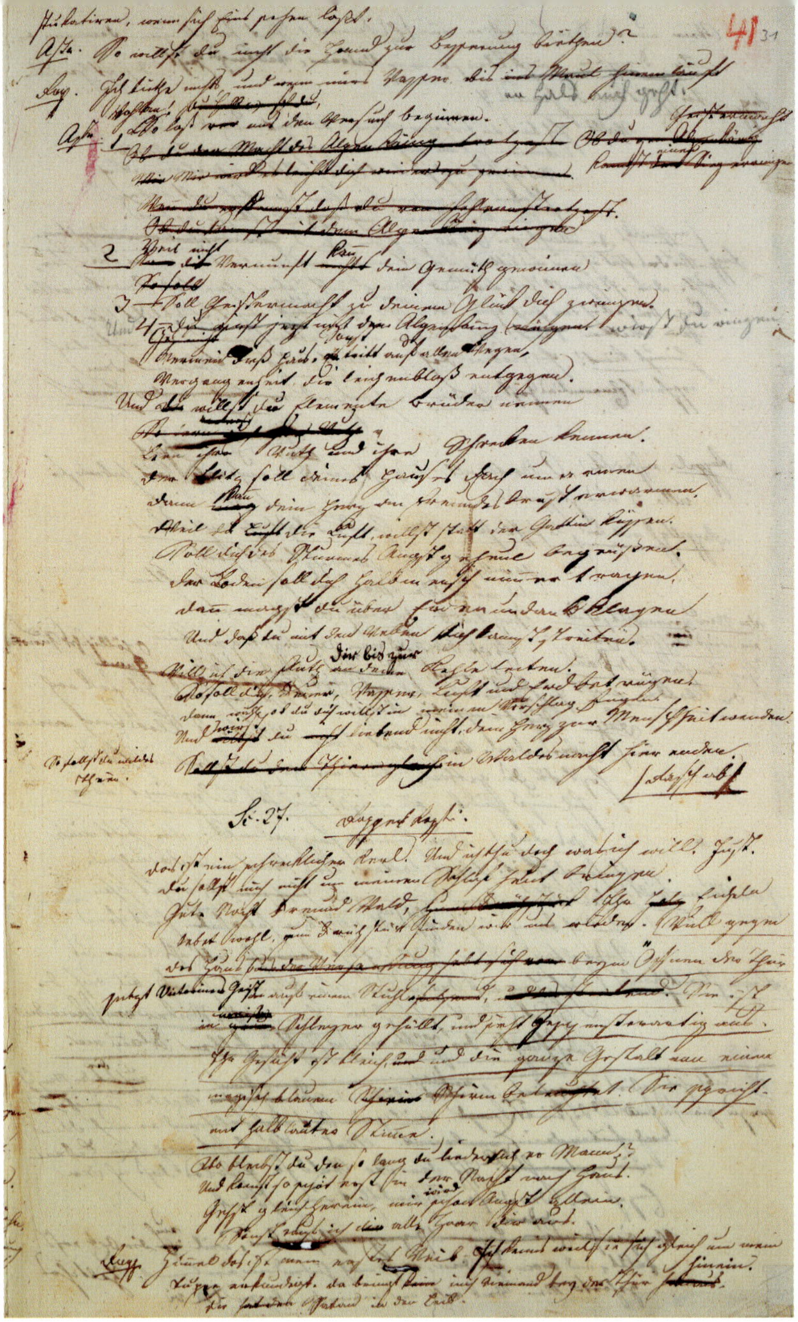

Transkription:

stukatieren, wenn sich eins sehen läßt.

Astragalus. So willst du nicht die Hand zur Beßrung bieten?

Rappelkopf. Ich biete nichts, und wenn mir 's Wasser bis an Hals auch geht.

Astragalus. Wohlan! So laß uns den Versuch beginnen. / Weil nicht Vernunft kann dein Gemüt gewinnen, / Soll Geistermacht zu deinem Glück dich zwingen, / Und mit dem Alpenkönig wirst du ringen. / Vermeid dies Haus! Sonst tritt auf allen Wegen / Vergangenheit dir leichenblaß entgegen. / Und willst du Elemente Brüder nennen, / Lern ihre Wut und ihre Schrecken kennen. / Der Blitz soll deines Hauses Dach umarmen, / Dann kann dein Herz an Freundesbrust erwarmen. / Weil du die Luft willst statt der Gattin küssen, / Soll dich des Sturmes Angstgeheul begrüßen. / Der Boden soll dich Halbmensch nimmer tragen, / Dann magst du über Erdenundank klagen. / Und daß du mit den Wellen dich kannst streiten, / Will ich die Flut dir bis zur Kehle leiten. / So soll dich Feuer, Wasser, Luft und Erd betrügen. / Dann wähl, ob du dich willst in meinen Vorschlag fügen. / Und wirst du liebend nicht dein Herz zur Menschheit wenden, / So sollst du wildes Tier in Waldesnacht hier enden! / Rasch ab.

Rappelkopf (allein). Das ist ein schrecklicher Kerl. Und ich tu doch, was ich will. Luft! Du sollst mich nicht um meinen Schlaf heut bringen. Gute Nacht, Freund Wald, ihr Eicheln, lebet wohl, zum Frühstück finden wir uns wieder.

Will gegen das Haus. Beim Öffnen der Tür sitzt Victorinens Geist auf einem Stuhl. Sie ist in blaue Schleier gehüllt und sieht gespensterartig aus. Ihr Gesicht ist bleich und die ganze Gestalt von einem grünen Schirm beleuchtet. Sie spricht mit halblauter Stimme.

Victorinens Geist. Wo bleibst du denn so lang, du liederlicher Mann? / Und kommst so spät erst in der Nacht nach Haus. / Gehst gleich herein, mir wird schon angst allein, / Sonst rauf ich alle Haar dir aus.

Rappelkopf. Himmel! Das ist mein erstes Weib, die erkenn ich, weil sie die Herrschaft noch im Grab behauptet. Da bringt mich niemand bei der Tür hinein. Die hat den Satan in den Leib.

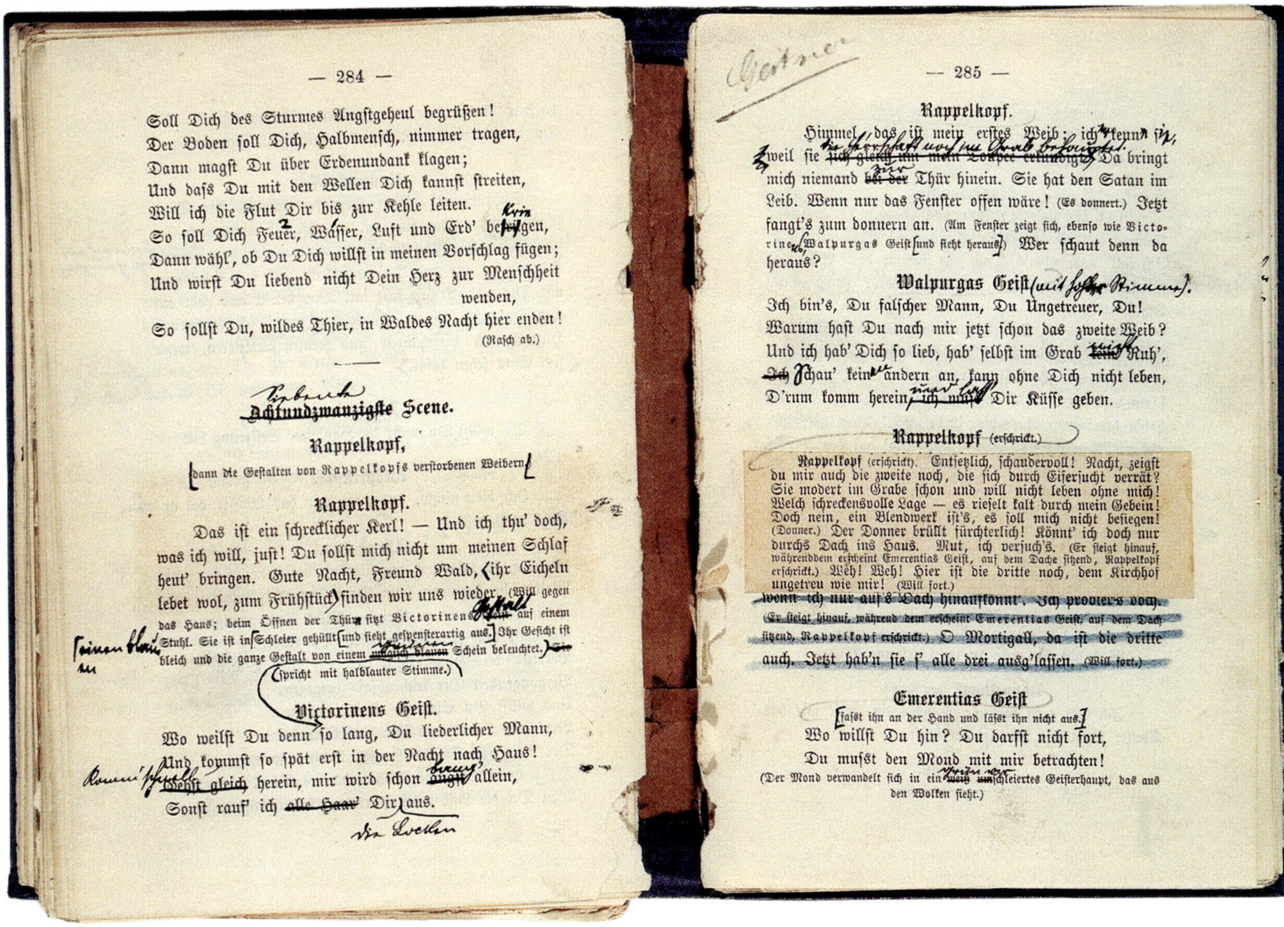

— 284 —

Soll Dich des Sturmes Angstgeheul begrüßen!
Der Boden soll Dich, Halbmensch, nimmer tragen,
Dann magst Du über Erdenundank klagen;
Und dass Du mit den Wellen Dich kannst streiten,
Will ich die Flut Dir bis zur Kehle leiten.
So soll Dich Feuer, Wasser, Luft und Erd' besiegen,
Dann wähl', ob Du Dich willst in meinen Vorschlag fügen;
Und wirst Du liebend nicht Dein Herz zur Menschheit wenden,
So sollst Du, wildes Thier, in Waldes Nacht hier enden!
(Rasch ab.)

Achtundzwanzigste Scene.

Rappelkopf,
dann die Gestalten von Rappelkopfs verstorbenen Weibern.

Rappelkopf.
Das ist ein schrecklicher Kerl! — Und ich thu' doch, was ich will, just! Du sollst mich nicht um meinen Schlaf heut' bringen. Gute Nacht, Freund Wald, ihr Eicheln lebet wol, zum Frühstück finden wir uns wieder. (Will gegen das Haus; beim Öffnen der Thür sitzt Victorinens Geist auf einem Stuhl. Sie ist in Schleier gehüllt und sieht gespensterartig aus. Ihr Gesicht ist bleich und die ganze Gestalt von einem mattblauen Schein beleuchtet. Sie spricht mit halblauter Stimme.)

Victorinens Geist.
Wo weilst Du denn so lang, Du liederlicher Mann,
Und kommst so spät erst in der Nacht nach Haus!
Gehst gleich herein, mir wird schon angst allein,
Sonst rauf' ich alle Haar' Dir aus.

— 285 —

Rappelkopf.
Himmel, das ist mein erstes Weib; ich kenn' sie, weil sie sich gleich um mein Coupee erkundigt. Da bringt mich niemand bei der Thür hinein. Sie hat den Satan im Leib. Wenn nur das Fenster offen wäre! (Es donnert.) Jetzt fangt's zum donnern an. (Am Fenster zeigt sich, ebenso wie Victorine, Walpurgas Geist und sieht heraus.) Wer schaut denn da heraus?

Walpurgas Geist.
Ich bin's, Du falscher Mann, Du Ungetreuer, Du!
Warum hast Du nach mir jetzt schon das zweite Weib?
Und ich hab' Dich so lieb, hab' selbst im Grab keine Ruh',
Ich schau' kein andern an, kann ohne Dich nicht leben,
D'rum komm herein, ich muss Dir Küsse geben.

Rappelkopf (erschrickt.)

Rappelkopf (erschrickt). Entsetzlich, schaudervoll! Nacht, zeigst du mir auch die zweite noch, die sich durch Eifersucht verrät? Sie modert im Grabe schon und will nicht leben ohne mich! Welch schreckensvolle Lage — es rieselt kalt durch mein Gebein! Doch nein, ein Blendwerk ist's, es soll mich nicht besiegen! (Donner.) Der Donner brüllt fürchterlich! Könnt' ich doch nur durchs Dach ins Haus. Mut, ich versuch's. (Er steigt hinauf, währenddem erscheint Emerentias Geist, auf dem Dache sitzend, Rappelkopf erschrickt.) Weh! Weh! Hier ist die dritte noch, dem Kirchhof ungetreu wie mir! (Will fort.)

wenn ich nur auf's Dach hinaufkonnt'. Ich provier's doch. (Er steigt hinauf, während dem erscheint Emerentias Geist, auf dem Dach sitzend, Rappelkopf erschrickt.) O Mortigall, da ist die dritte auch. Jetzt hab'n sie s' alle drei ausg'lassen. (Will fort.)

Emerentias Geist
(fasst ihn an der Hand und lässt ihn nicht aus.)
Wo willst Du hin? Du darfst nicht fort,
Du musst den Mond mit mir betrachten!
(Der Mond verwandelt sich in ein weiß umschleiertes Geisterhaupt, das aus den Wolken sieht.)

◂ Abbildung 1: „Der Alpenkönig und der Menschenfeind“, eh. Manuskript. Wiener Stadt- und Landesbibliothek, Handschriftensammlung, I.N. 11.228, Blatt 31

▴ Abbildung 2: Ferdinand Raimund's drammatische Werke. Nach den Original- und Theater-Manuscripten herausgegeben von Dr. Carl Glossy und Dr. August Sauer, 2. Auflage, Band 2, Arbeitsexemplar Eduard Castle, Wiener Stadt- und Landesbibliothek, Handschriftensammlung, Nachlaß Eduard Castle

▸ Abbildung 3: „Der Alpenkönig und der Menschenfeind“, Abschrift fremder Hand. Wiener Stadt- u. Landesbibliothek, Handschriftensammlung, Ja 38.600, S. 106

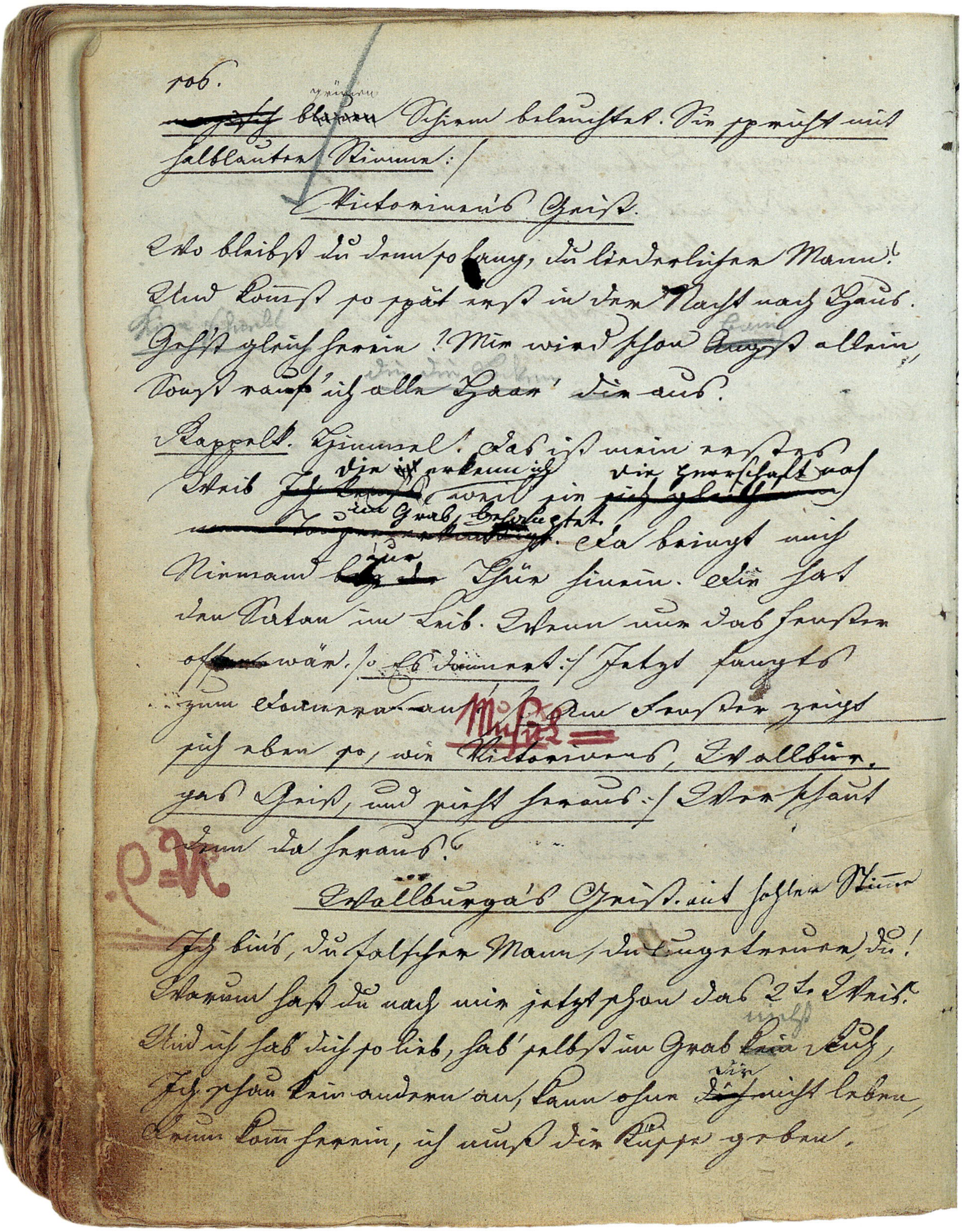

Transkription:

... blauen Schirm beleuchtet. Sie spricht mit halblauter Stimme.
Victorinens Geist. Wo bleibst du denn so lang, du liederlicher Mann? / Und kommst so spät erst in der Nacht nach Haus. / Gehst gleich herein, mir wird schon angst allein, / Sonst rauf ich alle Haar dir aus.
Rappelkopf. Himmel! das ist mein erstes Weib, die erkenn ich, weil sie die Herrschaft noch im Grab behauptet. Da bringt mich niemand bei der Tür hinein. Die hat den Satan in den Leib. Wenn nur das Fenster offen wär! (Es donnert.) Jetzt fangts zum donnern an. (Am Fenster zeigt sich, ebenso wie Victorinens, Wallburgas Geist und sieht heraus.) Wer schaut denn da heraus?
Wallburgas Geist (mit hohler Stimme). Ich bins, du falscher Mann, du Ungetreuer du! / Warum hast du nach mir jetzt schon das zweite Weib? / Und ich hab dich so lieb, hab selbst im Grab kein Ruh, / Ich schau kein andern an, kann ohne dich nicht leben. / Drum komm herein, ich muß dir Küsse geben.

Walter Obermaier

JOHANN NEPOMUK NESTROY: DIE NEUE HISTORISCH-KRITISCHE AUSGABE

Zum 200. Geburtstag Johann Nestroys, am 7. Dezember 2001, wird die neue historisch-kritische Ausgabe der Werke des Dichters in 40 Bänden komplett vorliegen. 38 Bände, von denen zehn aus zwei Teilbänden bestehen, präsentieren das gesamte dichterische Schaffen Nestroys, die restlichen beiden Bände enthalten seine Briefe und eine Ikonographie. Nach Abschluß dieser Edition sind noch zwei Nachtragsbände geplant. Der eine soll vor allem Ergänzungen zu den Stückebänden (neue Funde, Korrekturen, Ergänzungen) bringen sowie alle Texte Nestroys, die nicht zum Corpus seiner Stücke gehören; der andere wird Dokumente zum Leben und Schaffen des Dichters enthalten.

Mit diesen 40 Bänden wird eine nahezu ein Vierteljahrhundert währende Arbeit abgeschlossen sein. Als 1979 Friedrich Walla den Band „Stücke I" vorlegte, war das Unternehmen noch auf 14 Bände projektiert. Die Hoffnung, damit das Auslangen zu finden, schien durch den Blick auf die bisher vorliegenden Ausgaben der Werke Nestroys durchaus realistisch. Doch zeigte sich schon bald, daß dies eine zu optimistische Annahme war. Die „offene und pragmatische" Anlage der Ausgabe und „die von Stück zu Stück unterschiedliche Manuskriptlage" [HKA, „Stücke I", S. 7] ließ nur allgemeine Editionsrichtlinien zu, deren Interpretation und allfällige Modifizierung im Verantwortungsbereich der jeweiligen Bandbearbeiter lag. All dies führte dazu, daß exakte Vorhersagen über den zeitlichen Rahmen und den Umfang der Ausgabe lange nicht möglich waren.

Angestrebt wurde vor allem die Erstellung eines authentischen Stücktextes. Dazu tritt als dessen wesentliche Ergänzung die möglichst vollständige Wiedergabe aller Vorarbeiten des Dichters und die umfassende Dokumentation der Entstehung der einzelnen Possen, aber auch der Vorlagen und Quellen, aus denen Nestroy schöpfte. Weiters erhält die Aufnahme der Stücke durch die Zeitgenossen ausführlich Platz. All dies erwies sich zusammen mit dem Verzeichnis der Lesarten in den verschiedenen parallelen Überlieferungsträgern eines Textes und den Erläuterungen als ebenso zeit- wie platzraubendes Unterfangen.[1]

Zu Nestroys Lebzeiten war nur ein geringer Teil seiner Stücke im Druck erschienen, und erst 30 Jahre nach seinem Tod legten Vincenz Chiavacci und Ludwig Ganghofer im Stuttgarter Verlag Adolf Bonz & Comp. die erste Gesamtausgabe vor. Sie enthielt in zwölf Bänden 61 Dramen Nestroys sowie dessen Lebensbild aus der Feder von Moritz Necker. Als Textgrundlage dienten vor allem Erstdrucke und zeitgenössische Theatermanuskripte, wobei es die Herausgeber ihrem eigenen „pietätvollen Ermessen" anheimstellten, „unter den vorliegenden Varianten und Überarbeitungen diejenige zu wählen, welche ihnen am bühnenwirksamsten und dem Nestroy'schen Geist am verwandtesten erschien" (CG, Bd.1, S. VIII). Rechtschreibung, dialektale Formen, Apostrophsetzung, Bühnenanweisungen etc. wurden normiert, auf die Wiedergabe weiteren Materials oder von Erläuterungen wurde verzichtet. Immerhin konnte man in dieser Ausgabe der Werke Nestroys erstmals auch seine weniger bekannten Stücke nachlesen. Der Quellenwert der Wiedergabe beruht vor allem darauf, daß sich die Herausgeber auf Theatermanuskripte stützen konnten, die seither zumeist verschollen sind, wobei einige Stücke Nestroys heute überhaupt nur mehr in der bei CG wiedergegebenen Form vollständig überliefert sind.

Der Wunsch, sich mit dem Gesamtwerk des Autors und mit seiner Arbeitsweise auf verläßlicher Grundlage auseinandersetzen zu können, wurde in den ersten Dezennien des 20. Jahrhunderts immer größer. Dies lag nicht zuletzt daran, daß Karl Kraus die Aufmerksamkeit darauf gelenkt hatte, in Nestroy nicht nur einen genialen Possenschreiber, sondern mehr noch einen virtuosen Beherrscher der Sprache und bedeutenden Satiriker zu sehen. Nun plante der Literaturhistoriker Otto Rommel im Wiener Verlag Anton Schroll & Co. eine neue Ausgabe der Werke Nestroys, die sich zur Aufgabe gestellt hatte, anhand der Handschriften „die authentische, vom Schriftsteller gewollte Textfassung aus dem Wust einer entstellenden Tradition" wiederherzustellen (SW, 1. Bd., S. VIII). Rommel stand dabei mit dem Theaterhistoriker Fritz Brukner (der auch Teilhaber des Schroll-Verlages war) ein bedeutender Sammler und Kenner der Altwiener Volkskomödie als Mitherausgeber zur Seite. Außerdem versicherte er sich für die Transkription der Originalhandschriften, die sich zu jener Zeit noch größtenteils geschlos-

sen im Besitz von Nestroys Schwiegertochter Stephanie Nestroy-Bene befanden, der Mitarbeit von Dr. Adolf Hoffmann. Eine ganze Reihe der damals eingesehenen Autographen ist durch die teilweise Zerfledderung des Nachlasses vor seiner Übergabe an die Wiener Stadtbibliothek 1923 seither verschollen.[2] 1924 erschienen die ersten beiden Bände der „Sämtlichen Werke", und 1930 war das Unternehmen abgeschlossen. 14 Bände waren den Stücken Nestroys gewidmet, der fünfzehnte enthielt eine umfassende und dokumentenreiche biographische Arbeit aus der Feder Rommels, dazu die Wiedergabe der meisten im Nachlaß enthaltenen Dramenentwürfe, Couplets und Einfälle Nestroys, eine Chronologie seiner Stücke und Rollen sowie mehrere Register. Chiavacci und Ganghofer hatten die Stücke in jener Reihenfolge herausgegeben, die sie deren Bekanntheitsgrad für angemessen hielten. Otto Rommel wählte einen anderen, allerdings auch fragwürdigen Weg, indem er Nestroys Werk in Kategorien einteilte: Zauberspiele, Parodien, Politische Komödien, Volksstücke und Possen. Als besonders gravierender Mangel ist dabei anzumerken, daß er auf die Edition von Nestroys einzigem Trauerspiel „Prinz Friedrich" verzichtete, da dieses sich nicht in das vorgegebene Schema einordnen ließ. Bei der Erstellung der Texte orientierte sich Rommel an den Reinschriften Nestroys, soweit diese vorlagen, gegebenenfalls auch an Theatermanuskripten und Erstdrucken. Im Apparat wurden die erhaltenen Überlieferungsträger angegeben und die Rolle, die diese für die Texterstellung gespielt hatten. Allerdings lassen sich viele editorische Entscheidungen Rommels heute im einzelnen nicht mehr nachvollziehen. Zusätzlich bot er eine Auswahl aus den Textvarianten und Coupletentwürfen sowie Lesarten mit entsprechenden Hinweisen auf den Haupttext; ein weiterer Abschnitt war Nestroys Vorlage zum Stück gewidmet. Die selektive Dokumentation der zeitgenössischen Aufnahme und knappe Erläuterungen einzelner Begriffe oder Anspielungen rundeten die Edition ab.
Umfaßten die „Sämtlichen Werke" 74 komplette Stücke sowie Quodlibets, dramatische Fragmente und Texte aus Nestroys literarischer Werkstatt, so legte Rommel 1948/49 in den ebenfalls bei Schroll erschienenen „Gesammelten Werken" nur 46 Possen vor, wobei er vereinzelt kleinere Korrekturen gegenüber dem Text der „Sämtlichen Werke" vornahm und Quellenangaben ergänzte. Dazu bot er eine Auswahl aus dem literarischen Nachlaß Nestroys und ein sehr hilfreiches Coupletverzeichnis.
Bei aller Wertschätzung für die Verdienste Otto Rommels, der mit den „Sämtlichen Werken" Pionierarbeit geleistet hatte, konnte seine Edition auf Dauer die Ansprüche moderner Editionstechnik nicht befriedigen, so daß Überlegungen zu einer Neuedition der Werke Nestroys angestellt wurden. Die seit 1977 erscheinende historisch-kritische Ausgabe verdankt ihr Entstehen einer Anregung von Hans Weigel, die von Helmut Leiter, dem Lektor des Verlages Jugend und Volk, aufgegriffen wurde. Er versicherte sich mit Jürgen Hein (Münster) und Johann Hüttner (Wien) zweier Herausgeber, die von ihrer wissenschaftlichen Kompetenz her die für eine Nestroy-Ausgabe so wichtigen Fachgebiete Literatur- und Theaterwissenschaft hervorragend abdeckten. Das Herausgeberteam wurde 1993 um W. Edgar Yates (Exeter) und Walter Obermaier (Wien) erweitert.
Nach den beiden die Ausgabe begleitenden Bänden der „Ikonographie" (1977) und der „Briefe" (1978) folgten ab 1979 die Stückebände. Die Anordnung der Possen innerhalb der Ausgabe ist streng chronologisch, so daß sich die Entwicklung von Nestroys Schaffen ab den ersten dramatischen Versuchen 1827 bis zu seinem letzten Stück im Todesjahr 1862 verfolgen läßt. Es wurden damit auch inhaltliche und qualitative Wertungen, wie sie den Aufbau bei Chiavacci/Ganghofer und bei Rommel bestimmten, vermieden.
Ziel der neuen Ausgabe sind auf sicherer philologischer und historischer Grundlage stehende Texte der dramatischen Produktion Nestroys, verbunden mit einer möglichst umfassenden Dokumentation des Schaffensprozesses. Die Haupttexte folgen philologisch getreu den Handschriften, soweit es sich um Reinschriften oder diesen nahestehende Manuskripte handelt. In jedem Fall wird jenem Überlieferungsträger (Reinschrift, Theatermanuskript, Erstdruck etc.), aus dem sich die vom Autor intendierte Fassung ablesen läßt, der Vorzug gegeben. In Zweifelsfällen, etwa wenn Nestroy auf Grundlage seiner ursprünglichen Fassung einen geänderten Spieltext erstellt hatte, bringt die Ausgabe beide Fassungen eines Stückes. Darüber hinaus werden sämtliche verfügbaren Textzeugnisse herangezogen und in möglichst lückenloser Transkription abgedruckt. Dies gilt vor allem für Nestroys Originalhandschriften, die oft von ersten Einfällen und Entwurfsskizzen über ausgearbeitete Szenarien bis zu einem der Reinschrift vorausgehenden Erstentwurf reichen können. Abschriften fremder Hand in Form von Theatermanuskripten oder Rollenbüchern sowie Drucke, Zensurmanuskripte und Partituren veranschaulichen die Phasen, die ein Stück in Abhängigkeit von Theaterpraxis und Zensur durchlaufen mußte, ehe es zur Aufführung kam. Zumindest in den Lesarten und Varianten wurden auch diese Texte berücksichtigt. Die Texte der Vorlagen zu den Possen Nestroys, von denen zwar noch immer nicht alle bekannt sind, aber manche neu aufgefunden wur-

den, werden wiedergegeben oder – wenn der Text leicht erreichbar ist – umfassend referiert. Ausführliche Erläuterungen erleichtern das Verständnis des Textes, ein gesondertes Kapitel zur Rezeptions- und Wirkungsgeschichte verzeichnet zeitgenössische Pressestimmen, gegebenenfalls auch Dokumente zum publizistischen und zeitgeschichtlichen Umfeld. Die Ausgabe enthält weiters knappe Hinweise zur Musik insbesondere der Couplets; die Wiedergabe der Singstimme beruht auf den Originalpartituren oder zeitgenössischen Drucken. Neben möglichst weit gefaßten Literaturangaben zu den Stücken werden knapp auch die bisherigen literarhistorischen Einordnungsversuche erwähnt. Außerdem ergänzen exemplarische Abbildungen den Apparat.
Anhand eines signifikanten Beispiels sei die unterschiedliche Vorgangsweise der einzelnen Werkausgaben deutlich gemacht. Die Posse „‚Sie sollen ihn nicht haben!' oder Der holländische Bauer" wurde am 12. Jänner 1850 im Carltheater uraufgeführt. Das Stück basiert auf dem fünfaktigen Comédie-Vaudeville „Habit, veste et culotte" von Varin und Boyer. Nestroy lag eine handschriftliche, bereits bearbeitete Übersetzung des französischen Originals vor. Auf Grund dieses Textes fertigte er eine mit dem Arbeitstitel „Rock" überschriebene Inhaltsangabe des Stückes an, wobei er bereits Überlegungen zur Umsetzung in sein eigenes Stück anstellte. Danach skizzierte er in die Vorlagenübersetzung erste Dialogentwürfe. Auf ein Szenarium, wie es Nestroy sonst oft anlegte, scheint er diesmal verzichtet zu haben – zumindest hat sich keines erhalten. Er verfaßte nun einen ersten Entwurf des von ihm auf drei Akte angelegten Stückes und machte sich, davon ausgehend, an die Reinschrift. Diese weist auf den frei gehaltenen Seitenrändern zahlreiche später durchgestrichene Dialogskizzen für die jeweils folgenden Szenen auf. Es handelt sich zumeist um Stellen, die mit dem endgültigen Text identisch sind, im ersten Entwurf aber noch fehlen. Offenbar knapp vor der Aufführung strich Nestroy die Posse überhastet und unter Mithilfe eines bis jetzt unbekannt gebliebenen Mitarbeiters auf zwei Akte zusammen. In dieser Form gelangte sie auch zur Aufführung. Erst ganz zuletzt fügte er die Couplets und das Schlußquodlibet ein. Zu diesen haben sich Reinschrift und Vorarbeiten erhalten, ebenso wie Skizzierungen zu einzelnen Szenen der Posse. Den Titel „Der holländische Bauer" trägt Nestroys Reinschrift der Couplets, den endgültigen Titel – wohl auch er erst in letzter Minute formuliert – dokumentiert nur der Theaterzettel.
In CG (Bd. 6, S. 149–199) ist die Posse unter dem Titel „Der holländische Bauer, oder: ‚Sie sollen ihn nicht haben'" veröffentlicht. Der Druck beruht mit hoher Wahrscheinlichkeit auf einem Theatermanuskript der zweiaktigen Bearbeitung, das auf der Grundlage der umgearbeiteten Reinschrift Nestroys erstellt worden war. Bei aller Problematik der Editionstechnik verfügt er doch über einen beachtlichen Quellenwert, da das zugrundeliegende Manuskript heute verschollen ist.
In SW fand das Stück, das Rommel in die Werkkategorie „Possen" einreihte, im 13. Band (Die Possen. Fünfter Teil), S. 259–382, unter dem Titel „Der holländische Bauer, oder ‚Sie sollen ihn nicht haben'" Aufnahme; der kritische Apparat ist im Anhang (S. 647–674) wiedergegeben. Rommel hatte sich für den Abdruck der ursprünglichen dreiaktigen Fassung entschieden. Die zweiaktige Fassung erwähnt er nur kurz, verweist auf CG und gibt ein Verzeichnis der wichtigsten Streichungen (S. 663 f.) sowie einige völlig geänderte Szenen nach dieser Quelle wieder. An Originaltexten Nestroys zitiert Rommel nur einige kleinere Varianten aus den Vorarbeiten, insbesondere zum Schluß-Quodlibet. Er verzeichnet alle ihm bekannten Handschriften zu dem Stück und referiert ausführlich die Vorlagenübersetzung (die Vorlage selbst war ihm unbekannt geblieben). Dazu wird aus einer sehr kleinen Auswahl zeitgenössischer Rezensionen (insgesamt aus vier) zitiert, worauf einige Erläuterungen zu schwer verständlichen Wörtern oder Redensarten folgen.
1997 erschien als Bd. 28/I der HKA „Der holländische Bauer – ‚Sie sollen ihn nicht haben!'" (hg. von Walter Obermaier). In dieser Edition werden sowohl die ursprüngliche dreiaktige, als auch die schließlich zur Aufführung gelangte zweiaktige Fassung als Haupttexte gebracht. Die letztere wurde aus der Handschrift erstellt (wobei die Eingriffe von Nestroys unbekanntem Mitarbeiter gekennzeichnet wurden), nur bei einigen unklaren oder fehlenden Stellen mußte auch der Druck von CG herangezogen werden. Den Texten folgt das Kapitel „Überlieferung" mit einem annotierten Verzeichnis aller Handschriften und Drucke, dann die Argumentation für die „Textgrundlage" und ein Bericht über „Entstehung und Quelle" des Werkes. Vor dem Hintergrund des „publizistischen Umfelds" wird „Die zeitgenössische Kritik" (insgesamt 19 Rezensionen und Artikel) abgedruckt. Es folgt die Edition der „Vorlagenübersetzung" und schließlich die Wiedergabe sämtlicher „Vorarbeiten" Nestroys: Die Inhaltsangabe der Vorlagenübersetzung und die Anmerkungen dazu, der Entwurf zum 2. und 3. Akt, Beispiele aus den ausgestrichenen und auf weiten Strecken dadurch unleserlichen Randtexten in der Reinschrift, schließlich die Monolog- und die Coupletentwürfe. Der Zensur ist nur ein kurzes Kapitel gewidmet. Sie war zwar als

Institution 1850 faktisch nicht existent, doch herrschte in Wien der Belagerungszustand, und die militärische Obrigkeit hatte auch auf die Theater ein wachsames Auge. Nestroy verzichtete bei diesem Stück auf die Auszeichnung „zensurverdächtiger" Stellen mit roter Tinte, hat aber fallweise entsprechende Anmerkungen in sein Manuskript eingefügt. Lesarten und ausführliche Erläuterungen sowie Abbildungen und eine photomechanische Wiedergabe des Textes der französischen Vorlage schließen den Band ab.

Somit liegt, wie in der gesamten Edition, auch in diesem Band erstmals das gesamte relevante handschriftlich überlieferte Material zu Nestroys Posse und eine reichhaltige Quellendokumentation vor, womit es der Forschung möglich ist, den schriftstellerischen Arbeitsprozeß Nestroys und die theatralische Umsetzung nachzuvollziehen.

Ausgaben:

Johann Nestroy's Gesammelte Werke. Hg. von Vincenz Chiavacci und Ludwig Ganghofer, 12 Bde., Stuttgart 1890/91. [= CG]

Johann Nestroy, Sämtliche Werke. Historisch-kritische Gesamtausgabe. Hg. von Fritz Brukner und Otto Rommel, 15 Bde., Wien 1924–1930 (Nachdruck 1974). [= SW]

Johann Nestroy, Gesammelte Werke. Hg. von Otto Rommel, 6 Bde., Wien 1948/49 (Nachdruck 1962). [= GW]

Johann Nestroy, Sämtliche Werke. Historisch-kritische Ausgabe von Jürgen Hein, Johann Hüttner, Walter Obermaier und W. Edgar Yates, Wien 1977 ff. [= HKA]

[1] Zu den Editionsgrundsätzen der HKA vgl. neben den Einleitungen zu den einzelnen Stückebänden vor allem Jürgen Hein: „Aspekte der Nestroy-Edition", in: editio 3 (1989), S. 114–124; ders.: „Editorische Überlegungen zu Nestroys Possen und ihre Quellen", in: editio 9 (1997), Beihefte, S. 223–234; Friedrich Walla: „Prolegomena zur neuen Nestroy-Ausgabe", in: Jahrbuch für Internationale Germanistik 12 (1980), S. 196–201; W. E. Yates, „Prospects of Progress: Nestroy Re-edited", in: Journal of European Studies IX (1979), S. 196–205; ders., „Editing Nestroy", in: German Life and Letters 36 (1982/83), S. 281–293.

[2] Zur Geschichte des Nachlasses vgl. Karl Gladt: „Die Handschriften Johann Nestroys", Graz-Wien-Köln 1967, S. 11–21.

▲ Abbildung 1: „‚Sie sollen ihn nicht haben!‘ oder Der holländische Bauer“, Inhaltsangabe der Vorlagenübersetzung, S. 1. Nestroys eigene Handschrift. Wiener Stadt- und Landesbibliothek, Handschriftensammlung, I.N. 104.601. In SW (Bd. 13, S. 648) als H8 beschrieben, aber nicht ediert. In HKA, Stücke 28/I, S. 307/08

Transkription:

·Rock· I ·Act· Einleitung (+ im Laden +), Kundschaften, welche kaufen. ·Expositionen· wegen dem Bräutigam in Hause im Dienst, mit der Haustochter. Das wie und wann. Erbschaftshoffnung. Befürchtungen. Untreuverdächte. Beschwichtigung durch Erbschaftshoffnung. *[Zusatz in der linken freien Spalte:* (+ Tanzlust +)*]* Ankunft des Koffers durch verkleidete frühere Geliebte. Kofferaufsprengung, Geliebte früher ab. Findung des Anzuges. Ärger. Laufpaßgebung an Bräutigam. Köchin allein, ihr wird der Anzug geschenkt. Hebamme kommt als Kundschaft, kauft den Anzug zum Maskenball. ab. Darauf kom[m]t Bräutgam will fort aus dem Hause. Seine als Mann verkleidete Geliebte komme ·retour· von ihm unerkannt, hat vergessen den Schlüssel abzugeben. Die Tante läßt sagen das Anhängsel nicht zu vergessen. Gelibte ab. ·Bräutg· liest das Anhängsel, von den 50.000 fl, Triumph. ·Schwigervat· und Braut kommen Anfangs ·brutal·, ·Brtg· sagt lesen Sie, allgemeines Staunen, Versöhnung ·Cajiolierung·. Wo ist der Rock –? Verkauft. an wen? – hir Adresse. Fort den Rock zu wieder·acquirieren·! ab Ende des I^{stn} ·Act·

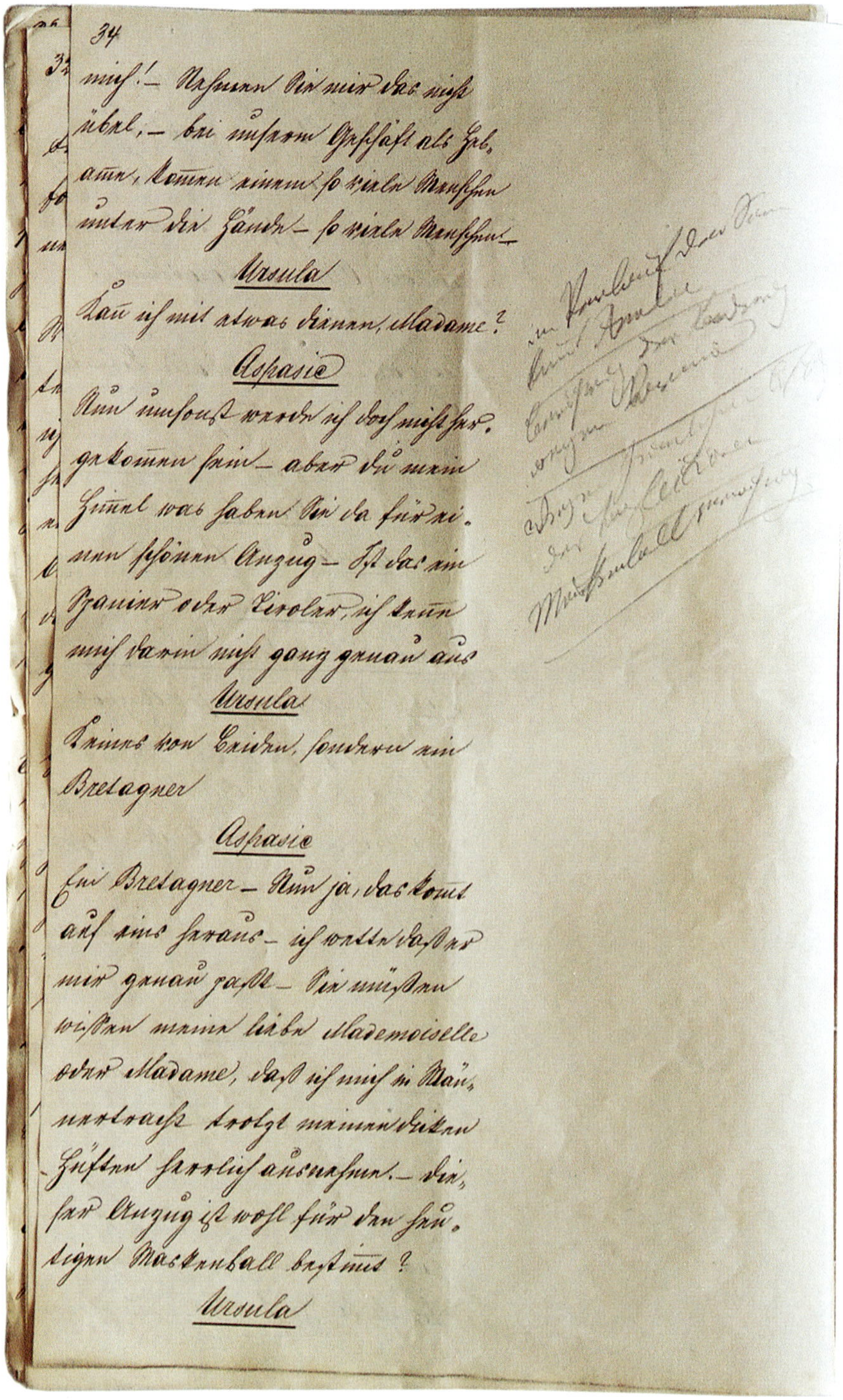

▲ Abbildung 2: Vorlagenübersetzung unbekannter Hand, S. 34. Anonyme Handschrift mit eh. Anmerkungen Nestroys. Wiener Stadt- und Landesbibliothek, Handschriftensammlung, I.N. 33.466. Nestroy notiert am Rand in Stichworten, was ihm für die Ausarbeitung dieser Szene wesentlich ist. In SW (Bd. 13, S. 648) als H7 beschrieben, aber nicht ediert. In HKA, Stücke 28/I, S. 258, die Zusätze Nestroys S. 317

Transkription (ab Zeile 5, inkl. der Randbemerkung, bis Zeile 16):

URSULA Kann ich mit etwas dienen, Madame?
ASPASIE Nun umsonst werde ich doch nicht hergekommen sein – aber du mein Himmel was haben Sie da für einen schönen Anzug – Ist das ein Spanier oder Tiroler, ich kenne mich darin nicht ganz genau aus.
URSULA Keines von Beiden, sondern ein Bretagner.

[Neben dem Dialog Ursulas mit Aspasie Kann ich mit etwas dienen […] ganz genau aus, *vier Zusätze:]*

(+ im Verlauf der Scen kommt Amalie +)

(+ Berührung der *{[ein Wort unleserlich]}* wegen {Vormund} +)

(+ Wegen heimlichen Besuch der Tanzlectionen +)

(+ Maskenballerwähnung +)

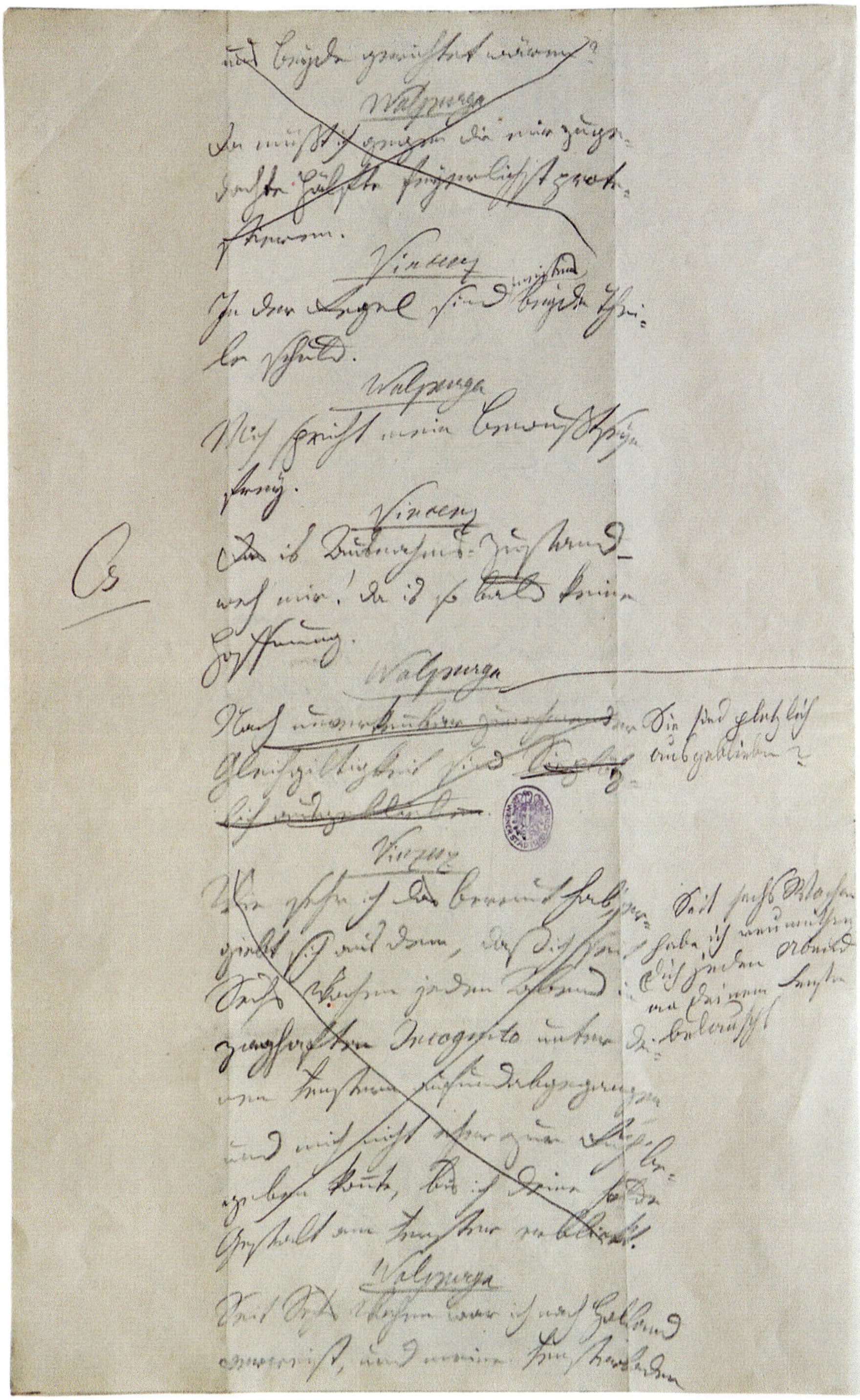

▲ Abbildung 3: Reinschrift, Bogen 23, S. 4. Nestroys eigene Handschrift mit Kürzungen und Umarbeitungen tw. fremder Hand. Wiener Stadt- und Landesbibliothek, Handschriftensammlung, I.N. 33.396. In CG (Bd. 6, S. 176) nur die (über die aus der Handschrift ablesbaren Streichungen hinaus gekürzte) zweiaktige Fassung ediert. In SW (Bd. 13, S. 648) als H (3aktige Fassung) bzw. H1 (2aktige Fassung) beschrieben; nur die dreiaktige ediert (S. 324). In HKA, Stücke 28/I, S. 50/30–51/6 die 3aktige Fassung; S. 137/1–9 die 2aktige Fassung (die Eingriffe fremder Hand sind durch eine kleiner Schrifttype kenntlich gemacht). Der am Rand notierte Hinweis „Cs" (= Censur) wird im Kapitel „Vorzensur" (S. 433–436) berücksichtigt, Kürzungen in CG in den Lesarten S. 451

Transkription der 3aktigen Fassung ab Zeile 6:

VINCENZ. In der Regel sind meistens beyde Theile schuld.

WALPURGA. Mich spricht mein Bewußtseyn frey.

VINCENZ. Das is Ausnahms-Zustand – weh' mir! da is so bald keine Hoffnung.

WALPURGA. Nach unverkennbar zunehmender Gleichgiltigkeit sind Sie plötzlich ausgeblieben.

VINCENZ. Wie sehr ich das bereut hab', ergiebt sich aus dem, daß ich seit Sechs Wochen jeden Abend in zaghaften·Incognito· unter deinen Fenstern aufundabgegangen, und mich nicht ehre zur Ruh' begeben könnte, bis ich deine holde Gestalt am Fenster erblickt.

WALPURGA. Seite sechs Wochen war ich nach Holland verreist, und meine Fenster.

Transkription der 2aktigen Fassung von Zeile 16 bis 28, Randbemerkungen:

WALPURGA. Sie sind pletzlich ausgeblieben?

VINCENZ. Seit sechs Wochen habe ich reumüthig dich jeden Abend an deinem Fenster belauscht.

Hermann Böhm

FRANZ GRILLPARZER: DER NACHLASS UND DIE HISTORISCH-KRITISCHE AUSGABE

Andere Dichter sehnen sich mit Inbrunst danach, schon zu Lebzeiten durch Gesamtausgaben eine bleibende Manifestierung ihres literarischen Schaffens zu erreichen. Nicht so Franz Grillparzer. Obwohl er sich als Dichter durchaus nicht für gering erachtete, lehnte er die Publizierung einer Werksammlung stets ab. Zwei Gründe waren für ihn dabei maßgebend: Die Furcht, durch eine allzu frühe Herausgabe an dichterischer Wirkung einzubüßen, zum andern die politischen und zensurbedingten Zustände in Österreich. In einem Brief vom 25. Jänner 1835 an den Besitzer der Göschenschen Buchdruckerei im sächsischen Grimma, Ferdinand Philippi, der ihm die Herausgabe sämtlicher Werke in einem Band offerierte, legte Grillparzer seinen Standpunkt dar.

„Solche Gesammtausgaben in Einem Bande dürften hauptsächlich bei den Werken bereits verstorbener Dichter, oder Solcher anwendbar seyn, die ihr literarisches Wirken bereits abgeschlossen haben, und dessen Endresultat dem Publikum gesammelt übergeben. Letzteres (so wie glücklicherweise auch ersteres) ist bei mir nicht der Fall.“[1]

Zwingender aber noch schien ihm, daß die österreichische Zensur einer Gesamtausgabe entgegenstehen könnte. Frühe, trübe Erfahrungen hatte er schon mit dem Trauerspiel „König Ottokars Glück und Ende“ machen müssen, das für zwei Jahre in der Censurshofstelle lag, ehe es erst 1825 zur Aufführung am Hofburgtheater kam. Ähnliches befürchtete Grillparzer auch in bezug auf sein lyrisches Schaffen: „Bei der, villeicht nur durch vorübergehende Zeitumstände veranlaßten, überstrengen Censur meines Vaterlandes müßten aber aus einer Samlung dieser Gedichte nothwendig mehrere weggelassen werden, die ich unter die besten rechne, o h n e welche und mit welchen ich sie einerseits nicht druken lassen will, andererseits nicht k a n n.“[2]

Aber auch 1845 stand er zwei weiteren Angeboten nicht günstiger gegenüber. Obwohl der Wiener Buchhändler Ignaz Klang schon Probedrucke angefertigt hatte und auch eine Stuttgarter Firma ein Angebot machte, lehnte der Dichter, der sich mittlerweile aus der literarischen Öffentlichkeit gänzlich zurückgezogen hatte, wieder ab, wenngleich mit einer kleinen Einschränkung: „Die dramatischen [Werke] sind ohnehin gedruckt, und mit den lyrischen will ich abwarten bis zu Metternichs Tode. Dann, weiß ich, darf man Alles drucken lassen. Ich will durchaus jeder Berührung mit der Zensur ferne bleiben.“[3]

Grillparzer hat sein Wort nicht gebrochen, wenn er auch das Ende der österreichischen Zensur optimistisch viel zu früh angesetzt hatte. So ist tatsächlich seine Aussage im Brief an Paul Heyse vom 16. Juni 1870 eingetreten: „Von einer Ausgabe meiner sämtlichen Arbeiten kann nur die Rede seyn nach meinem Tode [...]“[4]

Grillparzer starb am 21. Jänner 1872 und schon kurz danach ging seine Haupterbin, Katharina Fröhlich, mit bemerkenswerter Energie an die Vorbereitungen für eine Gesamtausgabe. Dazu mußte zunächst der Nachlaß gesichtet und geordnet werden. Grillparzer hatte zwar nichts weggeworfen, er hatte aber auch kein System in seine Manuskripte und Briefe gebracht. Sauer bezeichnet das Material sogar als „gänzlich ungeordnet“. Umso erstaunlicher aus der Sicht eines heutigen Nachlaßbearbeiters also die Tatsache, daß es Theobald von Rizy, dem jüngeren Cousin Grillparzers gelang, innerhalb von 48 Stunden „aus einem Wust von Blättern ein brauchbares Ganzes“[5] zu machen. Natürlich konnte man hier nicht die Grundsätze und Regeln moderner Nachlaßerschließung voraussetzen, immerhin gelang es aber, die Vorarbeiten für eine erste Gesamtausgabe zu leisten. Unter den vielen Fundstücken im Nachlaßkorpus wohl das überraschendste war das 160 Seiten starke Manuskript einer „Selbstbiographie“, von deren Existenz man nichts geahnt hatte.

Das verlegerische Interesse an Grillparzers Werken war groß, wie die zahlreichen Angebote österreichischer und deutscher Verlage beweisen. Das Rennen machte schließlich Cotta aus Stuttgart, der für die Erwerbung der dauernden Rechte 40 000 fl. bot, was Katharina Fröhlich schließlich nach einigen Bedenken annahm. Bereits im Herbst 1872 war die zehnbändige Ausgabe fertiggestellt, durch die Eile der von Heinrich Laube und Josef Weilen besorgten Edierung jedoch zwangsläufig mit vielen Fehlern und Lücken behaftet. Die folgenden fünf Auflagen bis 1892 konnten diese Mängel großteils beseitigen, so daß die Cottasche Ausgabe lange Zeit das maßgebende Kompendium zu Grillparzer blieb.

Obwohl Katharina Fröhlich ursprünglich beabsichtigt hatte, den Nachlaß der Wiener Hofbibliothek zu übergeben, wurde dieser dann mit Schreiben vom 24. Mai 1878 der Stadt Wien als Legat überantwortet. Bedingung war,

„daß dieser gesamte Nachlaß des Dichters ungeteilt in einem entsprechenden Raum des neuen Rathauses, welcher den Namen ‚Grillparzer Zimmer' führen möge, aufgestellt, verwahrt und der Besichtigung der Besucher in entsprechender Weise zugänglich gemacht werde"[6].

Vom Wiener Gemeinderat wurde diese Schenkung dankend angenommen, sie gab damit indirekt den Anstoß zur Gründung der Handschriftensammlung zweieinhalb Jahrzehnte später. Die tatsächliche Eingliederung des handschriftlichen Nachlasses erfolgte allerdings erst nach dem Tode Rizys im Mai 1882, der die Papiere so lange bei sich behalten hatte. Der Nachlaß wurde im Rahmen der Druckschriftensammlung verwahrt und erhielt die magische Sammelinventarnummer 1. Zunächst verhinderte das fehlende Wissen, wie man mit Handschriften überhaupt umzugehen habe, eine detaillierte Bestandsaufnahme und eine auf wissenschaftlicher Basis stehende Erschließung. Man kann aber sagen, daß das Nachlaßmaterial auf dem Gebiet der im Entstehen begriffenen Editionsphilologie ein Übungsfeld für zahlreiche junge Literatur- und Sprachforscher darstellte, denen von der Stadt Wien Einblick in die Bestände gewährt wurde. So entstanden zwar Teileditionen und Einzeluntersuchungen zu Werk und Leben Grillparzers, eine systematische Ordnung des Nachlasses jedoch unterblieb. Dies änderte sich erst, als sich die damalige Bibliotheksleitung 1905 entschloß, das eher planlose Sammeln von Nachlässen und Handschriften durch die Schaffung neuer Instruktionen und Inventare wissenschaftlich klar zu strukturieren. Die Erschließung des Grillparzer-Nachlasses beanspruchte erhebliche Zeit und wurde erst um 1930 zum Abschluß gebracht.

Da die bisherigen Ausgaben der Werke Grillparzers, vor allem die Cottasche, den philologischen Ansprüchen der Germanistik nicht mehr genügten, darüber hinaus man aber dem bereits zur Ikone gewordenen Dichter ein dauerndes literarisches Denkmal setzen wollte, faßte man den Gedanken zur Schaffung einer historisch-kritischen Gesamtausgabe. Nicht nur wissenschaftliches Interesse, sondern auch der politische Wille des Wiener Bürgermeisters Karl Lueger waren dafür die Voraussetzung. Nach Beschluß der Stadtratsitzung vom 7. Jänner 1909 wurde der Scherer-Schüler August Sauer mit der Editionsarbeit betraut und die Drucklegung an den Wiener Verlag Gerlach & Wiedling vergeben. Der seit 1886 an der Prager deutschen Universität lehrende Sauer hatte schon die vierte und fünfte Ausgabe von Cotta besorgt, war mit dem Werk Grillparzers also bestens vertraut, wie auch zahlreiche Einzelstudien belegen. Grundgedanke der Ausgabe war es, „Grillparzers Werke in möglichster Vollständigkeit und Reinheit auf Grund aller erreichbaren Drucke und Handschriften darzubieten"[7]. Darüber hinaus sollte die Entwicklung des Dichters und jedes einzelnen seiner Werke überblickbar und die Möglichkeit geboten werden, Textgestaltung und Überlieferung nachzuprüfen.

Sauer entwarf zunächst einen Editionsplan, der die Drucklegung von 25 Bänden in drei Abteilungen, Werke, Jugendwerke, Tagebücher und Briefe, vorsah. Allerdings kamen weder er noch der Verlag Gerlach & Wiedling ihren Terminverpflichtungen pünktlich nach, so daß 1915, von Sauer optimistisch als Abschlußjahr der Ausgabe vorgesehen, erst 7 Bände vorlagen. Daran waren sowohl Sauers berufsbedingte Überlastung, seine schwere Erkrankung 1914 und vor allem die Kriegsereignisse schuld. Immerhin konnten aber 1916/17 noch einige weitere Bände erscheinen, bevor die Herausgabe für lange Jahre stockte. Hauptsächlich waren dafür verantwortlich Unstimmigkeiten zwischen Sauer und dem Verlag Gerlach & Wiedling und die langsame Arbeitsweise der Druckerei Jasper. So sah es danach aus, als ob die Gesamtausgabe tatsächlich nur ein Torso bleiben würde. Schließlich wurde von seiten des Verlags Gerlach & Wiedling der Vertrag mit der Stadt Wien gekündigt, nachdem es auch zu finanziellen Streitigkeiten gekommen war. 1923 wurde der Verlag Anton Schroll mit der Drucklegung betraut, wobei als Fertigstellungstermin der Ausgabe nun das Jahr 1930 in Aussicht gestellt wurde.

Dieser Optimismus erhielt durch den Tod Sauers im September 1926 einen neuerlichen Dämpfer. Bis zu diesem Zeitpunkt waren 29 Bände in allen drei Abteilungen erschienen. Sauer hatte keine Verfügung darüber getroffen, wer sein Nachfolger in der Editionsarbeit werden sollte. Dazu fachlich geeignete Germanisten wie Eduard Castle oder Stefan Hock sagten auf Grund ihrer früheren persönlichen Abneigung gegen Sauer ab, und auch aus dem bisherigen Mitarbeiterstab waren die meisten nicht zu einer Übernahme der Editionsleitung zu bewegen.

Die Ausnahme war Reinhold Backmann, der schon mit Beginn der Edition, 1909, Sauer beratend und als Bandbearbeiter zur Seite gestanden hatte. Ihm ging es vor allem darum, die Arbeit Sauers in dessen Sinn fortzusetzen, womit wir beim methodologischen Aufbau der Ausgabe angelangt sind. Schon bald nach dem Erscheinen der ersten Bände mußte Sauer einsehen, daß der geplante Umfang der Ausgabe bei weitem überschritten werden würde, und er sah sich auch zu zahlreichen Änderungen im textkritischen Apparat genötigt. Der Mangel an Systematik in Sauers und seiner Helfer Arbeitsweise führte so zu erheblichen Mängeln in der Einteilungsgrundlage und den Bandbezeichnungen.

Die komplizierte und unüberschaubare Editionspraxis zwang zur Anlage zahlreicher, enorm umfangreicher Zettelkataloge und Nebenverzeichnisse im Umfang von mehreren 100 000 Blättern. Zudem ergaben sich auch Probleme im Zusammenspiel der Editionsarbeiten und der gleichzeitig laufenden Erschließung des Nachlasses in der Bibliothek, wobei eben die von Sauer durchgeführte Ordnung in jeder Hinsicht den Instruktionen der Handschriftensammlung zuwiderlief. Der Zugriff auf die Originalhandschrift wird insofern erschwert, als in den Bänden die Inventarnummern nicht angeführt werden, nicht angeführt werden konnten, da die Inventarisierung ja erst später erfolgte.
Karl Gladt, Leiter der Sammlung von 1950 bis 1974, betont, daß es „kaum eine andere historisch-kritische Ausgabe gibt, deren Einteilungsgrundlage und Bandbezeichnung so verwirrend erscheinen wie die der Werke Grillparzers“[8].
Gladt konstatiert auch, daß die von Backmann herausgegebenen Bände noch komplizierter angelegt seien. Dies scheint allerdings logisch, da ja Backmann an der Struktur der Ausgabe nichts mehr ändern konnte, wohl auch nicht wollte. Was er wollte, war, dem Leser im Apparat eine Übersicht über die Textentstehung zu geben, wobei frühere Fassungen eines Textes, gleichwertig und gleichberechtigt neben die Schlußgestalt des edierten Textes gestellt wurden, der Apparat sozusagen zu einem Partner des edierten Textes gemacht wurde.
Dies trug ihm innerhalb der Editionswissenschaft den Vorwurf ein, Texte in Einzelteile zu zerstückeln, die ohne Kenntnis der Originalhandschrift jegliche Aussagekraft verlören.
Dennoch hat sich Friedrich Beißner in der Stuttgarter Hölderlin-Ausgabe Backmanns Forderungen zunutze gemacht und zwar erfolgreich. Lange Zeit war diese Ausgabe das „absolute Muster kritischer Textausgaben“[9].
Stark leidet der Gebrauchswert der Grillparzer-Ausgabe auch darunter, daß sie weder zu den Text- noch zu den Brief- und Dokumentenbänden ein Register besitzt. Es bleibt bis heute ein Desiderat. Unbestreitbares Verdienst von Backmann war es, die Arbeit an der Ausgabe, angesichts aller eingestandener und nicht mehr gutzumachender Mängel unbeirrbar fortgesetzt zu haben, trotz wirtschaftlicher Enge und der allgemeinen Not der Kriegsjahre. Bei seinem Tod am 4. März 1947 lagen 41 gedruckte Bände vor. Der 42. und letzte Band erschien 1948. Zwei Fragmente zur Papierbeschreibung und eines Inventarbandes werden wohl im archivalischen Stadium verharren. Wenn wir uns Gedanken über eine neue historisch-kritische Ausgabe zu Franz Grillparzer machen, können wir Sauers und Backmanns Ansicht für ihre Ausgabe getrost nachvollziehen:

„Es gibt nur ein Ausgabeprinzip; entweder ist ein Schriftsteller eine kritische Ausgabe wert oder nicht. Das ist die einzig richtige Ansicht. Verdient ein Schriftsteller eine kritische Ausgabe, so hat diese mit ihren Erläuterungen und ihrem Apparat die Grundlage für alle weiteren wissenschaftlichen oder unwissenschaftlichen Ausgaben zu bilden. Alles andere geht uns hier nichts an.“[10]

Ausgaben:
Grillparzers sämmtliche Werke. Hg. von Heinrich Laube und Josef Weilen. Bd. 1–10. Stuttgart: J. G. Cotta, 1872.
Werke (ab 1916: Sämtliche Werke). Historisch-kritische Gesamtausgabe. Im Auftrag der Reichshaupt- und Residenzstadt (ab 1923: Bundeshauptstadt) Wien (ab 1930: Mit Unterstützung des Bundesministeriums für Unterricht und der Bundeshauptstadt Wien), hg. von August Sauer (ab 1930: fortgeführt von Reinhold Backmann). Bd. 1–42. Wien: Gerlach & Wiedling (1909–1923), Wien: Anton Schroll (1924–1949).
Sämtliche Werke, Ausgewählte Briefe, Gespräche, Berichte. Hg. von Peter Frank und Karl Pörnbacher. Bd. 1–4. München: Hanser (1960–1965).
Werke in drei Bänden. Ausgewählt und eingeleitet von Claus Träger. Berlin, Weimar: Aufbau-Verlag, 1967.

1 Franz Grillparzer an Ferdinand Philippi. Brief vom 25. Jänner 1835. Wiener Stadt- und Landesbibliothek. Handschriftensammlung 818.
2 Ebenda.
3 Grillparzers Gespräche und die Charakteristiken seiner Persönlichkeit. Hg. von August Sauer, 6 Bde. (= Schriften des Literarischen Vereins in Wien). Bd. 3, S. 357.
4 Franz Grillparzer an Paul Heyse. Brief vom 16. Juni 1870. Wiener Stadt- und Landesbibliothek. Handschriftensammlung 223.370.
5 Franz Grillparzer. Werke. Hg. von August Sauer, fortgef. von Reinhold Backmann, 42 Bde. Erster Band. Wien 1909. S. XVIII.
6 Ebenda. S. XXVII.
7 Ebenda. S. XXIX.
8 Karl Gladt, Die historisch-kritische Gesamtausgabe der Werke Franz Grillparzers. Vortrag beim Grillparzer-Forum Forchtenstein 1966. Sonderdruck. S. 92.
9 Bodo Plachta, Editionswissenschaft. Stuttgart. 1997. S. 33.
10 Reinhold Backmann: Die Gestaltung des Apparates in den kritischen Ausgaben neuerer deutscher Dichter. Sonderabdruck aus: Euphorion. Bd. XXV, H. 4. Leipzig und Wien 1924, S. 631.

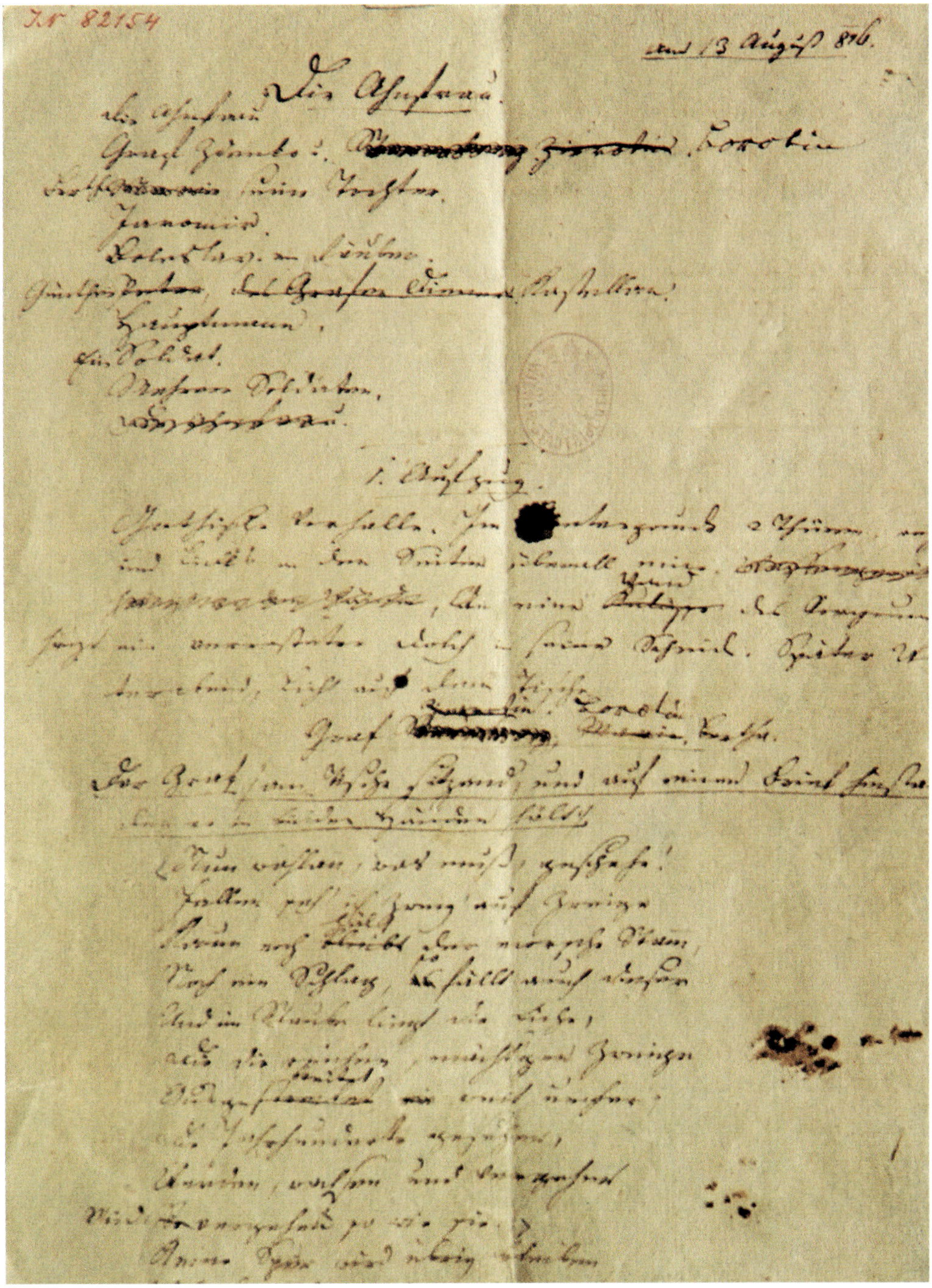

▲ Abbildung 1: Franz Grillparzer: „Die Ahnfrau". Eh. Manuskript des ersten Aktes (4aktige Fassung). Wiener Stadt- und Landesbibliothek, Handschriftensammlung, I.N. 82.154, S. 1

Transkription nach dem Druck bei Sauer/Backmann:

am 13. August 816

Die Ahnfrau

Die Ahnfrau.
Graf Zdenko von Borotin.
Bertha seine Tochter.
Jaromir
Boleslav ein Räuber.
Günther, Kastellan.
Hauptmann.
Ein Soldat.
Mehrere Soldaten.

1. Aufzug:
Gothische Vorhalle. Im Hintergrunde zwei Thüren, rechts und Links an den Seiten, überall eine. An einer Wand des Vorgrundes hängt ein verrosteter Dolch in seiner Scheide. Später Winterabend, Licht auf dem Tische.
Graf Borotin. Bertha.
Der Graf (am Tische sitzend, und auf einen Brief hinstarrend, den er in beiden Händen hält.) // Nun wohlan, was muß, geschehe! / Fallen seh' ich Zweig' auf Zweige / Kaum noch bleibt der morsche Stamm, / Noch ein Schlag, so fällt auch dieser / Und im Staube liegt die Eiche, / Die die reichen, mächt'gen Zweige / Ausgebreitet weit umher; / Die Jahrhunderte gesehen, / Werden, wachsen und vergehen, / Wird vergehen so wie sie. / Keine Spur wird übrig bleiben, / Was die Väter auch gethan

▲ Abbildung 2: Franz Grillparzer: „Die Ahnfrau". Eh. Manuskript (5aktige Fassung). Wiener Stadt- und Landesbibliothek, Handschriftensammlung, I.N. 82.160, Umschlag

▲ Abbildung 3: August Sauer, Reinhold Backmann: Zettelkatalog zur historisch-kritischen Grillparzer-Ausgabe. Wiener Stadt- und Landesbibliothek, Handschriftensammlung, vorgeordneter Nachlaß Nr. 128

Jan-Christoph Hauschild

GEORG BÜCHNER: KARL EMIL FRANZOS ALS EDITOR

Es war der Journalist und Reiseschriftsteller Karl Emil Franzos, der durch zahlreiche Essays in der Großstadtpresse Österreich-Ungarns und des Deutschen Reichs und insbesondere durch seine bahnbrechende Edition der 1879 erschienenen „Sämmtlichen Werke" die entscheidenden Voraussetzungen zur Neu-Entdeckung Georg Büchners schuf. Gemessen am Maßstab heutiger historisch-kritischer Ausgaben handelt es sich um einen fragwürdigen, ja verfehlten Versuch, da Franzos in seiner philologischen Praxis gegen eben jene Grundsätze verstieß, auf die er sich in seinen textkritischen Anmerkungen berief. Doch bleibt es sein nicht zu schmälerndes Verdienst, sowohl die Bedeutung des „Woyzeck"-Fragments erkannt und dessen Veröffentlichung gegen den Widerstand der Büchner-Geschwister durchgesetzt, als auch – trotz eigener politischer Vorbehalte – im Herbst 1877 in der „Frankfurter Zeitung" den ersten vollständigen Neudruck des sozialrevolutionären „Hessischen Landboten" vorgelegt und ihn dann drei Jahre später gegen politische Bedenken des Verlegers auch in die „Gesammt-Ausgabe" aufgenommen zu haben.
Kennengelernt hatte Franzos das Werk Georg Büchners bereits als Gymnasiast in Czernowitz, wo die Familie seit 1859 lebte. In dem 1837 verstorbenen revolutionären Dichter erblickte er ein „Genie", in dessen Werken „das Kunstprinzip des Realismus herrliche Triumphe und zugleich bizarre Orgien" feiere. Anläßlich einer Zürcher Gedächtnisfeier für Büchner im Sommer 1875 konnte er den Lesern der „Neuen Freien Presse" den damals fast vergessenen Autor in einem vierseitigen Feuilleton näherbringen.
Büchners überlebende Geschwister, die im Jahr 1850 gemeinsam eine kleine Auswahlausgabe der „Nachgelassenen Schriften" ihres Bruders herausgegeben hatten, waren Franzos für sein Engagement dankbar und unterstützen sein Bemühen um vollständige Veröffentlichung des handschriftlichen Nachlasses. Ludwig, der „Kraft-und-Stoff"-Büchner, händigte ihm aus, was er an Manuskripten besaß. Doch zu Franzos' Enttäuschung waren von der Novelle „Lenz" überhaupt keine Werkmanuskripte, von „Leonce und Lena" lediglich zwei Bruchstücke vorhanden. Immerhin befand sich unter den Materialien ein ungedrucktes Dramenfragment, mit dessen Entzifferung er sofort begann. Nach dem Namen der Hauptgestalt, die er irrtümlich „Wozzeck" las, benannte er es auch. Im November 1875 erschienen daraufhin in der „Neuen Freien Presse" erstmals ausgewählte Szenen aus Georg Büchners bis dahin unveröffentlichtem Fragment einer sozialen Tragödie. Gleichzeitig begann Franzos mit einer Serie von Büchner-Essays, die meist später im biographischen Einleitungsteil seiner Ausgabe erneut Verwendung fanden. Den Auftakt machten drei Artikel „Aus Georg Büchner's Nachlaß" in der „Neuen Freien Presse". Zum vierzigjährigen Todestag des Autors brachte die „Gegenwart" im Februar 1877 einen Bericht über „Georg Büchners letzte Tage", und drei Monate später stellte Franzos den Lesern des Wiener „Literaturblatts" „Büchner als Lyriker" vor. Es folgten längere biographische Essays und Textabdrucke in der „Frankfurter Zeitung", im „Pester Lloyd", den „Hamburger Nachrichten", erneut in der „Neuen Freien Presse" sowie in der Berliner Wochenzeitschrift „Mehr Licht". Vorträge kamen hinzu. Am 20. Februar 1878 hielt Franzos im Wiener Hotel „Zum römischen Kaiser" in der Renngasse auf Einladung des Vereins der Literaturfreunde (dessen Mitglied er war) einen Büchner-Vortrag, vor ca. 180 Zuhörern, „vorwiegend Frauen" und mit „recht gutem Erfolg".
Im Sommer 1876 ging Franzos an die eigentliche Editionsarbeit: Ende Dezember wurde der Vertrag mit J. D. Sauerländers Verlag in Frankfurt am Main geschlossen, und am 8. Januar ging das erste Manuskript an den Verleger ab: der von Franzos hergestellte Text von „Danton's Tod". Und sofort brach Streit aus. Ludwig Büchner, der berühmte materialistische Philosoph, der vor wenig mehr als zwanzig Jahren selbst ausgezogen war, um auf dem Feld der Philosophie und Wissenschaft gegen den frömmelnden Geist seines Jahrhunderts und die antiaufklärerische Ideologie der Restaurationszeit anzukämpfen, nahm plötzlich Anstoß an ein paar Derbheiten, über die man im 18. Jahrhundert hinweggesehen hätte. Brieflich setzte er Franzos davon in Kenntnis, daß er sich erlaubt habe, vor der Drucklegung „einige allzu cynische oder gemeine Ausdrücke in passendere oder weniger anstößige umzuverwandeln"; das Gestrichene sei seiner Meinung nach „für den Zusammenhang des Ganzen durchaus entbehrlich" und hätte „den Eindruck des Kunstwerks als solchen" eher gestört.
Franzos beantwortete diesen Zensurversuch mit Ausdrücken, die an Deutlichkeit nichts zu wünschen übrigließen. Er gäbe, hieß es in seinem Antwortbrief, in diesem Punkt „nicht ein Jota nach", nur „Banausen, Keuschheits-

Zeloten, Reaktionäre und beschränkte Dragoner Gottes" könnten Einsprüche gegen den originalen Text geltend machen. Er akzeptiere nicht eine einzige Änderung. Erst nach langem hin und her willigte er ein, fünf Stellen im Text des Revolutionsdramas abzuändern.

Franzos' „Danton"-Druck bedeutete gegenüber dem Erstdruck von 1835 eine erhebliche Verbesserung, weil er an fast 100 Stellen zensierende Eingriffe, Fehllesungen und Auslassungen rückgängig gemacht hatte. Und doch war er vom authentischen Wortlaut des Manuskripts weiter entfernt, als das Publikum ahnen konnte. Denn Franzos hatte sich nicht nur an den erwähnten fünf Stellen kompromißbereit zeigen müssen, er hatte überdies in eigener Regie an dreizehn Stellen von Büchner eindeutig gestrichene Varianten wieder eingesetzt. Und doch behauptet er in seinen Anmerkungen „Zur Textkritik von ‚Danton's Tod'", er habe das Werk „genau in jedem Wortlaute abdrucken lassen, welchen der Dichter niedergeschrieben".

Aus dem Text des satirischen Lustspiels „Leonce und Lena" ergab sich für die Beteiligten – Herausgeber, Nachlaßeigentümer, Verleger – kein Konfliktstoff. Differenzen ergaben sich erst wieder, als der Verlag Ende April 1877 „Wozzeck" erhielt. Dabei war der Text von Franzos bereits weitgehend bearbeitet und „gereinigt" worden, da er die verschiedenen Handschriften insgesamt als variables Material betrachtete, aus dem er unter Ausschöpfung aller erdenklichen „Heilmethoden" ein möglichst rundes Ganzes, d. h. ein vorzeigbares Trauerspielfragment, zu modellieren suchte. Wieder behauptete er in seinen textkritischen Anmerkungen, er habe sich strikt an die Vorlage gehalten. Das Gegenteil trifft zu. Franzos' Wiedergabe der Mordszene beispielsweise verhält sich zum Original etwa wie Gustav Schwab zu Homer oder, wenn das mehr einleuchten sollte, wie Rudolf Scharping zu Karl Marx. Franzos' schwerwiegendste Eingriffe in den Autortext sind seine Hinzudichtungen: „Bist weit gegangen, Marie." / „Fürchst dich, Marie? Und bist doch fromm? (lacht) Und gut! Und treu! (Zieht sie wieder auf den Sitz.) Fürchst dich?" / „Ach! es muß sein!" / „Ich nicht, Marie! und kein Anderer auch nicht! (stößt ihr das Messer in den Hals.)" / „Mörder! Mörder!" Sie lassen sich um so weniger rechtfertigen, als er jegliche editorische Willkür in seinen Anmerkungen „zur Textkritik" weit von sich weist („Weggelassen ist keine Silbe"; „der Wortlaut des Manuscriptes mit buchstäblicher Treue wiedergegeben").

Die Text-Probleme, über die sich Franzos mit Ludwig Büchner stritt, waren andere: Die (von Franzos bereits abgeschwächte) Drohung des Tambourmajors: „Ich will ihm die Nas ins A-loch prügeln" sollte er weiter auf „ins A— prügeln" reduzieren; Woyzecks (von ihm bereits „bearbeiteten") Ausruf: „Wie er an ihr herumgreift! An ihrem Leib! und sie lacht dazu! Verdammt!" (im Original: „Wie er an ihr herumtappt, an ihrem Leib, er hat sie wie ich zu Anfang") sollte nach des Bruders Wunsch lauten: „Wie er herumgreift! Und sie lacht dazu! Verdammt!" Hier war es schließlich Ludwig Büchner, der nachgab.

Beim „Hessischen Landboten" war es der Verleger Sauerländer, der fürchtete, die Veröffentlichung der zum Massenaufstand auffordernden Flugschrift könnte gerichtliche Verfolgung nach sich ziehen. Hier machte sich jedoch Ludwig Büchner für Franzos stark, der daraufhin „für die vollinhaltliche Wiedergabe" die „alleinige und ausschließliche Verantwortung" übernahm. Das ist um so anerkennenswerter, als Franzos (der, ein Nationalliberaler mit Großdeutschland-Träumen, in seiner Biographie Büchner zu einem Vorkämpfer des Deutschen Reichs Bismarckscher Prägung umstilisierte) den „Landboten" als tendenziöses Pamphlet verdammte.

Im August 1877 ließ sich Franzos sein schmales Honorar von 400 Mark überweisen und schickte den Teil mit Büchners Briefen an den Verlag. Wenig später folgte der „Anhang": „Jugendverse", Büchners Cato-Rede, Auszüge aus den gerichtlichen Untersuchungsberichten und anderes mehr. Damit war die Ausgabe bis auf den Artikel „Die Familie Büchner", der in Darmstadt geschrieben wurde, und Franzos' biographische Einleitung fertig. Aber bis die Edition erscheinen konnte, mußten noch fast drei Jahre vergehen – und selbst dann erblickte nur ein Torso das Licht der Welt. Schuld daran war die umfangreiche Büchner-Biographie, die Franzos dem Werk mitgeben wollte. Als das Jahr 1879 zu Ende ging, ohne daß Franzos dem Text (der erst bis zu den Vorgängen im März 1835 gediehen war, aber bereits 166 Druckseiten umfaßte) weiteres hinzugefügt hatte, und als schließlich am 5. März 1880 eine allerletzte, von Sauerländer gesetzte Frist verstrich, war des Verlegers Geduld erschöpft. Er ließ dort, wo Franzos' Biographie abbrach, die biographische Skizze Ludwig Büchners aus dem Jahr 1850 anschließen, stellte dem Buch einen „Vorbericht der Verlagshandlung" voran, in dem er die Schwierigkeiten andeutete, die das Erscheinen so lange verzögert hatten, und begann am 15. März 1880 mit der Versendung von „Georg Büchner's Sämmtliche Werke und handschriftlicher Nachlaß". Trotz mehrerer günstiger Rezensionen kam der Absatz des Buches einem Desaster gleich. Bis 1892 konnte der Verlag ganze 268 Exemplare verkaufen. Von den restlichen 932 ging ein Teil zur Makulatur, der Rest auf Lager. Im Mai 1901 übernahm die „Concordia

Deutsche Verlags-Anstalt" für 300 Mark und halbe Frachtspesen ab Frankfurt den kompletten Restbestand von 622 Exemplaren. Künstlerischer Leiter und Aufsichtsrat der „Concordia" war niemand anders als Karl Emil Franzos. Mit neuem Umschlag brachte er seine Büchner-Ausgabe ein Jahr später von Berlin aus ein zweites Mal auf den Markt. Und jetzt, nach fünfundzwanzig Jahren intensivster Propaganda für Georg Büchner, fiel der Same endlich auf fruchtbaren Boden. Das Jahr 1902 brachte die Uraufführung von „Danton's Tod", und was dann folgte, war die stürmische Wiederentdeckung Georg Büchners im Zeichen erst des Naturalismus, dann des Expressionismus. Franzos hatte mit seiner Ausgabe den für die weitere Wirkungsgeschichte entscheidenden Impuls geliefert. Und es war zunächst der frisierte Franzossche „Wozzeck" (österreichische Uraufführung Wien 1914), der den Beifall und das produktive Interesse von mindestens zwei Schriftstellergenerationen fand – von Gerhart Hauptmann und Frank Wedekind über Rilke und Hofmannsthal bis zu Csokor und Brecht. Quer zur Vorläufigkeit, die Franzos' Version im editorischen Prozess darstellt, hat ihr die Vertonung durch Alban Berg (1922) sogar ein Quentchen Unsterblichkeit gesichert.

Ausgabe:
Georg Büchner's Sämmtliche Werke und handschriftlicher Nachlaß. Erste kritische Gesammt-Ausgabe. Eingeleitet und hg. von Karl Emil Franzos. Frankfurt am Main: J. D. Sauerländer's Verlag 1879.

▸ Abbildung 1: Handschriftliches Inhaltsverzeichnis der Büchner-Ausgabe von Karl Emil Franzos. Wiener Stadt- und Landesbibliothek. I.N. 179.385. Vorder- und Rückseite

Georg Büchners
Werke und handschriftlicher Nachlass.

Vorwort I
Georg Büchner . .

I. Poetische Werke . . . . 1.
* Dantons Tod. Ein Drama . . . 98.
+ Zur Textkritik von „Dantons Tod" . 109
* Leonce und Lena. Ein Lustspiel . . 158.
+ Zur Textkritik von „Leonce und Lena". 161
+ Wozzeck. Ein Trauerspiel-Fragment . . 202
+ Zur Textkritik von „Wozzeck" . . 205
Lenz. Ein Novellen-Fragment . . 240.
+ Anmerkung zu „Lenz" .
II. Aus den Übersetzungen . . 245
+ Aus „Maria Tudor" . . . 248.
+ Aus „Lucrezia Borgia" . .
III. Vermischte Schriften . . 263
* Der Hessische Landbote . . 282.
+ Anmerkung zum „Landboten"
* Aus den anatomischen Schriften . 291
* Über Schädelnerven
+ Aus: „Mémoire sur le système nerveux du barbeau" [illegible] . 296
+ Anmerkung des Herausgebers . . 298
+ Aus den philosophischen Schriften 303
+ A. d. „Gesch. d. griech. Phil." . . 307
+ A. „Das System des Spinoza" . . 311
+ A. „Das System des Cartesius" . . 318.
+ Anmerkung des Herausgebers

IV. Briefe.
An die Familie 325
An die Braut 371
+ An Karl Gutzkow 381
Anmerkung des Herausgebers . . 389
V. Anhang.
+ 1. Jugendgedichte. . . . 393
+ 2. Vertheidigung des Cato . . . 398
* 3. Büchner im Prozess Weidig.
+ 4. Büchners letzte Tage
* 5. Nekrolog
+ 6. Poetische Stimmen über Büchner.
* 7. Kritik.
+ 8. Das Denkmal bei Zürich
+ 9. Die Familie Büchner.

Georg Büchners

Werke und handschriftlicher Nachlass.

Erste kritische Gesammt-Ausgabe.

Herausgegeben

von

Karl Emil Franzos

Frankfurt am Main

Verlag von J. D. Sauerländer

1877.

Feuilleton.

Aus Georg Büchner's Nachlaß.

(Dritter Artikel.)

Die zuletzt mitgetheilte Scene aus „Wozzeck" legt dar, wie dem Betrogenen mit einem hingeworfenen Worte der Geliebten der Gedanke der dunklen That aufgetaucht. In der folgenden Scene befestigt sich sein Entschluß. Ich bemerke noch zu derselben, daß sie sich nur im ersten Entwurfe findet, also eben nur eine Skizze ist, welche zu einem Bilde hätte ausgemalt werden sollen. Aber auch so scheint sie mir der Mittheilung nicht unwerth.

Wirthshaus.

(Abend. Fenster offen. Tanz. Handwerksbursche, Soldaten, Mägde.)

Wozzeck (tritt draußen ans Fenster; blickt hinein. Marie und der Tambourmajor tanzen vorbei): Er! Sie! Teufel!

Marie (im Vorbeitanzen): Immer zu! Immer zu!

Wozzeck: Immer zu! (Sinkt auf die Bank vor dem Hause.) Immer zu! (Schlägt die Hände ineinander.) Dreht euch! Wälzt euch! Warum löscht Gott nicht die Sonn' aus! Alles wälzt sich über einander! Weib! Weib! Was hab' ich für dich gethan! (Fährt auf.) Wie er sie hält und herzt! Und sie lacht dazu! Verdammt! Ich —

Bursche (singen drinnen im Chor):

Ein Jäger aus der Pfalz
Ritt einst durch einen grünen Wald!
Halli, halloh! Halli, halloh!
Ja, lustig ist die Jägerei
Allhier auf grüner Haid',
Das Jagen ist mein' Freud'!

Andere Bursche (singen):

O Tochter, meine Tochter,
Was hat sie gedenkt,
Daß sie sich an die Kutscher
Und die Schiffsleut' hat gehängt?

(Soldaten gehen hinaus, an Wozzeck vorbei.)

Ein Soldat (zu Wozzeck): Was machst da?

Wozzeck: Wie viel Uhr?

Soldat: Elf Uhr.

Wozzeck: So? Ich meint', es müßt später sein! Die Zeit wird Einem lang bei der Kurzweil.

Soldat: Was sitzest du da vor der Thür?

Wozzeck: Ich sitz' gut da. Es sind manche Leut' nah' an der Thür und wissen's nicht, bis man sie zur Thür hinausträgt, die Füß' voran.

Soldat: Du sitzest hart.

Wozzeck: Gut sitz' ich, und im kühlen Grab da lieg' ich dann noch besser.

Soldat: Bist besoffen?

Wozzeck: Nein! Leider! Bring's nit zusamm'!

Erster Handwerksbursche (drinnen, hat sich auf den Tisch gestellt und predigt): Jedoch wenn ein Wanderer, der gelehnt stehet an dem Strome der Zeit oder aber sich die göttliche Weisheit beantwortet und fraget: Warum ist der Mensch? Aber wahrlich, geliebte Zuhörer, ich sage euch, es ist gut so, denn von was hätten der Landmann, der Faßbinder, der Wirth, der Schneider, der Arzt leben sollen, wenn Gott den Menschen nicht geschaffen hätte?! Und von was hätte der Schneider leben sollen, wenn er diesem Menschen nicht die Empfindung der Schamhaftigkeit eingepflanzet hätte? Von was der Soldat und der Wirth, wenn er ihn nicht mit dem Bedürfniß des Todtschlagens und der Feuchtigkeit ausgerüstet hätte? Darum, oh zweifelt nicht, Geliebteste, ja, ja, es ist Alles lieblich und fein, aber alles Irdische ist eitel, selbst das Geld gehet in Verwesung über.

Wozzeck: Sie hat rothe Backen und er einen schönen Bart! Warum sollten sie's also nicht thun? Warum nicht?

Ein Irrsinniger (drängt sich neben Wozzeck ans Fenster): Lustig, lustig, aber es riecht —

Wozzeck: Narr, was willst du?

Irrsinniger: Ich riech', ich riech' Blut!

Wozzeck: Blut! Du hast Recht! Mir ist's roth vor den Augen! Mir ist's, als wälzten sie sich da drinnen in einem Meer von Blut über einander!

In einigen weiteren Scenen wird ausgeführt, wie der Entschluß wächst und volle Gewalt über den Mann bekommt. Die nachstehende Scene beschäftigt sich mit dem Seelenzustand Mariens.

Mariens Stube.

Marie (allein, blättert in der Bibel): „Und ist kein Betrug in seinem Munde erfunden worden" ... Herrgott! Herrgott! sieh' mich nicht an! (Blättert weiter.) „Und die Schriftgelehrten und Pharisäer brachten ein Weib zu ihm, so im Ehebruch lebte, und stellten sie vor ihn. Und sprachen zu ihm: Meister, dies Weib ... (liest murmelnd weiter, dann mit gehobener Stimme:) „Jesus aber sprach: So verdamme ich dich auch nicht, geh' hin und sündige hinfort nicht mehr!" (Schlägt die Hände zusammen.) Herrgott! Herrgott! ich kann nicht! Herrgott! gib mir nur so viel, daß ich beten kann ... (Das Kind drängt sich an sie.) Der Bub' gibt mir einen Stich ins Herz. Fort! das brüst sich in der Sonne! ... Nein! komm', komm' her. (Nimmt das Kind auf den Arm und beginnt erzählend:) Es war einmal ein König. Der Herr König hatt' eine goldene Kron' und eine Frau Königin und ein klein Büblein. Und was aßen sie Alle? Sie aßen Alle Leberwürst ... Ach! der Franz ist nit gekommen, gestern nit, heut nit ... Mir wird heiß, heiß! (Reißt das Fenster auf.) Wie steht es geschrieben von der Magdalena — wie steht es geschrieben? ... „Und kniete hin zu seinen Füßen und weinte. Und küßte seine Füße und netzte sie mit Salben" (schlägt sich auf die Brust). Heiland, ich möchte dir die Füße salben — Heiland, du hast dich ihrer erbarmt, erbarme dich auch meiner ...

Hier bricht die Scene ab. Es folgt nur noch das Zeichen, daß sie fortgesetzt werden soll. Dasselbe gilt von einem grotesk-grausigen Fragment: Wozzeck erhandelt vom Juden im Kramladen ein Messer. Die folgenden Scenen aber, die schönsten und bezeichnendsten der Dichtung, glaube ich vollinhaltlich wiedergeben zu sollen:

Straße.

Sonntag Nachmittag. Marie vor der Hausthür, ihr Kind auf dem Arm. Neben ihr eine alte Frau. Kinder spielen auf der Straße.

Kleine Mädchen (gehen paarweise und singen):

Wie heute schön die Sonne scheint,
Wie steht das Korn im Blüh'n!
Sie gingen über die Wiese hin,
Sie gingen Zwei und Zwei,
Die Pfeifer gingen voran,
Die Geiger hinterdrein,
Sie hatten Alle rothe Schuh'
Und gingen immer zu!

Erstes Mädchen (tritt aus der Reihe): Was Anderes!

Alle: Was Anderes! ... Was?

Erstes Mädchen: Ich weiß nit. Was Anderes!

▲ Abbildung 2: Erstdruck von ausgewählten Szenen aus dem „Wozzeck" mit einer Einleitung von Karl Emil Franzos in der „Neuen Freien Presse" vom 23. November 1875 (ein erster Teil mit „Wozzeck"-Szenen war bereits am 5. November 1875 erschienen)

Georg Büchner's

Sämmtliche Werke

und

handschriftlicher Nachlaß.

Erste kritische Gesammt-Ausgabe.

Eingeleitet und herausgegeben

von

Karl Emil Franzos.

Mit Portrait des Dichters und Ansicht des Züricher Grabsteins.

Frankfurt am Main.
J. D. Sauerländer's Verlag.
1879.

▲ Abbildung 3: Titelblatt der Ausgabe von 1879

Alfred Doppler/Wolfgang Wiesmüller

ADALBERT STIFTER: DIE NEUE HISTORISCH-KRITISCHE AUSGABE

Eines der wichtigsten Ergebnisse des aus Anlaß von Stifters 100. Todestag 1968 in Bad-Hall veranstalteten Internationalen Symposions war der Beschluß, eine neue historisch-kritische Ausgabe der Werke und Briefe Adalbert Stifters vorzubereiten. Man war damals einhellig der Meinung, daß die von August Sauer begründete sogenannte Prag-Reichenberger-Ausgabe den wissenschaftlichen Anforderungen nicht mehr genügt. Die von der Bayerischen Staatsbibliothek und dem Adalbert-Stifter-Institut des Landes Oberösterreich 1964 erworbenen Handschriften zu den „Studien", den „Bunten Steinen" und zum „Nachsommer", die im Prager Stifter-Archiv liegenden Handschriften zur „Mappe meines Urgroßvaters" und schließlich die umfangreichen „Witiko"-Konvolute aus dem Besitz der Martin-Bodmer-Stiftung in Genf, daneben aber auch einige Handschriftenblätter aus Privatbesitz, enthielten eine Fülle bisher unbekannten Materials, das editorisch erschlossen werden mußte. Professor Hermann Kunisch (München) ging unverzüglich daran, die organisatorischen und wissenschaftlichen Voraussetzungen für die neue Ausgabe zu schaffen. In München wurde vorerst an der Bayerischen Staatsbibliothek, hernach an der Bayerischen Akademie der Wissenschaften eine Redaktionsstelle mit einem hauptamtlichen Mitarbeiter eingerichtet. Der Sachaufwand für diese Stelle wird mit Subventionen der Österreichischen Akademie der Wissenschaften und des Landes Oberösterreich bestritten.

Seit 1971 ist Professor Alfred Doppler (Innsbruck) der österreichische Hauptherausgeber, 1976 übernahm Professor Wolfgang Frühwald (München) von Hermann Kunisch den Posten des bundesdeutschen Hauptherausgebers, den er mit Jahresbeginn 2000 an Professor Hartmut Laufhütte (Passau) abgegeben hat. Von den beiden Hauptherausgebern wird gemeinsam die Arbeit der einzelnen Bandherausgeber koordiniert. Diese arbeiten in Innsbruck, Salzburg, Linz und München. Seit 1978 sind insgesamt 20 Bände erschienen, darunter Apparat- und Kommentarbände zu den „Studien", den „Bunten Steinen" und zum „Witiko". Ein Band enthält die dritte Fassung der „Mappe meines Urgroßvaters" (1864), die in dieser Form der Öffentlichkeit und der Forschung bislang noch nicht zugänglich gewesen ist.

Die Herausgabe aller poetischen Werke Stifters wird im Jahre 2003 abgeschlossen sein, die Herausgabe der Briefe von und an Stifter ist in Vorbereitung und wird eine große Anzahl bisher unveröffentlichter Schriftstücke enthalten. Hinzu kommen noch die Schulakten und das von Stifter gemeinsam mit Johannes Aprent herausgegebene „Lesebuch zur Förderung humaner Bildung".

Im Unterschied zur Prag-Reichenberger-Ausgabe werden in der neuen historisch-kritischen Ausgabe auch jene Erzählungen in vollem Umfang wiedergegeben, die zunächst in verschiedenen Almanachen, Jahrbüchern oder Taschenbüchern erschienen sind, bevor sie Stifter überarbeitet und in die Sammlung der „Studien" und der „Bunten Steine" aufgenommen hat. Mit der Unterteilung in „Journalfassungen" und „Buchfassungen" unterstreicht die Ausgabe nicht nur die Eigenständigkeit und den Eigenwert der Erstfassungen, sondern revidiert auch die Vorstellung von „Urfassungen". Mit diesem Begriff aus der Goethe-Philologie hatte Max Stefl in seiner Ausgabe eine lineare und organische Entwicklung des Erzählers Stifters suggeriert, die der Werkchronologie nicht entspricht. Denn Stifter hat zur selben Zeit, als er „Journalfassungen" zu „Buchfassungen" umgearbeitet hat, auch weiterhin Erzählungen für Journale geschrieben.

Eine besondere editorische Herausforderung der neuen historisch-kritischen Ausgabe stellte die handschriftliche Überlieferung zu Stifters historischem Roman „Witiko" dar. Sie umfaßt rund 800 Handschriftenseiten, von denen 316 Seiten auf die über weite Strecken stark korrigierte Druckvorlage zum 1. und 2. Band entfallen – zum 3. Band ist sie uns nicht überliefert. Die übrigen Seiten, also mehr als die Hälfte der Gesamtüberlieferung, bestehen aus den sogenannten „abgelegten Blättern", die Stifter während der Arbeit an diesem Werk verworfen hat. Stifter hat bei der Niederschrift des „Witiko", die sich von 1859 bis 1867, also beinahe über ein Jahrzehnt, erstreckte, seine „Abschreibtechnik" (Niederschrift – Korrektur – Abschrift – Korrektur – Abschrift usw.) phasenweise so exzessiv praktiziert, daß manche Seite bis zu fünf Mal ausgefertigt wurde. Ein Vergleich der Seite 53, auf der das 3. Kapitel des 1. Bandes beginnt, in einer Fassung der abgelegten Blätter (vgl. Abb. 4) mit ihrer Ausführung in der Druckvorlage (vgl. Abb. 5), vermag das zu verdeutlichen: Stifter hat zwar die Niederschrift von Beginn an

als Reinschrift angelegt, denn von der Anlage und Aufmachung her gibt es zwischen den abgelegten Blättern und der Druckvorlage keinen Unterschied. Dennoch weist gerade die Druckvorlage oft den ungleich stärker korrigierten Text auf als die abgelegten Blätter, selbst dann, wenn die betreffende Seite bereits mehrmals, in unserem Beispielfall vier Mal, niedergeschrieben und korrigiert worden ist. Stifter hat also in mehreren Durchgängen bis zuletzt an seinem Text „gefeilt", wie er es selbst genannt hat, sodaß der Eindruck entsteht, er habe das Werk, als er es dem Druck überantwortet hat, nicht als abgeschlossen betrachtet, sondern nur die Korrektur an ihm abgebrochen. Die Textgenese dieses Romans weist somit eine Tiefenschichtung auf, die in Verbindung mit der Fülle des handschriftlichen Materials an der Realisierbarkeit eines benutzerfreundlichen Variantenapparats in Buchform Zweifel aufkommen ließ. Die Herausgeber haben sich daher entschlossen, die gesamte handschriftliche Überlieferung in elektronischer Form zu edieren und via Internet (http://germanistik.uibk.ac.at/stifter/witiko/) zugänglich zu machen, ein Vorhaben, das noch nicht abgeschlossen und auch als work in progress zu sehen ist. Als Schnittstelle zwischen dem Apparatband der Ausgabe und der elektronischen Edition kann das Stemma der Handschriften, eine graphische Darstellung ihres entstehungschronologischen Zusammenhangs, angesehen werden (vgl. Abb. 3). Es hat die Form eines Koordinatensystems: Auf der horizontalen Achse ist der Seitenbereich der Handschriften nach der Paginierung Stifters aufgetragen; man kann also auf ihr das lineare Fortlaufen und Anwachsen des Textes ablesen. Auf der vertikalen Achse sind die einzelnen handschriftlichen Zeugen (in der Regel ein Handschriftenblatt, sigliert, mit zwei paginierten Seiten) stufenweise angeordnet, um ihr synchrones Verhältnis deutlich zu machen, das mit Kleinbuchstaben (a, b, c usw.) gekennzeichnet ist. Da die Druckvorlage von der zeitlichen Abfolge her durchgehend die letzte Stufe der Textentwicklung repräsentiert, wird auf die Markierung ihrer Seiten mit Kleinbuchstaben verzichtet. Schließlich wird auch noch der Seitenbereich in den Textbänden der historisch-kritischen Ausgabe angegeben, auf den sich die jeweilige stemmatische Darstellung bezieht, wodurch die unterschiedliche Intensität der Arbeit des Autors an verschiedenen Abschnitten dieses Werks rasch ins Auge springt. In der Internet-Edition kann nun über dieses Stemma mit Mausklick auf jede einzelne transkribierte Handschriftenseite zugegriffen werden. Die Transkription verzeichnet im fortlaufenden Text die Varianten der jeweiligen Handschriftenseite. Die Varianz zwischen den einzelnen Handschriften bzw. -seiten muß sich der Benutzer/die Benutzerin allerdings selbst erstellen. Neben der schon bestehenden Möglichkeit einer Volltextsuche und dem bereits eingerichteten Navigator, der zur entstehungsgeschichtlich jeweils vorausliegenden und nachfolgenden Seite führt, ist an weitere technische Hilfestellungen wie die Markierung von identischem oder nichtidentischem Text gedacht. Da jede beliebige transkribierte Handschriftenseite ausgedruckt werden kann, ist es möglich, die Ausdrucke mit Hilfe des Stemmas in jene Ordnung zu bringen, in der sich die Seiten auf dem Schreibtisch des Autors befunden haben. Diese Form der Rekonstruktion der Textgenese, wie pragmatisch und reduziert sie im Vergleich zu hochspezialisierten Apparatmodellen auch erscheinen mag, wird aufgrund der erwähnten Technik des Abschreibens korrigierter Seiten der Arbeitsweise Stifters in hohem Maße gerecht und damit einem Kriterium, das von der modernen Editionswissenschaft wiederholt eingefordert worden ist.
Der hier eingeschlagene editorische Weg mag zwar hinter dem Ziel textgenetischer Apparate, die lineare Textentwicklung von der ersten Niederschrift bis zum autorisierten Werk durch Ausblendung invarianter Textteile sichtbar und nachvollziehbar zu machen, zurückbleiben. Doch vielleicht kommt er einer Relativierung der teleologisch-zielgerichteten Sichtweise von Textgenese im Lichte neuer literatur- und zeichentheoretischer Ansätze entgegen, die das Augenmerk auf den textgenetischen Prozeß in seiner Gesamtheit und Verzweigtheit richten. So wäre also gerade im Falle Stifters, für den die Wiederholung als Bestätigung und Befestigung des Geschriebenen ein so zentrales Moment seiner poetischen Arbeit darstellt, die Wiedergabe von invariantem und identischem Text nicht als unzulässige Redundanz zu kritisieren, sondern als Sichtbarmachen eines Spezifikums der Entstehung seiner Texte zu bewerten.

Ausgaben:
Adalbert Stifter: Sämtliche Werke. Begr. und hg. von August Sauer, fortgeführt von Franz Hüller, Gustav Wilhelm u. a. Prag 1904 ff. (seit 1927: Reichenberg; seit 1958: Graz). Photomech. Nachdruck aller Bde. nach der jeweils letzten Auflage: Hildesheim 1972 (= Prag-Reichenberger Ausgabe).
Adalbert Stifter: Werke und Briefe. Historisch-kritische Gesamtausgabe. Hg. von Alfred Doppler u. Wolfgang Frühwald. Stuttgart u. a.: Kohlhammer 1978 ff.

▲ Abbildung 1: Adalbert Stifter: Witiko. Eine Erzählung. 3 Bde. Pest: Gustav Heckenast 1865–1867. Erstdruck. Titelkupfer Bd. 1 gezeichnet von Peter J. N. Geiger, gestochen von Joseph Axmann

► Abbildung 2: Handschriftenblatt aus den abgelegten Blättern zum 1. Bd. „Witiko"/Notizen zu „Witiko". Exzerpt aus Franz Palacky „Geschichte von Böhmen". 1. Bd.: „Die Urgeschichte und die Zeit der Herzöge in Böhmen bis zum Jahre 1197". Prag 1836. Adalbert-Stifter-Institut des Landes Oberösterreich, Linz. Signatur 2/W825-WM; I.N. 9932/12. 1. 1993, Vorder- und Rückseite

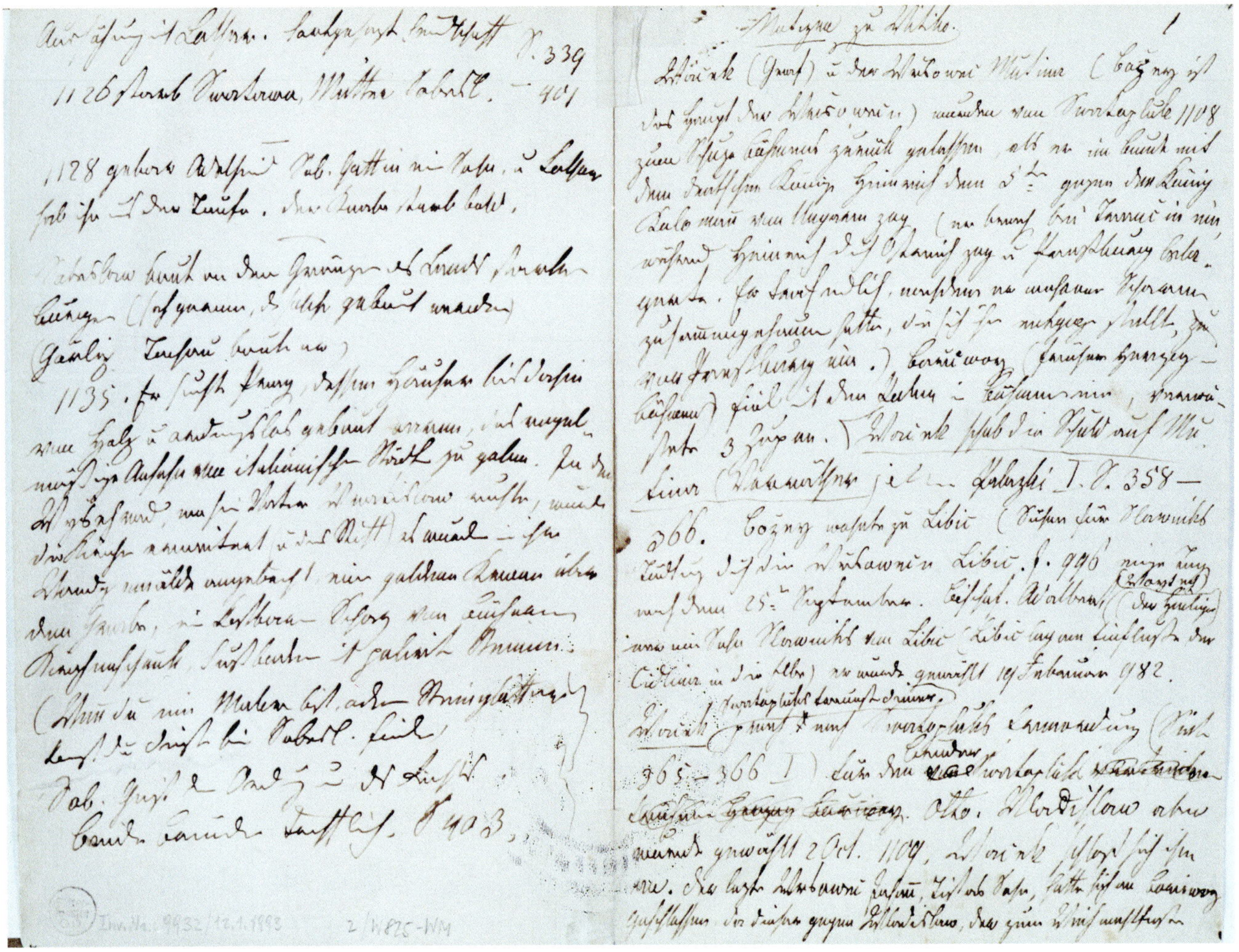

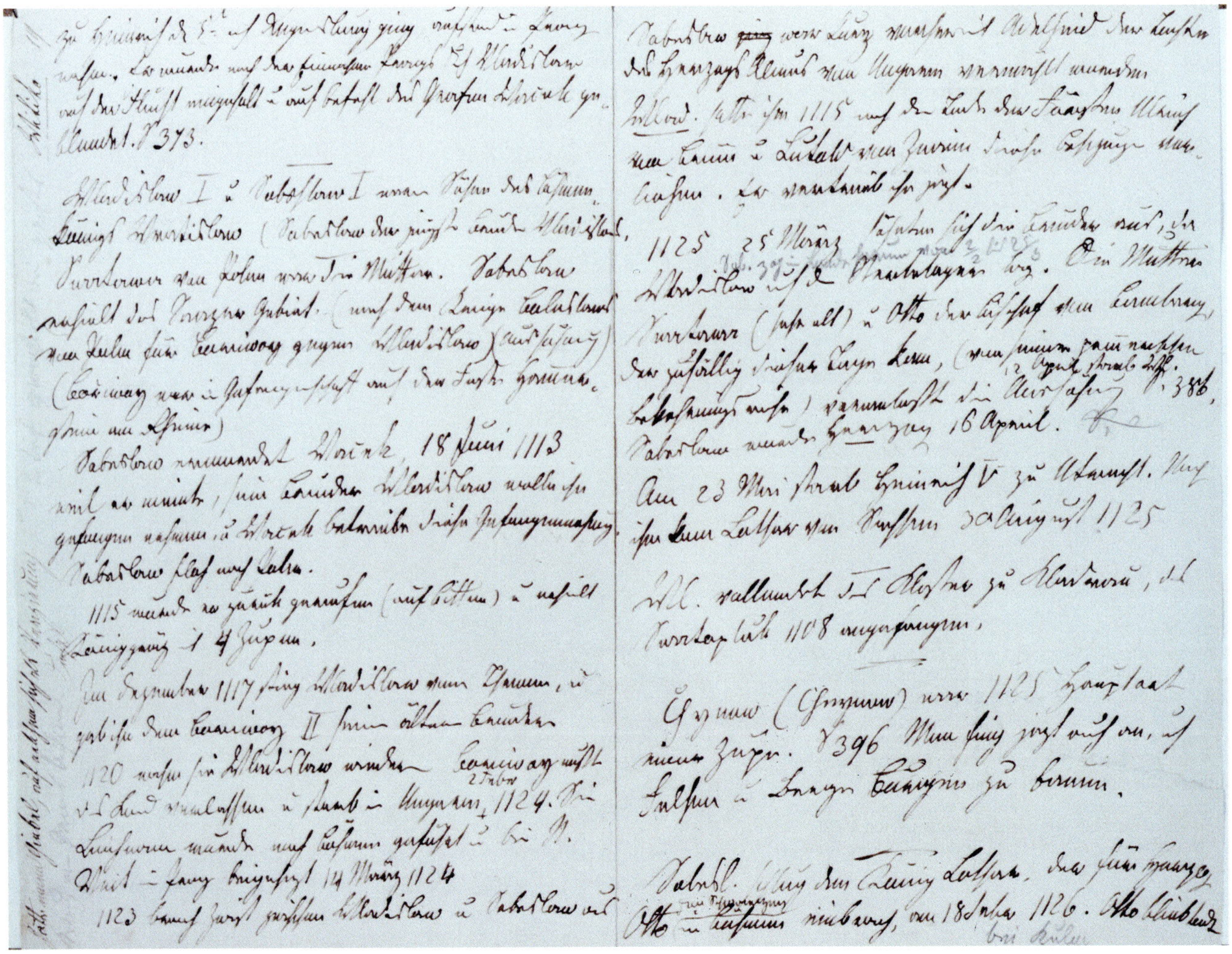

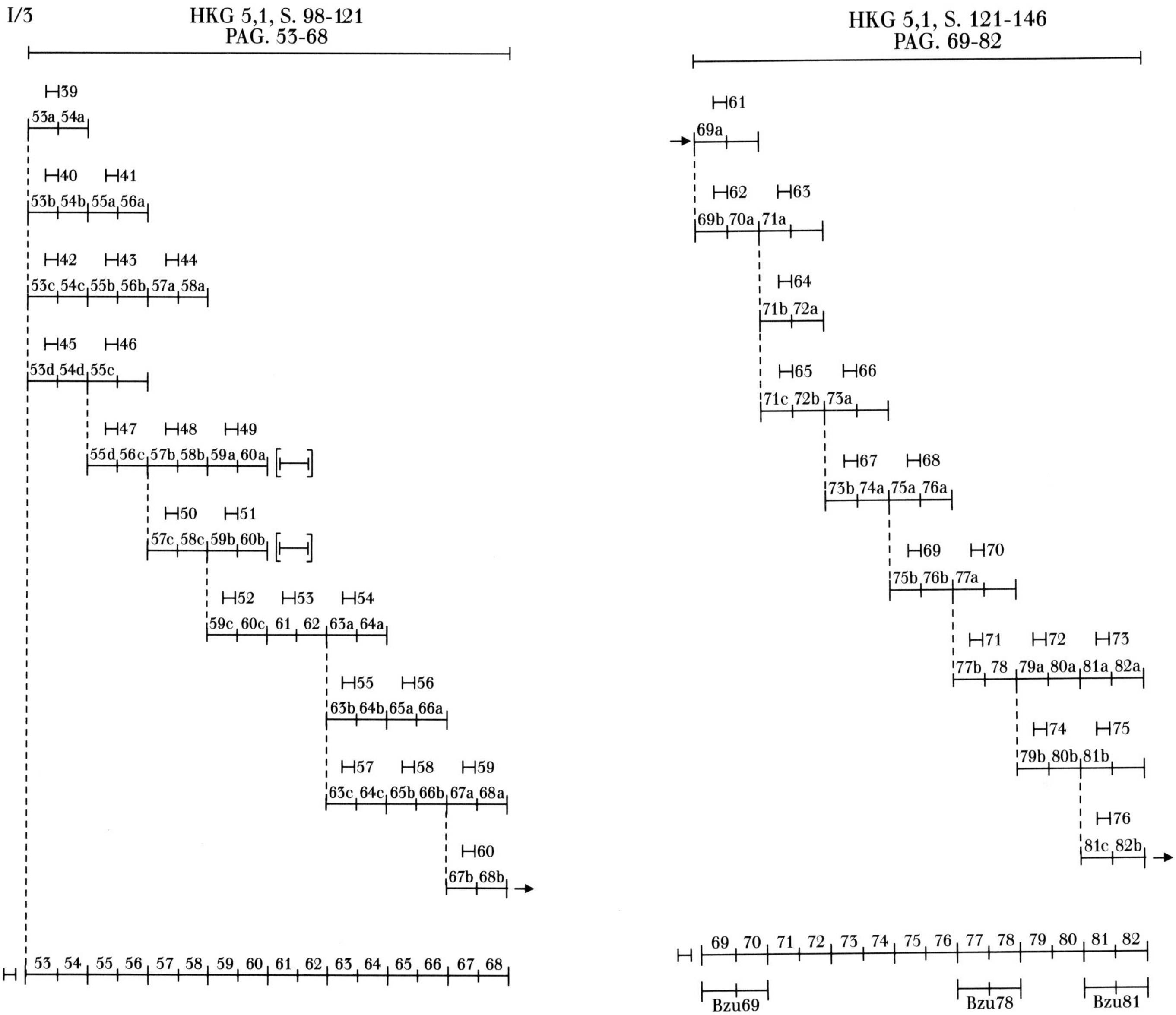

▲ Abbildung 3: Adalbert Stifter: Werke und Briefe. Bd. 5,4: Witiko. Apparat. Kommentar. Teil 1. Von Alfred Doppler und Wolfgang Wiesmüller. Stuttgart u. a.: Kohlhammer 1998, S. 28 f.: Stemma zu Bd. 1/3. Kap.

► Abbildung 4: Handschriftenblatt aus den abgelegten Blättern zum 1. Bd. „Witiko". Pagina 53. Besitz: Fondation Martin Bodmer, Cologny-Genève. Bibliotheca Bodmeriana, Signatur F I,2

► Abbildung 5: Handschriftenblatt aus der Druckvorlage zum 1. Bd. „Witiko". Pagina 53. Besitz: Fondation Martin Bodmer, Cologny-Genève. Bibliotheca Bodmeriana, Signatur F II,2

3.

Da war ein düsteres Gemach.

Als man das Jahr des Heiles 1140 zählte, lag der böhmische Herzog Sobeslaw krank. Das Übel hatte schon im Christmonate des vorhergegangenen Jahres begonnen. Der Herzog war im Herbste jenes Jahres an die Morgengrenze seines Landes gegangen. Da in demselben Jahre um ein halbes Jahr früher sein Freund Boleslaw Schiefmund der König von Polen gestorben war, und ohne Verwirrungen in diesem Reiche darzuhalten, wollte die Grenzbefestigungen gegen dieses Reich mit Burgen und anderen Werken befestigen. Er baute auch an Glatzer Burg, und wohnte mehr dabei in schwerem Wetter. Da überfiel ihn gegen das Fest der Weihnacht eine schwere Krankheit, und er ließ sich auf Wysehrads Burg bringen. Es war die Weihnacht gekommen, es war das Fest des neuen Jahres und der heiligen drei Könige vorüber gegangen, und es näherte sich schon der Monat Hornung. Der Herzog lag in einem Gemache, dessen Wände wenig Schmuck hatten, und das drei Fenster enthielt. Zwei von ihnen waren verhangen, durch das dritte sah der Herzog von seinem Bette in der Richtung hin, in welcher die Länder seines verstorbenen Bruders Wladislaw lagen. Man hatte ihm das Lager wegen mehr Wärme Decken über den Leib gedeckt, und da ihm dunkel war, sah sich sein Haar, der zu ergrauen begonnen, von ihm ab, und seine Hände lagen auf ihren weißen Flocken. Nur eine Frau in dunklem Gewande war in dem Gemache. Sie saß an dem Bettende etwas abseits auf einem hölzernen Gestühle. Da sprach der Herzog: „Adelheid, sorge zu erfahren, ob der Jüngling, welcher am Vormittage in dem Gemache war, noch irgendwo in der Burg oder in ihrer Nähe zu finden ist, und lasse ihn zu mir bescheiden.“

Die Frau erhob sich von ihrem Sitze, und ging zur Thür hinaus.

Nach einer Weile kam sie wieder herein, und sagte: „Er ist noch hier, man wird ihn suchen, und dir senden.“

Nach diesen Worten ließ sie sich wieder auf ihren Sitz nieder.

Als eine lange Zeit vergangen war, öffnete ein Kämmerling die Thür, und führte Witiko herein. Derselbe war in seinem Lederkleide. Sein Haupt war entblößt.

Der Herzog winkte dem Kämmerling, sich zu entfernen, und sagte dann: „Adelheid, du sagst den Unterricht, den ich erwarte. Trete näher Witiko.“

Es war ein

Witiko that einige Schritte von der Thür gegen den Herzog.

„Du mußt bis zu dem Bette herzu kommen,“ sagte Sobeslaw.

Witiko ging herzu. Er schaute den Herzog an, von seinem entblößten Haupte gingen die blonden Locken auf die Schultern nieder, seine Lederhaube hielt er in der Hand.

„Witiko,“ sagte der Herzog, „du hast in dem Kreise, welcher mir in dem vergangenen Jahre mit dem Kaiser ...

6.

Er war ein [illegible] gerechter Mann.

Als man das Jahr des Heiles 1140 zählte, lag der böhmische Herzog Sobeslaw krank. [illegible]

[illegible]

Herzoge. Der [illegible] gegen das Ende des Winters [illegible] ließ sich auf [illegible] bringen. Es war [illegible] die Weihnacht gekommen, es war das [illegible] und das andere Fest und der heiligen drei Könige vorüber gegangen, und man nahete sich [illegible]. Der Herzog lag in einem Gemache, dessen Wände [illegible] und das drei Fenster enthielt. Zwei davon waren mit Tüchern verhangen, durch das [illegible] in der Richtung hin, in welcher die [illegible] Herzog [illegible] in der Richtung hin, in welcher die [illegible] lagen. [illegible]

[illegible] Eine Frau in dunkelen Gewänden [illegible] saß neben dem Lager [illegible] auf einem [illegible]. Da sprach der Herzog: „[illegible], lasse nachsehen, ob der Jüngling, welcher am [illegible] in [illegible] war, [illegible] oder in seiner Nähe zu finden ist, und heiße ihn zu mir bescheiden."

Die Frau erhob sich von ihrem Sitze und ging hinaus.

Nach einer Weile kam sie wieder herein, und sagte: „Er ist nicht hier, man wird ihn suchen, und dann senden."

Nach dieser Antwort ließ sie sich wieder auf ihren Sitz nieder.

[illegible]

Jürgen Thaler
FRANZ MICHAEL FELDER: „AUS MEINEM LEBEN"

Franz Michael Felder ist einer der eigenwilligsten österreichischen Schriftsteller der zweiten Hälfte des 19. Jahrhunderts. Mit seinen literarischen Werken, sozialpolitischen Schriften, aber auch durch seine politischen Aktivitäten erregte er nicht nur in Vorarlberg großes Aufsehen.

Felders einzigartige Stellung im literarischen Leben des 19. Jahrhunderts zeichnet sich dadurch aus, daß er, aus kleinbäuerlichen Verhältnissen stammend, die Schreibarbeit nie als reale Fluchtmöglichkeit sah, sondern zeit seines kurzen Lebens Bauer blieb und nicht, wie etwa nach ihm Peter Rosegger, das Bauertum als gewinnbringendes Thema unter dem Prädikat des Authentischen beschrieb.[1]

Der Bregenzerwälder Bauer veröffentlichte in rascher Folge die umfangreichen Prosatexte „Nümmamüllers und das Schwarzokaspale" (1863), „Sonderlinge" (1867) und „Reich und Arm" (1868). Daneben verfaßte er unter anderem Erzählungen und Gedichte, autobiographische Schilderungen und literarische Reportagen.

Felders Werke und Briefe liegen seit 1995 in einer zwölfbändigen Ausgabe vor, die vom Franz-Michael-Felder-Verein in Bregenz herausgegeben wurde und deren Einzelbände verschiedene Personen editorisch betreut haben.[2] Begonnen wurde mit der Edition 1969. Wichtig ist in diesem Zusammenhang die regionale Verwurzelung Felders als Vorarlberger Landesdichter, die die Editions- aber auch Rezeptionsgeschichte nachhaltig prägte. In einer Ankündigung des Franz-Michael-Felder-Vereins, dessen Gründungsziel es war, die genannte Ausgabe zu bewerkstelligen, hieß es, daß die „Ausgabe [...] von namhaften Germanisten des Landes besorgt werden" wird.[3] Der Impuls für die Ausgabe der „Sämtlichen Schriften" ging nicht vom Bedürfnis des überregionalen Marktes oder dem andauernden Interesse von seiten der Wissenschaft aus, sondern von dem regionalen Verlangen, Felders Schriften und Briefe endlich in ihrer Gesamtheit verfügbar zu haben. Finanziert wurde die Edition zu großen Teilen über Mitgliedsbeiträge des neugegründeten Franz-Michael-Felder-Vereins.[4]

Durch diese heute abgeschlossene Ausgabe gehört Felder zu den am besten dokumentierten österreichischen Schriftstellern des 19. Jahrhunderts. Parallel zu der genannten Gesamtausgabe erschien 1984 im Salzburger Residenz-Verlag Felders Autobiographie „Aus meinem Leben" mit einer Vorbemerkung von Peter Handke.[5] Eine Taschenbuchausgabe, die Anfang der neunziger Jahre vom Markt genommen wurde, erschien 1987 im Suhrkamp Verlag in Frankfurt am Main. Lieferbar ist „Aus meinem Leben" heute nur noch als vierter Band der „Sämtlichen Werke".

Felders Lebenserinnerungen sollen im folgenden als Beispiel einer editorischen Praxis herangezogen werden, die editorische Unschärfen in Kauf nimmt, um eine von editorischem Apparat freie Ausgabe zu erzielen, deren erklärtes Ziel es ist, das Werk eines Dichters in erster Linie regional wieder verfügbar zu machen.[6]

Kurz nach dem überraschenden Tod seiner Frau Anna Katharina begann Franz Michael Felder, angeregt durch seinen Leipziger Freund und Mentor Rudolf Hildebrand, mit der Niederschrift seiner Autobiographie, deren Stellenwert im Leben Felders der Schriftsteller Norbert Loacker treffend als Vereinigung von „Trauerarbeit und Sterbehilfe" bezeichnet hat.[7] Felder schloß die Arbeit mit der Schilderung seiner Hochzeit ab. Wenige Wochen später starb Felder noch nicht dreißig Jahre alt.

„Aus meinem Leben" galt schon unter Zeitgenossen als Felders bestes Werk, und dennoch dauerte es beinahe 40 Jahre bis die Lebenserzählung erstmals verlegt werden konnte. Gründe für die späte Drucklegung sind mehrere zu nennen: als wichtigster jener, daß Rudolf Hildebrand bis zu seinem Tod 1894 daran dachte, die Autobiographie mit einem zweiten Teil zu versehen, der Felders Leben von der Hochzeit an schildern sollte. Ein Vorhaben, das er nie verwirklichte. Auch andere Versuche, die Autobiographie bei österreichischen und deutschen Verlegern in Druck zu bringen, im Gespräch waren Schumacher in Innsbruck, Rusch in Dornbirn, Stettner in Lindau, aber auch Hirzel in Leipzig, der schon Felders Romane verlegt hatte, zerschlugen sich aus unterschiedlichen Gründen. Ein wesentlicher Punkt für das Scheitern der Drucklegung ist in der Tatsache zu sehen, daß Felders Autobiographie nur die erste Hälfte seines Lebens umfaßt. Dieses „halbe" Leben erfüllte nicht jenes Versprechen, das der Buchmarkt des 19. Jahrhundert an die Gattung „Autobiographie" stellte.

Erst 1904 erschien Felders Autobiographie als zweiter Band der „Schriften des literarischen Vereins" in Wien in einer Auflage von 500 Exemplaren, die aber nur Vereinsmitgliedern zugänglich war.[8] Als Herausgeber konnte der

Grazer Germanist Anton E. Schönbach gewonnen werden, der mit Vorarlberg in engen persönlichen Beziehungen stand. Schönbach war es auch, der den Publikationsort für Felders Autobiographie vorschlug. Im Vorwort zu „Aus meinem Leben“ beschreibt Schönbach die seiner Ausgabe zugrundeliegende Handschrift:

„Das Manuskript, welches meiner Publikation des Werkes zugrunde liegt, befaßt 79 Bogen Kanzleipapier in Großfolio. Es ist dem Vernehmen nach eine Niederschrift, die durch einen Kanzlisten laut dem Diktate des Autors hergestellt wurde, weil Felder seine eigene Handschrift als zu schwer leserlich nicht drucken lassen wollte. Doch sind seine Korrekturen im Kontext und am Rande ganz wohl erkennbar, von anderen Lesern sind nachmals mit Bleistift und Feder noch verschiedene Berichtigungen hinzugefügt worden. Dieser Beschaffenheit der Überlieferung gemäß war meine Aufgabe klar: ich habe den Text so wiedergegeben, wie ich ihn fand, und nur dort geändert, wo offenbare Irrtümer des Schreibers, zum Teil durch Verhören oder Versehen vorlagen.“[9]

Unzweifelhaft handelte es sich bei diesem Exemplar um jenes, das in den Jahrzehnten vor der Drucklegung zwischen Leipzig, Vorarlberg und manch anderem Ort zirkulierte.[10] Nach der Drucklegung des Buches sandte Anton E. Schönbach das Manuskript an Hermann Sander zurück. Heute gilt dieser wichtige Textzeuge als verschollen.[11]
Im Rahmen der vom Franz-Michael-Felder-Verein herausgegebenen Edition der Schriften und Briefe Felders erschien 1974 als vierter Band „Aus meinem Leben“. Der Bearbeiter Walter Strolz griff dabei auf ein im Nachlaß erhaltenes Manuskript zurück, das wohl als jenes gelten kann, nach dem ein Schreiber die Reinschrift hergestellt hat. Bei der Drucklegung 1904 wurde dieses Manuskript, das läßt sich anhand von Briefzeugnissen nachweisen, nicht berücksichtigt.
Walter Strolz schreibt im Vorwort seiner Ausgabe von „Aus meinem Leben“: „Oberstes Gebot für den Herausgeber der Neuausgabe von Franz Michael Felders Selbstbiographie ist eine *ungekürzte, textgetreue Wiedergabe der Urfassung* des Werks. [d. i. die im Nachlaß erhaltene Handschrift, J. T.]. [...] Nach diesem ursprünglichen Text Felders wurde die Erstausgabe von 1904 Satz für Satz verglichen und dergestalt die nunmehr vorliegende *erste vollständige* Ausgabe von ‚Aus meinem Leben‘ hergestellt.“[12]
Der Entscheidung des Editors Walter Strolz, auf die erhaltene Handschrift zurückzugreifen, liegt eine Fehleinschätzung der Textgrundlage der Erstausgabe zugrunde. Strolz nahm an, daß Schönbach vehement in den Textbestand eingegriffen hatte, weil er nicht wußte, daß diesem 1904 nicht die gleiche Handschrift vorlag wie ihm. Im folgenden verzeichnet Strolz kursorisch die gravierenden Differenzen zwischen dem 1904 gedruckten Text und der ihm vorliegenden Handschrift, ohne diese in einem Apparat systematisch anzuführen. Ein drastisches Beispiel soll an dieser Stelle genügen, um darzulegen, in welcher Weise die beiden Fassungen voneinander abweichen.
Franz Michael Felder schildert in seiner Autobiographie, wie er auf der Reise von Schoppernau ins benachbarte Allgäu auch in Bregenz Station machte. In der Ausgabe von 1974 liest man:

„So kam ich denn erst mit einbrechender Dunkelheit nach Bregenz und sah die Sonne golden und herrlich in den Bodensee hinabsinken. Im Städtchen war noch etwas Leben. Ich sah junge Herren mit einem Buch in der Hand vom Abendspaziergange heimkehren. Eine Gesellschaft hörte ich gar von Wieland reden. Dabei ward mir zumute wie einem, der in fremdem Lande, weit, weit von den Seinigen, plötzlich ein heimatliches Lied singen hört.“[13]

In der Ausgabe von 1904 hingegen lautet die Passage:

„So kam ich denn erst mit einbrechender Dunkelheit nach Bregenz und sah die Sonne golden und herrlich in den Bodensee hinabsinken. Im Städtchen schien es mir recht lebendig. Ich sah junge Herren mit einem Buch in der Hand vom Abendspaziergange heimkehren. Eine Gesellschaft hörte ich gar von Lenau reden. Dabei ward mir zumute wie Einem, der in fremdem Lande, weit, weit von den Seinigen, plötzlich ein heimatliches Lied singen hört.“[14]

Bekanntlich entscheidet die Stellung des Autors innerhalb der jeweiligen Nationalliteratur über die an seinen Texten praktizierte Editionsweise. Dialektisch gewendet bedeutet dies aber auch, daß anhand der angewendeten Editionsmethoden der Stellenwert eines Schriftstellers abgelesen werden kann. Verfolgt man die verschiedenen Edi-

tionensanstrengungen, mit denen Franz Michael Felders Autobiographie „Aus meinem Leben" begegnet worden ist, so lassen sich diese beschreiben als von einer reinen Leseausgabe hin zu einer Studienausgabe führend. Da der Editor im Rahmen der Studienausgabe sich entschieden hat, auf das erhaltene Manuskript und nicht auf den Erstdruck zurückzugreifen, liegen nun beide Fassungen von Felders „Aus meinem Leben" gedruckt vor.
Es bleibt so dem einzelnen Wissenschaftler überlassen, die beiden Versionen von „Aus meinem Leben" zu studieren, um produktionsästhetische Erkenntnisse über den Schriftsteller Franz Michael Felder zu gewinnen. Da aber das der Ausgabe von 1904 zugrundeliegende Manuskript als verschollen gelten muß, basieren mögliche Einsichten in diesem Feld auf unsicherem Grund und so läßt sich nicht entscheiden, auf wen zum Beispiel die Substitution Wielands durch Lenau letztendlich zurückgeht.

Ausgabe:
Franz Michael Felder: Sämtliche Werke. Hg. vom Franz-Michael-Felder-Verein. Bregenz: 1970–1995.

[1] Vgl. Karl Wagner: Die literarische Öffentlichkeit der Provinzliteratur. Der Volksschriftsteller Peter Rosegger. Tübingen: Niemeyer 1991, S. 358–375.
[2] Franz Michael Felder: Sämtliche Werke. Hg. vom Franz-Michael-Felder-Verein. Bregenz 1970–1995.
[3] Franz-Michael-Felder-Verein: [Einladung zur Mitgliedschaft], Juni 1969. Franz-Michael-Felder-Archiv, Bregenz. Sammlung Franz-Michael-Felder-Verein.
[4] Schon 1909 wurde ein Franz-Michael-Felder-Verein in Vorarlberg gegründet. Dieser beauftragte bei seiner ersten Versammlung Hermann Sander mit der Herausgabe einer vierbändigen Werkausgabe der Schriften Felders. Vgl. Franz Michael Felders sämtliche Werke. Hg. im Auftrag des Franz-Michael-Felder-Vereins zu Bregenz. Leipzig 1910–1913.
[5] Franz Michael Felder: Aus meinem Leben. Mit einer Vorbemerkung von Peter Handke und einem Nachwort von Walter Methlagl. Salzburg, Wien: Residenz 1985.
[6] Darauf verweist auch der Umstand, daß die ersten Bände der Ausgabe noch ohne ISB-Nummer ausgeliefert wurden.
[7] Norbert Loacker: Der Sinn von Schoppernau. Zu Franz Michael Felders Selbstbiografie. In: Allmende 19 (1999) 62/63, S. 124–138, Zit. S. 138.
[8] Franz Michael Felder: Aus meinem Leben. Hg. und eingeleitet von Anton E. Schönbach. Wien 1904 (Schriften des Literarischen Vereins; 2).
[9] Ebd., S. XXXI.
[10] Die Probleme bei der Drucklegung von Felders „Aus meinem Leben" ziehen sich wie ein roter Faden durch die Korrespondenz Rudolf Hildebrands mit Felders Schwager Kaspar Moosbrugger. Vgl. Kaspar Moosbrugger – Rudolf Hildebrand. Briefe 1869–1894. Hg. und mit einem Nachwort versehen von Jürgen Thaler. Lengwil am Bodensee 2000.
[11] In der ansonsten detailgenauen Studie von Andreas Eder: Die verschleppte Geschichte. Zur Edition von F. M. Felders Autobiographie „Aus meinem Leben" bis zur Erstveröffentlichung. In: Montfort 43 (1991) H. 4, S. 303–310, wird behauptet, daß das Manuskript in Wien verlorenging. Richtig ist vielmehr, daß Anton E. Schönbach das Manuskript, wie es seiner Postkarte vom 16. 9. 1904 an Hermann Sander zu entnehmen ist, an diesen zurückgeschickt hat. Vgl. Anton E. Schönbach an Hermann Sander, 16. 9. 1904, Postkarte. Franz-Michael-Felder-Archiv, Bregenz, NL Hermann Sander.
[12] Franz Michael Felder: Aus meinem Leben (wie Anm. 2), S. 9. Hervorhebungen vom Verfasser.
[13] Ebd., S. 192. Vgl. die der Stelle zugrundeliegende Manuskriptseite Abb. 4.
[14] Franz Michael Felder: Aus meinem Leben (wie Anm. 2), S. 273.

▸ Abbildung 1: Umschlag der ersten Fassung von Franz Michael Felders „Aus meinem Leben", Privatbesitz

Entwurf

Einer Selbstbiographie

des Franz Michel Felder

angefangen im September

Des Unglücksjahres

1868

196

Schoppernau den 9/3 1869

Lieber Freund!

Ich danke dir herzlich für dein werthes Schreiben. Du hast deine Worte gesprochen die in meiner Seele nachklangen.

Meine Selbstbiographie wird in wenigen Tagen fertig. Auch die Abschrift ist dem Allingen in Bregenz bis auf wenige Bogen besorgt. Ich schliesse mit meiner Verehlichung ab. Der Tod meiner Frau wird gar nicht erwähnt. Du siehst Frau lebend schaffend, singend, du hörst ihre Ansichten über Menschen u Zustände und ihre Gedichte. Die Kapitel, die von ihr erzählen, sind die heitersten, sonst hat das Buch manches Dunkle, weil sich alle heimatlichen Zustände in meinem Leben wiederspiegeln und dort mit ihren Wirkungen an so schärfer schöner Heldenmuthes wie ich selber noch nicht recht hab da.

63/

249

Länge in der Küche hatte. Ich wünschte jedem
den ich traf, einen guten Tag und ließ mich
wo möglich in irgend ein Gespräch mit
ihm ein. Das that mir so wohl, daß hier
mir keiner bewaffnet gleichsam und als
Angreifer entgegen kam. Dann ging ich
meinen Weg, ohne mich nach rechts und
links zu wenden. Jetzt hatte ich für alles
einen offenen Blick und an der Schöpfung;
ich besuchte ich mehrere Kirchhöfe,
deren eigenthümliches Grauen eine weh-
müthige Stimmung in mir geweckt hatte.
Auch den Arbeitern im Steinbruch sah
ich so lange zu, bis mein Sehnen sich
drängte und auch die sinkende Sonne zum Gehen
mahnte. Nachdem kehrte ich im dortigen Schwarzwäl-
schen Wirthshaus ein. Ich hatte weder Hunger
noch Durst, aber es that mir so wohl, hier
Leute auf einem Wirthstische
und ein freundliches [illegible] zu sehen
denen als den Küchen und [illegible] oder
Kleinen) den Schlemmer des [illegible]
dienen. So kam ich dann erst mit einbrechender
Dunkelheit nach Hause und sah die Sterne
aufsinken. In dem Andenken [illegible]
Leben. Ich sah junge Damen noch etwas
in der Hand dem Abendspaziergange mit einem Buch
nehmen. Einer Gesellschaft [illegible] seine;
Wieland reden, und dabei hörte ich gar den
Muthe, wie einem, der im fremden Lande
weit weil den den Einigen plötzlich ein
heimathliches Lied singen hört. Ich sagte
mir, daß man mich hier für keinen Diebstahl
halten würde und daß ich auch keinen
Verdacht machte. ~~Im Österreichischen~~
Ich suchte mir wieder

Schriften

des

Literarischen Vereins in Wien.

II.

Aus meinem Leben.

Von Fr. M. Felder.

Herausgegeben und eingeleitet

von

Anton E. Schönbach.

Wien 1904.

Verlag des Literarischen Vereins in Wien.

Aus meinem Leben.

Von

Fr. M. Felder.

Herausgegeben und eingeleitet

von

Anton E. Schönbach.

Wien 1904.

Verlag des Literarischen Vereins in Wien.

◂ Abbildung 2: Brief Franz Michael Felders an Kaspar Moosbrugger vom 3. 3. 1869, in dem Felder im zweiten Absatz über den Stand der Arbeit an der Autobiographie berichtet: „Meine Selbstbiographie wird in wenigen Tagen fertig. Auch die Abschrift ist von Albinger in Bezau bis auf wenige Bogen besorgt.“ Franz-Michael-Felder-Archiv, Bregenz, NL Kaspar Moosbrugger

◂ Abbildung 3: Auszug aus der Erstfassung von Felders „Aus meinem Leben“. In der siebten Zeile von unten befindet sich die im Beitrag zitierte Stelle über Wieland, Privatbesitz

▴ Abbildung 4: Erstdruck von Franz Michael Felders „Aus meinem Leben“, Wien 1904

Wilhelm Hemecker

FRANZ KAFKA: STATIONEN EINES EDITIONSPROZESSES

„Eines der reinsten und merkwürdigsten Dichterwerke der Epoche", so rühmte Klaus Mann das Erscheinen der 1935 von Max Brod bei Schocken in Berlin herausgegebenen „Gesammelten Schriften" Franz Kafkas, „endlich in seiner Gesamtheit dargeboten in schöner, sorgfältiger Anordnung"[1]. Zehn Jahre vorher war die Erstausgabe von Kafkas berühmtestem Werk in der Reihe „Die Romane des 20. Jahrhunderts" im Berliner Verlag Die Schmiede erschienen: „Der Prozess". „Das Manuskript des Romans ‚Der Prozess' habe ich im Juni 1920 an mich genommen und gleich damals geordnet", hält Max Brod im Nachwort dieser Ausgabe fest. Von Brod für den Satz eingerichtet, wie Spuren in der Handschrift verraten, war das Manuskript selbst bereits wenige Wochen nach Kafkas Tod – bekanntlich gegen dessen letztwillige Verfügung – in die Druckerei gegangen.

Genau mit Ablauf der Urheberrechte – siebzig Jahre nach Ableben des Autors – wurde die historisch-kritische Ausgabe sämtlicher Handschriften, Drucke und Typoskripte von Franz Kafka in Angriff genommen, „zur Sicherung einer der bedeutendsten Hinterlassenschaften des Abendlandes, wie der Herausgeber, Roland Reuß, erklärt.[2] 1997 konnte als erster Band „Der Process" (der Titel zeigt nun die Orthographie Kafkas) auf den Markt kommen – nur wenige Jahre nach Erscheinen der Kritischen Ausgabe von Sir Malcolm Pasley, dem langjährigen Doyen der Kafka-Textphilologie, unter dem Titel „Der Proceß" (Pasley behält Kafkas Orthographie bei, mit einer Ausnahme: er normalisiert ohne nähere Begründung Kafkas Doppel-s-Schreibung im Sinne der beim Erscheinen gültigen Rechtschreibung).

Ordnet Pasley die einzelnen Teile des „Romans" noch ähnlich wie Max Brod (mit nur zwei Unterschieden: „Die Verhaftung" wird bei Pasley zu einem eigenen Kapitel, und das vierte Kapitel der Ausgabe Brods findet sich unter dem neuen Titel „B's Freundin" nachgeordnet unter den Fragmenten), so sieht die historisch-kritische Ausgabe keine Reihenfolge für die einzelnen Faszikel vor und erklärt: „Kafka hat keine Romane hinterlassen"[3]. Erst ein Blick auf Kafkas Schreibprozeß, der den Verwicklungen und Verwirrungen des Josef K. nur um weniges nachsteht, vermag das zu verdeutlichen.

In der zweiten Hälfte des Jahres 1914, nach seiner Entlobung von Felice Bauer, legt Franz Kafka in zehn Quartheften, die er für verschiedenartige Eintragungen benutzt, Teile seines „Process"-Romans nieder. Sehr wahrscheinlich Anfang und Ende zuerst, wonach er dann nach dem „System des Teilbaues", wie er es in seiner späteren Erzählung „Beim Bau der Chinesischen Mauer" beschreibt, mal dieses, mal jenes Kapitel vorantreibt. Diese Hefte löst er jedoch später auf, vermutlich bald nachdem der Schreibprozeß, immer mühsamer werdend – Pasley weist wortstatistisch eindrucksvoll ein zunehmendes Dichterwerden der Handschrift nach –, Mitte Januar 1915 abgebrochen wird. Die so entstandenen losen „Process"-Konvolute – Kapitel, Kapitelfolgen und -fragmente – versieht Kafka teils mit betitelten „Deck"- (Pasley) oder genauer Vorsatzblättern, teils mit Einschlagblättern, die einem offenbar nicht mehr benötigten Typoskriptdurchschlag der Erzählung „Der Heizer" entstammen.

Zur Erklärung dieses Archivierungsverfahrens formuliert Pasley die Hypothese, daß Kafka mit den „unterschiedlichen Methoden der Aufbewahrung [...] die ihm vorliegenden Teile des Romans zwei Kategorien zugewiesen hat, der Kategorie der abgeschlossenen (bzw. beinahe abgeschlossenen) Kapitel und der Kategorie solcher Kapitel, deren Abschluß sich noch nicht abzeichnete."[4] Zudem enthält ein guter Teil der mit Vorsatzblättern versehenen Kapitel jeweils einen waagerechten Strich am Ende des Textes, nach Pasley ein weiteres Indiz dafür, daß diese zu einem zumindest vorläufigen Abschluß gekommen sind. „Gemäß dieser vom Autor vorgenommenen Einteilung werden in der Kritischen Ausgabe die Textteile des Romans in zwei Gruppen (‚Kapitel' und ‚Fragmente') dargeboten."[5]

Genau gegen diese Aufteilung des Textbestandes in „unvollendete Kapitel" (Brod) bzw. „Fragmente" (Pasley) einerseits und (mehr oder minder) abgeschlossene Teile und deren lineare Verknüpfung andererseits – von Brod nach „Gefühl", von Pasley nach dem „Ablauf der Handlung" –, gegen die editorische Konstitution eines (so) nicht überlieferten Romans also, richtet sich die neue, ‚historisch-kritische Ausgabe: „Eine genaue Analyse der Überlieferung verlangt in der Makrostruktur [...] nicht nur, die Unterscheidung von ‚vollendeten' und ‚unvollendeten' bzw. fragmentarischen Kapiteln aufzugeben. Der Kritik hält ebenso nicht der Versuch stand, eine verbindliche Abfolge der Kapitel zu (re-)konstruieren [...]. Den Gefallen, die einzelnen Konvolute zu numerieren, hat Kafka der Philologie nicht getan".[6] Konsequent legt daher die neue Edition die einzelnen Konvolute faszikelweise, ungeordnet und unnumeriert vor, denn die auf den Vorsatzblättern erkennbare Numerierung stammt von Max Brod. Brod konnte sich darauf berufen, daß er das Manuskript noch zu Lebzeiten Kafkas geordnet hatte und im Nachwort der ersten Ausgabe festhalten: „Bezüglich der Anordnung der Kapitel war ich auf mein Gefühl angewiesen. Doch da mir mein Freund einen großen Teil des Romans vorgelesen hatte, konnte sich mein Gefühl bei der Ordnung der Papiere auf Erinnerungen stützen."

Zweifellos ordnet Brod auch – und mit sehr ähnlichem Ergebnis später Pasley – nach der inneren Chronologie des Handlungsverlaufs. Zudem hat es nicht an Versuchen gefehlt, nach solchen inhaltlichen Kriterien eine Ordnung sämtlicher vorhandener Teile vorzunehmen.[7] Gemeinsam ist all diesen Bemühungen die Prämisse einer trotz gewisser Unstimmigkeiten letztlich kohärenten Handlung. Eine Prämisse, die auch vom Herausgeber der historisch-kritischen Ausgabe nicht grundsätzlich in Frage gestellt wird: „Selbstverständlich hatte Kafka bis zuletzt die Absicht, einen Roman zu schreiben, bei dem die einzelnen größeren Einheiten ihren Ort im Gefüge eines Ganzen haben sollten".[8] Einschränkend fährt Roland Reuß dann aber fort: „[...] doch hat er die Arbeit zu einem Zeitpunkt aufgegeben, als hiervon noch nicht einmal der Umriß feststand."

Diese Offenheit des Manuskripts fordert gemäß der Ideologie der historisch-kritischen Ausgabe ein geändertes, nämlich konstruktives Leseverhalten, dem, konsequent weitergedacht, nur ein Lesen der Handschrift selbst voll zu entsprechen vermag: „Dem Anspruch, im für viele vielleicht ungewöhnlichen Aufbau der Edition eines ‚Werks' in Heften die größtmögliche Adäquanz an die Makrostruktur des überlieferten Materials zu erreichen, tritt komplementär in der Darstellung der Mikrostruktur ein Insistieren auf der Handschriftlichkeit [...] zur Seite", und die „Einleitung" zur historisch-kritischen Ausgabe insgesamt betrachtet die diplomatische Umschrift ausdrücklich nur als „Lese- und Entzifferungshilfe"[9].

Tatsächlich hat der „mündige Leser" nun Kafkas Handschrift vor sich, aber freilich nicht ‚die' Handschrift, das Autograph, sondern eben eine Reproduktion, das Scan, das, wie Roland Reuß mit Blick auf das Faksimile des „Stuttgarter Foliobuchs" von Friedrich Hölderlin sagt, „in vielen Einzelheiten (Farbvaleurs etc.) ‚besser' als das Original" sein kann.[10] Dennoch wird man, auch wenn sich nach Installation der beigelegten CD-ROM „ein kafkaeskes I-Pünktchen auf Erbsengröße heranzoomen"[11] läßt, außerstande sein zu entscheiden, ob es sich um eine geringfügige Papierunreinheit, wie bei Hölderlin etwa um einen winzigen Holzspan,[12] handelt, oder tatsächlich um ein Satzzeichen, um einen Punkt.

Freilich geht es bei der historisch-kritischen Ausgabe um etwas anderes. War Max Brods Leseausgabe in der Textkonstituierung noch von der Idee des unvollendeten Romans geprägt, und Produkt eines orthographischen – bei Pragismen und Austriazismen sogar stilistischen – „Reinigungsverfahrens", wie Brods Mitarbeiter Heinz Politzer berichtet[13], so liefert Pasley in der kritischen Ausgabe den nach Handlungslogik geordneten Textbestand getreu nach dem im Deutschen Literaturarchiv ruhenden Manuskript in Umschrift samt textkritischem Kommentar für die Zunft der Philologen in einem eigenen Band: von der genauen Beschreibung sämtlicher Textträger bis hin zu Wasserzeichen und Varianten in aufgelisteter Form. Die historisch-kritische Ausgabe als Faksimile-Edition mit diplomatischer Umschrift hingegen fordert nach dem Willen des Herausgebers ein anderes, dechiffrierendes, dekonstruierendes Lesen: Lesen der Partitur, an der nicht das Lineare, sondern gerade das Nichtlineare, das Fragmentarische, Fraktale, die spatiale Ordnung des Neben-, In- und Übereinander interessiert. Eine Process-Edition, die den Editionsprozeß dem Leser überantwortet.

Ausgaben:

Franz Kafka: Der Prozess. Roman. Berlin: Die Schmiede 1925 (= Die Romane des 20. Jahrhunderts).

Franz Kafka: Der Proceß. Kritische Ausgabe. 2 Bände. Hg. von Malcolm Pasley. Frankfurt/Main: Fischer 1990.

Franz Kafka: Der Process. Historisch-Kritische Ausgabe. Hg. von Roland Reuß in Zusammenarbeit mit Peter Staengle. Sechzehn Faksimilebünde (mit typographischer Umschrift) und ein Beiheft im Schuber mit CD-ROM. Basel, Frankfurt/Main: Stroemfeld/Roter Stern 1997.

[1] Klaus Mann: Dank für die Kafka-Ausgabe. In: Die Sammlung 2 (Juli 1935), S. 664. Wiederabgedruckt in: Franz Kafka. Hg. von Heinz Politzer. Darmstadt: Wissenschaftliche Buchgesellschaft 1980 (= Wege der Forschung, 322, S. 162).

[2] Roland Reuß in einem Interview mit Simon Wagner: ‚Der Process' als Prozeß. Kafka-Ausgabe. In: Der Falter (Wien) Nr. 42 vom 17. Oktober 1997, Beilage, S. 4.

[3] Roland Reuß: Lesen, was gestrichen wurde. Für eine historisch-kritische Kafka-Ausgabe. In: Franz Kafka: Historisch-Kritische Ausgabe sämtlicher Handschriften, Drucke und Typoskripte. Hg. von Roland Reuß und Peter Staengle. Einleitung. Basel und Frankfurt/Main: Stroemfeld/Roter Stern 1995, S. 9–24, hier S. 21.

[4] Franz Kafka: Der Proceß. Apparatband. Kritische Ausgabe. Hg. von Malcolm Pasley. Frankfurt/Main: Fischer 1990, S. 125.

[5] Malcolm Pasley: Die Handschrift redet. In: Franz Kafka. Der Proceß. Die Handschrift redet. Bearbeitet von Malcolm Pasley. Marbach: Deutsche Schillergesellschaft 1990 (= Marbacher Magazin 52), S. 1–36, hier S. 5.

[6] Roland Reuß: Zur kritischen Edition von ‚Der Process' im Rahmen der Historisch-Kritischen Franz Kafka-Ausgabe. In: Franz Kafka-Hefte 1 (= Beiheft zur FKA), S. 3–25, S. 15.

[7] Übersicht bei Reuß, Zur kritischen Edition (Anm. 9), S. 33–36. Übergangen ist hier Hartmut Binders sorgfältige Rekonstruktion. In: Hartmut Binder: Kafka-Kommentar zu den Romanen, Rezensionen, Aphorismen und zum Brief an den Vater. München: Winkler 1976, S. 160–177.

[8] Reuß, Zur kritischen Edition (Anm. 6), S. 15.

[9] Reuß, Lesen (Anm. 3), S. 17.

[10] Ebd., S. 16.

[11] Manfred Schneider: Original oder hyperreal? Zur neuen Ausgabe von Kafkas ‚Process'-Roman. In: Die Zeit (Hamburg) Nr. 50 vom 5. Dezember 1997, Literaturbeilage, S. 5.

[12] Vgl. Werner Volke: Nachwort. In: Friedrich Hölderlin: Die Maulbronner Gedichte 1786–1788. Faksimile des ‚Marbacher Quartheftes'. Marbach: Deutsche Schillergesellschaft 1977, S. 147–160.

[13] Heinz Politzer: Zur Kafka-Philologie. In: Die Sammlung 2 (März 1935, S. 386 f. Wiederabgedruckt in: Franz Kafka. Hg. von H. P., a. a. O., S. 159–161)

‹1r› —— 2

Jemand musste Josef K. verläumdet haben, denn
wurde
ohne dass er etwas Böses getan hätte, ~~war~~ er eines
verhaftet┐ ┌Frau Grubach, seiner
Morgens ~~gefangen~~. Die ~~Bedienerin~~ Köchin der Zimmervermieterin,

die ihm jeden Tag gegen acht Uhr früh das Frühstück
diesmal┐
brachte, kam nicht[,]. [d]*D*as war noch niemals geschehn.

K. wartete noch ein Weilchen, sah von seinem Kopfkissen

aus die alte [A]*F*rau die ihm gegenüber wohnte und

die ihn mit [ih]*e*iner an ihr ganz ungewöhnlichen

Neugierde beobachtete, dann aber, gleichzeitig befrem-

det und hungrig, läutete er. Sofort klopfte es

und ein [ein]*M*ann, denn er in dieser Wohnung noch

niemals gesehen [t]*h*atte trat ein. Er war schlank
ein┐
und doch fest gebaut, er trug anliegendes schwarzes

Kleid, das ähnlich den Reiseanzügen mit verschiedenen

Falten, Taschen, Schnallen, Knöpfen und einem Gürtel

versehen war und infolgedessen, ohne dass man sich

darüber klar wurde, wozu es dienen sollte, besonders
und sass gleich halb aufrecht im Bett┐
praktisch erschien. Wer sind Sie? fragte K. ~~sofort~~.

Der Mann aber ging über die Frage hinweg, als

müsse man seine Erscheinung hinnehmen und
sagte Sie haben geläutet
~~fragte~~ bloss seinerseits: „~~Was wollen Sie~~?“ „[¿]*A*nna

soll mir das Frühstück bringen“ sagte K., und
Aufmerksamkeit und┐
versuchte zunächst stillschweigend durch Überlegung

▲ ▸ Abbildungen 1 und 2: Umschrift und Faksimile aus dem Faszikel „Jemand musste Josef K. verläumdet haben“ der historisch-kritischen Ausgabe

Jemand mußte Josef K. verläumdet haben, denn
ohne daß er etwas Böses getan hätte, wurde er eines
Morgens verhaftet. Die Köchin der Frau Grubach, seiner Zimmervermieterin
die ihm jeden Tag gegen acht Uhr früh das Frühstück
brachte kam diesmal nicht. Das war noch niemals geschehen.
K. wartete noch ein Weilchen, sah von seinem Kopfkissen
aus die alte Frau die ihm gegenüber wohnte und
die ihn mit einer an ihr ganz ungewöhnlichen
Neugierde beobachtete, dann aber, gleichzeitig befrem-
det und hungrig, läutete er. Sofort klopfte es
und ein Mann, den er in dieser Wohnung noch
niemals gesehen hatte trat ein. Er war schlank
und doch fest gebaut, er trug ein anliegendes schwarzes
Kleid, das ähnlich den Reiseanzügen mit verschiedenen
Falten, Taschen, Schnallen, Knöpfen und einem Gürtel
versehen war und infolgedessen ohne daß man sich
darüber klar wurde, wozu es dienen sollte, besonders
praktisch erschien. „Wer sind Sie?" fragte K. und saß gleich halb aufrecht im Bett
Der Mann aber ging über die Frage hinweg, als
müße man seine Erscheinung hinnehmen und
sagte bloß seinerseits: „Sie haben geläutet?" „Anna
soll mir das Frühstück bringen" sagte K. und
versuchte zunächst stillschweigend durch Aufmerksamkeit und Überlegung

88.160.1

Eberhard Sauermann

GEORG TRAKL: INNSBRUCKER AUSGABE[1]

Die Innsbrucker Trakl-Ausgabe setzt sich zum Ziel, die Texte Trakls als Prozeß zu verstehen und sie in ihrer Variation wieder lesbar zu machen. Das editorische Konzept sieht vor, der Arbeitsweise Trakls Rechnung zu tragen und dem Benützer den Zugang zu Trakls Lyrik zu erleichtern. Die Texte werden in ihren verschiedenen (als prinzipiell gleichwertig geltenden) Stufen geschlossen, mit allen Änderungen dargestellt – und nicht getrennt in einen Lesetext- und einen Apparatband; der Entstehungsprozeß der Texte kann anhand von Faksimiles der Handschriften bzw. der diplomatischen Umschriften nachvollzogen werden. Trakls Texte werden in chronologischer Anordnung ediert; entscheidend ist der Zeitpunkt, zu dem der früheste (erhaltene) Textzeuge entstanden ist. Neue Forschungen zur Datierung haben eine präzisere Rekonstruktion der Genese von Texten und der Entwicklung des Gesamtwerks ermöglicht. Manche Gedichte, die bisher als solche mit zwei, drei Fassungen galten, erweisen sich als eigenständige, unterschiedliche Texte; ihre partielle Textidentität stellt sich als Kennzeichen von Trakls poetischer Verfahrensweise heraus (Selbstzitate). Trakls Technik der Montage zeigt sich in der Weiterverarbeitung von Motiven, Bildern, ja ganzen Strophen eigener Texte.
Beim Kommentar ist äußerste Zurückhaltung geboten: die ‚primäre Dunkelheit' poetischer Texte soll unangetastet bleiben. In der Entstehungsgeschichte, im textgenetischen Überblick und in der Wirkungs- und Rezeptionsgeschichte werden allfällige Anlässe zur Niederschrift oder Überarbeitung, die Veränderungen der Texte und die (seltenen) zeitgenössischen Reaktionen auf diese Texte dargelegt. In den Einzelstellen-Erläuterungen werden vor allem Zitate berücksichtigt: anhand des Motiv- und Lexikreservoirs (besonders Rimbaud und Hölderlin), aus dem sich Trakl offenbar bedient hat, kann der Benützer dessen Arbeit an der Aneignung literarischer Vorlagen, an deren Verwandlung und Verschmelzung verfolgen. Vor jeder Gruppe der (nach Jahreszeiten gegliederten) Dichtungen Trakls führt eine auf den neuesten Stand gebrachte Lebenschronik wichtige Ereignisse in Trakls Leben vor Augen.
Trakls Briefe werden zusammen mit den Gegenbriefen ediert; hier gilt die chronologische Abfolge, wie sie sich für Trakl dargestellt hat. Bei privaten wie ‚amtlichen' Briefen wird ihr Zusammenhang mit Werken Trakls sowie ihr biographischer bzw. literarischer Hintergrund erhellt.

Das Manuskript mit den Siglen G 103 und G 104 könnte eigentlich als bisher unbekanntes Gedicht Trakls gelten. Denn „Das Gewitter" wird in allen Trakl-Ausgaben, Anthologien oder Lesebüchern in der Form seiner Erstveröffentlichung im „Brenner", also mit 42 Versen in 4 Strophen, wiedergegeben. Auch im Lesetextband der historisch-kritischen Ausgabe von Walther Killy und Hans Szklenar steht es so, die Varianten werden im Apparatband verzeichnet; dadurch wird eine ‚Fassung letzter Hand' herausgehoben. Die Bevorzugung des letzten Textstandes als ‚gültiges' Gedicht ist der Poesie Trakls jedoch nicht angemessen; eine flüchtige Grundniederschrift auf irgendeinem Zettel besitzt für einen gewissen Zeitraum (Sekunden oder Monate) nicht weniger Gültigkeit und weist nicht mehr Vorläufigkeit auf als eine maschingeschriebene Reinschrift oder ein Druck. Durch die Darstellung der Genese von Beginn an und durch die Integration der Varianten in den ‚Lesetext' der einzelnen Textstufen eröffnet die Innsbrucker Trakl-Ausgabe neue Zugänge zu Trakls Texten.
Die Krux bei einer synoptischen Darstellung der vom letzten Textstand ausgehenden Genese wie in der Ausgabe von Killy/Szklenar besteht darin, daß der Leser gezwungen ist, zuerst den spätesten Textstand von Vers 1 zu lesen, bevor er den frühesten Textstand von Vers 2 zu Gesicht bekommt, daß er also Varianten einer Stelle mitlesen muß, die zu einem anderen Zeitpunkt und womöglich im Zusammenhang mit anderen Änderungen entstanden sind. Trakl hat nicht Vers für Vers von einem Rohzustand bis zu einer ihn zufriedenstellenden Form gebracht, sondern meist am ganzen Gedicht gearbeitet, also an einer Textstufe: oft verursacht eine Änderung weitere Änderungen, wodurch eine Variante eben nicht oder nicht nur Arbeit am Einzelvers ist.
Bei den Handschriften des „Gewitters" handelt es sich um 3 Textstufen. Die 32 Verse in 2 Strophen auf dem Blatt G 103/104 (Textstufe 1 H, vgl. Abb. 1 und 2)[2] haben in Trakls Augen für einen gewissen Zeitraum als ‚fertiger' Text gegolten, denn zum Zeitpunkt ihrer Niederschrift wäre im betreffenden Konvolut noch Platz für eine Erwei-

terung gewesen. Killy/Szklenar sehen darin statt eines eigenständigen Texts nur Vers 1–33 des ‚endgültigen' Gedichts. Folglich kann man als Benützer ihrer Ausgabe gar nicht auf die Idee kommen, es habe ursprünglich ein anderes, kürzeres Gedicht „Das Gewitter" gegeben, das zu lesen oder zu interpretieren lohnend wäre.
Das Gedicht endet mit dem Vers „Glühende Schwermut."; ob diese „Schwermut" wie die „Kühle" das „Haupt" umschwebt, mit dieser gar identisch ist oder aber einen Zustand des Hauptes darstellt, bleibt offen. Später hat Trakl die Arbeit an diesem Text wieder aufgenommen. Der Punkt am Ende des letzten Verses wird gestrichen, die Fortsetzung des Satzes (Vorderseite von G 23, Textstufe 2 H, vgl. Abb. 3) lautet: „Eines goldenen Gottes." Nun ist die Schwermut klar einem Gott zugeordnet. Nach der Änderung des Attributs ist es ein „zürnender" Gott, als dessen Ausdruck die Folgen des Blitzschlags gelten können. Auf diesen Anschlußvers folgt eine zusätzliche Strophe. „Demut", „Gemeinde des Geistes", „Erbarmen", „Heilige/Himmlische Reinigung" und vor allem die Schlußverse „Eine Glocke / Läutet Versühnung zur Nacht" (der Archaismus ‚Versühnung' wird in der Luther-Bibel im Sinne von Reinigung von Schuld verwendet) verstärken die religiöse Färbung; die Glocke soll wohl den zürnenden Gott besänftigen.
Die 3. Strophe wird jedoch gestrichen und durch eine Neubearbeitung ersetzt (Rückseite von G 23, Textstufe 3 H, vgl. Abb. 4). In den Schlußversen wird der religiöse Bezug schließlich abgeschwächt, und der Klang wird aus dem Bild verbannt, indem der akustische Begriff in einen ähnlich lautenden verwandelt wird: „Feuer / Läutert zerrissene Nacht." („Feuer" als Kontrast zu den „schneeigen" Gipfeln, zum Dunkel der „Nacht" und zum anderen Ein-Wort-Vers des Gedichts, „Finsternis".) Was am Beginn des Gedichts getilgt wurde, das Feurige, findet hier wieder Verwendung, nämlich als Element der Reinigung; ob sie durch einen vom Blitzschlag verursachten Brand erfolgt oder durch die Blitze selbst, bleibt offen.

Kurz nach dem 15. Dezember 1913 bedankte sich Trakl bei Karl Kraus für die Zusendung der „Fackel" 389/390, in der Kraus aus einem – wie er schreibt „in einer Beilage des ‚Brenner'" erschienenen – Essay Karl Borromäus Heinrichs über Trakl zitiert; dabei handelt es sich nicht wie bisher angenommen um den Essay „Briefe aus der Abgeschiedenheit. II. Die Erscheinung Georg Trakl's" aus dem „Brenner" vom 1. März 1913, sondern um einen Auszug, den Ludwig v. Ficker, „Brenner"-Herausgeber und Mentor Trakls, von diesem Essay als Sonderdruck hat anfertigen lassen. Trakl fühlte sich gedrängt, Kraus auch poetisch seine Referenz zu erweisen: Am Abend des 21. Dezember 1913 schreibt er im Innsbrucker Gasthof „Goldene Rose" einen Brief an Kraus: „In diesen Tagen rasender Betrunkenheit und verbrecherischer Melancholie sind einige Verse entstanden, die ich Sie bitte, entgegenzunehmen, als Ausdruck der Verehrung für einen Mann, der wie keiner der Welt ein Beispiel gibt." Er schließt mit einer Anspielung auf das Teuflische des Adolf Loos. Dieser Brief war lange verschollen, es lag nur eine (wie man jetzt weiß) fehlerhafte und falsch datierte Abschrift im Wiener Kraus-Archiv vor. Vor ein paar Jahren wurde er jedoch von Birgit v. Schowingen, einer Tochter Fickers, dem Forschungsinstitut „Brenner-Archiv" zum Geschenk gemacht.
Sie hatte ihn von Ruth Horwitz erhalten, die ihn von ihrem Vater, dem Schauspieler, Regisseur, Herausgeber der Trakl-Ausgabe im Zürcher Arche-Verlag (1946) und langjährigen Freund Fickers Kurt Horwitz, geerbt hatte. Ruth Horwitz' Vermutung, Ficker habe den Brief (den er offenbar anhand einer Abschrift in „Erinnerung an Georg Trakl" 1926 erstveröffentlicht hatte) ihren Eltern aus Dank für deren Hilfe nach dem 2. Weltkrieg geschenkt (so wie er Kurt Horwitz 1947 ein Manuskript von Trakls Gedicht „Winternacht" mit einer Widmung zugeeignet hat), klärt nicht die Frage, wie der Brief in Fickers Besitz gelangt sein könnte. Eher ist anzunehmen, daß der Brief von Kraus oder seinen Nachlaßverwaltern Horwitz übergeben worden ist; jedenfalls hat es eine Verbindung zwischen den beiden gegeben: In der „Fackel" 781–786 von Anfang Juni 1928 weist Kraus auf die Aufführung einer Inszenierung seines „Traumstücks" in der Jungen Bühne (Münchener Kammerspiele im Schauspielhaus) vom 1. März 1928 hin, die von der völkischen Theaterkritik vernichtend besprochen worden sei: „wie viel künstlerische Arbeit, geistige und Nervenleistung sie zertrampelt" – eine Leistung nämlich, die wesentlich von Horwitz erbracht worden war, einerseits als Leiter der Jungen Bühne (gemeinsam mit Heinrich Fischer u. a.), andererseits als Schauspieler in dieser Inszenierung.
Ob Trakl bei der Erarbeitung seines Gedichts „Ein Winterabend" tatsächlich betrunken war, ist zu bezweifeln: der früheste Gedichtentwurf (G 138, Textstufe 1 H, unter dem Titel „Winter" bzw. „Im Winter") weist ein ganz normales Schriftbild auf. Aber daß er den Brief mit der Gedichtabschrift (BA 100/106,[3] Textstufe 2 H) in ziemlicher Betrunkenheit geschrieben hat, geht aus dem Schriftduktus, einzelnen Unsicherheiten und dem Verlauf der

Absenderangabe auf dem Briefumschlag hervor; der „Ausdruck respektvollster Verehrung" ist kaum mehr zu lesen. Nachdem er den Brief abgeschickt hat, überarbeitet er noch einmal den ersten Gedichtentwurf, vor allem in der letzten Strophe (Textstufe 3 H): War sie bisher Zeugnis himmlischer Kräfte, so wird sie nun auf Irdisches reduziert: „Wanderer tritt still herein. / Schmerz versteinerte die Schwelle / Da erglänzt in reiner Helle / Auf dem Tische Brot und Wein." In dieser Version wird das Gedicht – unter dem Titel „Ein Winterabend" – ins Reine geschrieben (BA 100/66, Textstufe 4 T)[4] und veröffentlicht („Sebastian im Traum", Textstufe 5 D)[5]. Die ursprüngliche Strophe scheint jedoch in jenem Brief nachzuklingen, den Kraus an Sidonie Nádherný v. Borutin schrieb (13./14. November 1914), als er von Trakls Tod erfahren hatte: „Sein Irrsinn rang mit göttlichen Dingen."

Trakl gilt als ‚Klassiker der Moderne'. Das Moderne an seiner Art zu dichten wird durch die Innsbrucker Trakl-Ausgabe erkennbar.

Ausgaben:
Georg Trakl: Dichtungen und Briefe. Historisch-kritische Ausgabe. 2 Bände. Hg. von Walther Killy u. Hans Szklenar. Salzburg: Otto Müller Verlag 1969 (2. Aufl 1987).
Georg Trakl: Sämtliche Werke und Briefwechsel. Innsbrucker Ausgabe. Historisch-kritische Ausgabe mit Faksimiles der handschriftlichen Texte Trakls. Hg. von Eberhard Sauermann u. Hermann Zwerschina. 6 Bände u. 2 Supplementbände. Basel, Frankfurt: Stroemfeld/Roter Stern. Bd. II 1995, Bd. III 1998, Bd. IV.1 u. IV.2 2000, (voraussichtlich) Bd. I 2001, Bd. V u. Bd. VI 2002.

[1] 1992 und 1994 genehmigte der Fonds zur Förderung der wissenschaftlichen Forschung meinen Antrag auf Förderung des Projekts einer neuen historisch-kritischen Trakl-Ausgabe, was die Finanzierung meines Mitherausgebers für 4 Jahre ermöglichte. Die Drucklegung der im Auftrag des Forschungsinstituts „Brenner-Archiv" der Universität Innsbruck herausgegebenen Ausgabe wird von der Stadt Innsbruck, vom Bundesministerium für Wissenschaft bzw. Bundeskanzleramt/Kunstsektion und von der Österreichischen Akademie der Wissenschaften gefördert.

[2] G: Sammlung Maria Geipel-Trakl, Museum Carolino Augusteum, Salzburg; 1 H: erste Textstufe, von Trakl mit eigener Hand geschrieben.

[3] BA: Forschungsinstitut „Brenner-Archiv" der Universität Innsbruck.

[4] 4 T: vierte Textstufe, von Trakl mit Maschine geschrieben.

[5] 5 D: fünfte Textstufe, Druck.

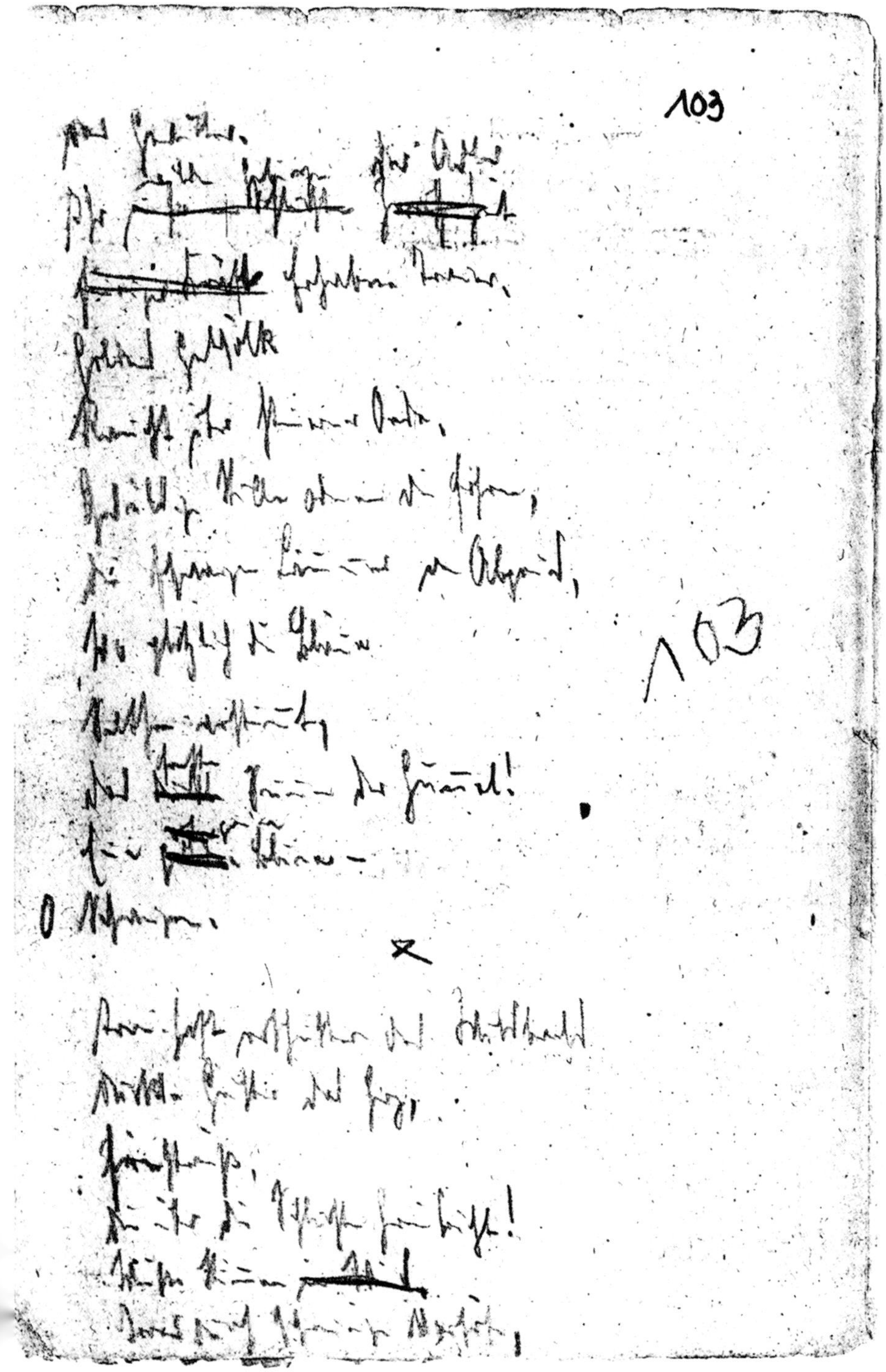

Das Gewitter.
wilden Gebirge der Adler
Ihr ~~einsamen Schluchten~~ ~~Zerrissenheit~~
~~Feuriger Kräf°te°t~~ Erhabne Trauer.
Goldnes Gewölk
Raucht über steinerner Oede.
Geduldige Stille odmen die Föhren,
Die schwarzen Läm̄er am Abgrund,
Wo plötzlich die Bläue
Seltsam verstum̄t,
sanfte
Das ~~dunkle~~ Sum̄en der Hum̄el!
~~rote~~ grüne
Eine ~~goldne~~ Blume –
O Schweigen.
×
Traumhaft erschüttern des Wildbachs
Dunkle Geister das Herz,
°Zerr°Finsterniß,
Die über die Schluchten hereinbricht!
Weiße Stim̄en ~~im Wind.~~
Irrend durch schaurige Vorhöfe,

▴▸ Abbildungen 1 und 2: Georg Trakl: Das Gewitter. Erste Niederschrift und diplomatische Umschrift aus der Innsbrucker Trakl-Ausgabe. Museum Carolino Augusteum, Salzburg

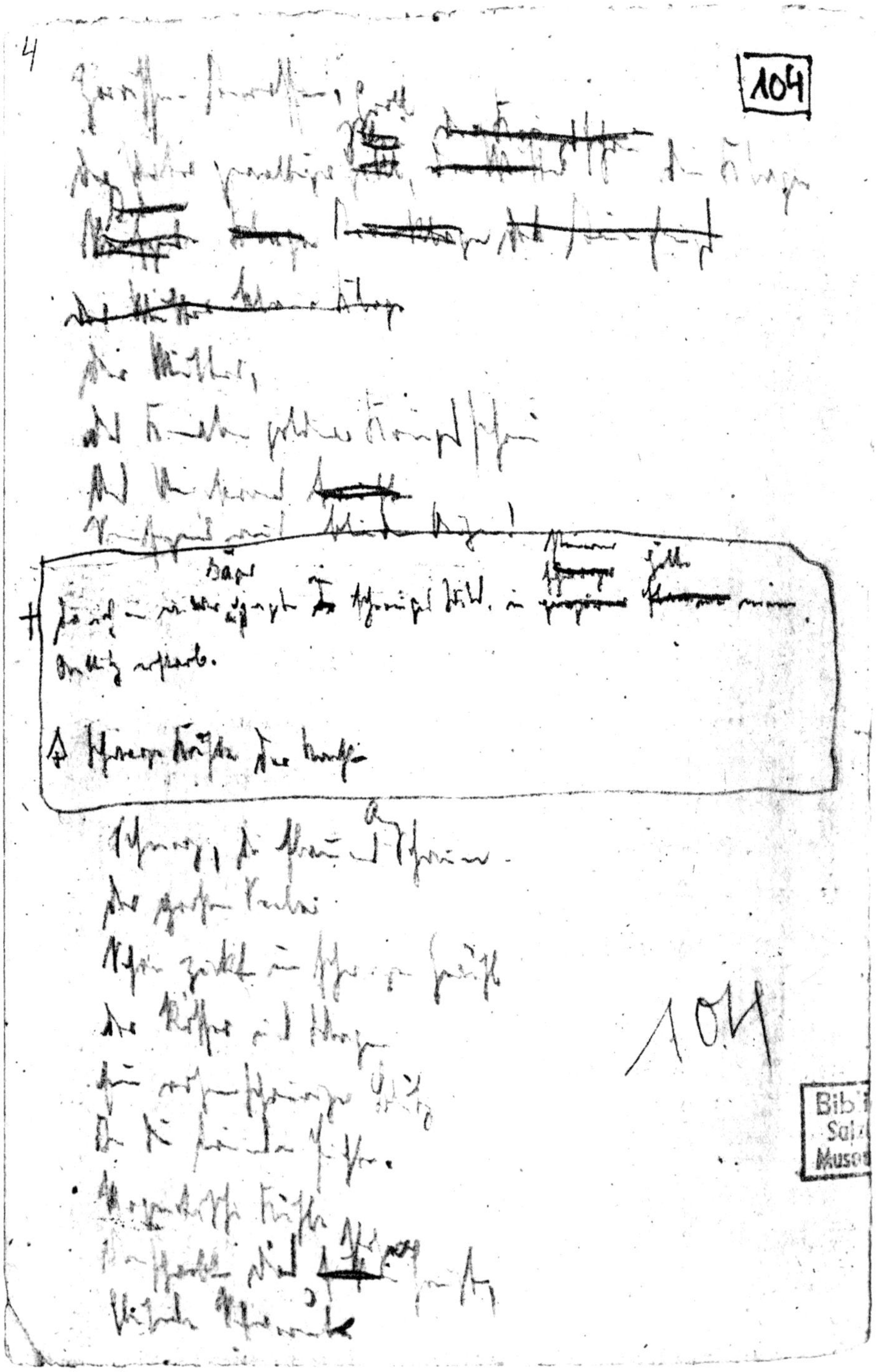

Zerrissne Terrassen,
Groll
~~Schrei~~ ~~der Kriegsschrei~~
Der Väter gewaltiger ~~Groll~~, ~~der Mütter~~ die Klage
~~Irdene~~
~~Seufzende Klage Trauerklage De°r°s Jünglings~~
~~Der Mütter blaue Klage~~
Der Mütter,
Des Knaben gold,ner Kriegsschrei
Und Ungebornes ~~taucht~~
Seufzend aus blinden Augen!

steinerner
Jäger ein ~~schwarzer~~ Hölle
da ich ein wilder jagte ~~da~~ schneeiges Wild, in ~~purpurner Flamme~~ mein
auf
Antlitz erstarb.

† schwarze Kühle der Nacht

An
Schmerz, du flammend Schaun
Der großen Seele
Schon zuckt im schwarzen Gewühl
Der Rösser und Wagen
Ein rosenschauriger Blitz
In die tönende Fichte.
Magnetische Kühle
stolz°en°e
Umschwebt die°s ~~feuchten~~ Haupt,
Glühende Schwermut,

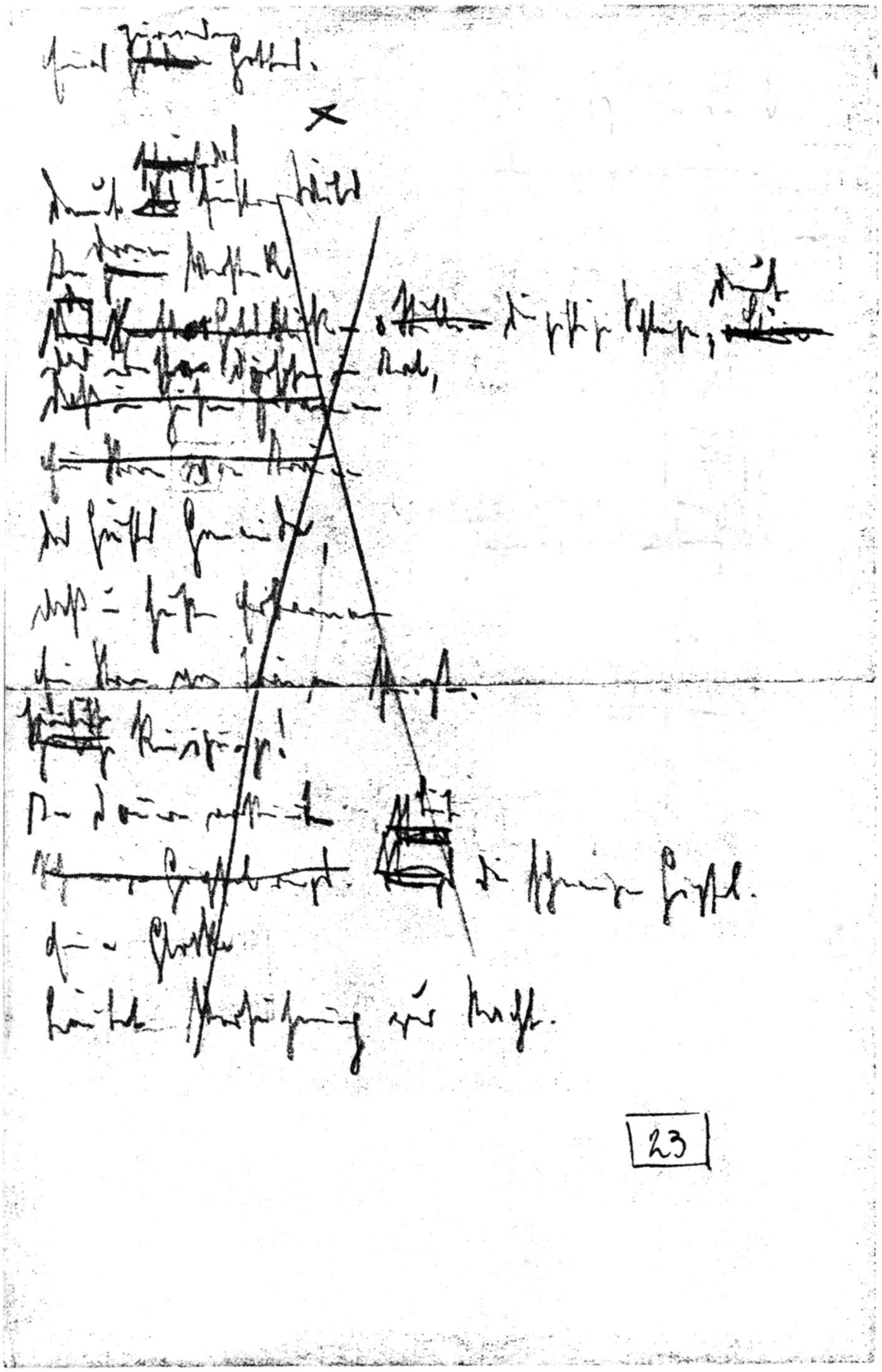

zürnenden
Eines ~~goldenen~~ Gottes.
×
~~schweigt~~ das
Demut ~~das~~ finstre Wild
Dornen
Im ~~grünen~~ Verstek
~~Der~~ Demut
~~Und °s°Sanft°en°°e°er Goldblick~~ – o ~~Stille =~~ die giftige Schlange; ~~o Bläue =~~
Das ernst°ere°e Dörfchen im Tal,
~~Daß in heißem Erbarmen~~
~~Ein Strom von Tränen~~
Des Geistes Gemeinde,
Daß in heißem Erbarmen
Ein Strom von Tränen stürzt.
Him̄lische
~~Heilige~~ Reinigung!
In Doñern verstum̄°en°ten Leise
~~Starr~~
~~Schneeige Gipfel rings.~~ ~~Rings~~ die schneeigen Gipfel.
Eine Glocke
Läutet Versühnung zur Nacht.

▴▸ Abbildungen 3 und 4: Georg Trakl: Das Gewitter. Spätere Niederschrift und diplomatische Umschrift aus der Innsbrucker Trakl-Ausgabe. Museum Carolino Augusteum, Salzburg

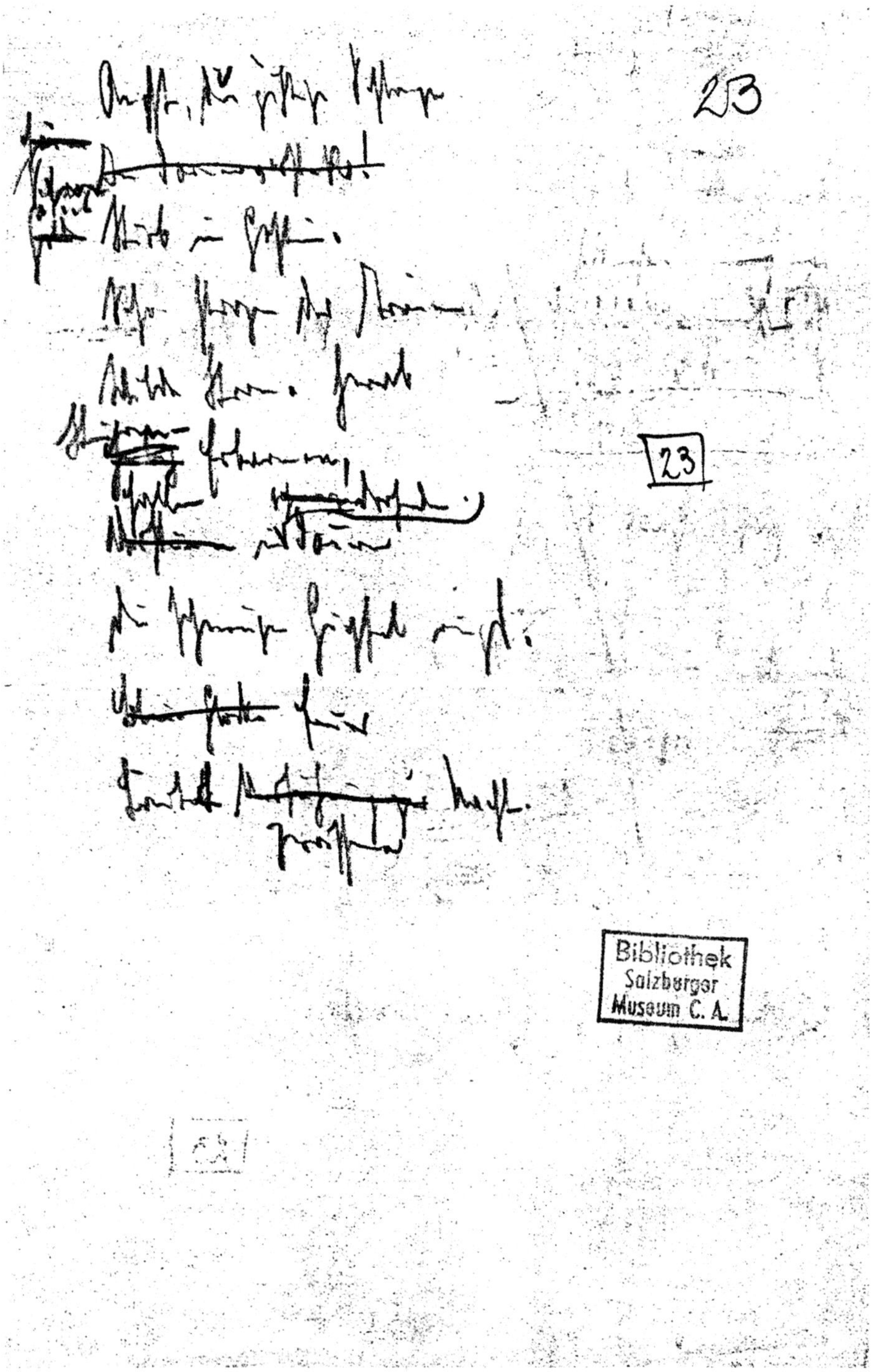

Angst, d°ie°u giftige Schlange
~~Härene~~
~~Im Dornenverstek!~~
~~Schwarze~~
~~Goldne~~ Stirb im Gestein.
Schon stürzen der Tränen
Wilde Strome herab
Sturm-
~~Heilig~~ Erbarmen,
Hallen ~~schwarzen~~ drohenden┐
~~Verstum̃en~~ in∨ Doñern
Die schneeigen Gipfel rings.
~~Blaue Glocke~~ Feuer
Läute°t°rt ~~Versühnung zur~~ Nacht.
zerrissene

Hermann Böhm

DAS KARL-KRAUS-ARCHIV[1]

Karl Kraus empfand „Pein, schon veröffentlichte Sachen wieder zu lesen". Dieser Satz steht in einem Brief, den sein Anwalt Oskar Samek am 8. Februar 1935 an einen ebenfalls für Kraus tätigen Juristen, Johann Turnowsky, in Prag sandte. Für die Anlage eines literarischen und persönlichen Archivs scheint diese Einstellung nicht eben förderlich. Dennoch hat Kraus selbst schon früh mit der Archivierung seiner Schriften und Korrespondenzen begonnen oder sie zumindest geduldet. Seine Arbeitsanlage der stufenweisen, immer strenger ins Detail gehenden Überarbeitung jeder schriftlichen Äußerung verpflichteten den Drucker und den Korrektor in ihrem eigensten Interesse dazu, sämtliche Manuskripte und Fahnen sorgfältig aufzubewahren. Das gleiche galt für den geschäftlichen Bereich im Verlag der Fackel. Das Archiv erwuchs sozusagen parallel zur Person, man kann es als das Alter ego von Karl Kraus bezeichnen. Die archivalische Ordnung beruhte wohl einzig in der Ablage des Materials in seiner Zugehörigkeit zu der jeweiligen Nummer des Fackelheftes. Als Archivare fungierten die Angestellten der Druckerei Jahoda & Siegel und die Sekretärin des Fackelverlages, Frieda Wacha. Erst in den 30er Jahren begann Helene Kann, Vertraute und Beraterin von Karl Kraus, mit einer sachgemäßeren Betreuung der Schriften und Briefe. Auch Kraus selbst konnte sich nun mit diesem Vorhaben anfreunden. In seinem – letztlich ungültigen – Testament aus den Jahren 1935 und 1936 verfügte er, daß an Helene Kann „Manuscripte und sonstige Dokumente für das Archiv" zur Aufbewahrung zu übergeben seien, im gleichen Zug wird die Stadt Wien als eventuelle Erbin genannt. Bald nach Kraus' Tod wurde das bei Jahoda & Siegel gelagerte Material in die Wohnung von Helene Kann gebracht, ebenso jener Nachlaßteil, der sich in der Wohnung in der Lothringerstraße 6 befand. Es handelte sich dabei um Notizen, Manuskripte, Dokumente und die äußerst umfangreiche Korrespondenz. Eine nach wissenschaftlichen Kriterien ausgerichtete Aufarbeitung erfolgte nicht, im Gegenteil, durch die mißlichen Umstände der Übersiedlung geriet das wertvolle Material in völlige Unordnung. Ein nicht unbeträchtlicher Teil davon wurde auch an Freunde und Verehrer verschenkt. Aus Platznot sah sich Helene Kann veranlaßt, einen Teil des Materials an die Österreichische Nationalbibliothek zur Deponierung zu übergeben. Durch einen formalen, jedoch rechtsverbindlichen Fehler erhielt die nur kurzfristig geplante Verwahrung den Charakter einer Schenkung, so daß dieser Archivteil in der Nationalbibliothek verblieb, wo er lange Jahre unausgewertet liegen blieb und erst ab 1973 in den Handschriftenbestand einsigniert wurde. Der größere Teil des Archivs konnte jedoch von Helene Kann im Zug ihrer Emigration vor dem Zugriff der Nazis gerettet und in die Schweiz gebracht werden. Anita Kössler, ihre treue Helferin bei der Bergung des Archivs, flüchtete nach Schweden und nahm ebenfalls Manuskripte und Korrekturfahnen mit sich. Einige Nachlaßstücke wurden von ihr an Wiener Bekannte übergeben und von diesen während des ganzen Krieges in Verstecken gelagert, ein gewiß nicht unerhebliches Risiko. Als verloren gegangen müssen wohl jene Nachlaßteile gelten, die sich im Krausschen Arbeitszimmer befanden, das Oskar Samek als Erinnerungsraum in seinem Haus in der Reindorfgasse eingerichtet hatte. Im Oktober 1938, also schon nach Sameks Ausreise in die USA, drangen dort SA-Männer ein, zerstörten die Einrichtung und führten Bibliothek und Schriften mit sich. Über den Verbleib ist nichts bekannt. Samek konnte lediglich die Akten der von ihm für Kraus geführten Prozesse und die Druckfahnen des nachgelassenen Werkes „Die dritte Walpurgisnacht" retten. Auch die Kraus-Sammlung des Buchhändlers Richard Lányi, in der sich wohl das eine oder andere Originalmanuskript befand, wurde höchstwahrscheinlich vernichtet.

Schon bald nach Kriegsende trat Helene Kann an den damaligen Kulturstadtrat von Wien, Viktor Matejka, mit dem Anerbieten heran, nach ihrem Ableben das Karl-Kraus-Archiv der Stadt Wien zu übergeben. Allerdings verfügte sie in ihrem Testament nicht ausdrücklich darüber, so daß nach ihrem Tod, 1949, das Archiv zunächst im Besitz ihrer Tochter Eva Röder verblieb. Nachdem Anita Kössler 1952 die in Wien versteckten Nachlaßstücke der Stadtbibliothek als Schenkung übergeben hatte, gelang es dem zuständigen Beamten, Dr. Paul Schick, Frau Röder zur Übergabe des Archivs an die Stadt Wien zu bewegen. Im Jänner 1955 wurde das Material nach Wien gebracht und mit der wissenschaftlichen Auswertung begonnen, die zunächst von Paul Schick alleine geleistet werden mußte. 1975 vervollständigte Hans Röder die Archivbestände durch eine weitere, umfangreiche Spende. Der von Anita Kössler nach Stockholm verbrachte Nachlaßteil verblieb zunächst in ihrem bzw. ihrer Söhne

Besitz, gelangte dann in den Autographenhandel und konnte von der Bibliothek 1998 nach mühevollen Verhandlungen angekauft werden. Die Prozeßakten der Kanzlei Samek kamen durch testamentarischen Beschluß 1959 an die Bibliothek. Das Archiv umfaßt zur Zeit etwa 10 000 Inventareinheiten, die sich aus Werkmanuskripten, Notizen und Entwürfen, Korrekturfahnen, Korrespondenzen und Lebensdokumenten zusammensetzen. Das Spektrum reicht von der ersten erhaltenen schriftlichen Äußerung Karl Kraus', einem Brief an seinen Hauslehrer Albert Weingarten aus dem Jahr 1885, über frühe Arbeiten noch vor der Herausgabe der „Fackel" bis zu dem vollständigen Manuskript des legendären Fackelhefts 890–905, in dem Kraus sein Schweigen zu Hitler analysiert und begründet. In der Korrespondenz finden sich solch bedeutende Briefpartner wie Peter Altenberg, Albert Ehrenstein, Ludwig von Ficker, Sigmund Freud, Siegfried Jacobsohn, Heinrich Lammasch, Else Lasker-Schüler, Wilhelm Liebknecht, Erich Mühsam, Berthold Viertel, Herwarth Walden, Frank Wedekind und Franz Werfel.

Für die ab 1960 stark wachsende Rezeption des Krausschen Werkes und die damit verbundene Zunahme der literaturwissenschaftlichen Forschung auf diesem Gebiet stellt das Archiv eine Forschungsstelle kat exochen dar. Als Quellenlieferant hat es in den ersten fünfzig Jahren seines Bestehens einen Großteil der neueren wissenschaftlichen Arbeiten zu Kraus geprägt und beeinflußt. Hier könnte auch, in Zusammenarbeit mit anderen Institutionen, der Grundstein für eine historisch-kritische Gesamtausgabe des Werkes von Karl Kraus gelegt werden.

Bisher liegt nur ein einziger Versuch vor, das Riesenwerk von Kraus unter Anwendung historisch-kritischer Editionsprinzipien zu erschließen, nämlich Martin Leubners genetische Ausgabe von „Literatur oder Man wird doch da sehn" (Göttingen: 1996). Es erscheint verwunderlich, fast befremdlich angesichts der unübersehbar angewachsenen Zahl der literaturwissenschaftlichen Arbeiten über Karl Kraus, daß sich sowohl Forschung als auch Verlagswesen eigentlich nie explicit der Herausforderung einer historisch-kritischen Ausgabe gestellt, ja nicht einmal darüber diskutiert haben. Die erdrückenden Materialmassen, die sich durch die zahlreichen Korrektur- und Umarbeitungsprozesse ergaben, die Kraus seinen Texten angedeihen ließ, haben wohl viele abgeschreckt, dazu kommt die schwer feststellbare chronologische Einordnung der verschiedenen Textvarianten und ihre mangelhafte Überlieferung. Für viele Texte, so eben auch für den von Leubner gewählten, liegen nur die Varianten der Korrekturfahnen vor, nicht aber die Originalmanuskripte, dies gilt vor allem für die „Fackel".

Kraus war sich der Kompliziertheit der Entstehung seiner Texte bewußt und hat auch darauf hingewiesen.

„Jeder Satz müßte so oft gelesen werden, als Korrekturen sein Wachstum von der Handschrift bis zur Lektüre begleitet haben. Doch um dem Leser zu ersparen, was ihm über Kraft und Glauben geht, möchte ich jeden Satz in den zehn Verwandlungen erscheinen lassen, damit das Ganze endlich immer noch weniger gelesen als verstanden werde."[2]

Diesen Aphorismus stellt Leubner übrigens auch seiner Ausgabe als Motto voran, die Nähe der Krausschen Arbeitsweise also zur historisch-kritischen Ausgabe betonend.

Eine Analyse sämtlicher überlieferter Texte von Kraus durchzuführen, nur um ihre Eignung festzustellen, in einer solchen, zu schaffenden Edition erfaßt zu werden, würde den Rahmen dieser Miszelle sprengen. Wir müssen uns mit einer kritischen Bestandsaufnahme des bis jetzt Vorhandenen begnügen.

Durch eine, dem Sinn nach nicht klar zu definierende Wendung in seinem letzten Willen hatte Kraus unfreiwillig Veröffentlichungen aus seinem Werk verhindert. Lediglich der Band „Die Sprache", an dem Kraus bis knapp vor seinem Tode gearbeitet hatte, konnte von Philipp Berger noch 1937 im Verlag der Fackel herausgegeben werden. Der Nazieinmarsch in Österreich und der kurz danach ausbrechende Weltkrieg machten dann alle editorischen Pläne vollends zunichte. Die sieben Kriegsjahre konnten jedoch Werk und Person Kraus' nicht vergessen machen, und 1947 konstituierte sich auf Initiative des legendären Wiener Kulturstadtrats Viktor Matejka und anderer Freunde und Anhänger, die den Nationalsozialismus überlebt hatten, eine Karl-Kraus-Gesellschaft.

Als eine ihrer vordringlichsten Aufgaben wird im programmatischen Gründungsaufruf die Schaffung einer Kraus-Gesamtausgabe genannt, da der Bestand an Krausschriften kraß dezimiert worden sei.

„Wohl ist im Privatbesitz manches noch vorhanden, aber das läßt sich weder fassen noch lenken und es ist eine unbestrittene Tatsache, daß es unmöglich ist, von einer Belebung der Karl Kraus-Tradition zu reden, ohne sich mit dem Plan des Wiederabdrucks der Schriften zu beschäftigen[...]"[3]

Der Plan zu einer Gesamtausgabe im Umfang von 20 Bänden, gegliedert in 8 Abteilungen, wobei man sich nach den literarischen Formen orientierte, lag bereits vor. Die Ausgabe sollte auf den vorhandenen Bänden aus dem Verlag der Fackel sowie auf dem unter der Obhut Helene Kanns in der Schweiz befindlichen Nachlaßmaterials erarbeitet werden. Alleinige Herausgeberin sollte die Gemeinde Wien sein, mit der Drucklegung der Verlag Anton Schroll betraut werden. Wer die eigentliche Editionsarbeit durchführen sollte, geht aus den erhaltenen Unterlagen nicht hervor, auch nicht, ob es sich um eine bloße Leseausgabe oder um eine Studienausgabe mit wissenschaftlichem Anspruch handeln sollte. Man trat konkret an die Stadt Wien heran, wobei man sich vor allem auf die Ehrenpflicht, die die Kommune ihrem großen Sohn gegenüber habe, berief. In einem Briefentwurf, den Kraus' Weggefährte, Leopold Liegler, an den zuständigen Magistratsausschuß richtete, wird diese moralische Verpflichtung betont.

„Es ist eigentlich verwunderlich, daß es in diesem Zusammenhange noch notwendig erscheinen mag, zu sagen, daß Wien auf Karl Kraus stolzer sein dürfe als es tatsächlich ist, und die Gemeinde Wien würde nur beweisen, daß sie ein tiefes Verständnis für menschliche und künstlerische Qualitäten besitzt, wenn sie die erwähnten Bestrebungen unter ihren autoritativen Schutz nimmt." [4]

Das ehrgeizige Vorhaben kam über das Stadium des Wollens nicht hinaus, da man sich über die unklaren autorrechtlichen Verhältnisse mit den Erben nicht einigen konnte und auch die finanzielle Lage der Stadt Wien für Ausgaben auf dem Kultursektor sehr beschränkt war. Letztlich führte wohl auch der Rücktritt Matejkas vom Stadtratposten dazu, daß das Unternehmen sang- und klanglos eingestellt wurde. Auch die Aktivitäten der Karl-Kraus-Gesellschaft gingen sehr rasch dem Ende entgegen, bis sie sich gänzlich auflöste.
Die historische Chance einer Wiener Kraus-Ausgabe war damit vertan. Für viele Jahre gingen von Wien keine herausgeberischen Impulse zu Karl Kraus aus, obwohl durch die inzwischen erfolgte Übernahme des Archivs sich hervorragende Arbeitsmöglichkeiten geboten hätten. Die großen, wenn auch nicht historisch-kritischen Kraus-Ausgaben erschienen in der Bundesrepublik bei Kösel/Langen-Müller (1954–1970) und Suhrkamp (1987–1994) bzw. in der DDR (Volk und Welt, 1971–1978). Davon ist die Köselsche Werksammlung als reine Leseausgabe zu bewerten, während die in der DDR und bei Suhrkamp aufgelegten Editionen auch als Studienausgaben dienen können. Vor allem für letztere wurde auch das Wiener Archivmaterial einer kritischen Bewertung unterzogen und hat in die Bände Eingang gefunden. Eine völlig eigenständige editorische Leistung des Kraus-Archivs ist die vierbändige, von Hermann Böhm besorgte Herausgabe der Akten der von Karl Kraus und seinem Anwalt Oskar Samek geführten Prozesse.[5] (Abb. 2–3) Die 1959 in das Archiv eingegliederten Aktenfaszikel enthalten einen großen Bestand an, der Forschung bisher nicht zugänglichen, Kraus-Originaltexten und geben ein Bild davon, wie Justiz und Satire in seinem Werk zusammenfließen. Die Edition versucht durch auszugsweise oder vollständige Textwiedergabe, Präsentation in Regestenform und erläuternde Kommentierung das Gesamtkorpus der Rechtsfälle darzubieten und betritt insofern „editorisches Neuland", als die Darlegung von juristisch-literarischen Texten ein Novum in der Editionswissenschaft ist.

Ausgaben:
Werke. Hg. von Heinrich Fischer. Bd. 1–14 und 2 Supplementbde. München: Kösel (1952–1962); München–Wien: Langen Müller, 1963–1970.
Ausgewählte Werke. Unter Mitarbeit von Kurt Krolop und Roland Links, hg. von Dietrich Simon; Bd. 4: Hg. und mit einem Nachwort versehen von D. Simon, Bd. 1–4 und Beiheft. Berlin: Volk und Welt, 1971–1974; Bd. 1–3 auch: München: Langen Müller, 1971.
Karl Kraus. Briefe an Sidonie Nádherný von Borutin. 1913–1936. Bd. 1. 2. Hg. von Heinrich Fischer und Michael Lazarus. Redaktion: Walter Methlagl und Friedrich Pfäfflin. München: Kösel, 1974.
Karl Kraus. Frühe Schriften. 1892–1900. Bd. 1. 2. Hg. von Joh. J. Braakenburg. – München: Kösel, 1979.
Schriften. Hg. von Christian Wagenknecht. Bd. 1–20. Frankfurt/M.: Suhrkamp, 1987–1994.
Karl Kraus' „Literatur oder Man wird doch da sehn". Genetische Ausgabe und Kommentar. Hg. von Martin Leubner. Göttingen: Wallstein, 1996.
Karl Kraus contra ... Die Prozeßakten der Kanzlei Oskar Samek in der Wiener Stadt- und Landesbibliothek. Bd. 1–4. Hg. und kommentiert von Hermann Böhm. Wien: Wiener Stadt- und Landesbibliothek, 1995–1997.

[1] Der erste Teil dieses Beitrags erschien bereits in: „Was wir umbringen". Die „Fackel" von Karl Kraus. Eine Ausstellung des Jüdischen Museums der Stadt Wien. Heinz Lunzer, Victoria Lunzer-Talos, Marcus G. Patka. Wien: Mandelbaum 1999
[2] Karl Kraus, Aphorismen. Schriften. Bd. 8. Hg. von Christian Wagenknecht. Frankfurt/M. 1986, S. 26
[3] Aufruf zur Gründung einer Karl-Kraus-Gesellschaft. Wien. O. J. S. 4.
[4] Leopold Liegler an Gemeinde Wien. Briefentwurf vom Oktober 1946. Wiener Stadt- und Landesbibliothek. Handschriftensammlung. Nachlaß Liegler.
[5] Karl Kraus contra ... Die Prozeßakten der Kanzlei Oskar Samek. Hg. von Hermann Böhm. Bd. 1–4. Wien. 1995–1997

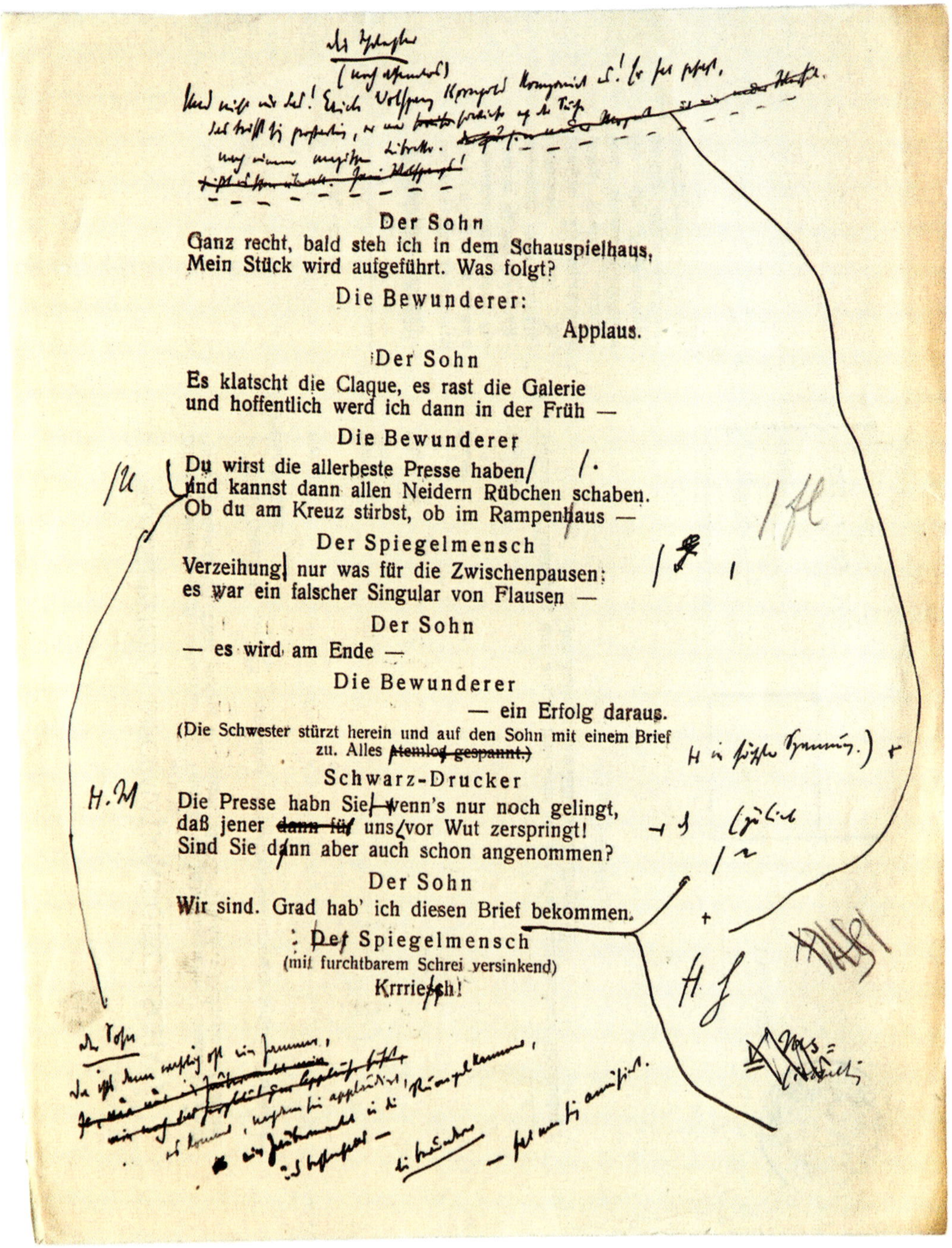
Der Sohn
Ganz recht, bald steh ich in dem Schauspielhaus,
Mein Stück wird aufgeführt. Was folgt?
Die Bewunderer:
Applaus.
Der Sohn
Es klatscht die Claque, es rast die Galerie
und hoffentlich werd ich dann in der Früh —
Die Bewunderer
Du wirst die allerbeste Presse haben/
und kannst dann allen Neidern Rübchen schaben.
Ob du am Kreuz stirbst, ob im Rampenhaus —
Der Spiegelmensch
Verzeihung, nur was für die Zwischenpausen:
es war ein falscher Singular von Flausen —
Der Sohn
— es wird am Ende —
Die Bewunderer
— ein Erfolg daraus.
(Die Schwester stürzt herein und auf den Sohn mit einem Brief zu. Alles ~~atemlos gespannt.)~~
Schwarz-Drucker
Die Presse habn Sie, wenn's nur noch gelingt,
daß jener ~~dann für~~ uns vor Wut zerspringt!
Sind Sie dann aber auch schon angenommen?
Der Sohn
Wir sind. Grad hab' ich diesen Brief bekommen.
Der Spiegelmensch
(mit furchtbarem Schrei versinkend)
Krrieksch!

▲ Abbildung 1: Karl Kraus: „Literatur oder Man wird doch da sehn". Magische Operette in zwei Teilen [1921], Korrekturabzug mit eh. Änderungen und Anmerkungen, Wiener Stadt- und Landesbibliothek. Handschriftensammlung

---

Transkription der Handschrift:

Die Schwester
(noch atemlos)
Und nicht nur das! Erich Wolfgang Korngold / komponiert es! Er hat gesagt, das trifft / sich großartig, er war sowieso auf der / Suche nach einem magischen Libretto. / [~~~] ein neuer Mozart und ein neuer Werfel / heißt es schon überall. Zwei Wolfgangs! //
in höchster Spannung //
zu lieb //
Der Sohn / Da ists dann wahrlich oft ein Jammer, / [ja, wäre nur ein Zaubermantel mein / wie noch das Herzblut zum Applause führt] / es kommt, nach dem sie apllaudiert, / ein Zaubermantel in die Rumpelkammer, / und bestenfalls – Die Bewunderer – hat man sich amüsiert.

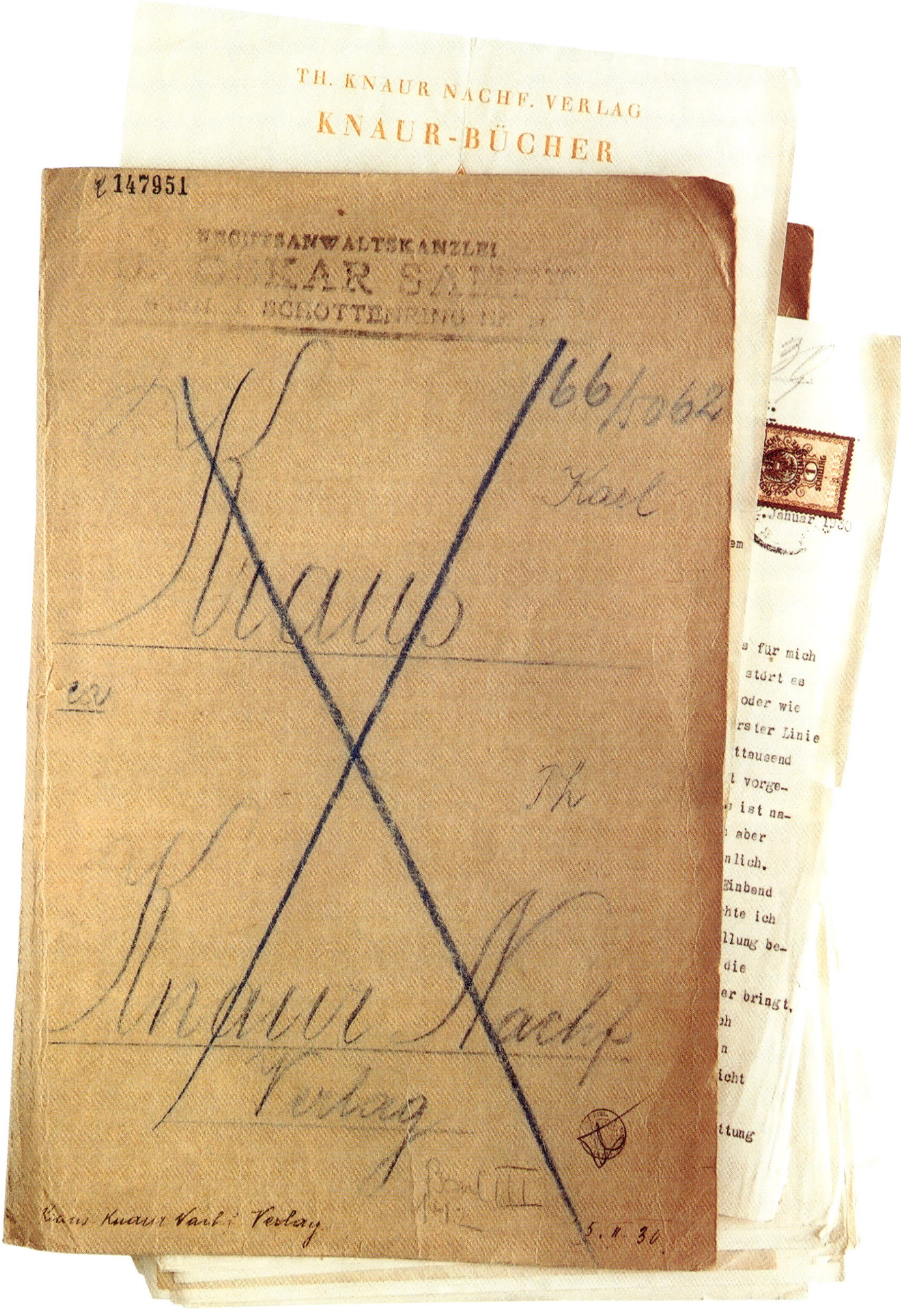

▲ Abbildung 2: Kanzlei Oskar Samek. Aktenfaszikel des Prozesses Karl Kraus contra Th. Knaur Nachf. Verlag, [1930–1931]. Wiener Stadt- und Landesbibliothek, Druckschriftensammlung, Sign.: C 147.951

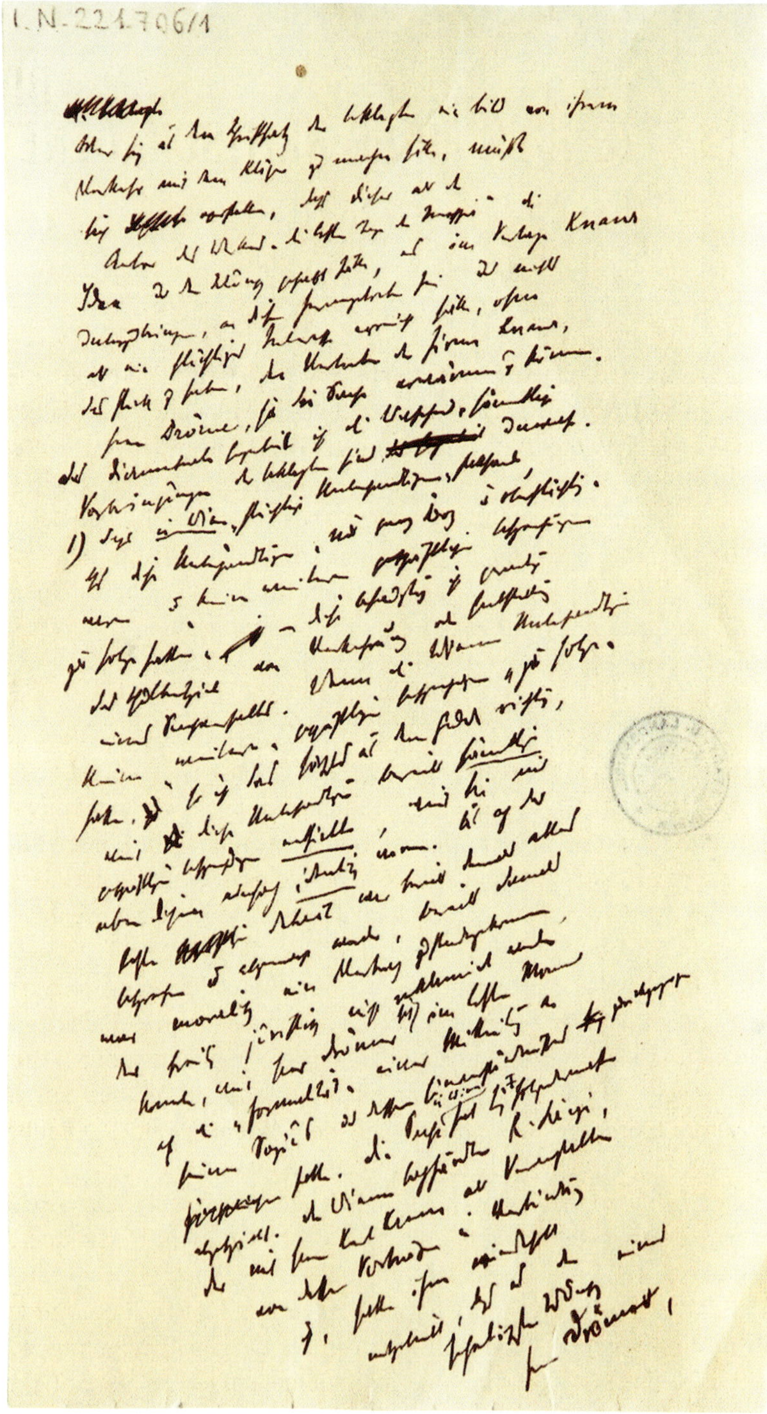

▲ Abbildung 3: Karl Kraus: Juristischer Schriftsatz. Eh. Entwurfsmanuskript, [August 1930], S. 1., Handschriftensammlung, Wiener Stadt- und Landesbibliothek, I.N. 221.706

Transkription:

Wer sich aus dem Schriftsatz der Beklagten ein Bild von ihrem Verkehr mit dem Kläger zu machen hätte, müßte sich vorstellen, daß dieser als Autor des Werkes „Die letzten Tage der Menschheit" die Idee und den Wunsch gehabt hätte, es im Verlag Knaur unterzubringen, an diesen herangetreten sei und nichts als ein flüchtiges Interesse erreicht hätte, ohne das Glück zu haben, den Vertreter der Firma Knaur, Herrn Drömer, für die Sache erwärmen zu können. Das diametrale Gegenteil ist die Wahrheit, sämtliche Vorbringungen der Beklagten sind unwahr.

1.) Daß in Wien „flüchtige Unterhaltungen" stattfanden, daß diese Unterhaltungen „nur ganz kurz und oberflächlich" waren und „keine weiteren geschäftlichen Besprechungen zur Folge hatten" – diese Behauptung ist geradezu das Schaubeispiel von Verkehrung oder Entstellung eines Sachverhalts. Wenn die Wiener Unterhandlungen keine „weitern" geschäftlichen Besprechungen „zur Folge" hatten, so ist das höchstens aus dem Grunde richtig, weil diese Unterhandlungen bereits sämtliche geschäftlichen Besprechungen enthielten, weil sie mit eben diesen einfach identisch waren. Bis auf das letzte Detail war bereits damals alles besprochen und abgemacht worden, bereits damals war moralisch ein Vertrag zustandegekommen, der freilich juristisch nicht reklamiert werden konnte, weil Herr Drömer sich im letzten Moment auf die „Formalität" einer Mitteilung an seinen Sozius und dessen Einverständnisses zurückgezogen hatte. Die Sache in Wien hat sich folgendermaßen abgespielt. Der Wiener Buchhändler R. Lányi, der mit Herrn Kraus als Veranstalter von dessen Vorträgen in Verbindung ist, hatte ihm wiederholt mitgeteilt, daß es der sehnlichste Wunsch eines Herrn Drömer [...]

Klaus Kastberger

ÖDÖN VON HORVÁTH: VORAUSSETZUNGEN EINER KRITISCH-GENETISCHEN AUSGABE[1]

Als Ödön von Horváth am 1. Juni 1938 auf den Champs-Élysées starb, lagen von seinen Werken nur wenige selbständige Ausgaben vor: „Das Buch der Tänze", das 1922 in der Münchner Edition El Schahin erschienen war und das der Autor später aus dem Verkehr zu ziehen suchte, der 1930 bei Propyläen publizierte Roman „Der ewige Spießer" sowie die beiden 1938 im Amsterdamer Exilverlag Allert de Lange erschienenen Romane „Jugend ohne Gott" und „Ein Kind unserer Zeit". Von den Theaterstücken Horváths haben es zu Lebzeiten des Autors nur die „Italienische Nacht" (1930) und die „Geschichten aus dem Wiener Wald" (1931) zu eigenen Buchpublikation (beide bei Propyläen, Abb. 1 und 2) gebracht, ein für 1933 geplantes Buch mit den beiden Volksstücken „Kasimir und Karoline" und „Glaube Liebe Hoffnung" konnte nicht mehr erscheinen; die meisten Stücke Horváths lagen in Bühnenskripten vor, die von den Theaterverlagen in kleinen Auflagen hergestellt und verbreitet wurden.

Unklar ist bislang geblieben, welche Verfügungen Horváth zum Zeitpunkt seines Todes hinsichtlich seiner Werkmaterialien und Manuskripte getroffen hat. Eine Aussage, die Ödön gegenüber seinem Bruder Lajos gemacht haben soll, daß man nämlich „den ganzen Krempel" am besten verbrennt, war wohl nicht wirklich ernst gemeint. Der literarische Nachlaß Horváths überdauerte den Nationalsozialismus in einem Münchener Banksafe und wurde nach 1945 von Lajos von Horváth betreut. Als Urheberrechtserbe unternahm der Bruder nach dem Krieg Versuche zur Etablierung des Werkes in Verlagen und am Theater; neben Neuausgaben der bis 1938 publizierten Bücher erschienen noch in den 50er Jahren die beiden Stücke „Der jüngste Tag" und „Figaro läßt sich scheiden" als Einzelausgaben; 1961 – im gleichen Jahr wie der von Franz Theodor Csokor bei Stiasny herausgegebene Auswahlband „Unvollendet ...", der Fragmente aus den Romanen und Teilabschnitte u. a. von „Geschichten aus dem Wiener Wald", „Rund um den Kongreß" und „Pompeji" enthielt, kam bei Rowohlt mit den von Traugott Krischke herausgegebenen „Stücken" ein Sammelband mit neun Dramen auf den Markt, in dem die wichtigsten Werke des Autors (darunter „Geschichten aus dem Wiener Wald", „Glaube Liebe Hoffnung" und „Kasimir und Karoline") erstmals in vollständiger Form gedruckt wurden.

Ende 1962, als die Horváth-Renaissance der nachfolgenden Jahre noch nicht abzusehen war, wurde der Nachlaßbestand von Lajos von Horváth dem Archiv der Akademie der Künste in Berlin übergeben, wo er auf Veranlassung des Archivleiters Walter Huder einer Bearbeitung unterzogen wurde, die aus archivtechnischer und literaturwissenschaftlicher Sicht einige Fragen aufwirft. Im Zuge der Bearbeitung wurden Transkriptionen und Anschlußmarkierungen oft direkt mit Blei- oder Buntstift in die Originale eingetragen; genuin zusammenhängende Textstufen wurden teilweise getrennt, um innerhalb kleinerer Werkeinheiten (Akte oder Kapitel) genetische Folgen herzustellen.[2]

Ende der 70er Jahre verlangten die Erben Horváths (die dabei u. a. mit der Art der Berliner Bearbeitung argumentierten) den Bestand zurück. Es kam zu einem mehrjährigen und von vielen Medienberichten begleiteten Gerichtsverfahren, in dem den Erben schlußendlich das Besitzrecht zuerkannt wurde. Der Nachlaß sollte 1989 in London bei Sothebys versteigert werden, wurde aber wenig später außerhalb einer Auktion gemeinsam von der Wiener Stadt- und Landesbibliothek und der Österreichischen Nationalbibliothek erworben. In Wien wurde der Gesamtbestand zunächst in der Handschriftensammlung der Österreichischen Nationalbibliothek verwahrt und im Rahmen eines Forschungsprojektes bearbeitet. Später wurde der Nachlaß, wie bei seinem Kauf festgelegt, innerhalb der Nationalbibliothek an das Österreichische Literaturarchiv übertragen, das 1996 den vollen Betrieb aufnahm.

Insgesamt umfaßt der Berliner Nachlaß Ödön von Horváths mehr als 5 000 Blatt, wobei es sich zu über 95 Prozent um Werkmaterialien zu schriftstellerischen Arbeiten, also um Konzeptblätter, Skizzen, Textstufen und Fassungen zu Stücken und Prosaarbeiten und – insbesondere aus dem Zeitraum ab Mitte der 30er Jahre – um nicht ausgeführte Entwürfe und Konzepte handelt. Umfangreiche Materialkonvolute unter Einschluß vieler Fassungsfragmente liegen zu „Glaube Liebe Hoffnung", „Kasimir und Karoline", „Geschichten aus dem Wiener Wald",

„Mit dem Kopf durch die Wand“ und „Pompeji“ vor, textgenetisches Material blieb aber zu fast allen Stücken des Autors erhalten. Was die Prosa betrifft, sind im Nachlaß umfangreiche Konvolute zu „Der ewige Spießer“ und „Ein Kind unserer Zeit“ vorhanden, wobei bei letzterem eine eigentliche Druckvorlage fehlt, was auch bei einigen Stücken der Fall ist. Im Nachlaßbestand findet sich weiters eine Gruppe mit kleiner Prosa, darunter ein Konvolut zu den „Sportmärchen“, eine Gruppe mit theoretischen und autobiographischen Texten, einige wenige Gedichte sowie eine Gruppe mit Arbeiten für den Film und Rundfunk.

Der größte Teil des Nachlaßbestandes wurde in der einen oder anderen und oftmals auch in zwei- oder mehrfacher Form von Traugott Krischke, der von 1969 bis 1980 literarischer Nachlaßverwalter Horváths war, ediert. Grundlegend ist die vierbändige Werkausgabe, die Krischke gemeinsam mit Dieter Hildebrandt (und bei den ersten drei Bänden noch unter Beteiligung von Walter Huder) 1970/71 herausgegeben hat. Bei dieser Ausgabe, die wie alle weiteren Horváth-Editionen Krischkes im Frankfurter Suhrkamp-Verlag erschien, handelte es sich um ein sehr ehrgeiziges Projekt. Nicht nur die Letztfassungen der Horváthschen Texte wurden präsentiert, sondern auch ein umfangreicher Bestand an „Fragmenten, Varianten und Exposés“, der den vierten Band der Ausgabe fast vollständig füllte. Ergänzend zu den „Gesammelten Werken“ erschienen unter Krischkes Herausgeberschaft nach 1971 die meistverkauften Werke Horváths als Taschenbücher, daneben legte der Verlag in der „Bibliothek Suhrkamp“ aufwendiger gestaltete und um singuläre Vorarbeiten und Fassungsvarianten erweiterte Ausgaben (beispielsweise von „Kasimir und Karoline“, „Glaube Liebe Hoffnung“ und „Geschichten aus dem Wiener Wald“) sowie einen Sammelband mit kleiner Prosa („Die stille Revolution“) vor. Unter dem mißverständlichen Titel „Ein Lesebuch“ erschien 1976 ein Band mit Kurzprosa Horváths, der auch Fragmente („Neue Wellen“) und vor allem: eine bis dato nicht publizierte Fassung der „Geschichten aus dem Wiener Wald“ enthielt, die als „Volksstück in sieben Bildern“ bis heute allen gängigen Ausgaben beigeschlossen ist.[3]

In der Neuausgabe der „Gesammelten Werke“, die 1978 in acht Bänden erschien, haben die Herausgeber fehlende Quellenangaben teilweise nachgereicht; in der ab 1983 von Traugott Krischke und Susanne Foral-Krischke herausgegebenen „Kommentierten Werkausgabe“ wurden erneut Versuche zu einem besseren Ausweis der Kriterien und einer höheren Überprüfbarkeit der Editionen gemacht. Die „Kommentierte Werkausgabe“ war ursprünglich auf 15 Bände projektiert, der editorisch schwierigste, letzte Band mit „Skizzen und Fragmenten“ ist aber nie erschienen. Am eigentlichen Problem von Krischkes Editionen haben diese Nachbesserungen, die nicht zuletzt auf Druck der Horváth-Forschung erfolgten,[4] nichts geändert: Die Herausgeber verfügten nicht über die editionstechnischen Möglichkeiten und die philologische Sorgfalt, um ihre Ziele in befriedigender Weise umzusetzen. Krischkes Ausgaben wollten ja stets mehr als nur einfache Leseausgaben sein. So wurde oft mit inadäquaten Mitteln versucht, neben den Letztfassungen auch das genetische Material des hochkomplexen Horváthschen Arbeitsprozesses zu präsentieren.

Wenn es ein Versäumnis Traugott Krischkes gibt, besteht dieses also sicher nicht darin, von Ödön von Horváth zu wenig, sondern – beinahe schon im Gegenteil – zu viel und vor allem: ohne klare Kriterien ediert zu haben. Unzulänglichkeiten im Detail lassen sich überall dort feststellen, wo frühe und mittlere Fassungen, aber auch Notizen, Baupläne und Konzepte transkribiert wurden. In Typoskripten mit handschriftlich nachgetragenen Korrekturschichten, wie sie bei Horváth häufig sind, hat Krischke meist offengelassen, welche Fassung nun eigentlich in der Edition umgesetzt wird. In den für Horváth ebenfalls ganz typischen Konzeptblättern, in denen graphische Elemente und die Verteilung des Textes auf der Blattfläche eine gewichtige Rolle spielen, wurde in den Editionen die topographische Anordnung nur mangelhaft ausgewiesen, bzw. wurden manche Teile in den Umschriften einfach weggelassen. Ungeklärt sind in vielen Fällen die werkgenetischen Zusammenhänge der edierten Textstufen und Fragmente geblieben. Krischkes Ausgaben haben hier ganz wesentlich von der Berliner Nachlaßordnung profitiert, ohne dies zu erwähnen. Indem sie die werkgenetischen Informationen übernahmen, auf denen die Berliner Nachlaßordnung basiert, blieben sie aber auch den dortigen Unsicherheiten und Irrtümern verhaftet.

Anhand der konkreten Materialien aus Ödön von Horváths Nachlaß werden nicht nur die Unzulänglichkeiten der bestehenden Ausgaben, sondern auch die brachliegenden editorischen Möglichkeiten deutlich. Eine Ausgabe, die ersteres korrigieren und etwas von letzterem einlösen wollte, müßte sich – noch viel stärker als es Krischke *und* die Berliner Bearbeitung getan haben – an den einzelnen Etappen des Horváthschen Produktionsprozesses orientieren. In der Präsentation müßten einzelne Textstufen sauber isoliert, einer präzisen Transkription unterzogen und anhand ausgewiesener Kriterien in eine genetische Reihenfolge gebracht werden.

Von der Art seines Schreibens war Ödön von Horváth ein immens moderner Autor; ein Monteur, der an seinem Textmaterial herumgeschnitten und es immer wieder neu zusammengeklebt und vielfach überarbeitet hat. Gerade weil es in diesen hochkomplexen Texten um jedes Detail der Sprache geht, würde ein philologischer Nachvollzug der Werkgenese, wie er in umfassender Form nur von einer kritisch-genetischen Ausgabe unter Miteinbeziehung von Faksimiles zu leisten ist, zu einer ungeheuren Bereicherung der Interpretation führen.
Eine zuverlässige genetische Edition würde nicht nur helfen, Ödön von Horváth aus seiner avancierten Arbeitsweise besser zu verstehen,[5] sondern auch dazu beitragen, sein Werk auf der Bühne noch präziser umsetzen zu können, so wie dies in jüngsten Inszenierungen unter teilweiser Berücksichtigung des genetischen Materials bereits in Ansätzen geschehen ist.

Ausgaben:
Ödön von Horváth: Gesammelte Werke. Hg. von Dieter Hildebrandt, Walter Huder, Traugott Krischke, Frankfurt/M.: Suhrkamp 1970/71 (Zweite, verbesserte Auflage in acht Bänden, 1978).
Ödön von Horváth: Gesammelte Werke. Kommentierte Werkausgabe in Einzelbänden. Hg. von Traugott Krischke unter Mitwirkung von Susanne Foral-Krischke, 14 Bände (mehr nicht erschienen), Frankfurt/M.: Suhrkamp 1983–1988.

[1] Ein vorbereitendes Projekt zu einer kritisch-genetischen Ausgabe Ödön von Horváths auf der Basis des Materialienbestandes zu „Geschichten aus dem Wiener Wald" wird vom Magistrat der Stadt Wien (MA 18 – Gruppe Wissenschaft) unterstützt und derzeit am ÖLA durchgeführt.
[2] Vgl. Lieselotte Müller: Zum Ödön-von-Horváth-Nachlaß. Bericht über den Versuch, ein Ordnungssystem für das Manuskriptmaterial des Ödön-von-Horváth-Archives zu entwickeln. In: Jahrbuch für Internationale Germanistik, Jg. 3, Heft 2, 1971, S. 350–356; auch in: Dieter Hildebrandt, Traugott Krischke: Über Ödön von Horváth, Frankfurt/M.: edition suhrkamp 584, 1972, S. 123–130.
[3] Krischke gibt für die Fassung in sieben Bildern zwei unterschiedliche Quellen an. Einmal nennt er ein 104seitiges Typoskript, „dessen Titelblatt die hs. Ergänzung Ödön von Horvath trägt" (Ödön von Horváth: Kommentierte Werkausgabe, Bd. 4, Frankfurt/M.: Suhrkamp Taschenbuch 1054, 1986; S. 245), ein anderes Mal spricht er von einem 78seitigen Typoskript mit 3 Vorsatzblättern und einem paginierten Textkorpus, der von Seite 1 bis 75 reicht (Ödön von Horváth: Geschichten aus dem Wiener Wald. Edition und Nachwort von Traugott Krischke. Frankfurt/M.: Bibliothek Suhrkamp 247, 1977, S. 307). Im Nachlaß ist in geschlossener Form keine der beiden Quellen nachzuweisen, es finden sich dazu lediglich Fragmente, bei denen es sich auch um frühere Stufen handeln kann.
[4] Vgl. die zusammenfassenden Nachweise in: Kurt Bartsch: Ödön von Horváth (= Sammlung Metzler, Band 326), Stuttgart, Weimar 2000, S. 173–175.
[5] Die Formulierung wurde aus dem Titel eines programmatischen Aufsatzes übernommen: Klaus Hurlebusch: Den Autor besser verstehen: aus seiner Arbeitsweise. Prolegomenon zu einer Hermeneutik textgenetischen Schreibens. In: Hans Zeller/Gunter Martens (Hg.): Textgenetische Edition (= Beihefte zu editio, Bd. 10), Tübingen: Max Niemeyer 1998, S. 7–51.

▲ Abbildung 1: Ödön von Horváth: „Italienische Nacht." Erstausgabe, Berlin: Propyläen 1930

▲ Abbildung 2: Ödön von Horváth: „Geschichten aus dem Wiener Wald". Erstausgabe, Berlin: Propyläen 1931

► Abbildung 3: Ödön von Horváth: „Geschichten aus dem Wiener Wald". Konzeptblatt mit neun Szenenbildern. Wiener Stadt- und Landesbibliothek, I.N. 221.000, als Dauerleihgabe im Österreichischen Literaturarchiv, ÖLA-BS 37 b, fol. 2.

Geschichten aus dem Wiener Wald

Volksstück in sieben Bildern.

1.) Vorspiel: Walzer von Strauss.

I. Erstes Bild.

(Ausflug.)

Personen: Vater und die Verwandten

Agnes

Oskar

Alfred

Luise Krammel

Schmiske

~~I~~

1.) Zauberkönig

2.) Wiener Wald.

3.) Vor dem Stephansdom

(~~Seitenportal~~)

4.) Beim Heurigen. [Luise – Student]

Davon schickt wird die Zither
Vater: Sie Bolschewik!

5.) Nachtlokal. [Vater: Grosser Krach mit Agnes]

~~Agnes: (macht sich vor dem Vater bis~~

Zur ~~Drahmusik!~~

Alfred – Agnes

Amerikaner (setzt sich in eine Box) Könnte man da kein Mädchen haben?

Luise tröstet sich mit dem Studenten.

6.) Beim Vater. (der Stiefvater) (der Vorhand)

7.) ~~Im Zelt~~ Beim Kind.

8.) Klinik

9.) Hochzeit.

Oskar: Die sittliche Grundlage — sie ist heruntergekommen.

Vater: Ja. Das hat sie von ihrer Mutter selig. Ich hätt überhaupt nicht in diese Familie hineinheiraten sollen. Ich hätt seinerzeit die Katholische heiraten sollen — die lebt zwar auch nimmer —

Oskar: Ja, wir werden alt.

Luise: Ein jeder so alt, als wie er sich fühlt.

Alfred: Du erhöhst mich dir Kind —

Agnes: [sagt Alfred, dass sie ein Kind von ihm hat]

[Oskar / ~~Luise~~ / Oberleutnant]

[Zauberkönig]

Agnes – Alfred

geht beten um das Kind

Luise – Student

erst ist alles

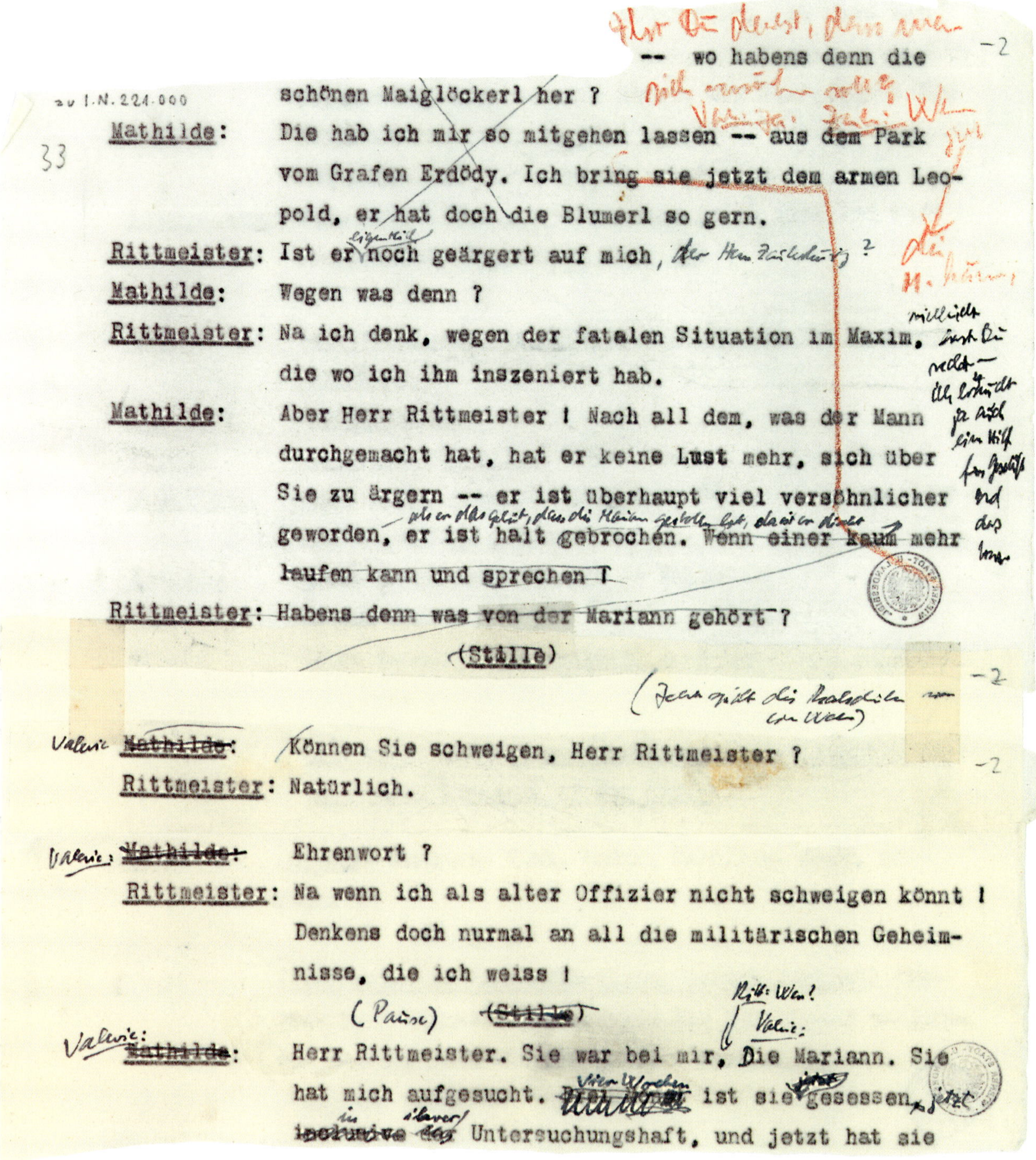
-- wo habens denn die

schönen Maiglöckerl her ?

Mathilde: Die hab ich mir so mitgehen lassen -- aus dem Park vom Grafen Erdödy. Ich bring sie jetzt dem armen Leopold, er hat doch die Blumerl so gern.

Rittmeister: Ist er noch geärgert auf mich ?

Mathilde: Wegen was denn ?

Rittmeister: Na ich denk, wegen der fatalen Situation im Maxim, die wo ich ihm inszeniert hab.

Mathilde: Aber Herr Rittmeister ! Nach all dem, was der Mann durchgemacht hat, hat er keine Lust mehr, sich über Sie zu ärgern -- er ist überhaupt viel versöhnlicher geworden, er ist halt gebrochen. Wenn einer kaum mehr laufen kann und sprechen !

Rittmeister: Habens denn was von der Mariann gehört ?

(Stille)

Mathilde: Können Sie schweigen, Herr Rittmeister ?

Rittmeister: Natürlich.

Mathilde: Ehrenwort ?

Rittmeister: Na wenn ich als alter Offizier nicht schweigen könnt ! Denkens doch nurmal an all die militärischen Geheimnisse, die ich weiss !

(Stille)

Mathilde: Herr Rittmeister. Sie war bei mir, die Mariann. Sie hat mich aufgesucht. Drei Monat ist sie gesessen, inclusive der Untersuchungshaft, und jetzt hat sie

▲ Abbildung 4: Ödön von Horváth: „Geschichten aus dem Wiener Wald". Volksstück in sieben Bildern, Textfragment des sechsten Bildes. Wiener Stadt- und Landesbibliothek, I.N. 221.000, als Dauerleihgabe im Österreichischen Literaturarchiv, ÖLA-BS 37 h [13], fol. 2.

► Abbildung 5: Ödön von Horváth: „Geschichten aus dem Wiener Wald". Volksstück in sieben Bildern. Konzeptblatt zum sechsten Bild mit Textskizzen zum Verhältnis Rittmeister–Mathilde und Oskar–Alfred. Wiener Stadt- und Landesbibliothek, I.N. 221.000, als Dauerleihgabe im Österreichischen Literaturarchiv, ÖLA-BS 38 h [5].

(6. Bild.)

Math: (wartet auf Erich)

Math — Ritt. Ritt: Auf was warten wir denn? — und wie gehts dem Zauberkönig?

(Zauberer)

Math: Das Geschäft ist weg. Ihm ist selbst so eingefallen

Ritt: Das mit Marianne, das Verhalten war nicht recht —

Math: Wissen Sie, daß Marianne bei mir war? Sie ist aus dem Gefängnis heraus. Sie hat mich um Rat gefragt. Ich werde sie wieder versöhnen, Vater und Tochter. — Aber der größte Schuft ist Alfred.

Ritt: Sicher!

Math: Übrigens: Gott, wer weiß! Man kann das oft nicht wissen! Ich werd jetzt hinaufschauen — zu ihm. Er möchte heut ein bisschen ausfahren, mit seinem Wagen da —

Ritt: Wiedersehen — Math: Das aber wohl! Ritt: Mit der Zeit wird man so [illegible]

Erich: (kommt)

Math: Halt! Was gibts! Wir haben uns lang nichtmehr gesehen — Warum so selten?

Math: (ab zum Zauberkönig)

Erich: — — — Altes 50jähriges Stück Schweine.

[ab — Wa[illegible] "Gesch. a. d. W[illegible]

[über den Schlag = über Aussöhnung mit Mathilde

[illegible] Bild. [illegible]: Fürstlicher [illegible] ist jetzt [illegible] vorgegangen, um dieses allgemeine Glück mitzugenießen!

Oskar — Alfred.

Math: Das [illegible] Die Hilde aber mit Marianne versöhnen — ich [illegible] Böli — Alfred bei mir Geld ich werd spielen

Verhältnis Oskars zu Alfred.

Oskar: Sie können ja nichts dafür! Das Weib ist eine Sphinx — und mir sind ihr alle verfallen.

Alfred: Man müsste Männerrechtler werden!

Oskar: Sehr richtig!

Math — Oskar — Ma[illegible]

Zauberer

[illegible]: nur seine Füsse sind gelähmt und seine Sprache

Mari — Alfred: ~~Alfred Oskar~~ ~~Marianne~~
Math — Alfred — (Oskar) — ~~Marianne~~
Math — Oskar

Zauberer: (erscheint auf 2 Stöcken mit Math. = sie bettet ihn in den Wagen)

Math: So. Jetzt kannst nun ein bisschen spazieren fahren — aber nicht zu weit, und komm bald wieder — [illegible] (ab)

Mathilde — Zauberer: [über Marianne über den 2. Schlaganfall.

So ein Schlaganfall ist [illegible]

Zauberer: (schweigt)

Walter Fanta

ROBERT MUSIL: „DER MANN OHNE EIGENSCHAFTEN"

Der „Mann ohne Eigenschaften" ist nicht einfach unvollendet geblieben, weil den Autor der Tod ereilte, bevor er das Schlußwort setzen konnte. Der Fall liegt komplizierter. Robert Musil hatte immerhin ab 1925 in periodischen Abständen verlautbart oder verlautbaren lassen, sein Roman wäre fertig;[1] oder wenigstens bald fertig, wie er im letzten Brief vor seinem Tod im April 1942 noch äußerte, wo davon die Rede ist, er „hoffe in wenigen Wochen daran gehen zu können, die erste Hälfte des Schlußbands ins Reine zu schreiben", nur die zweite Hälfte sei „leider noch im Rückstand"[2]. Die bekannten lebens- und werkgeschichtlichen Daten legen einen bedeutungsvollen Nachlaß nahe, angesichts eines Romans, dessen erster Band 1930 erschien, von dessen zweitem Band 1932 aber nur ein erster Teil publiziert wurde, an dem der Autor bis zuletzt fast zehn Jahre ununterbrochen und beinahe ausschließlich weiterschrieb. Tatsächlich arbeitete Musil von 1933 an de facto für die Schublade, mit der Ankunft in der Schweiz 1938 wandelte sich dieser Zustand zum De-jure-Status, weil dem Emigranten die Publiktions- wie jede andere Erwerbstätigkeit expressis verbis untersagt war. Da überrascht es, in einer der letzten Tagebuch-Aufzeichnungen Musils auf eine Stelle zu stoßen, die massiven Zweifel bzw. auch Verzweiflung an der eigenen Qualifikation für einen Nachlaß zum Ausdruck bringt. Er notierte nämlich, nachdem er in Genf einen Bearbeiter des Nachlasses von Jean Paul kennengelernt hatte: „Ich bin der einzige Dichter, der keinen Nachlaß haben wird. Wüßte nicht wie."[3] Einen Nachlaß zu haben, bedeutete für Musil, der Nachwelt vollendete Werke zu hinterlassen. Etwas Unfertiges an die Öffentlichkeit gelangen zu lassen, gäbe einem Nachlaß den Beigeschmack von Billigergeben, im Doppelsinn des Worts als Wertnachlaß; – „ich eigne mich nicht für einen Nachlaß"[4], stellte er in diesem Kontext apodiktisch fest.

Im faktischen Sinn hat Robert Musil natürlich dennoch einen Nachlaß. Die Handschriftensammlung der Österreichischen Nationalbibliothek beherbergt 56 Mappen und 33 Hefte, insgesamt fast 12 000 von Musil beschriebene Seiten, die über seine Witwe und deren Sohn in das Eigentum der Republik Österreich gekommen sind. Vor allem über die Ausgaben von Adolf Frisé beim Rowohlt-Verlag sind Teile dieses Nachlasses nach und nach und in unterschiedlicher Art und Weise an die Öffentlichkeit gelangt, sie haben die weltweite Rezeption von Musils Werk wesentlich mitbestimmt. Eine besonders wichtige Stellung nehmen dabei die Nachlaßteile von „Der Mann ohne Eigenschaften" ein; keine Übersetzung in fremde Sprachen, kaum eine der literarischen Rezeptionen des großen Romans und ebenso selten eine der wissenschaftlichen Analysen ist auf die zu Lebzeiten gedruckten Teile beschränkt. Die „Atemzüge eines Sommertags" oder die „Reise ins Paradies" etwa begründen Musils literarischen Ruhm mit, die beiden Textpartien haben oft genug prägend für die Auffassung von der Struktur und dem Gehalt des Gesamtromans gewirkt; – dies, obwohl die Ausgaben Frisés keinen kritischen Text bieten.

Mit der ersten Ausgabe von 1952 ließ sich Frisé auf das kühne Unterfangen ein, aus einem „Einblick in die Präzision und Methodik, mit denen Musil den Mann ohne Eigenschaften von früh an zu einer einheitlichen Konzeption aufbaute"[5], aus dem Dickicht der mehr als 5 000 Manuskriptseiten, die mit dem Roman zu tun haben, „jeden Text" aufzunehmen, der den „geplanten Endverlauf des Romans verdeutlicht". Daraus wurde eine Rekonstruktion, die den vom Autor nicht fertiggestellten Gesamtroman mit editorischen Mitteln „abrundet"; das Ergebnis sei „endgültig", teilte der Herausgeber auch noch mit! Frisés Text des „zweiten Buchs" bietet 128 Kapitel, von denen nur die ersten 38 von Musil selbst zur Veröffentlichung freigegeben worden waren. Darauf folgen der „Schluß des dritten Teils und der vierte Teil" aus dem Nachlaß. Frisé übernahm für eine erste Gruppe von Kapiteln den Text der Ausgabe eines „Dritten Bands" von „Der Mann ohne Eigenschaften", welche Martha Musil schon 1943 in Lausanne veranstaltet hatte. Die Witwe hatte damals um Subskriptionen für einen „Luxusdruck" für die „Freunde des Autors"[6] geworben, die „gern einige Fortsetzungkapitel lesen wollen"[7]; mit ihrer „Auswahl aus dem Manuskript des Schlußteils", die sie an die zwanzig sogenannten Druckfahnen-Kapitel von 1937 und an die eingeschobenen Genfer Neu-Entwürfe von 1940/42 anschloß, versuchte sie erst gar nicht, eine bestimmte dominante oder letztgültige Intention des Autors bezüglich des Romanschlusses zu demonstrieren. Frisé hingegen machte sich zur Aufgabe (nach den aus der Lausanner Ausgabe übernommenen Kapiteln 39–77) im nahtlosen Übergang eine Erzählanordnung bis zu einem in seiner Vorstellung fixen Romanfinale zu erschließen. Im

Nachlaß fand er „bereits fertig getippte Texte" auf, wie er rückblickend berichtet, „die nur noch auf ihren Platz zu warten schienen"[8]; ohne Umschweife zog er diese Manuskripte, die eigentlich nur zu Vorstufen des Romans aus der Mitte der zwanziger Jahre gehören, heran, erklärte sie zu Teilen einer Fortsetzung des Romans und ordnete sie in seine numerierte Kapitelfolge neben Texten ein, die Musil zehn und mehr Jahre später verfaßt hatte. Aus einer möglichst großen Menge von Entwürfen aus völlig unterschiedlichen Produktionsphasen bestimmte er nach der Logik eines wahrscheinlichen bzw. möglichen Vorher und Nachher eine Reihenfolge im fiktionalen Romangeschehen. „Bedenken" wurden für „unerheblich erklärt, gemessen an dem Wert, den jede noch so provisorische Kapitelfassung einmal als Bindeglied innerhalb des gesamten Fragments hat"[9].

1978 gab Adolf Frisé die heute noch gültige Buchedition von „Der Mann ohne Eigenschaften" heraus. In ihr stellte der Herausgeber „Experimente der Ein- und Anpassung" zurück und beschritt stattdessen den „Weg des Nebeneinander [..] der offenen und offen zu haltenden Möglichkeiten"[10]. Nach der geschlossenen Folge der 20 Druckfahnen-Kapitel und der Reihe der sechs Ulrich/Agathe-Kapitel, an denen Musil in den beiden letzten Lebensjahren arbeitete, werden Entwurfskomplexe in chronologisch absteigender Anordnung bis zu den Entwürfen für das „Zwillingsschwester"-Projekt geboten, ergänzt um eine breite Auswahl aus Musils Studienblättern und Notizen und die Texte der „Spion"- und „Erlöser"-Hefte (1919–1925).

Die Frisé-Ausgabe von 1978 mit ihrer zyklischen Orientierung stellt zwar eine enorme dispositive Leistung dar und erweiterte den Leser-Zugang zu den Nachlaßtexten von „Der Mann ohne Eigenschaften" beträchtlich, doch ist das Resultat wiederum kein kritischer Text, es ist keine solide Textbasis für die wissenschaftliche Forschung – wie behauptet[11] –, sondern konfrontiert den Leser mit mannigfachen Unklarheiten bezüglich der Textkonstitution und Werkgeschichte.[12]

Frisés Editionen bildeten lange Zeit den Gegenstand heftigster Kontroversen.[13] Von den beiden britischen Musil-Philologen Ernst Kaiser und Eithne Wilkins und in den von ihnen inspirierten „Studien zu einer historisch-kritischen Ausgabe" von Wilhelm Bausinger wurden Gegenkonzepte entwickelt, die sich jedoch als nicht verwirklichbar erwiesen und samt und sonders unverwirklicht geblieben sind. Das Scheitern der Bemühungen um eine historisch-kritische Edition von „Der Mann ohne Eigenschaften" scheint Frisé nachgerade wieder recht zu geben, weil seine Ausgaben immerhin die Grundlage für den posthumen Erfolg Robert Musils als Autor bilden, der in den sechziger und siebziger Jahren vollends durchschlägt. Auch nach den Ausgaben der „Tagebücher" (1976) bzw. der neuen Ausgabe von „Der Mann ohne Eigenschaften" kam die Diskussion um die Notwendigkeit eines kritischen Texts freilich nicht ganz zum Verstummen, doch herrschte größte Unklarheit bezüglich der praktischen Durchführung. Es hatte oft den Anschein, als hätte Musil all die Querelen bereits vorausgesehen, denn, so berichtet die Witwe über seine Ahnungen, „manchmal sagte er auch: später einmal werden sich Literaturhistoriker an meinen Notizen den Kopf zerbrechen"[14].

An dieser Stelle mag es angebracht sein, über die tieferen Gründe nachzudenken, die die Schwierigkeiten bei der Edition aus der Eigenart von Musils Schreiben und der Struktur des unfertigen Romans begründen können. Mittlerweile ist der Prozeß der Entstehung einschließlich der ästhetischen Prädispositionen Musils und der historischen, biographischen und speziell auch der äußerst wirksamen psychologischen Hintergründe immerhin weitgehend erforscht, aus dieser Perspektive mögen sowohl die Grundannahmen Frisés (die Entstehung des Werks aus einer einheitlichen Konzeption) als auch die seiner damaligen Widersacher (von einem entscheidenden Bruch in der Konzeption) nachgerade naiv erscheinen. Es besteht ziemliche Klarheit über das Auseinanderbrechen des Romans, sein Ausfransen gegen das Ende hin,[15] das mit einer programmatischen Auflösung narrativer Linearität zu tun hat. Peter V. Zima hat dies als einen in der europäischen Romanliteratur textsoziologisch allgemein faßbaren Vorgang der Aufweichung der syntagmatischen Struktur zugunsten eines paradigmatischen Schreibens dargestellt.[16] Im Fall von Musil äußert sich dies in Verbindung mit einer tiefreichenden produktiven Ambivalenz. Kurz gesagt: Musil verfügte früh über eine Geschichte, die der Roman erzählt; sie figuriert als eine Art Opusfantasie, schriftlich niedergelegt wurde sie am ausführlichsten in den „Linien" (von Musil so bezeichnet) zum Aufbau des Romans „Die Zwillingsschwester" von 1923/24.[17] Das Schreiben am Roman bedeutete Musil im weiteren aber nicht die genaue Ausführung des Plans der „Linien" – ihre Umsetzung in Romanerzählung –, sondern, im Gegenteil, ein Streben nach Annihilierung. Wie es in einer berühmten und oft zitierten Notierung heißt: „Die Geschichte dieses Romans kommt darauf hinaus, daß die Geschichte, die in ihm erzählt werden sollte, nicht erzählt wird."[18] Dies ist nicht so zu verstehen, daß Musil den Plan der „Linien" aufgegeben hätte, daß also darin der Übergang zum paradigmatischen Schreiben und tatsächlich ein Bruch in der narrativen Anlage läge. Zwar nahm Musil nach 1933 Modifikationen an der narrativen Syntax seines Romans vor – so entschied er sich dagegen, daß der Held nach Galizien geht und Spion wird –, und es gibt auch Brüche innerhalb der Grundintentionen – hier ist einschneidend, daß Musil den Gedanken nachträglich faßte und später wieder aufgab, in seinem Buch das „Lehrmoment"[19] gegen den Nationalsozialismus zu verstärken. Doch wesentlich ist es zu sehen, daß die „Linien", die die Parallelaktion in den Krieg und den ‚anderen Zustand' der Geschwisterliebe zum Scheitern führen, eindeutig nicht aufgegeben wurden: dies bestätigen ausführliche Planungsnotizen Musils zum Romanfinale aus dem Jahr 1936; in Kurzform wird am alten Programm auch noch im zitierten Brief Musils an den amerikanischen Förderer von April 1942 festgehalten.[21] Musil wollte stets zwei Dinge zugleich: erstens den Roman formaliter im Sinne der einmal festgelegten, wenn auch verkürzten, narrativen Syntax der „Linien" abschließen; zweitens wollte er diesen Abschluß verzögern, verweigern, umkonstruieren oder auslöschen; aus ästhetischen Gründen – um die Naivität des Erzählens zu überwinden; aus historisch-politischen Gründen – infolge der Unsicherheit über die Positionierung von politischen Aktualitätsbezügen im historischen Roman;[21] und aus psychologischen Gründen – um die intimen biographischen Spuren im Text zu verwischen. Diese Ambivalenz, die alles durchzieht, führt auch immer wieder zur völligen Lähmung des Schreibimpulses. Das produktive Ich ist von einer tiefen Spaltung durchzogen, ein Auftraggeber und ein Gegenauftraggeber im Sinn des narratologischen Terminus von Greimas wirken gegeneinander.[22]

Die Erkenntnis dieser Grundspannung hilft zu verstehen, warum der „Mann ohne Eigenschaften" gegen sein Ende hin ausfranst und auch ausufert und eine Rekonstruktion der Kapitelfolge im Nachlaßteil unmöglich und selbst eine zyklische oder treppenweise Anordnung der Texte (wie von Bausinger oder Frisé versucht) kaum zu bewerkstelligen ist. Die Musil-Forschung fand aber schließlich doch ein Mittel zur Lösung. Nachdem unter der Leitung von Friedbert Aspetsberger 1974–1980 eine Dokumentation des gesamten Nachlasses erstellt worden war, gelang es, sowohl Verlag und Erben als auch den bisherigen Herausgeber für das Vorhaben einer Gesamttranskription der Manuskripte zu gewinnen. Das Projekt der Transkription sollte alle Pläne zur historisch-kritischen Darstellung des Romans mit ediertem Text und Varianten-Apparat – zunächst einmal – ersetzen. Die Transkription der Manuskripte wurde 1984–1990 mit Mitteln der Deutschen Forschungs-Gemeinschaft und des Fonds zur Förderung der wissenschaftlichen Forschung in Österreich an den Universitäten Trier (unter der Leitung Karl Eibls) und Klagenfurt (unter der Leitung von Friedbert Aspetsberger) durchgeführt, und zwar ergänzte man nach der Bewältigung der ungefähr 6 000 Manuskripte, die zum „Mann ohne Eigenschaften" gehören, die Transkription auch noch um handschriftliche Bestände in Mappen zu anderen Werken bzw. um den Text sämtlicher Hefte Musils, so daß schließlich der gesamte Nachlaß in Form einer diplomatischen Umschrift mit Diakritika zur Markierung von Textschichten vorlag. Die Publikation erfolgte 1992 in der damals noch innovativen Form einer CD-ROM-Ausgabe unter dem Titel „Robert Musil: Der literarische Nachlaß" bei Rowohlt. Die CD enthält den identischen Musil-Text in zwei Formaten: *WCView* (adaptiert durch Eibl und Willems in München) ermöglicht die schnelle Suche nach Wörtern und Wortkombinationen; *PEP* (entwickelt an der Universität Klagenfurt von Fanta, Groiss, Petritsch, Rauner-Reithmayer, Rußegger, Zikulnik) ist eine Datenbank, bei deren Aufbau der historisch-genetischen Struktur des Nachlasses Rechnung getragen wird und in der kombinierte Suchen von Text und Text-Information („Wiener Dokumentation", z. B. Datierungen) möglich sind.

Die praktischen Vorteile einer Publikation auf elektronischer Basis liegen auf der Hand; daß nur eine Transkription und kein edierter Text im Sinn der historisch-kritischen Editionspraxis veröffentlicht ist, ließ sich ebenfalls als Plus verbuchen[23]: Dort, wo der Autor keine Entscheidung bezüglich endgültiger Textkonstitution, Kapitelanordnung usw., getroffen hatte, muß nun auch der Herausgeber keine Hierarchisierung – Scheidung zwischen ediertem Text und Vorstufe etwa – vornehmen. Die Transkription wird zweifellos, unter Ausmerzung einzelner Lesefehler, die Basis aller weiteren editorischen Schritte bilden.

Warum überhaupt weitere Schritte? Dazu muß man sich in Erinnerung rufen, daß das letzte Ziel einer Edition doch nicht nur darin bestehen kann, einem kleinen Zirkel von Experten ein Instrument zur Verfügung zu stellen. Den Bedürfnissen bei der Erforschung des Schaffensprozesses und der Struktur des unvollendeten Romanteils ist durch die CD-ROM gewiß Genüge getan; auch für die rasche Suche im Text nach Maßgabe bestimmter Stichworte erweist sich die CD-ROM als äußerst praktikables Medium. Nach wie vor aber ist aufrecht, daß dem breiteren Publikum der Musil-Leser ein verläßicher, kritischer Text fehlt (man denke auch an Übersetzungen, die noch ausstehen oder revidiert werden müssen, weil sie sich an Frisés frühen Ausgaben orientieren). Das Studium von Texten am Bildschirm bleibt sicher unbequem und ist nicht die adäquate Form der Textvermittlung für

ein Massenpublikum. Dazu kommt, daß auch wissenschaftliche Benützer der CD-ROM beklagen, daß die Transkription auf der CD zu wenig kommentiert ist und daß Bezüge zwischen Texten nicht immer offenkundig gemacht werden. Beim Bemühen, chiffrierte, abgekürzte Texte richtig zu verstehen oder Textfragmente in produktive und intertextuelle Kontexte einordnen zu können, fühlen sich Leser/Benützer in vielen Fällen alleingelassen.
Überlegungen wie diese bilden den Hintergrund für die Projekte zur Neu-Edition, welche derzeit am Robert-Musil-Institut für Literaturforschung der Universität Klagenfurt vorbereitet werden. Sie bauen auf dem Bisherigen auf, insbesondere auf der Nachlaß-Transkription. Das Herstellen von Referenzen zwischen den Texten, das Frisé zur Rekonstruktion des Romans über Kapitelanordnungen geführt hat, ist eine Tätigkeit, um die Editor/inn/en letztlich nicht herumkommen. Allerdings soll dies nun auf einer wissenschaftlichen Grundlage eingelöst werden, unter der oben getroffenen Einschränkung, die sich aus der produktiven Ambivalenz Musils ergibt, und auf der Basis der Ergebnisse all der bisherigen Bemühungen, zu denen auch heute noch vorrangig die Frisés zählen.
Den ersten Rang unter den Neuvorhaben nimmt eine zweite Auflage der Nachlaß-CD mit erweitertem Kommentar ein. Dabei wird der Text der Transkription unter Berücksichtigung aller seit der Erstpublikation ermittelten Errata in einem neuen Format (FolioViews) und in einer neuen Darstellungsform (statt der Verwendung diakritischer Zeichen werden die Textschichten des Manuskripts typographisch umgesetzt) publiziert. Die in der PEP-Version bereits vorhandene Seitendokumentation wird auf der Basis der „Wiener Dokumentation" ergänzt, präzisiert und korrigiert, und zwar hinsichtlich der Datierung (jedes Manuskript kann einer von zehn Datierungsstufen zugeordnet werden), der Textstufe (= Textausreifung: drei Typen von Entwürfen, drei Typen von Notizen, drei Sondertypen) und der Werkzuordnung (Nachweis der Referentialität zum zu Lebzeiten gedruckten Werk und zu unveröffentlichten und unvollendeten Werkprojekten, spez. zu Kapiteln von „Der Mann ohne Eigenschaften"). Außerdem wird in der Neuauflage ein Stellenkommentar in Form von sogenannten Pop-Ups eingerichtet (mit Abkürzungsauflösungen, Lesehilfen, Anmerkungen zum Kontext und Hinweisen auf Besonderheiten im Manuskript). Über Hyperlinks werden Musils zahlreiche Querverweise nachvollzogen. Dazu kommen als neues Element Abschnittskommentare zu Mappen, Heften, Konvoluten, Entwurfs- und Notiz-Komplexen. Es ist daran gedacht, der Transkription auch Faksimiles beizugeben; auf Grund des Umfangs des Gesamtnachlasses besteht noch keine Klarheit darüber, ob wirklich alle Manuskripte als Abbildungen digitalisiert werden können. Für die Bewältigung der wissenschaftlichen Kommentierungsarbeit wurde vom Fonds zur Förderung der wissenschaftlichen Forschung in Österreich ein Projekt mit der Laufzeit von September 2000 bis 2003 genehmigt. Zur Zeit befindet sich eine Buchpublikation mit dem Titel „Der literarische Nachlaß von Robert Musil. Dokumentation, Kommentar" in Arbeit, die das Musil-Institut in Klagenfurt im Laufe des Jahres 2001 herausgeben möchte. Der Band versteht sich als Begleittext zur Zweitauflage der CD, welche den Nachlaß und die Edition umfassend beschreibt. Neben Zusammenfassungen der kategorialen Beschreibungen des Manuskriptbestands in diversen Tabellen, Katalogen und Diagrammen wird der Band auch einen deskriptiven Aufriß der Nachlaßstruktur in synchroner und diachroner Sicht und einen Artikel zur Forschungsgeschichte enthalten.
Zusätzlich zur digitalen Edition wird seitens des Musil-Instituts die Herausgabe mehrerer weiterer Buchpublikationen erwogen. Den Anstoß dazu liefert das Faktum, daß zu einer Anzahl von Werken bzw. Werkteilen bislang nur unsystematisch veröffentlichte Materialien im Nachlaß existieren. Zwei Kommentarbände, in einem gewissen Sinn als Fortführung der Kommentare von Helmuth Arntzen gedacht,[24] sind geplant: Im ersten Band zu den zu Lebzeiten erschienenen Werken ohne den „Mann ohne Eigenschaften" soll der Abdruck der vorhandenen Nachlaßtexte zu jedem Werk erfolgen, mit einer Gesamtanordnung nach der Frisé-Ausgabe; dazu käme ein werkgeschichtlicher Kommentar. Die Münchener Arbeitsgruppe Karl Eibls ist übrigens bei der Erstellung einer textkritischen Version des Dramas „Die Schwärmer" weit fortgeschritten, das die Druckfassung von 1921 mit Referenztexten im Nachlaß digital vernetzt. Diese Editionsleistung fügt sich in die Klagenfurter Projektreihe harmonisch ein, koordinierende Absprachen bezüglich einer gemeinsamen Publikation stehen aber noch aus. Der zweite Band der in Klagenfurt geplanten Ausgabe wäre ein Kapitelkommentar zum „Mann ohne Eigenschaften", wobei an den Abdruck jener Nachlaßtexte gedacht ist, die zu den Kapiteln 1–123 des ersten Bandes und den Kapiteln 1–38 des zweiten Bandes in Beziehung stehen, also zum zu Lebzeiten Musils veröffentlichten Romanteil. Bisher waren aufbereitete Materialien zu diesen Romankapiteln noch nicht zugänglich; der im Fall jedes Kapitels chronologisch organisierte Textabdruck wäre um werkgeschichtliche, biographische und historische Erläuterungen zu ergänzen.

Ein Projekt, welches sich ebenfalls bereits in Arbeit befindet, betrifft die Herstellung einer Lese-Ausgabe auf textkritischer Basis zur Fortsetzung des „Mann ohne Eigenschaften" aus dem Nachlaß. Nachdem die Festlegung einer verbindlichen Struktur der Romanfortsetzung, ganz zu schweigen von einer Kapitelfolge, unmöglich ist, empfiehlt sich die Aufteilung in historisch-genetisch und thematisch zusammengehörende Kapitelkomplexe und deren geteilte Präsentation als a) edierter Text, b) typographisch umgesetzte Darstellung der Textzeugen in chronologischer Reihenfolge und c) Anmerkungs- und Kommentarteil. Es wurden fünf Bände ins Auge gefaßt: Der erste unter dem Titel „Gartengespräche" wird die Edition der Entwurfsarbeit Musils im Schweizer Exil 1939–1942 liefern, der zweite unter dem Titel „Druckfahnen-Kapitel" die der zwanzig 1937/38 bei Bermann-Fischer als Fahnen gesetzten Kapitel unter Einschluß sämtlicher Vorstufen. Der dritte Band steht bereits knapp vor seiner Fertigstellung, er konzentriert sich auf den „Clarisse-Komplex", die Clarisse-Kapitel von 1933–1936 mit ihren Vorstufen und Begleitnotizen.[25] Weiters soll unter dem Titel „Museum – Krisis – Reise" die Edition des Kapitelkomplexes zur Fortsetzung der Ulrich/Agathe-Handlung des Romans nach der Konzeption von 1933–1936 erfolgen. Und schließlich ist auch noch ein Band „Rahmen- und Schlußteil-Kapitel" geplant, der Entwürfe und Konzepte zur Fortführung der Parallelaktionshandlung und zum Finale des Romans aufnehmen wird.

Zweifellos nehmen die hier vorgestellten Projekte beträchtliche finanzielle, personelle und zeitliche Ressourcen in Anspruch. Es ist gut möglich, daß sich ihre Verwirklichung bis zur 70. Wiederkehr des Todesdatums von Robert Musil am 15. April 2012 hinzieht, dem Zeitpunkt, an dem auch die urheberrechtliche Schutzfrist an den Texten abläuft. Bis dahin stellen sich der Publikation der Manuskripte, als Buchedition, als CD-ROM-Edition oder „on line", auch rechtliche Probleme, die zu einer zusätzlichen Erschwerung der Veröffentlichung führen können. Allerdings besitzt die Aufgabe, Musils „work in progress" in möglichst optimaler Form einem möglichst breiten Leserkreis zugänglich zu machen, in der Gestalt des Klagenfurter Musil-Instituts nunmehr eine verläßliche Ankerstelle.

Ausgaben:

Robert Musil: Der Mann ohne Eigenschaften. Hg. von Adolf Frisé. Hamburg: Rowohlt 1952.

Robert Musil: Der Mann ohne Eigenschaften. Hg. von Adolf Frisé. Reinbek: Rowohlt 1978.

Robert Musil: Der literarische Nachlaß. CD ROM – Edition. Hg. von Friedbert Aspetsberger, Karl Eibl und Adolf Frisé. Reinbek: Rowohlt 1992.

[1] Vgl. Helmut Arntzen: Musil-Kommentar zum Roman „Der Mann ohne Eigenschaften". München 1982. S. 30–50. – Walter Fanta: Die Entstehungsgeschichte des „Mann ohne Eigenschaften" von Robert Musil. Wien 2000 (derzeit im Druck).

[2] Robert Musil: Briefe 1901–1942. Hg. von Adolf Frisé. Reinbek b. Hamburg 1981. S. 1418 (an Henry Hall Church vom 12. 4. 1942).

[3] Robert Musil: Der literarische Nachlaß. CD-ROM-Edition. Hg. von Friedbert Aspetsberger, Karl Eibl und Adolf Frisé. Heft 33, S. 116.

[4] CD-ROM-Edition (= Anm. 3). Mappe II/1, S. 54. Vgl. auch Mappe II/1, S. 55 (Entwurf „Vorwort I" und „Vorwort II" zum „Nachlaß zu Lebzeiten"; zu datieren: 1935).

[5] Robert Musil: Der Mann ohne Eigenschaften. Hg. von Adolf Frisé. Hamburg 1952. S. 1662 (Nachwort des Herausgebers). – ebd. auch die folgenden Zitate.

[6] Musil-Briefe (= Anm. 2), S. 1432.

[7] Musil-Briefe (= Anm. 2), S. 1439.

[8] Adolf Frisé: Ein aktueller Rückblick. In: Hans-Georg Pott (Hg): Robert Musil – Dichter, Essayist, Wissenschaftler. München: 1993. S. 208–219, hier: S. 219.

[9] Frisé-Nachwort 1952 (= Anm. 5), S. 1662.

[10] Robert Musil: Der Mann ohne Eigenschaften. Hg. von Adolf Frisé. Reinbek 1978 (Nachwort des Herausgebers) S. 2050.

[11] Vgl. Matthias Luserke: Robert Musil (Sammlung Metzler, Bd. 289). Stuttgart 1995. S. 13: „Seit 1978 hat die wissenschaftliche Forschung eine solide Textbasis."

[12] Zur Kritik an der Frisé-Ausgabe von 1978 vgl. im einzelnen Hans Zeller: Vitium aut Virtus. Philologisches zu Adolf Frisés Musil-Ausgaben. In: Zeitschrift für deutsche Philologie 101 (Sonderheft 1982). S. 210–244.

[13] Vgl. bes. Helmut Arntzen: Literatur im Zeitalter der Information. Frankfurt/M. 1971. S. 93–147.

[14] Musil-Briefe (= Anm. 2), S. 1444 (Martha Musil an Carlo Pietzner vom 5. 7. 1942).

[15] Vgl. Hans-Georg Pott: Robert Musil. München 1984. S. 162. – Luserke (= Anm. 11), S. 104.

[16] Vgl. Peter V. Zima: Textsoziologie. Eine kritische Einführung (= Sammlung Metzler; M 190). Stuttgart 1980. S. 119–142. In neueren Abhandlungen hat Zima seine textsoziologischen bzw. semio-historischen Auffassungen noch weiter differenziert, vgl. ders.: Robert Musil und die Moderne. In: Hans Joachim Piechotta (Hg.): Die literarische Moderne in Europa. Opladen 1994. Bd. 1. S. 430–451.

[17] Vgl. CD-ROM-Edition (= Anm. 3), Mappe VII/12.

[18] CD-ROM-Edition (= Anm. 3), Mappe II/1, S. 58 („Vorrede"; zu datieren: 1929/30).

[19] CD-ROM-Edition (= Anm. 3), Mappe II/8, S. 17 u. 220. Vgl. Walter Fanta: Das apokryphe Finale des „Mann ohne Eigenschaften" von Robert Musil. Abschnitt 1.3.7 (Druck in Vorbereitung).

[20] Vgl. Anm. 3.

[21] Vgl. Fanta (= Anm. 19), Abschnitt 1.3.

[22] Vgl. Peter V. Zima: Literarische Ästhetik. München 1991. S. 296 ff.

[23] Vgl. Friedbert Aspetsberger und Arno Rußegger: Lauter Experten? Die von Musil erzwungene Demokratisierung der Editionswissenschaft. Zur CD-ROM-Edition seines literarischen Nachlasses. In: Hildemar Holl, Hans Höller (Hg.): Das unbekannte Erbe. Literarische Nachlässe und Literaturarchive in Österreich. Stuttgart 1997. S. 49–70.

[24] Vgl. Helmut Arntzen: Musil Kommentar sämtlicher zu Lebzeiten erschienener Schriften außer dem Roman „Der Mann ohne Eigenschaften". München 1980. Ders.: Musil Kommentar zum Roman „Der Mann ohne Eigenschaften". München 1982.

[25] Es ist geplant, die dieses Kapitelkomplexes im zweiten Teil der oben genannten Publikation „Der literarische Nachlaß von Robert Musil. Dokumentation, Kommentar", erscheinen zu lassen. Vgl. zur Illustration anschließend das Faksimile einer Manuskriptseite (Mappe I/5, Seite 161) mit dem Beginn eines Kapitelentwurfs aus dem „Clarisse-Komplex", dazu die Transkription mit typographisch umgesetzter Textschichtendarstellung.

[illegible]

Sf. u. Rothart zusammengestoßen

[illegible]

2183 [illegible]
2675 [illegible]
1508

V:

(Das Strafrecht gilt nur die Skizze.)

Sie trifft W. im „Atelier" an; kahler, trostloser Raum. Er ist halb angezogen und hat einen Schlafrock darüber, die Pinsel sind trocken, er sitzt vor Entwürfen. Eigentlich sollte er aber schon im Amt sein sollen.

Es ist [illegible], daß Ag. ohne Abschied [illegible] [illegible] = mittell aufgeregt ist. [illegible]: [illegible] habe er wollen .. solange Ag. im Haus ..

Schon an der Tür [illegible] Cl. zu: Komm, komm! [illegible] [illegible] bitten ihn, daß er uns Ag. zur Pflege überläßt.

W. kann den Kopf nicht von ihr abwenden u. [illegible] sie an.

Frag nicht! befiehlt Cl.

[illegible] W. in diesem Augenblick nach [illegible], [illegible] Die Antwort darauf [illegible] abhängig [illegible]. Cl. [illegible]. Ihre Augen [illegible] [illegible] Hin [illegible] [illegible] Ruhe [illegible]. Und so [illegible] in W. Raum, weil ihr Bruder S. [illegible] gesagt [illegible] [illegible] W. abermals befragte. [illegible] gesagt: [illegible] [illegible], [illegible] sie einmal kräftig an [illegible].

[illegible] Cl. kräftig an: Sie [illegible] W. [illegible] [illegible]: Komm, komm, komm! [illegible] so [illegible]!

[illegible] W. [illegible] [illegible], [illegible] [illegible] und [illegible] Hände [illegible] in den Boden, [illegible] kommen, [illegible] [illegible] [illegible] Wiege [illegible], [illegible] [illegible] [illegible] [illegible]: [illegible] [illegible] [illegible] Form dar. Du [illegible] [illegible] jetzt den [illegible] [illegible]!

„Komm [illegible]," sagte Clarisse „[illegible] [illegible] machen warum!"

„Nein," rief W. aus „du [illegible] jetzt [illegible] sagen, [illegible]!" [illegible] „Hab ich [illegible]? Ich habe [illegible] [illegible] [illegible]" Sie hatte [illegible] begonnen, [illegible] [illegible], [illegible] zusammengetragen, [illegible] [illegible] in der Hand und [illegible] [illegible]. [illegible] Clarisse [illegible] [illegible] [illegible] [illegible] einen roten Kopf; er [illegible] sich nicht [illegible], sie zu schlagen, aber er [illegible] [illegible], daß er [illegible] nicht habe. Clarisse [illegible] [illegible] [illegible] [illegible] [illegible]. Ich [illegible] [illegible] [illegible] bei diesen [illegible] und [illegible] nichts [illegible]. Ich habe dir gesagt, daß ich dem [illegible] [illegible] zeigen, wie man es macht. Ich habe [illegible], [illegible], gewagt machen!" [illegible] [illegible]. Ich [illegible] [illegible] [illegible] [illegible] [illegible] [illegible]: „[illegible], [illegible] [illegible] [illegible] gleichzustellen, aber [illegible] [illegible] [illegible] [illegible] [illegible]! Glaubst du denn, daß wir [illegible] zu [illegible] kommen werden? [illegible] [illegible] [illegible], die alle so brav sind, und [illegible], die brav [illegible] sind? [illegible] sind denn alle Götter und [illegible] [illegible] nach dem Abendbrot!

Sie wurde also den Entwurf [illegible]. [illegible] [illegible] [illegible] [illegible]: und plötzlich hat sie [illegible]: W. [illegible] [illegible] [illegible], W. [illegible] [illegible]. W. ist in diesem Augenblick nicht [illegible] [illegible] [illegible] [illegible] [illegible]. Und in diesem Augenblick, [illegible] [illegible], [illegible] [illegible] ...

[illegible]

[illegible]: [illegible] W. S. [illegible] Cl.: .. [illegible] [illegible] .. [illegible].

[illegible]

[illegible]

[illegible] [illegible]

[illegible]: .. [illegible] [illegible] [illegible] gleichzustellen, ist die [illegible] zum [illegible]!

(II R 23, 14) S 2)

S 5.

Sch V + B

<u>V:</u>

(<u>Das Präsens gilt nur der Skizze.</u>) Sie trifft W. im „Atelier" an; kahler, fröstelnder Raum. Er ist halb angezogen und hat einen Schlafrock ~~über.~~ darüber. Die Pinsel sind trocken, er sitzt vor Entwürfen. Eigentlich hätte er aber schon im Amt sein sollen.

Er ist gereizt davon, daß Mg. ohne Abschied abgereist u. Cl. geheimnisvoll aufgeregt ist. **Ev. hier: Eigentlich hatte er wollen .. solange Mg im Haus ..**

Schon in der Tür rief ihm Cl zu: Komm, komm! Wir gehen zu Dr. Fr. u. bitten ihn, daß er uns M. zur Pflege überläßt. **<u>Das ändert also den Entwurf S 4.</u> läßt sich aber unschwer einfügen. Etwa Ende 5): und plötzlich hat sie ihren Entschluß: M. muß aus dem Irrenhaus geholt werden, W. muß dadurch lernen. M. ist in diesem Augenblick nichts weiter für sie als der dämonische Unbekannte u Geheimnisvolle. Und in dem Augenblick, wo sie das beschließt, ist eine Schuld ...**

W. kann den Kopf nicht von ihr abwenden u. sieht sie an.

Frag nicht! befiehlt Cl.

Konnte W. in diesem Augenblick noch daran zweifeln, daß ihr Geist verstört sei

Die Antwort darauf wird immer sehr davon *den Umständen* abhängig sein. Cl. sah *heftig und* schön aus. In ihren Augen lebte ~~das~~ ~~*scheinbar*~~ *ein* Feuer *das geradeso aussah wie das Feuer* eines gesunden Willens. Und so gewann in W. Raum, was ihr Bruder S. über sie gesagt ~~hatte:~~ und erst vor kurzem wiederholt hatte, als ihn W. abermals befragte. S. hatte gesagt: Sie ist übernervös, du mußt sie einmal kräftig anfassen.

Vorderhand faßte aber Cl. kräftig an *zu*: Sie hüpfte unausgesetzt um W. herum u. wiederholte: Komm, komm, komm! Laß dich nicht so bitten!

Die Worte schienen W. ums Ohr zu fliegen, sie verwirrten ihn. Man hätte sagen können, er lege die Ohren zurück u stemme die Füße in den Boden, wie es ein Pferd, ein Esel, ein Kalb tut, mit dem Eigensinn, der die Willensstärke eines schwachen Geschöpfs ist: aber es stellte sich ihm *ihm stellte es sich* in der Form dar: du wirst ihr jetzt den Herrn zeigen!

„Komm erst mit," sagte Clarisse „dann wirst du schon merken warum!"

„Nein," rief W. aus „Du wirst mir jetzt sofort sagen, was du vorhast!"

„Was ich vorhabe? Ich habe etwas Unheimliches vor." **Hier ev: noch eine Zwischenfrage Ws. u. Cl: .. Schicksal eines großen Menschen .. S 1.** Sie hatte inzwischen begonnen, was sie zum Ausgehen brauchte, im Nebenzimmer zusammenzutragen, nun zog sie die Gartenschuhe aus, hielt sie einen Augenblick in der Hand und schleuderte sie plötzlich */nun mit plötzlichem Schwung ../* zwischen die Farb= und Pinseltöpfe ihres Gatten. Etwas stürzte um, etwas rollte, etwas klirrte. Clarisse lachte dazu *beobachtete die Wirkung auf W. u brach in Lachen aus.* Walter bekam einen roten Kopf; er ~~wollte~~ hatte nicht Lust, sie zu schlagen, aber er schämte sich dessen, daß er diese Lust nicht habe. Clarisse lachte weiter u sagte: „Da hockst du nun Jahr u Tag bei diesen Töpfen und bringst nichts hervor. Ich werde dir zeigen, wie man es macht. Ich habe dir gesagt, daß ich dein Genie hervorholen werde. Ich werde dich unruhig, unduldsam, gewagt machen!" Dann wurde sie *Und plötzlich war sie* aber ernst *ruhig* u. sagte ernst: „Es ist unheimlich, sich den Irren gleichzustellen, aber es ist die Entscheidung zum Genie *Genialen*! **/An der korr <u>38</u> Blge. gewiesenen Stelle heißt es: .. gleichzustellen; aber sich etwas Unheimlichem gleichzustellen, ist die Entscheidung zum Genialen!/** Glaubst du denn, daß wir ~~je hier~~ *so wie bisher* zu uns *etwas* kommen werden? Zwischen diesen Töpfen, die alle so brav rund sind, und Bilderrahmen, die brav rechteckig sind? *Und mit Musik nach dem Abendbrot~~?~~!* Warum sind denn alle Götter und

◂▴ Abbildungen 1–3: Beginn eines Kapitelentwurfs aus dem „Clarisse-Komplex" von „Der Mann ohne Eigenschaften" von Ende Januar 1934. Österreichische Nationalbibliothek, Handschriften-, Autographen- und Nachlaßsammlung, Wien, NL Robert Musil, Sig. Ser.nov. 15.065, pag. 160 und 161, Transkription mit typographisch umgesetzter Textschichtenauszeichnung des auf S. 88 faksimilierten Blattes.

Textauszeichnungselemente:

~~Streichung~~

~~Streichung innerhalb einer Streichung~~

Korrekturvariante

Korrekturvariante in eine Korrekturvariante eingefügt

z.B. durch *Varianten* oder Umstellung

Paratext

Walter Methlagl/Anton Unterkircher

LUDWIG VON FICKER: BRIEFWECHSEL

Ausgangspunkt der Edition sind die ca. 12 000 Briefe an Ludwig von Ficker und die ca. 3 000 Briefe von Ficker, die sich entweder in Entwürfen im Nachlaß Fickers und in Nachlässen anderer „Brenner"-Mitarbeiter im Brenner-Archiv erhalten haben, zum Großteil aber in Kopien aus der ganzen Welt zusammengetragen wurden. Es gibt also einerseits einen Riesenfundus an empirischem Material, andererseits eine beträchtliche Lücke, die sich aus den Gegenbriefen nicht immer schließen läßt. In den vier Briefbänden wurden schließlich 1 330 Briefe veröffentlicht. Den erhaltenen Briefwechsel Ludwig von Fickers kann man in großen Teilen als Briefnetzwerk bezeichnen, da eine sehr große Anzahl der Briefpartner, zumeist durch den „Brenner", einander sehr gut kannten. Briefe und deren Informationen waren somit oft kaum nur für einen Partner bestimmt und wurden vielfach entweder direkt weitergeleitet oder weitererzählt; viele von Fickers Briefpartnern standen ihrerseits im Briefwechsel mit anderen Briefpartnern, sodaß dem Briefwechsel ein wenn auch eingeschränkter Öffentlichkeitscharakter anhaftet. Ein Briefschreiber konnte sich z. B. nie ganz sicher sein, ob sein an Ficker gerichteter Brief nicht postwendend im „Brenner" abgedruckt wurde. In einigen wenigen Fällen ist das geschehen. Obwohl Ludwig von Ficker nie an eine Veröffentlichung seiner Korrespondenz gedacht hat, hat er doch viele Briefe hochgradig stilisiert. Oft brauchte Ficker eine ganze Reihe von Entwürfen, bis er die richtige Formulierung gefunden hatte, im Extremfall konnte sich durch solche Formulierungsversuche eine Zusage in eine Absage wandeln.
Schon aufgrund dieser Ausgangslage kann man erkennen, daß der schwierigste Teil der editorischen Arbeit in der Auswahl lag. Gerade von daher erklärt sich auch die zwanzigjährige Editionsgeschichte, bis es dann zum Erscheinen des ersten Bandes kam. Noch zu Lebzeiten Fickers, der erst nach längerer Überzeugungsarbeit einer Publikation seiner Briefe zustimmte, dachte man in den 60er Jahren an eine Zusammenstellung der ‚schönsten' Briefe Ludwig von Fickers mit seinen prominentesten Briefpartnern. Dann war an eine ‚dramatische' Zusammenstellung gedacht, die die Höhepunkte in der Geschichte des „Brenner" darstellen sollte. Schließlich kam es dann seit Mitte der 80er Jahre zur Verwirklichung einer ‚epischen' Ausgabe, die in Auswahl und Kommentierung auf eine möglichst vielfältige kultur- und geistesgeschichtliche Dokumentation hinzielte. Auch innerhalb dieser Ausgabe ist die Änderung der Intention immer deutlicher abzulesen, sodaß gerade der letzte Band, erschienen 1996, vor allem auch im Kommentar bewußt auf eine zeitgeschichtliche Dokumentation angelegt ist. Heute würde eine solche Ausgabe wieder anders aussehen, nur geschätzte zwei Drittel der Briefe würden, bei gleicher Anzahl, wieder in einer Auswahlausgabe enthalten sein. Ein Drittel würde infolge des gewandelten Interesses sicher ausgetauscht.
In der vierbändigen Ausgabe haben die Herausgeber ganz bewußt Fäden gezogen und manchmal allerdings zu eher groben Maschen geknüpft, zu einem tragenden Netzwerk eben, etwa bei der Darstellung der Geschichte des „Brenner". Andernorts, in Schwerpunktsetzungen sind sie wieder ganz eng verwoben, z. B. im Briefwechsel Ficker–Wittgenstein samt umliegenden Korrespondenzen, in der Rekonstruktion der „Rundfrage über Karl Kraus" oder im Briefwechsel mit Martin Heidegger samt den dagegen erhobenen kritischen Stimmen anderer Briefpartner. Mit dem Abdruck solcher Briefverbindungen wurde die eine oder andere Konstellation von Briefen durch umliegende Briefe zu einer eigenständigen Dokumentation ausgebaut, sodaß der Textteil dann und wann zu einem ‚Kommentar' mutiert. Dennoch verdichtet der ausführliche Einzelstellenkommentar dieses Netzwerk zusätzlich durch eine große Auswahl von Zitaten aus Briefen, die aus Platzgründen nicht zur Gänze abgedruckt werden konnten, weil etwa der gesamte Brieftext Unbedeutendes oder bereits in anderen Briefen ganz ähnlich Formuliertes enthalten hat. Es ist also nicht so, daß von den geschätzten 15 000 Briefen in den vier Bänden nur annähernd $^{1}/_{10}$ veröffentlicht wurde, sondern daß in Wirklichkeit wohl mindestens doppelt so viele Briefdokumente, wenn schon nicht zur Gänze, so doch in ihrem Inhalt erschlossen sind. Zusätzlich wurden auch andere Dokumente aus Archiven und Nachlässen in Bildteil und Kommentierung einbezogen, sodaß die Briefausgabe insgesamt als kulturgeschichtliche Dokumentation zu bezeichnen ist.
Da es sich bei der Edition der Anlage nach um eine Studienausgabe handelt, wurde zwar Wert auf eine präzise Transkription der Texte gelegt, aus Gründen der Lesbarkeit jedoch auf eine kritische Edition verzichtet. Nur in

wichtigen Fällen, wenn etwa durch Streichung oder Überschreibung eine Änderung der Autorintention erkennbar war, wurde darauf im Kommentar verwiesen. Nur in einigen Fällen wurden – um Fickers Art des Briefschreibens zu dokumentieren – mehrere Briefentwürfe abgedruckt.

Der Kommentar setzt sich aus Einzelstellen zusammen, zusätzlich enthält Band 1 eine ausführliche Lebenschronik Ludwig von Fickers, der ja in allen vier Bänden im Zentrum des Briefwechsels steht. Der Kommentar wurde mit der Intention verfaßt, den Leser alles wissen zu lassen, was ein Briefautor sagen wollte und der Empfänger aus seiner Situation heraus verstehen konnte. Aufgrund der inzwischen gewachsenen Quellenkenntnis sollte er allerdings über deren zeit- und situationsbedingte Verständnismöglichkeiten grundsätzlich hinausgehen. Die Vorstellung, daß ein Einzelstellenkommentar ein für sich lesbares kulturgeschichtliches Dokument entstehen lassen sollte, ließ sich in Buchform allerdings nicht zufriedenstellend verwirklichen, der Kommentar wurde letztlich doch überfrachtet und somit seine Lesbarkeit erschwert. Solcherart angelegte Dokumentationen lassen sich mit den heutigen Möglichkeiten der EDV wesentlich besser umsetzen. Große Bedeutung kommt hingegen dem Bildteil zu, der wesentliche Briefinhalte verbildlicht und insgesamt die Dokumentation augenfällig erweitert.

Ein Briefregister und ein Namenregister, in das auch Zeitungen und Zeitschriften aufgenommen wurden, ermöglichen in der Ausgabe das Verfolgen von Zusammenhängen, lassen sie aber auch zu einem Nachschlagewerk mit einer Fülle von Einzelinformationen werden. Als Beispiel werden im Nachfolgenden drei Briefe transkibiert:

Brief Martin Heideggers an Ludwig von Ficker:

Freiburg, 18. Dez. 52.

Hochverehrter Herr v. Ficker!

Herzlich danke ich Ihnen für Ihren zugeneigten Brief, der mir, wie jeder vorher, immer als zu große Ehre gilt. Froh bin ich darüber, daß Ihre Unruhe geschwunden ist, daß Sie gern an die Ehrung G. Trakls denken können, die mir auch wie ein unverhofftes Geschenk kam.

Jetzt steht das schöne Bild der Büste G. Trakls vor mir auf meinem Arbeitstisch. Das große Gesicht mit den weit vorausblickenden Augen spricht jeden Tag lebendiger und reicher. Ein echtes Glück ist es, diesem Blick, mit tastenden Schritten freilich, folgen zu dürfen in die Weite des Wesentlichen, aus der nur Gott spricht.

Gern hätte ich Ihnen heute schon die Abschrift des Trakl-Vortrags geschickt; aber die Herstellung der ursprünglich weiteren und durchgesehenen Fassung wird sich noch etwas verzögern.

So erlaube ich mir, Ihnen zu Weihnachten einen vorjährigen Vortrag zu senden, der noch um einiges deutlicher zeigen mag, von wo aus ich das Gespräch des Denkens mit den Dichtern versuche.

Mit verehrungsvollen Grüßen wünsche ich Ihnen, hochverehrter Herr v. Ficker, zugleich im Namen meiner Frau ein stilles Fest und von Herzen ein gutes neues Jahr.

Ihr Martin Heidegger

Brief Theodor W. Adornos an Ludwig von Ficker:

PROF. DR. THEODOR W. ADORNO — 6 FRANKFURT AM MAIN
KLETTERHOFWEG 123 — 20. Mai 1965

Hochverehrter Herr von Ficker,

erst nachträglich erfuhr ich, durch unsere gemeinsame Freundin Lotte Tobisch, von Ihrem Geburtstag, sonst hätte ich rechtzeitig gratuliert, und bitte Sie sehr, die Verspätung zu entschuldigen. Seit meiner Jugend ist mir Ihr Name vertraut, im Zusammenhang mit dem Brenner, als der des Menschen, der Trakl gegenüber wahrhaft die Nachwelt vertrat, als einer der integersten Gestalten aus dem literarischen Bereich. Ich glaube vielleicht deshalb das Recht zu haben, das ohne Zudringlichkeit auszusprechen, weil ja das, was man so „Positionen" nennt, bei Ihnen und bei mir keineswegs zu koindizieren scheint; aber es gibt ein Anderes, in sogenannter Weltanschauung nicht Auszudrückendes, was tiefer ist – wodurch ich mich Ihnen erst recht verbunden fühle. Ich wünsche Ihnen von ganzem Herzen alles nur erdenklich Gute.

Gleichzeitig gestatte ich mir, Ihnen mein jüngstes Buch zu schicken, das in einigem vielleicht Ihr Interesse finden wird, etwa wegen der Kraus-Arbeit, die Lotte gewidmet ist, und wegen des Hölderlintextes.

In wahrhafter Verehrung
Ihr aufrichtig ergebener
Th. W. Adorno

Brief Ludwig von Fickers an Theodor W. Adorno [Entwurf, der tatsächliche Antwortbrief datiert vom 27. 5.]

Innsbruck-Mühlau, 26. Mai 1965

Sehr verehrter und wahrlich auch von mir hochgeschätzter Professor Theodor W. Adorno!
Sie ahnen nicht, wie oft ich Sie schon bewundert, ja beneidet habe. Worum? Ja, das ist schwer zu sagen. Um das Faszinierende ungewöhnlicher Geistesgaben, die Ihre Eigenart ausmachen und jeden berühren müssen, der diesem kurios aufschießenden Feuerwerksbündel von Einfällen, Durchdachtheiten, entfalteten Redewendungen nachsieht, nachsinnt, wohl spürend, daß überall, wo sie niedergehen, Vorurteile auszubrennen und Revisionen als Grundlage für neu zu Begreifendes am Gedächtnisstamm des Althergebrachten vorzunehmen sind. Wie sollte mir das nicht Eindruck machen! Um etwas Ähnliches ist es mir im Wahrnehmungsfeld meiner begrenzten Ausblicke im „Brenner" wohl auch gegangen, aber wie wird das alles in Schatten gestellt von der Fülle dessen, was Ihnen im Wirkraum von Wort und Ton heute, konzentriert in einer, eben Ihrer Einzelperson, zu sehen erlaubt ist. Das also ist es, worum ich Sie beneide, und was es mir erschwert, mich auf den mir gebührenden Standpunkt des suum cuique zurückzuziehen.
Ein Glück, daß in diesen meinen alten Tagen unsere verehrungswürdige Lotte Tobisch es übernommen hat, als ein rechter Engel der Vorsehung diese Spannungselemente zwischen unseren „Positionen" auszugleichen, was mich erst recht ermutigt, Ihnen zu sagen, welch große Freude und Genugtuung mir das Geschenk Ihres Buches wie Ihres Briefes bereitet hat.
Empfangen Sie, verehrter Herr Professor, die Grüße und den Dank

Ihres sehr ergebenen

Ludwig v Ficker

Trotz der zeitlichen Differenz von rund 13 Jahren, die zwischen diesen Briefen liegt, ist deren gemeinsame Kommentierung von großer Aufschlußkraft für die Charakterisierung einer ganzen Epoche, ja auch noch der Situation, in der wir uns heute befinden. Wie sonst nirgends bewahrheitet sich der Ausspruch des Germanisten und Hölderlin-Herausgebers Franz Zinkernagel: „An Hölderlin scheiden sich die Geister": Mit dem „vorjährigen Vortrag" meinte Heidegger seinen Hölderlin-Vortrag „... dichterisch wohnet der Mensch...", den er am 6. 10. 1951 auf Bühlerhöhe und am 5. 11. 1951 in Zürich gehalten hatte. Er befindet sich als Typoskript samt Widmung an Ludwig von Ficker im Brenner-Archiv.[1] Als Hauptintention legt Heidegger dieser Schrift die „Zwiesprache zwischen Denken und Dichten" zugrunde, welche es zu forcieren gelte, um „das Wesen der Sprache hervorzurufen, damit die Sterblichen wieder lernen, in der Sprache zu wohnen":

„Indessen rast ein zügelloses, aber zugleich gewandtes Reden und Schreiben und Senden von Gesprochenem rings um den Erdball. Der Mensch gebärdet sich, als sei er Bildner und Meister der Sprache, während sie doch die Herrin des Menschen bleibt. Wenn dieses Herrschaftsverhältnis sich umkehrt, dann verfällt der Mensch auf seltsame Machenschaften. Die Sprache wird zum Mittel des Ausdrucks. Als Ausdruck kann die Sprache zum bloßen Druckmittel herabsinken. Daß man auch bei solcher Benutzung der Sprache noch auf die Sorgfalt des Sprechens hält, ist gut. Dies allein hilft uns jedoch nie aus der Verkehrung des wahren Herrschaftsverhältnisses zwischen der Sprache und dem Menschen. Denn eigentlich spricht die Sprache. Der Mensch spricht erst und nur, insofern er der Sprache entspricht, indem er auf ihren Zuspruch hört. Unter allen Zusprüchen, die wir Menschen von uns her mit zum Sprechen bringen dürfen, ist die Sprache der höchste und der überall erste."[2]

Mit dieser Intention sah Ficker sich in wichtigsten Motiven verstanden, die ihn seit Jahrzehnten als Herausgeber des „Brenner" bewegt hatten. Das „Denken am Leitseil der Sprache" war in Korrespondenz mit der Kulturkritik des Karl Kraus und der „Pneumatologie des Wortes" von Ferdinand Ebner in der Zeitschrift zu einem geistigen Habitus geworden. „Gerade der aber", schreibt Ficker in seinem Dankbrief an Heidegger (4. 1. 1953), „der es darauf abgesehen hat, den Boden unter den eigenen Füßen nicht zu verlieren, wird einen Blick haben für die Tragweite und das Verdienst solcher Ausmessungen im Heilsraum zwischen Dichten und Denken, und den Wagemut eines Mannes bewundern, der solcher ‚Interjektionen' im Gefüge einer Wissenschaft fähig war, die mit ihnen nichts anzufangen weiß. Aber das wird sich ändern. Hora et tempus est." – Insbesondere durch die Verknüpfung

der Gedanken Heideggers zu Hölderlins Dichtung mit dem lateinischen „Wahlspruch“ des „Brenner“ hat Ficker die unmittelbare gegenseitige geistige Nähe betont. – Einige Jahre später, 1960, hat dann Heidegger in einer Ansprache Ludwig von Ficker ganz im Sinne von Hölderlins Wort „Was bleibet aber, stiften die Dichter“ als einen „Stiftenden“ d. h. „Gründenden“, „Schenkenden“ bezeichnet.
Als nun Theodor W. Adorno Ficker sein „jüngstes Buch“ (Noten zur Literatur III) mit einer Widmung übersandte, an dem er vor allem auch den „Hölderlintext“ hervorhob, geriet die an Hölderlin (und Trakl) sich aufbauende Freundschaft Fickers mit Heidegger in die Dimension des Paradoxen. In dem darin enthaltenen Aufsatz zur späten Lyrik Hölderlins rechnet Adorno mit Heideggers „beschlagnahmende[r]“[3] Interpretation des Dichters als Seins-Stifter ab und führt den Philosophen wieder vor die „Realien“ der Dichtung und der Geschichte, die dieser in unphilologischer Manier vergessen machen wolle. „Was als Sage vom Ursprung den eigenen Gedanken und Dichtung, die nicht Gedanke ist, unterschiedslos auslegt, fälscht beides im gespensterhaft wiederkehrenden Geist des Jugendstils, am Ende im ideologischen Glauben, es lasse von der Kunst her die als schlecht und erniedrigend erfahrene Realität sich wenden, nachdem die reale Änderung verbaut ist. Die ins Maßlose gesteigerte Ehrfurcht vor Hölderlin betrügt über ihn im Einfachsten. Sie suggeriert, was der Dichter sagt, wäre so, unmittelbar, buchstäblich; das dürfte die Vernachlässigung des gleichzeitig verherrlichten Gedichteten erklären. Die schlagartige Entästhetisierung des Gehalts unterschiebt das unabdingbar Ästhetische als Reales, ohne Rücksicht auf die dialektische Brechung zwischen Form und Wahrheitsgehalt. Dadurch wird die genuine Beziehung Hölderlins zur Realität, die kritische und utopische, weggeschnitten. Er soll als Sein zelebriert haben, was in seinem Werk keinen anderen Ort hat als die bestimmte Negation des Seienden. Die allzu früh behauptete Wirklichkeit des Dichterischen unterschlägt die Spannung von Hölderlins Dichtung zur Wirklichkeit und neutralisiert sein Werk zum Einverständnis mit dem Schicksal.“[4] – „Er [Heidegger] verherrlicht den Dichter, überästhetisch, als Stifter, ohne das Agens der Form konkret zu reflektieren.“[5] – Automatisch ist auch Heideggers Charakterisierung der Gestalt und des Lebenswerkes Ludwig von Fickers in dieses Verdikt einbegriffen. Die Paradoxie kommt jedoch vor allem dadurch erst richtig zum Tragen, daß Adorno sich nach Fickers Tod am 20. 3. 1967 gerne zu einem Nachruf bereit fand, in dem er diese Gestalt und dieses Lebenswerk durchaus auf jene geistige Dynamik hin festlegte, von der er seinerseits alle Auseinandersetzung mit Friedrich Hölderlin erfüllt wissen wollte: Ficker war für ihn der „Repräsentant einer einsichtsvolleren Nachwelt“, der an ob ihrer Kreativität irritierten Menschen (wie etwa Georg Trakl) „etwas von dem gutgemacht [hat], was das Bestehende, und die Unversöhnlichkeit ihres Naturells mit dessen Spielregeln ihnen antat“. Ficker hat das ihm Konträre um seiner Wahrheit willen unwillkürlich sich zugeeignet. Was Adorno an Heidegger vermißte, weil dieser die Instanzen der ästhetischen und der historischen Vermittlung mißachtet habe, hat er, wie es scheint, bei Ficker exemplarisch vorgefunden: „Wenige wüßte ich, in denen Gewesenes und Hoffnung so innig sich durchdrungen hätten.“ – „Ein utopischer Impuls lebte in ihm.“[6]
In der Tat manifestiert sich in diesen Briefen und beigelegten Aufsätzen samt Widmungen, sowie in der jeweiligen Würdigung in höchster Konzentration die Spannung, in der sich nicht nur „führende Geister“ von damals gegenüberstanden, sondern die letztlich die ungelöste „gesellschaftliche Lebensform“ jener Jahre bezeichnet. Daß sich diese Spannung an vermittelnden Figuren der Vergangenheit wie Hölderlin und Trakl, aber auch der damaligen Gegenwart wie Ludwig von Ficker entlud, gibt der hier vorgestellten Korrespondenz nicht nur inhaltlich, sondern strukturell einen zukunftsweisenden Aspekt.

Ausgabe:
Ludwig von Ficker: Briefwechsel 1909–1967, hg. von Ignaz Zangerle, Walter Methlagl, Franz Seyr und Anton Unterkircher; 4 Bde. Bd. 1: Salzburg: Otto Müller 1986, Bd. 2–4. Innsbruck: Haymon 1988, 1991, 1996.

1 Veröffentlicht in: Martin Heidegger: Vorträge und Aufsätze. Pfullingen: Neske 1954.
2 Ebda, S. 190.
3 Theodor W. Adorno: Parataxis. Zur späten Lyrik Hölderlins. In: Ders.: Noten zur Literatur III, Frankfurt/M.: Suhrkamp 1965, S. 156–209, S. 162.
4 Ebda, S. 164.
5 Ebda, S. 162.
6 Theodor W. Adorno: Ludwig von Ficker. In: Nachrichten aus dem Kösel-Verlag, Folge 26, 2. Halbjahr 1967, S. 6 f.

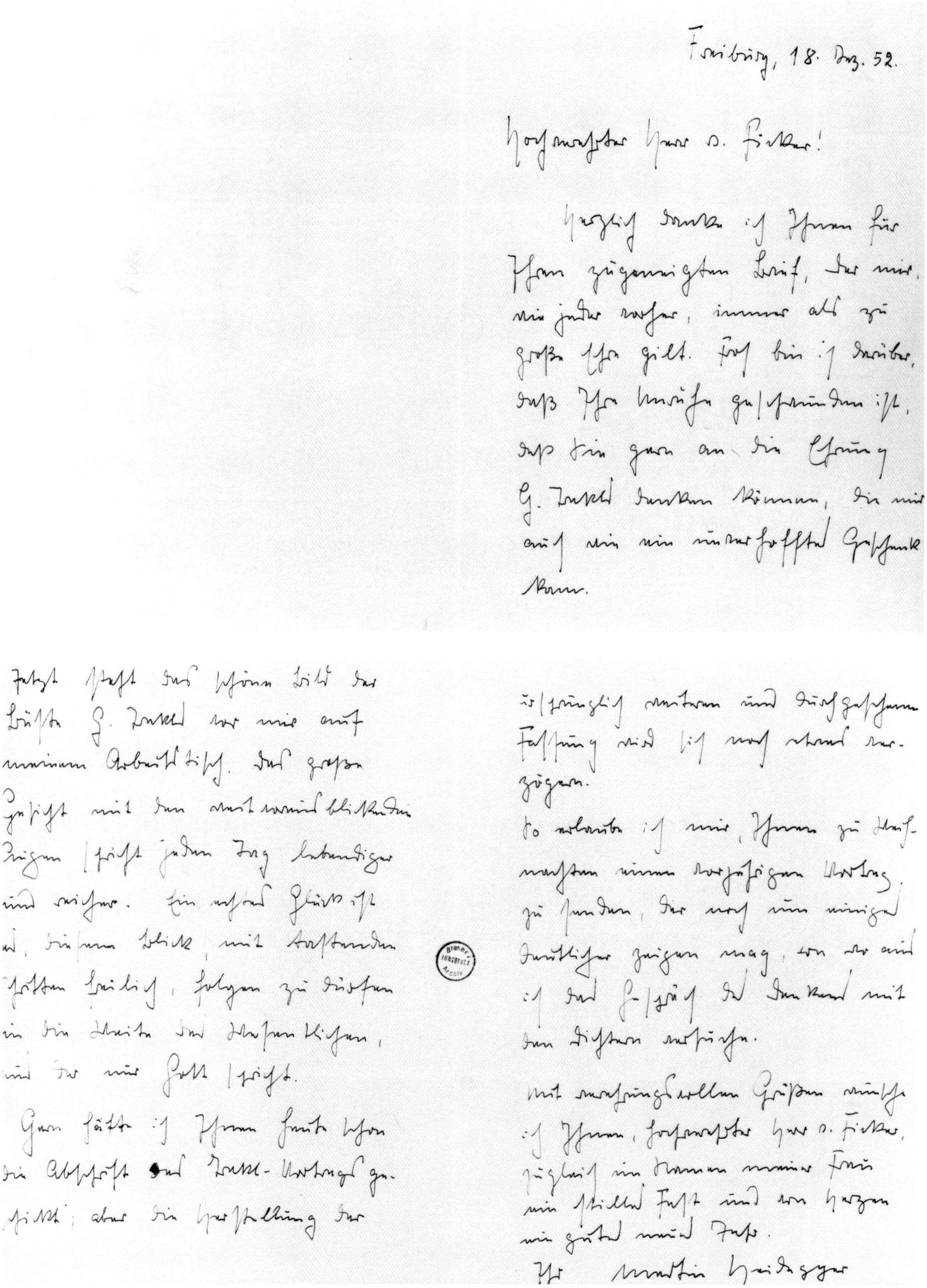

Freiburg, 18. Dez. 52.

Hochverehrter Herr v. Ficker!

Herzlich danke ich Ihnen für Ihren zugeneigten Brief, der mir, wie jeder vorher, immer als zu große Ehre gilt. Froh bin ich darüber, daß Ihr [illegible] geschwunden ist, daß Sie gern an die Ehrung G. Trakls denken können, die mir auch wie ein unverhofftes Geschenk kam.

Jetzt steht das schöne Bild der Büste G. Trakls vor mir auf meinem Arbeitstisch. Das große Gesicht mit den abwärts blickenden Augen spricht jeden Tag lebendiger und reicher. Ein eigenes Glück ist es, diesem Blick, mit stockenden Schritten freilich, folgen zu dürfen in die Weite des [illegible], und der nur Gott spricht.

Gern hätte ich Ihnen heute schon die Abschrift des Trakl-Vortrags geschickt; aber die Herstellung der ursprünglich weiteren und durchgesehenen Fassung wird sich noch etwas verzögern.

So erlaube ich mir, Ihnen zu Weihnachten einen vorjährigen Vortrag zu senden, der noch um einiges deutlicher zeigen mag, wie sehr auch ich das Gespräch des Denkens mit dem Dichten versuche.

Mit verehrungsvollen Grüßen wünsche ich Ihnen, hochverehrter Herr v. Ficker, zugleich im Namen meiner Frau ein stilles Fest und von Herzen ein gutes neues Jahr.

Ihr Martin Heidegger

▲ Abbildung 1: Brief Martin Heideggers an Ludwig Ficker, 18. 12. 1952.
Brenner-Archiv, Universität Innsbruck

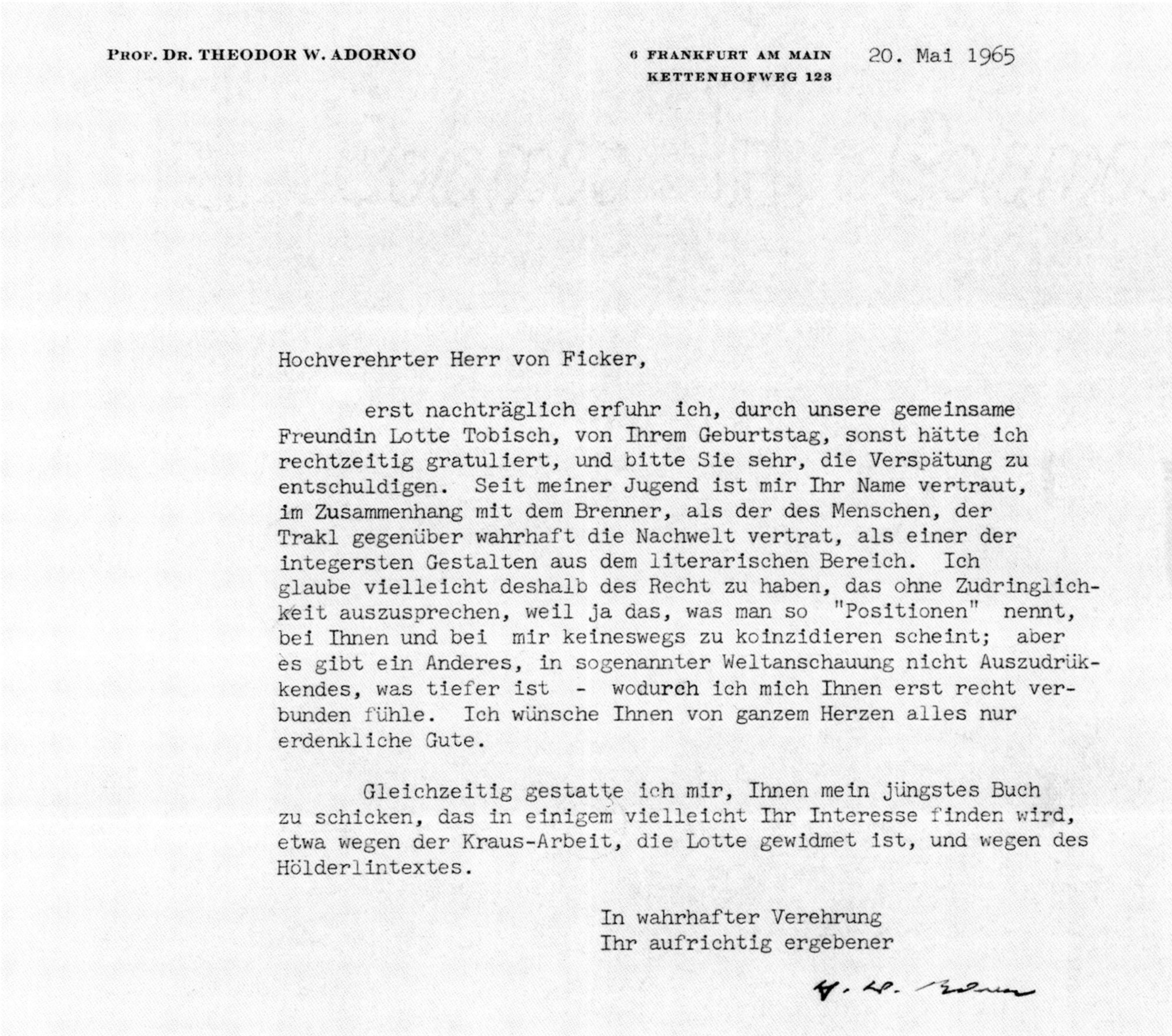

PROF. DR. THEODOR W. ADORNO

6 FRANKFURT AM MAIN
KETTENHOFWEG 123

20. Mai 1965

Hochverehrter Herr von Ficker,

erst nachträglich erfuhr ich, durch unsere gemeinsame Freundin Lotte Tobisch, von Ihrem Geburtstag, sonst hätte ich rechtzeitig gratuliert, und bitte Sie sehr, die Verspätung zu entschuldigen. Seit meiner Jugend ist mir Ihr Name vertraut, im Zusammenhang mit dem Brenner, als der des Menschen, der Trakl gegenüber wahrhaft die Nachwelt vertrat, als einer der integersten Gestalten aus dem literarischen Bereich. Ich glaube vielleicht deshalb des Recht zu haben, das ohne Zudringlichkeit auszusprechen, weil ja das, was man so "Positionen" nennt, bei Ihnen und bei mir keineswegs zu koinzidieren scheint; aber es gibt ein Anderes, in sogenannter Weltanschauung nicht Auszudrükkendes, was tiefer ist - wodurch ich mich Ihnen erst recht verbunden fühle. Ich wünsche Ihnen von ganzem Herzen alles nur erdenkliche Gute.

Gleichzeitig gestatte ich mir, Ihnen mein jüngstes Buch zu schicken, das in einigem vielleicht Ihr Interesse finden wird, etwa wegen der Kraus-Arbeit, die Lotte gewidmet ist, und wegen des Hölderlintextes.

In wahrhafter Verehrung
Ihr aufrichtig ergebener

▲ Abbildung 2: Brief Theodor W. Adornos an Luwig Ficker, 20. 5. 1965.
Brenner-Archiv, Universität Innsbruck

► Abbildung 3: Brief Ludwig Fickers an Adorno, Entwurf, 26. 5. 1965.
Brenner-Archiv, Universität Innsbruck

Innsbruck-Wilten, 26. Mai 1965

Sehr verehrter und wirklich auch von mir hochgeschätzter

Professor Theodor W. Adorno!

Sie wissen nicht, wie oft ich Sie schon bewundert, ja beneidet habe. Warum ~~und weshalb~~? Ja, das ist ~~ebenso~~ [illegible] schwer zu sagen. Um das ~~[illegible]~~ faszinierende Schauspiel ungewöhnlicher Geistes[illegible] geben, der Ihr Eigenwort aufbereiten und jeden brauchen müssen, der Dichtern ~~[illegible]~~ kurios aufblitzenden ~~[illegible]~~ Feuerwerksbündel von Einfällen, ~~[illegible]~~ durchschlüssen, ~~[illegible]~~ auf ~~Wort und Ton betreffen~~ enthaltenen Redewendungen nachsehen, wohl spürend, daß überall, wo sie hindurchgehen, Vorurteile aufzubrennen und ~~neues~~ Altes Dimensionen als Grundlage für uns zu begreifendes am Gedächtnisstrom der Althergebrachten vorzunehmen sind. Wir sollten wir das nicht ~~[illegible]~~ [illegible]! Um aber ehrlich ist es mir im Wahrnehmungsfeld meines begrenzten Ausblicks im „Domain“ wohl auf, aber wie wird das alles im Schatten gestellt von der Fülle dessen, was Ihnen im ~~[illegible]~~ Werkzentrum von Wort und Ton heute, konzentriert in einem, Einzelgarten, zu sehen erlaubt ist. Das also ist es, warum

'45 – 1

ich Sie beneide, und war es eine Schwäche, mich auf den mir gebührenden Standpunkt des suum cuique zurückzuziehen.

Ein Glück, daß in diesen meinen alten Tagen unsere verehrungswürdige Lotte Tobisch es übernommen hat, ~~so~~ als ein wahrer Engel der Vorsehung diese ~~unsere~~ Spannungselemente zwischen unseren „Positionen" auszugleichen, was mich nicht wenig ermutigt, Ihnen zu sagen, welch ~~eine~~ [große] Freude und Genugtuung mir das Geschenk Ihres ~~Briefes~~ [Buches] ~~und Buches~~ [mit Ihrem] Briefe bereitet hat.

Empfangen Sie, [verehrter Herr Professor,] die Grüße und den Dank

Ihres sehr ergebenen

Ludwig Ficker

Ilse Somavilla

LUDWIG WITTGENSTEIN: TAGEBÜCHER

Ziel der Edition von Wittgensteins Tagebüchern ist es, ihrer Form wie ihrem Inhalt entsprechend, einem eigenständigen, unverwechselbaren Texttyp nachzugehen, in dem sich eine gleichfalls unverwechselbare, persönliche Denkweise äußert. Der in den „Denkbewegungen" veröffentlichte Text ist die Wiedergabe eines Tagebuchs von Ludwig Wittgenstein, das er in den Jahren 1930 bis 1932 und 1936 bis 1937 geführt hat und von dessen Vorhandensein man erst seit 1994 weiß. Das Tagebuch befand sich im Nachlaß von Rudolf Koder, einem Freund Wittgensteins; dessen Sohn, Univ.-Prof. Johannes Koder, beauftragte das Brenner-Archiv, das Tagebuch aus dem Nachlaß seiner Eltern zu veröffentlichen.

Durch Eintragungen sehr persönlichen Charakters wird Einblick in den „Menschen" Wittgenstein vermittelt und der – erst in jüngster Zeit in der Forschung systematisch berücksichtigte – enge Zusammenhang seiner Lebensprobleme mit seiner philosophischen Denkweise sichtbar gemacht. Der Manuskriptband ist jedoch nicht nur für den wissenschaftlich orientierten Leser interessant, sondern auch für jenen, der mit Wittgensteins Schriften bisher wenig oder gar nicht vertraut ist; über die in ihrer Thematik breit gefächerten Bemerkungen Wittgensteins kann er einen ersten Zugang zu dessen Denken und Persönlichkeit gewinnen.

Wittgensteins Reflexionen, die trotz Einfachheit des Stils durch Klarheit des Ausdrucks und philosophische Tiefe bestechen, erstrecken sich über Kunst und Kultur – insbesondere über Musik – bis hin zu ethischen und religiösen Fragen. Dabei erweist sich die Auseinandersetzung mit Problemen der Philosophie als ein dynamischer Prozeß: Wittgensteins Denken kennt keinen Stillstand, keine „Ruhepause", sondern ist immer in „Bewegung", aus sich selbst schöpfend. Selbst im Prozeß des Schreibens manifestiert sich diese Dynamik: in steten und unermüdlichen Änderungen und Überarbeitungen wird die – persönliche wie auch philosophische – Rastlosigkeit spürbar. Die Eigenart, jedes Wort, jeden Satz sorgsamst abzuwägen und zu überprüfen und jeden Gedankengang oder jede Situation von verschiedenen Blickwinkeln aus zu betrachten, resultierte in einer Vielfalt von „Varianten" und Versionen bei der Abfassung der Texte.

Diese sprachliche Dimension, der erst seit wenigen Jahren und zumeist nur in Ansätzen Aufmerksamkeit geschenkt wird, ist in der vorliegenden Edition berücksichtigt: durch eine, im Wittgenstein-Archiv der Universität Bergen entwickelte Transkriptionsmethode, werden die Texte Wittgensteins so originalgetreu wie möglich wiedergegeben. Durch die Darstellung des Stils und Schreibens einschließlich der „Varianten" bzw. Alternativen soll es dem Leser ermöglicht werden, Wittgensteins Gedankengänge – die „Denkbewegung" in seinem Philosophieren – in ihrer ganzen Lebendigkeit nachzuvollziehen.

Die Transkription der Texte erfolgte nach dem Computer-System MECS-WIT. MECS-WIT ist dafür konzipiert, Wittgensteins charakteristische Art des Schreibens – mit seinen zahlreichen Änderungen, Streichungen, Einfügungen und Überarbeitungen – originalgetreu wiederzugeben. Um den unterschiedlichen Bedürfnissen und Interessen der Leserschaft entgegenzukommen, wird der Text in zwei Transkriptionsformen, einer „normalisierten" und einer „diplomatischen" Fassung, vorgelegt.

In der diplomatischen Fassung (Abb. 1) wird der tatsächliche Fortgang des Niederschreibens festgehalten, mit der zuerst geschriebenen Version im sogenannten Haupttext, den hinzugefügten und darübergeschriebenen Varianten an den Stellen, wo sie im Original gesetzt wurden. Die Geheimschrift wird als solche wiedergegeben. Die sogenannte normalisierte oder Lesefassung (Abb. 2) soll das Lesen von ansonsten manchmal schwer verständlichen bzw. schwer lesbaren Textstellen erleichtern. Im fortlaufenden Text wird die letzte von Wittgensteins Varianten wiedergegeben, die zuerst geschriebenen sind in Fußnoten der Reihenfolge nach festgehalten. Die Geheimschriftstellen wurden entschlüsselt und kursiv gesetzt, um sie von den in Normalschrift gehaltenen Stellen abzuheben. Dadurch läßt sich die These belegen, derzufolge Wittgenstein Eintragungen sehr persönlichen Inhalts chiffrierte – eine These, die jedoch nicht für alle Fälle zutrifft. Wittgenseins „Code" ist einfach zu entziffern, er besteht lediglich aus einer Umkehrung des Alphabets: „a" steht für „z", „b" steht für „y" usw.

Der Kommentar zu dem Band enthält – soweit ermittelbar – alle Informationen biographischer, bibliographischer, zeit- und kulturgeschichtlicher Art und soll als Hilfestellung für Textstellen dienen, die dem Durchschnittsleser

unklar oder unverständlich sein könnten. Zum anderen enthält der Kommentar Hinweise auf weitere, ähnliche Textstellen im Nachlaß Wittgensteins, zu denen ein gedanklicher Zusammenhang besteht. Weiters wird auf schwer leserliche oder vom Sinn her unklare Stellen im Original hingewiesen, ebenso wie auf orthographische und grammatische Fehler, soweit diese nicht im Vorwort erklärt sind.
Der nächste Schritt in der Edition der Tagebücher Wittgensteins wird seine Eintragungen aus den Jahren 1914–1917 betreffen. Diese umfassen einen philosophischen Teil in Normalschrift und einen persönlichen in Geheimschrift. Bisher sind die Texte getrennt ediert worden, der philosophische als Teil der Wittgenstein-Gesamtausgabe, der persönliche Text unter dem Titel „Geheime Tagebücher". Beide Teile sollen nun erstmals gemeinsam ediert werden – entsprechend dem Original, wo Wittgenstein seine philosophischen Gedankengänge auf der rechten, seine persönlichen, verschlüsselten Eintragungen auf der linken Seite seiner Notizbücher festhielt.

Ausgabe:
Ludwig Wittgenstein: Denkbewegungen. Tagebücher 1930–1932, 1936–1937. Hg. von Ilse Somavilla. Innsbruck: Haymon-Verlag 1997.

Hxsoviavn eviovntg szyv & nrxsg vrtvng

prxs ~~tv~~ dfhhgv dm ~~wrvhv znurntvn~~
wzh vrnv wzh znwviv znurnt.
~~rvnv z~~[~~uf~~|~~fu~~] zfusmigv & ~~wrvhv znurn-~~

~~tvn~~.

Unser Gegenstand ist doch sublim,

– wie kann er dann von gespro-

chenen oder geschriebenen Zeichen han-

deln?

Nun wir reden von dem <u>Gebrauch</u>

<u>der Zeichen</u> ~~als Zeichen~~ (& natürlich

ist der Gebrauch des Zeichens nicht

ein Gegenstand; der als das E[e]igent-
&
liche ⌉⌈, I[i]nteressante dem Zeichen

als seinem bloßen Vertreter
steht
gegenüber~~gestellt~~.‹)› ~~//gegen~~

Aber was ist am Gebrauch der Zei-
Tiefes
chen Sublimes? Da erinnere ich

mich, erstens, daran, daß Namen oft eine
zugekommen ist,
magische Rolle ~~zu spielen geschienen~~

~~haben~~, & zweitens ~~daran~~, daß die Prob-
der Formen
leme, die durch ein Mißdenken unserer
unserer Sprache
Sprachformen entstehen, immer den

Charakter des profunden haben.

30.1.

Fühle mich körperlich krank; ich bin ausserordentlich schwach & habe ein gewisses Schwindelgefühl. Wenn ich mich nur richtig zu meinem körperlichen Zustand stellen würde! Ich bin noch heute, wie als kleiner Bub beim Zahnarzt,
158 *wo ich auch immer die wirklichen Schmerzen mit der Furcht vor*[158] *Schmerzen vermengt habe & nicht eigentlich wusste wo das eine aufhörte & das andere anfing.*

Unser Gegenstand ist doch sublim, – wie kann er dann von gesprochenen oder geschriebenen Zeichen handeln?

Nun wir reden von dem <u>Gebrauch der Zeichen</u> als Zeichen (& natürlich ist der Gebrauch des Zeichens nicht ein Gegenstand; der als das eigentliche & interessante[2] dem Zeichen als seinem bloßen Vertreter gegenübersteht.)

Aber was ist am Gebrauch der Zeichen Tiefes[3]? Da erinnere ich mich, erstens, daran, daß Namen oft eine magische Rolle zugekommen ist, & zweitens daran, daß die Probleme, die durch ein Mißdenken der Formen unserer Sprache[4] entstehen, immer den Charakter des profunden haben.

▲ Abbildung 1: Diplomatische Fassung des Blattes
▲ Abbildung 2: Normalisierte Fassung des Blattes

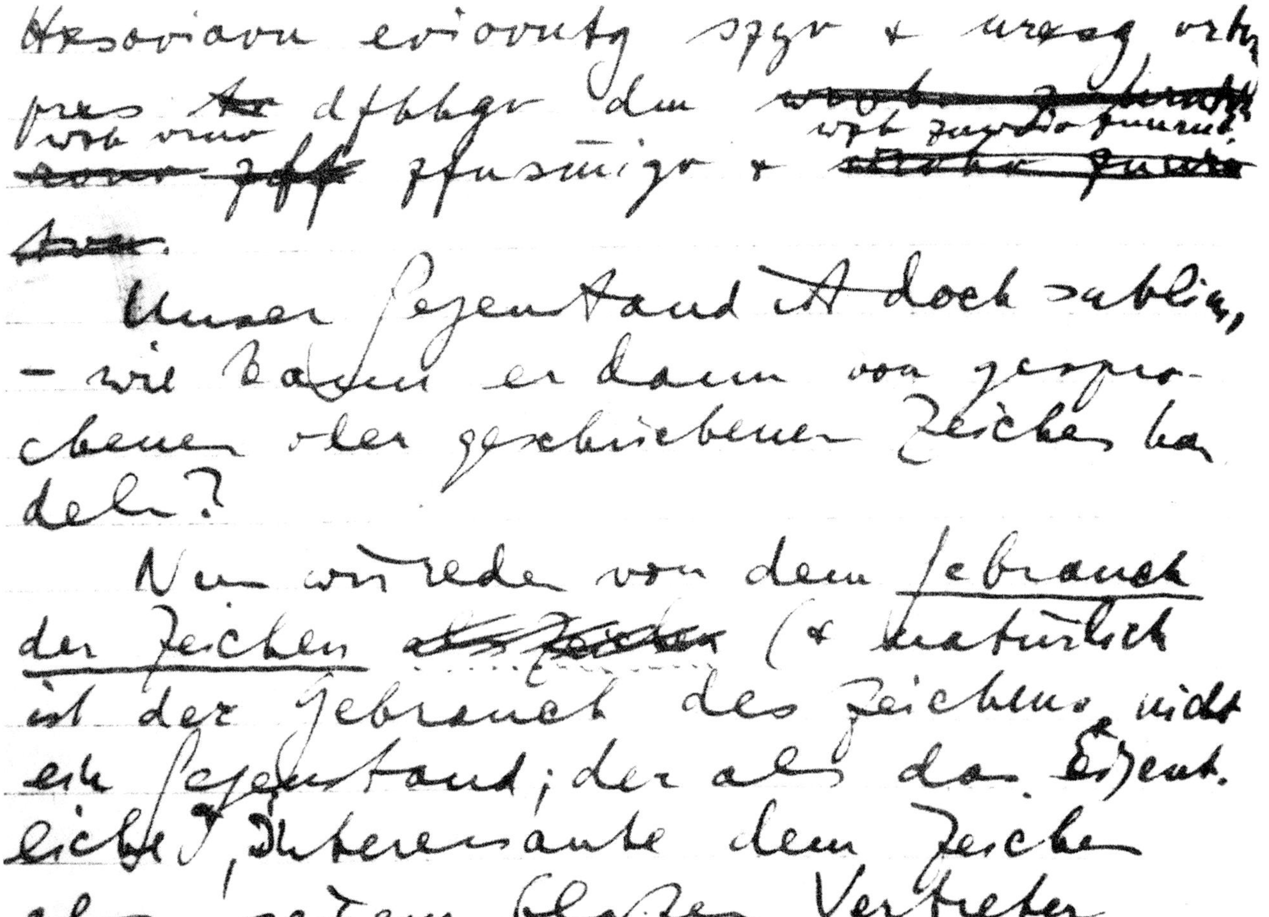

Unser Gegenstand ist doch sublim, – wie kann er dann von gesprochenen oder geschriebenen Zeichen handeln?

Nun wir reden von dem Gebrauch der Zeichen (& natürlich ist der Gebrauch des Zeichens nicht ein Gegenstand, der als das Eigentlich Interessante dem Zeichen als seinem bloßen Vertreter gegenübersteht)

Aber was ist am Gebrauch der Zeichen Tiefes, Sublimes? Da erinnere ich mich, erstens, daran, daß Namen oft eine magische Rolle zugekommen ist, & zweitens, daß die Probleme, die durch ein Mißdeuten der Formen unserer Sprachformen entstehen, immer den Charakter des Profunden haben.

▲ Abbildung 3: Kombination von Geheim- und Normalschrift im Tagebuch Ludwig Wittgensteins, MS 183, Seite 158. Privatbesitz Johannes Koder, Wien

Monika Seekircher

LUDWIG WITTGENSTEIN: GESAMTBRIEFWECHSEL

Seit 1996 wird am Brenner-Archiv an der Erstellung und Kommentierung des Gesamtbriefwechsels von Ludwig Wittgenstein in maschinenlesbarer Form gearbeitet, nachdem seit 1988 Wittgenstein-Briefe gesammelt werden und bereits einige Einzelkorrespondenzen Wittgensteins erstellt wurden und in Buchform erschienen sind (mit Ludwig Ficker, Ludwig Hänsel, Gottlob Frege; Wittgensteins Korrespondenz mit Rudolf Koder wird demnächst erscheinen).

Derzeit beinhaltet die „Folio-Views"-Datei mit dem Gesamtbriefwechsel – chronologisch geordnet – ca. 2 000 Korrespondenzstücke von und an Ludwig Wittgenstein. Neben dem Einzelstellenkommentar zu jedem Briefdokument liegt ein neuer Schwerpunkt der Kommentierung auf der Erstellung eines übergreifenden Kommentars, d. h. es werden verschiedene Verzeichnisse angelegt (Wittgenstein-Chronik, Personenverzeichnis, Ortsverzeichnis etc.), die es ermöglichen, einen möglichst ökonomischen, aber zugleich doch genauen und gut handhabbaren Kommentar zu erstellen, wobei zudem die technischen Möglichkeiten des Computers voll genützt werden (Sprungverknüpfungen, verschiedene Suchmöglichkeiten etc.).

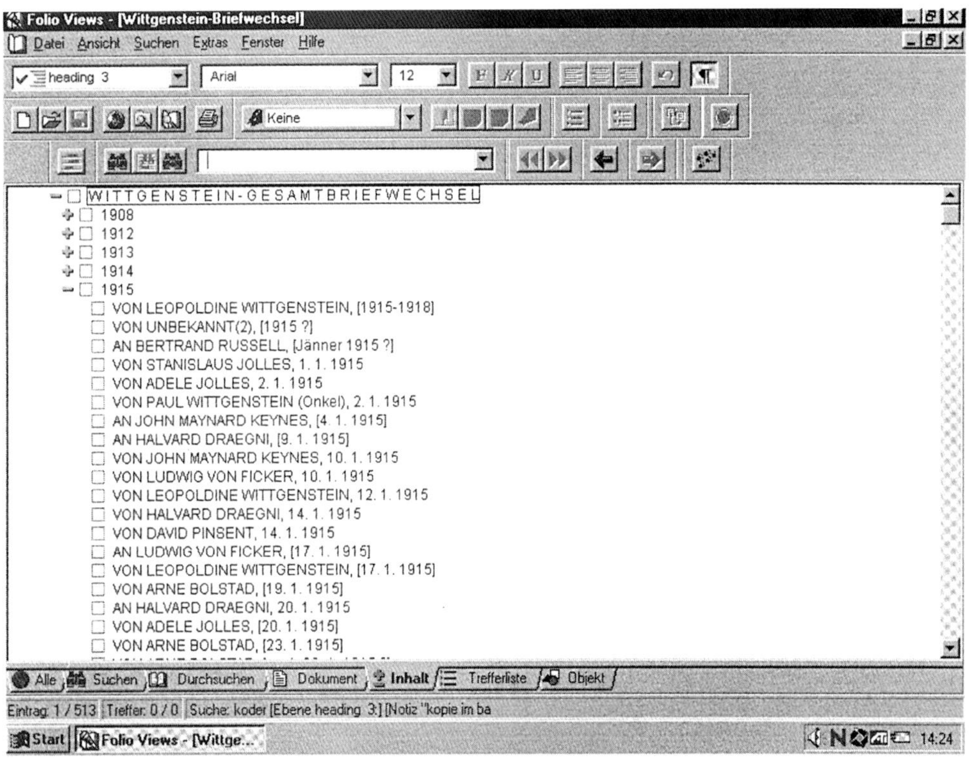

Das Brief-Projekt versteht sich als eine kulturgeschichtliche Ergänzung zum philosophischen Nachlaß. Die Erschließung der gesamten Korrespondenz soll Wittgensteins Leben und Werk in seiner Kontinuität, aber auch in seiner Einbindung in kulturelle Zusammenhänge erkennbar machen. Eine für den Briefschreiber Wittgenstein spezifische Denkweise soll – in Unterscheidung von seiner konkreten philosophischen Arbeit – aus der Erschließung dieses Briefnachlasses vorgestellt werden.

Nicht zufällig gibt Wittgenstein die – inzwischen bereits häufig zitierte – ethische Begründung des „Tractatus" nicht im Werk selber, sondern in einem Brief an Ficker, um dadurch Ficker den Sinn des „Tractatus" verständlich zu machen:

„Ich wollte einmal in das Vorwort einen Satz geben, der nun tatsächlich nicht darin steht, den ich Ihnen aber jetzt schreibe, weil er Ihnen vielleicht ein Schlüssel sein wird: Ich wollte nämlich schreiben, mein Werk bestehe aus zwei Teilen: aus dem, der hier vorliegt, und aus alledem, was ich nicht geschrieben habe. Und gerade dieser zweite Teil ist der Wichtige. Es wird nämlich das Ethische durch mein Buch gleichsam von Innen her begrenzt; und ich bin überzeugt, daß es, streng, nur so zu begrenzen ist. Kurz, ich glaube: Alles das, was viele heute schwefeln, habe ich in meinem Buch festgelegt, indem ich darüber schweige." (Faksimile Abb. 1, Transkription ab Zeile 6)

Die förmlich zitathafte „Ausgliederung" dieser ethischen Begründung für den „Tractatus" aus einem geplanten Vorwort in den Brief an Ficker zeigt deutlich, auf welche Art Wittgenstein als Briefschreiber Dinge artikulieren konnte, deren Formulierung er sich als philosophischer Autor versagte.
Allerdings sind solche direkten Bezüge auf Wittgensteins philosophisches Werk in seiner Korrespondenz nicht allzu oft zu finden, nicht zuletzt deshalb, weil es sich bei den ca. 140 Briefpartnern Wittgensteins, die bisher im Gesamtbriefwechsel nachweisbar sind, nur zu einem geringen Teil um „philosophische" Briefpartner handelt. Das heißt jedoch nicht, daß Wittgensteins Korrespondenz nicht auch als ein philosophischer Beitrag verstanden werden kann. Gerade die Ethik wird in Wittgensteins Briefen viel konkreter faßbar als in seinem philosophischen Werk, denn das im „Tractatus" „von innen her begrenzte" Ethische wird in den Briefen in seinem Handlungscharakter sichtbar. So gibt Wittgenstein seinen Briefpartnern immer wieder und manchmal auch sehr unangenehme Ratschläge, die des öfteren deren unmittelbare Lebensumstände betreffen. Er spart aber auch nicht mit Selbstkritik. Man denke nur an sein peinigendes Geständnis über seine angebliche Lüge bezüglich seiner jüdischen Herkunft, das er gegenüber mehreren Freunden und Verwandten Ende 1936 brieflich ablegte. Auch eine skrupulöse Genauigkeit bei der Äußerung moralischer Bedenken und eine hohe Sensibilität für seine Beziehung zu seinen Briefpartnern tritt in Wittgensteins Briefen klar hervor. Als ein konkretes Beispiel für diese Sensibilität soll Wittgensteins Brief an Rudolf Koder, datiert mit Ende September 1948, dienen, in dem Wittgenstein ein geplantes Treffen lieber verschieben will, als es nicht im rechten Geiste stattfinden zu lassen:

„Ich habe mir, wie ich Dir gestern sagte, den morgigen Abend, als den letzten, für Dich vorbehalten. Das ist für mich gleichsam eine Art Zeremonie. Ich meine damit aber alles eher als etwas Leeres. Aber eben weil es so ist, so will ich nicht diesen Abend mit Dir in dummen Verlegenheitsgesprächen verbringen; oder in Gesprächen, die zwar für mich ernst sind, für dich aber keinen rechten Sinn haben & Dir nur unangenehm sind; oder indem wir musizieren, aber doch nicht im rechten Geiste. Darum sagte ich gestern ich würde wenn es nur so sein kann, den morgigen Abend nicht bei Dir verbringen. Doch aber habe ich es in ungeschickter & falscher Weise gesagt; denn ich meinte damit keinen Bruch, sondern dachte nur: Hoffen wir lieber, daß wir uns noch ein andermal im Leben sehen & dann so beisammen sein können, wie ich es eigentlich wünsche. Ich Meinte: Finden wir uns, wenn's sein muß, damit ab, daß der Baum jetzt nicht blüht; wenn sein Stamm noch lebt, wird er wieder blühen." (Faksimile Abb. 2)

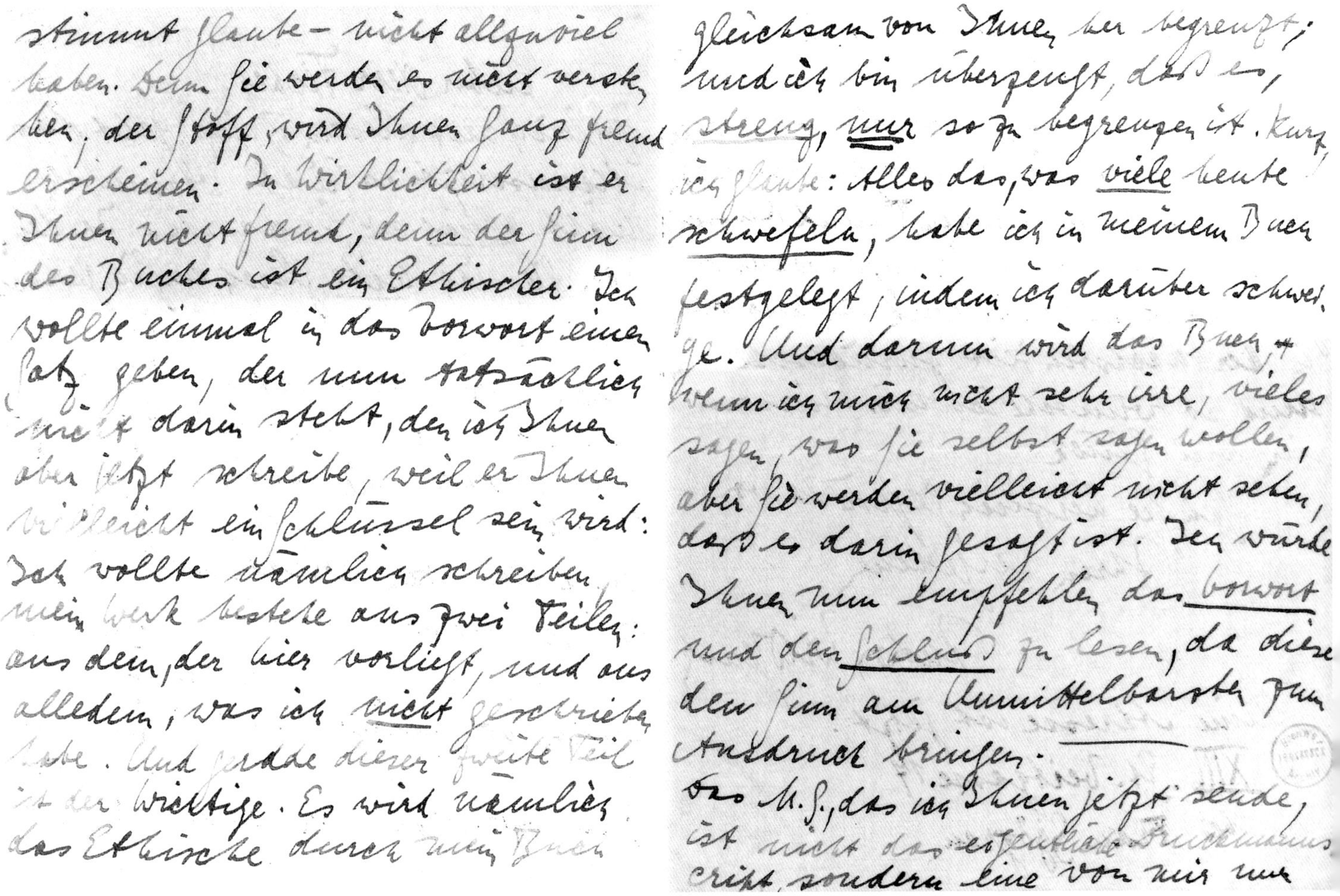
stimmt glaube – nicht allzuviel haben. Denn Sie werden es nicht verstehen; der Stoff wird Ihnen ganz fremd erscheinen. In Wirklichkeit ist er Ihnen nicht fremd, denn der Sinn des Buches ist ein Ethischer. Ich wollte einmal in das Vorwort einen Satz geben, der nun tatsächlich nicht darin steht, den ich Ihnen aber jetzt schreibe, weil er Ihnen vielleicht ein Schlüssel sein wird: Ich wollte nämlich schreiben, mein Werk bestehe aus zwei Teilen: aus dem, der hier vorliegt, und aus alledem, was ich nicht geschrieben habe. Und gerade dieser zweite Teil ist der Wichtige. Es wird nämlich das Ethische durch mein Buch gleichsam von Innen her begrenzt; und ich bin überzeugt, daß es, streng, nur so zu begrenzen ist. Kurz, ich glaube: Alles das, was viele heute schwefeln, habe ich in meinem Buch festgelegt, indem ich darüber schweige. Und darum wird das Buch, wenn ich mich nicht sehr irre, vieles sagen, was Sie selbst sagen wollen, aber Sie werden vielleicht nicht sehen, daß es darin gesagt ist. Ich würde Ihnen nun empfehlen das Vorwort und den Schluss zu lesen, da diese den Sinn am Unmittelbarsten zum Ausdruck bringen. –
Das M.S., das ich Ihnen jetzt sende, ist nicht das eigentliche Druckmanuscript, sondern eine von mir nur

▲ Abbildung 1: Brief Ludwig Wittgensteins an Ludwig Ficker [nach 20. 10. 1919]. Brenner-Archiv, Innsbruck

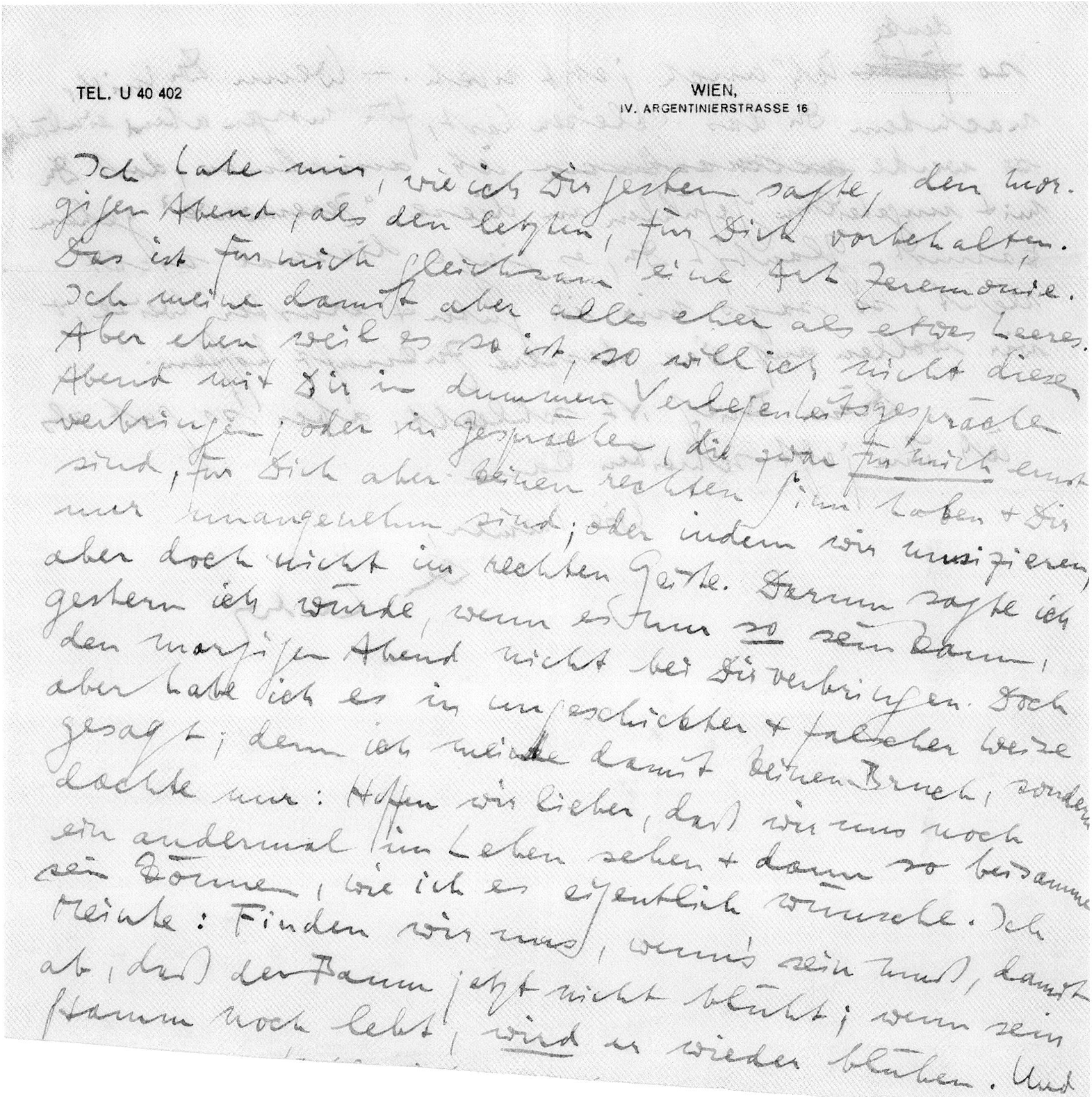
TEL. U 40 402

WIEN,
IV. ARGENTINIERSTRASSE 16

Ich habe mir, wie ich Dir gestern sagte, den morgigen Abend, als den letzten, für Dich vorbehalten. Das ist für mich gleichsam eine Art Zeremonie. Ich meine damit aber alles eher als etwas Leeres. Aber eben weil es so ist, so will ich nicht diesen Abend mit Dir in dummen Verlegenheitsgesprächen verbringen, oder in Gesprächen, die zwar für mich ernst sind, für Dich aber keinen rechten Sinn haben & Dir nur unangenehm sind; oder indem wir musizieren, aber doch nicht im rechten Geiste. Darum sagte ich gestern ich würde, wenn es nun so sein kann, den morgigen Abend nicht bei Dir verbringen. Doch habe ich es in ungeschickter & falscher Weise gesagt; denn ich meinte damit keinen Bruch, sondern dachte nur: Hoffen wir lieber, daß wir uns noch ein andermal im Leben sehen & dann so beisammen sein können, wie ich es eigentlich wünsche. Ich meinte: Finden wir uns, wenn's sein muß, damit ab, daß der Baum jetzt nicht blüht; wenn sein Stamm noch lebt, wird er wieder blühen. Und

▲ Abbildung 2: Brief Ludwig Wittgensteins an Rudolf Koder [Ende September 1948]. Privatbesitz Johannes Koder, Wien

Ulrike Lang

GRETE GULBRANSSON: TAGEBÜCHER

Im Rahmen eines seit Mai 1993 am Forschungsinstitut „Brenner-Archiv" (Universität Innsbruck) laufenden Editionsprojekts werden die Tagebücher der Vorarlberger Schriftstellerin Grete Gulbransson-Jehly transkribiert und für eine Veröffentlichung vorbereitet. Geplant ist – neben einer EDV-gestützten Transkription und der Speicherung des gesamten Nachlaßmaterials auf CD-ROM – eine fünfbändige, kommentierte Auswahledition mit verbindenden Zwischentexten und ausführlicher Bilddokumentation. Weiters soll eine kommentierte Auswahl der Korrespondenz im Umfang von einem Band erscheinen.

Die in Bludenz geborene Heimatdichterin (1882–1934; s. u. a. ihren autobiographisch ausgerichteten Roman „Geliebte Schatten", die Lyrikbände „Gedichte" [1914] und „Ewiger Ruf" [1922], die Ballade „Ehreguta", das Montafoner Heimatstück „Batlogg" etc.) lebte lange Zeit in München (1903–1927), wo sie intensive Kontakte zu namhaften Künstlern und Schriftstellern der dortigen Kulturszene pflegte. 1905 schloß sie sich dem Simplicissimuskreis um den charismatischen Verleger und Kunstliebhaber Albert Langen an. Dabei lernte sie den berühmten norwegischen Zeichner und Karikaturisten Olaf Gulbransson kennen, den sie Anfang August 1906 heiratete. Kurz danach erwarb das Ehepaar ein Haus in Schwabing, das sie „Kefernest" nannten und zum Treffpunkt für viele Künstler und Schriftsteller der Münchner Kulturszene machten. Zu ihren Bekannten, Freunden und Gästen gehörten zahlreiche illustre Persönlichkeiten aus Kunst, Gesellschaft und Politik.

Die Autorin hinterließ aber nicht nur Werke mit regional gefärbtem Charakter, sondern auch Tagebücher[1], die sie parallel zu ihrem sonstigen literarischen Schaffen verfaßte und über deren Existenz fast niemand Bescheid wußte: so hielt sie seit ihrem 15. Lebensjahr auf mehr als 90 000 handgeschriebenen Seiten (i. e. über 222 Diarien) nicht nur subjektive Eindrücke fest, sondern dokumentierte ausführlich das kulturelle Geschehen Münchens und Vorarlbergs zur Zeit der Jahrhundertwende und des beginnenden 20. Jahrhunderts. Darüber hinaus geben die Einträge informative Einblicke in das Kulturleben des damaligen Europa, nicht zuletzt aufgrund der zahlreichen Reisen, die Grete Gulbransson unternahm. Neben vielem anderem skizzierte die Verfasserin Begegnungen mit Hermann Bahr, Norman Douglass (ihrem Halbbruder), Hermann Hesse, Oskar Kokoschka, Karl Kraus, Hugo von Hofmannsthal, Alfred Kubin, Else Lasker-Schüler, Max Liebermann, Thomas Mann, Heinrich Mann, Edvard Munch, Rainer Maria Rilke, Karl Wolfskehl usw. Somit stellen diese Diarien ein eindringliches Beispiel der Verflechtung von regionalen (Vorarlberg und Liechtenstein) und internationalen (Italien, München, Wien, Berlin, England, Norwegen) Bezügen dar und können als kulturelle Brücke gesehen werden, die sich von Süd- nach Nordeuropa spannt und bereits vorwegnimmt, was wir heute mit dem Schlagwort einer „gemeinsamen europäischen Kultur" verbinden. Überdies haben sie durch das unerwartete Auftauchen von weiterem Nachlaßmaterial eine beachtliche Wertsteigerung erfahren: Im Zuge der editorisch notwendigen Recherchen konnte eine umfangreiche und wertvolle Korrespondenz Grete Gulbranssons (unter der sich neben anderem Briefe Hauptmanns, Hesses, Hofmannsthals, Kubins, Rilkes, Wolfskehls, Zweigs etc. befinden) sowie kostbare Fotografien und Zeichnungen ausfindig gemacht werden.

Um nun diesen in seiner kulturellen und wissenschaftlichen Dokumentationskraft einzigartigen Nachlaß nicht in Vergessenheit geraten zu lassen, wurde eine Auswahledition initiiert, die bei Stroemfeld/Frankfurt am Main erscheint. Das Editionskonzept, welches dem ersten sowie allen vier weiteren Bänden zugrunde liegt, beruht auf der Synthese kulturhistorischer, literarischer, ästhetischer und künstlerischer Aspekte, die paradigmatisch das Kulturleben der Zeit widerspiegeln sollen. Deshalb verlangt die Ausgabe eine entsprechende Ausstattung, die sich vor allem über die gestalterische Seite realisiert (i. e. Einbau von zeitgeschichtlich bedeutendem Bildmaterial wie z. B. Fotografien, Briefe, Zeichnungen, Aquarelle usw.). Einerseits geht es darum, differenzierte Einblicke in den Zeitgeist und den menschlich sowie kulturgeschichtlich überreichen Kosmos dieser Diarien zu geben, andererseits der von der Tagebuchschreiberin leidenschaftlich verfolgten und von der Münchner Moderne ohnehin vertretenen Idee des Lebens als Gesamtkunstwerk – auch im gestalterischen Bereich – Rechnung zu tragen. Im übrigen sind die Tagebücher nicht nur mit Fotografien, Korrespondenzen, diversen Tagebuchseiten, Zeitungsausschnitten, Kino- oder Theaterbillets etc. ausgestattet, sondern sogar mit Skizzen, Zeichnungen und Aquarellen,

die die Verfasserin eigens anfertigte bzw. hinzufügte. Schon deshalb wird im Rahmen dieser Edition dem Foto- und Bildmaterial zentrale Bedeutung beigemessen. Hinzu kommt, daß der Aspekt des Visuellen für die damalige Zeit bahnbrechend war (Kino und Fotografie erlebten ihre Geburtsstunde; so hatte Grete Gulbransson nicht nur eigene Fotos gemacht, sondern diese sogar selber entwickelt). Es zeigt sich also, daß für das hier vorgestellte Projekt die Art der Überlieferung bzw. der Nachlaßmaterialien den Editionstyp vorgibt, bei dem – wie oben angedeutet – nicht so sehr die transkribierten Tagebuchtexte im Vordergrund stehen (ihnen kommt lediglich eine dokumentarische Trägerfunktion zu), sondern das kulturelle und gesellschaftliche Ambiente, das nahezu auf jeder der 90 000 Tagebuchseiten implizit vorhanden ist und über das vorhandene Bild- und Fotomaterial sowie den ausführlichen Kommentar nicht nur abstrakt, sondern auch sinnlich erfahrbar gemacht werden soll.
Das Aquarell „Pas de deux" (Tagebuch 13, Eintrag vom 27. Juli 1903, Abb. 1) erweist sich als anschauliches Beispiel dafür, daß die Tagebuchverfasserin nicht nur Schriftliches festzuhalten gedachte, sondern auch den zeichnerischen bzw. künstlerischen Aspekt in ihren Diarien betonen wollte. Dies zeigen weiters die vielen Fotografien, die Grete Gulbransson – sowohl zum Zweck der Dokumentation als auch aus ihrem künstlerisch-ästhetischen Empfinden heraus – in die Tagebücher aufgenommen hat. Der Großteil der vorhandenen Bilder (über 3 000 Fotos) wurde in Fotoalben archiviert, so auch das Foto, das Grete Gulbransson mit einer Eidechse (Abb. 2) zeigt oder jenes, auf dem die Autorin im sogenannten „Rokokozimmer" in München zu sehen ist (Abb. 3). Solche Aufnahmen besitzen nicht nur dokumentarischen, sondern auch ästhetischen Wert. Dazu kommt, daß Grete Gulbransson Hinweise und Kommentare in bezug auf ihre Korrespondenz zum festen Bestandteil der Tagebucheinträge machte, wobei sie zahlreiche Briefe als eine Art zweite Abschrift verfaßte. Da viele Briefe noch erhalten sind (im Nachlaß befinden ca. 2 000 Briefe von/an die Autorin), werden sie – im Kontext der jeweiligen Tagebucheinträge – in die Edition integriert. Beispiele sind die Briefe Hermann Hesses (Abb. 4) und Gerhart Hauptmanns (Abb. 5) an Grete Gulbransson, die das synästhetische Gefüge der Edition auf wertvolle und lebendige Weise ergänzen.

Ausgabe:
Der grüne Vogel des Äthers. Grete Gulbransson. Tagebücher. Bd. I. 1904 bis 1912, hg. und kommentiert von Ulrike Lang. Frankfurt/M.: Stroemfeld 1998; Bd. II erscheint im November 2000.

[1] Standort: Vorarlberger Landesmuseum, Bregenz.

▲ Abbildung 1: Tagebuch 13, Eintrag vom 27. Juli 1903, „Pas de Deux"

▲ Abbildung 2: Grete Gulbransson mit Eidechse, im Garten des „Kefernests“, München um 1907

▲ Abbildung 3: Grete Gulbransson im „Rokokozimmer“ des „Kefernests“, München um 1915

Papierlaternen im

nächtlichen Garten

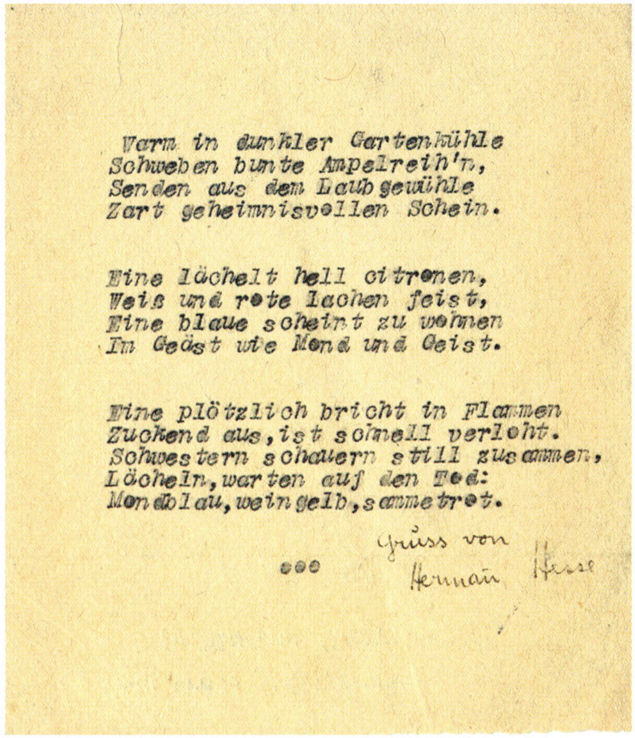

Warm in dunkler Gartenkühle
Schweben bunte Ampelreih'n,
Senden aus dem Laubgewühle
Zart geheimnisvollen Schein.

Eine lächelt hell citronen,
Weiß und rote lachen feist,
Eine blaue scheint zu wohnen
Im Geäst wie Mond und Geist.

Eine plötzlich bricht in Flammen
Zuckend aus, ist schnell verloht.
Schwestern schauern still zusammen,
Lächeln, warten auf den Tod:
Mondblau, weingelb, sammetrot.

Grüss von
Hermann Hesse

▲ Abbildung 4: Hermann Hesse für Grete Gulbransson in Bludenz, o. D., Vorder- und Rückseite

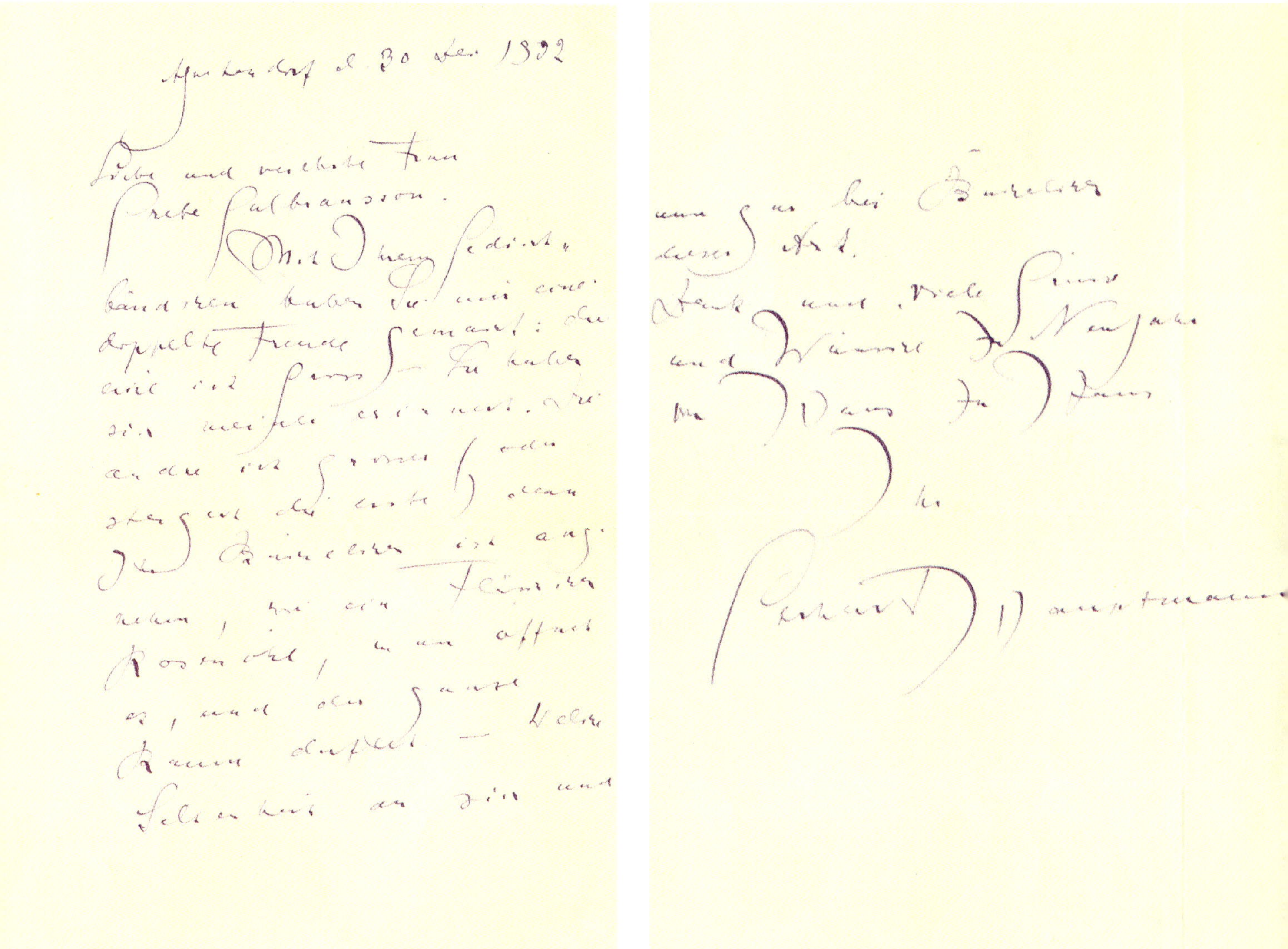

Agnetendorf d. 30 Dec. 1922

Liebe und verehrte Frau
Grete Gulbransson.

Gerhart Hauptmann

▲ Abbildung 5: Gerhart Hauptmann an Grete Gulbransson, München
30. 12. 1922, Vorder- und Rückseite

Richard Hörmann/Monika Seekircher

FERDINAND EBNER: DAS TAGEBUCH AUS MÜHLAU

Ferdinand Ebner zählt neben Ludwig Wittgenstein zu den bedeutendsten Sprachdenkern, die Österreich im 20. Jahrhundert hervorgebracht hat. 1882 in Wiener Neustadt als jüngstes von sieben Kindern eines Landwirtes geboren, verlief das Leben Ebners unspektakulär. Nach dem Besuch des Lehrerbildungsseminars in Wiener Neustadt wurde Ebner 1902 Volksschullehrer in Waldegg. Zehn Jahre später erfolgte die Versetzung nach Gablitz, einem kleinen Ort in der Nähe von Wien, in dem er sich bis zu seinem Tod 1931 aufhielt. Aufgrund seiner körperlichen Anfälligkeit wurde er vom Kriegsdienst suspendiert. 1919 kam es zur Bekanntschaft mit dem Herausgeber des „Brenner", Ludwig von Ficker, die zu seiner Mitarbeit an der Zeitschrift und zu Besuchen in Innsbruck, seinen weitesten Reisen, führten. Aufgrund von Depressionen, an denen er häufig litt, mußte er 1923 aus dem Schuldienst ausscheiden. Im selben Jahr heiratete er seine Lehrerkollegin Maria Mizera mit der er einen Sohn, Walter, hatte.
Ebner gilt als der Begründer des sogenannten „dialogischen Denkens". In seinem Hauptwerk „Das Wort und die geistigen Realitäten. Pneumatologische Fragmente" entwickelt Ebner eine neue Form von Anthropologie, die auf einem dialogisch geprägten Verständnis des Menschen basiert, wobei dem gesprochenen Wort eine zentrale Bedeutung zukommt. Neben seinen philosophischen Schriften verfaßte Ebner aber auch unzählige Briefe, insbesondere an seine Lebensfreundin Luise Karpischek, und war zudem ein intensiver Tagebuchschreiber.
Der gesamte Nachlaß von Ferdinand Ebner (insgesamt 1800 Signaturnummern) wird im Brenner-Archiv aufbewahrt. Vor einem Jahr wurde hier ein Projekt gestartet, welches die maschinenlesbare Erfassung des gesamten Nachlasses zum Ziel hat. Neben der Computeredition von Ebners Nachlaß sollen aber auch ausgewählte Werke in Buchform erscheinen, wobei das sogenannte „Mühlauer Tagebuch" vom 23. 7. bis 28. 8. 1920, eines von insgesamt 14 erhaltenen Tagebüchern Ebners, den Anfang dieser Buchpublikationen bildet. In diesem Tagebuch schildert Ebner seinen einmonatigen Aufenthalt bei Ludwig von Ficker in Mühlau bei Innsbruck, der der Beginn einer jahrelangen Freundschaft war. Ebner beschreibt die Diskussionen mit verschiedenen Persönlichkeiten aus dem Brenner-Kreis, die sich an seinen radikalen Thesen entzünden, und die auf zahlreichen Wanderungen rund um Innsbruck erfahrene Schönheit der Natur, die ihm, dem „Denker des Wortes", die Grenzen der Sprache aufzeigt. Ein ähnlicher Zweifel befällt ihn bei der Besichtigung von Bildern des Malers Erich Lechleitner, dessen Werk und Persönlichkeit seinen rigorosen Kulturpessimismus in Frage stellen. Ebenso findet sich im Tagebuch eine scharfe Kritik an der katholischen Amtskirche und an den kulturellen und gesellschaftlichen Verhältnissen der Zwischenkriegszeit.
Dem Tagebuchtext angeschlossen ist ein Einzelstellen- und ein Flächenkommentar, in dem biographische, literarische, philosophische, historische u. a. Zusammenhänge erklärt werden. Das umfangreiche Bildmaterial dient der Veranschaulichung und ermöglicht somit eine konkrete Vorstellung von den im Tagebuch erwähnten Personen, den Örtlichkeiten und von den Bildern der im Tagebuch genannten Maler.
Bei dem beigegebenen Faksimile (Abb. 1 und 2) handelt es sich um eine Tagebucheintragung vom 5. August 1920, in der Ebner einen seiner Ausflüge schildert, der ihn in die Mühlauer Klamm führte. Interessant ist sein Bericht deshalb, weil er zeigt, wie überwältigend das Naturerlebnis für ihn war und wie in ihm ein leichter Zweifel an der Überzeugung aufkommt, daß die Befriedigung in der Anschauung gegenüber derjenigen, die in der Aussprache mit einem Menschen erfahren wird, zu vernachlässigen ist.

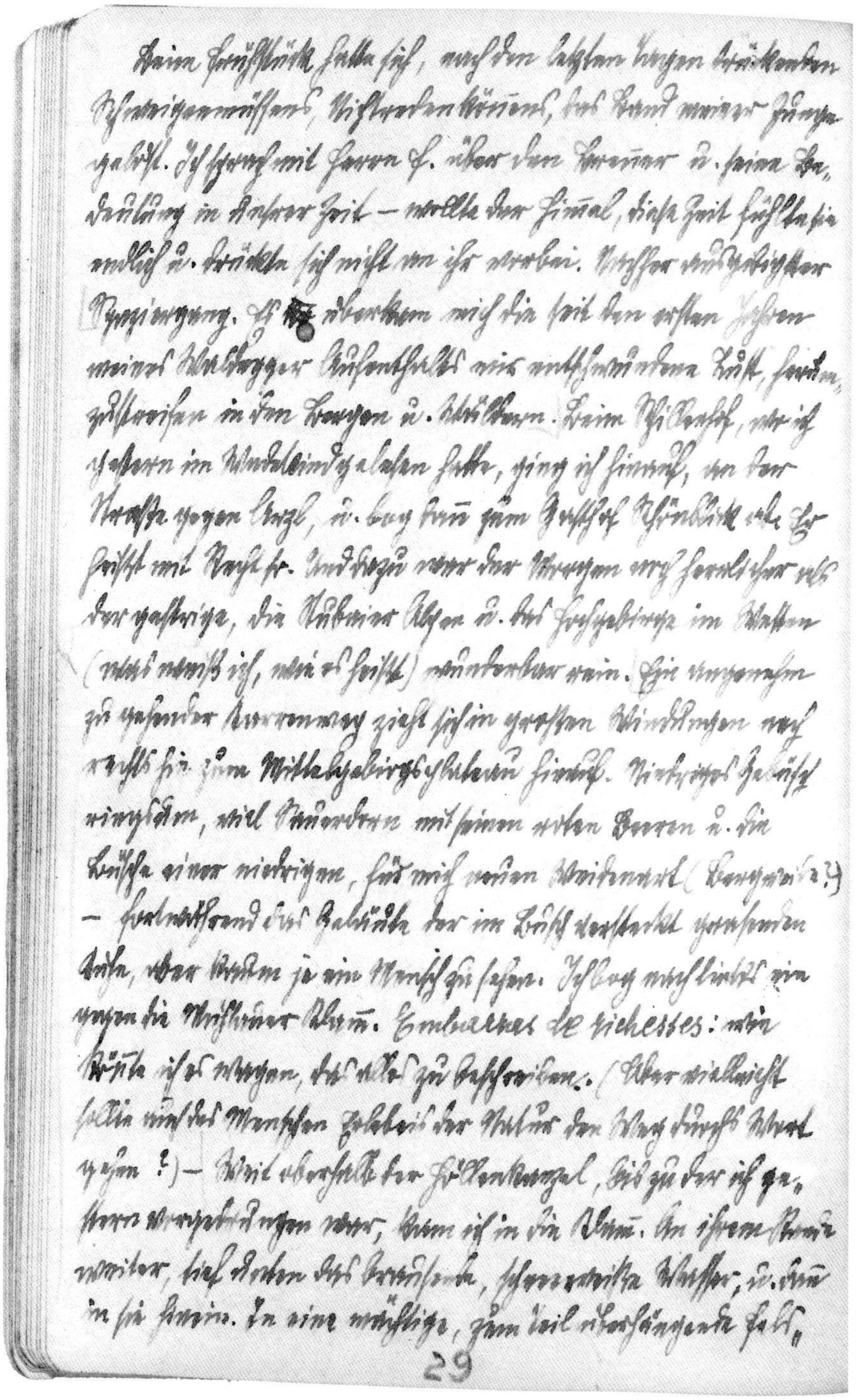

▲ Abbildungen 1 und 2: Ferdinand Ebner: Tagebuch, Eintragungen vom 5. August 1920. Brenner-Archiv, Innsbruck

Transkription:

„Beim Frühstück hatte sich, nach den letzten Tagen drückenden Schweigenmüssens, Nichtredenkönnens, das Band meiner Zunge gelöst. Ich sprach mit Herrn F. (Anm.: Ludwig von Ficker) über den Brenner u. seine Bedeutung in unsrer Zeit – wollte der Himmel, diese Zeit fühlte sie endlich u. drückte sich nicht an ihr vorbei. Nachher ausgibigster Spaziergang. Es überkam mich die seit den ersten Jahren meines Waldegger Aufenthalts mir entschwundene Lust, herumzustreifen in den Bergen u. Wäldern. Beim Schillerhof, wo ich gestern im Wedekind gelesen hatte, ging ich hinauf, an der Straße gegen Arzl, u. bog dann zum Gasthof Schönblick ab. Er heißt mit Recht so. Und dazu war der Morgen noch herrlicher als der gestrige, die Stubaier Alpen u. das Hochgebirge im Westen (was weiß ich, wie es heißt) wunderbar rein. Ein angenehm zu gehender Karrenweg zieht sich in großen Windungen nach rechts hin zum Mittelgebirgsplateau hinauf. Niedriges Gebüsch ringsum, viel Sauerdorn mit seinen roten Beeren u. die Büsche einer niedrigen, für mich neuen Weidenart (Bergweide?) – fortwährend das Geläute der im Busch versteckt grasenden Kühe, aber kaum je ein Mensch zu sehen. Ich bog nach links ein gegen die Mühlauer Klamm. Embarras de richesses: wie könnte ich es wagen, das alles zu beschreiben. (Aber vielleicht sollte auch des Menschen Erlebnis der Natur den Weg durchs Wort gehen?) – Weit oberhalb der Höllenkanzel, bis zu der ich gestern vorgedrungen war, kam ich in die Klamm. An ihrem Rande weiter, tief unten das brausende, schneeweiße Wasser, u. dann in sie hinein. In eine mächtige, zum Teil überhängende Fels-

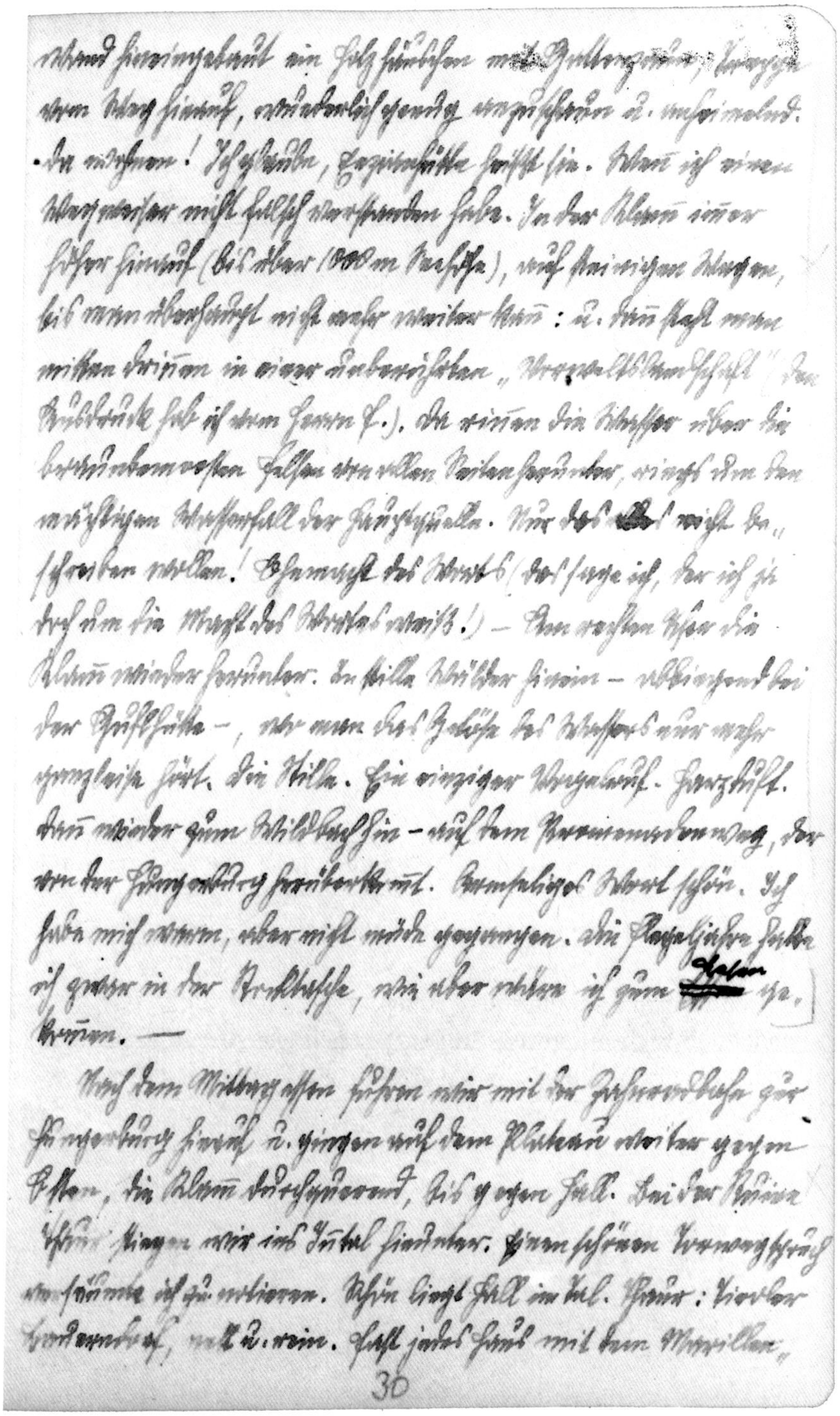

wand hineingebaut ein Holzhäuschen mit Gatterzaun, Treppe vom Weg hinauf, wunderlich genug anzuschaun u. anheimelnd. Da wohnen! Ich glaube, Enzianhütte heißt sie. Wenn ich einen Wegweiser nicht falsch verstanden habe. In der Klamm immer höher hinauf (bis über 1000 m Seehöhe), auf steinigen Wegen, bis man überhaupt nicht mehr weiter kann: u. dann steht man mitten drinnen in einer unberührten „Vorweltslandschaft“ (den Ausdruck hab ich vom Herrn F.). Da rinnen die Wasser über die braunbemoosten Felsen von allen Seiten herunter, rings um den mächtigen Wasserfall der Hauptquelle. Nur das alles nicht beschreiben wollen! Ohnmacht des Worts (das sage ich, der ich ja doch um die Macht des Wortes weiß!) – Am rechten Ufer die Klamm wieder herunter. In stille Wälder hinein – abbiegend bei der Guflhütte –, wo man das Getöse des Wassers nur mehr ganz leise hört. Die Stille. Ein einziger Vogelruf. Harzduft. Dann wieder zum Wildbach hin – auf dem Promenadenweg, der von der Hungerburg herüberkommt. Armseliges Wort schön. Ich habe mich warm, aber nicht müde gegangen. Die Flegeljahre hatte ich zwar in der Rocktasche, wie aber wäre ich zum Lesen gekommen.

Klaralinda Ma-Kircher

FRITZ VON HERZMANOVSKY-ORLANDO: ZWEI EDITIONEN

Ich nehme zwei Gewißheiten mit ins Grab: wenn in Zukunft zehn österreichische Autoren aufgezählt werden, ist Herzmanovsky-Orlando darunter. Das habe ich fertiggebracht. Und wenn drei Herzmanovsky-Sätze zitiert werden, so ist mit Sicherheit einer davon von mir. (Friedrich Torberg)[1]

Das literarische Werk des Altösterreichers Fritz von Herzmanovsky-Orlando liegt in drei unterschiedlichen Ausgaben vor: 1954, im Todesjahr des Autors, begann Friedrich Torberg mit seiner Bearbeitung, die 1957 bis 1963 als erste Ausgabe der „Gesammelten Werke" in vier Bänden, in der Folge in zahlreichen Neuauflagen – zwei-, später einbändig, auch als Lizenzausgabe in Buchgesellschaften – erschien. Gegenwärtig erfährt diese Ausgabe als „Das Beste von Herzmanovsky-Orlando" ihre Vermarktung in Billig-Buch-Ketten.
In einigen Studien der letzten Zeit bestätigte sich, daß Torberg seine Herausgeberschaft als kulturpolitisches Instrument zur Identitätsstiftung der Zweiten Republik benützte. Wie im Fall des Kabarettisten Peter Hammerschlag wurde auch im Fall Herzmanovsky-Orlando ein restaurativ-konservatives Kunstverständnis zum Maßstab erhoben, wodurch der ursprüngliche Werkcharakter verlorenging. In beiden Fällen agierte er ähnlich: Der Bearbeiter attestierte per Vor- und Nachworten den Autoren ausreichend „skurrile Begabung" und „kauzige Wesensart", um eine Edition zu rechtfertigen, kritisierte gleichzeitig „formale Nachlässigkeiten", „Sprachschlampereien" und „Dilletantismen" aller Art, die eine Bearbeitung – selbstverständlich auf katastrophaler Materialbasis und unter vielen Mühen – rechtfertigen sollen.[2] Bei dem Material, das der Autor dem Bearbeiter zur Verfügung stellte, handelte es sich durchwegs um sauber getippte Abschriften fremder Hand mit geringfügigen Auslassungen, unbewußten Normalisierungen der für den Autor charakteristischen Sprechhaltungen und Tippfehlern, die in ihrer Gesamtheit jedoch keineswegs den ursprünglichen Gehalt des Werkes beeinträchtigen und dieses Ausmaß an Bearbeitung aufgrund der Materiallage begründet erscheinen lassen. Torberg unterstellte Herzmanovsky-Orlando zudem „mangelnde Professionalität" und Verstöße „gegen das herkömmliche Produktionsverfahren und die allseits gültigen Regeln der Kunst",[3] die freilich – zieht man Torbergs Rolle als Kulturpapst der herrschenden Kulturszene im Nachkriegsösterreich in Erwägung – von ihm und Seinesgleichen aufgestellt wurden. Um den Autor zur Identifikationsfigur eines „Neuen Österreichs" zu stilisieren, galt es zu verändern, benötigte Klischees einzufügen und die Chiffre „Kuriosum Österreich" herauszuarbeiten. Doch nicht nur das, auch autorspezifische Themen wurden dem Zeitgeist geopfert wie der Androgynitätsmythos, der unbefangene erotische Aspekt, der derbe Humor, das subversive Alt-Österreich, die Spiegelung des Realen im Irrealen oder Momente der Geisteshaltung. Darüber hinaus galt es zu streichen, zum einen einen großen Teil der Texte, sollte doch ein umfangreiches Oeuvre auf Handlichkeit minimiert werden, zum anderen alles,[4] was nicht problemlos erfaßbar schien. Der werkspezifische Montagecharakter wurde zugunsten von Linearität der Handlung eliminiert, das charakteristische Ritardando des Originals, das zum Nachschlagen eines seltenen, veralteten Wortes oder eines unbekannten Faktums einlädt, zugunsten flotter Lesbarkeit geopfert. Im Zuge der Disziplinierung der literarischen Gattungen durften die das Originalwerk wesentlich bestimmenden Exkurse, insbesondere aber die mythologischen „nur so weit geführt werden, als der nicht initiierte Leser ihnen zu folgen willens und imstande sein würde", was nicht nur das erlesene humanistische Bildungsgut des Aristokraten entsprechend verflachte, sondern neben einer drastischen quantitativen Reduktion den Sinn des Originalwerks in einer Weise veränderte, daß der Widerstand gegen eine solche Art des Umgangs mit literarischem Material vorprogrammiert war, zumal auch gerade das, was Torberg als unprofessionell schulmeisterte, zu jener Zeit als Wesensmerkmal moderner Literatur evident wurde.

Als Folge der ersten germanistischen Arbeiten, die – begleitet von organisierter medialer Häme – Original und Bearbeitung verglichen und die werkspezifischen Eigenheiten untersuchten, entstand gegen Ende der 70er Jahre das Forschungsprojekt „Edition Sämtlicher Werke von Fritz von Herzmanovsky-Orlando“, im Auftrag des Forschungsinstitutes Brenner-Archiv herausgegeben von Walter Methlagl und Wendelin Schmidt-Dengler, zum Teil finanziert durch den „Fonds zur Förderung der wissenschaftlichen Forschung“. Man plante eine auf zehn Bände angelegte, kommentierte Ausgabe des literarischen Gesamtwerks, der Briefe sowie einer Biographie nach Selbstzeugnissen.
Für das literarische Werk galt, daß außer dem nach bestimmten Editionskriterien erschlossenen Lesetext die Entstehungs- und Wirkungsgeschichte sowie relevante Varianten aller Textstufen dokumentiert und sachliche Bezüge kommentiert werden sollten. Dabei wurde der Mythos vom „unter Diktat“ produzierenden Autor widerlegt und die Montagetechnik des (auch auf diesem Gebiet tätigen) Sammlers abstruser Sachverhalte transparent. Nicht berücksichtigt werden konnte der immense Einfluß des Zeichners auf den Schriftsteller. In fast allen handschriftlichen Entwürfen, besonders zu den Dramen, finden sich gezeichnete Skizzen, die der Autor anschließend in Text umsetzte. Angesichts der Materialfülle war eine Faksimileausgabe ausgeschlossen. Rückblickend muß man sagen, daß ein paar Faksimiles pro Band auch diesen Aspekt ausreichend dokumentiert hätten.
Die Arbeit an der Edition wurde erschwert durch die unglückliche Aufteilung des Bestands auf das Brenner-Archiv Innsbruck einerseits und auf die Handschriftensammlung der Österreichischen Nationalbibliothek andererseits. Die Trennung geht nach wie vor quer durch das Werk, teilweise quer durch die Textzeugen, was trotzdem ausgezeichneten visuellen Gedächtnis und dem Behelfen mittels Kopien oft nur sehr mühsam die chronologische Struktur nachvollziehen ließ. Die Erschließung jenes Textzeugen, der als Basis für die Edition dienen sollte, wurde anhand einer genauen Genese ermittelt. Die gängige Meinung, die Arbeit des bei der Vermarktung seines literarischen Werks von Erfolgslosigkeit geprägten Autors an den Texten erstreckte sich über Jahrzehnte, ist einzuschränken. Zwar finden sich seine handschriftlichen Korrekturen auf Abschriften, die er lange nach der Entstehung der Texte anfertigen ließ, um sie Verlegern oder anderen Interessenten und nicht zuletzt dem Bearbeiter Torberg zur Verfügung zu stellen, die konkrete Arbeit an einem Werk läßt sich aber meist an einem weit kürzeren abgegrenzten Zeitraum nachweisen. Die zur Texterstellung herangezogene Fassung stammt daher meist vom Ende einer Periode intensiver Beschäftigung. Nicht selten ließen später eingefügte Zusätze Brüche entstehen, die dem Werk abträglich waren. Hier distanzierte man sich bewußt vom Prinzip der Vollständigkeit, und stellte den Zusatz in den Kommentar. Auch Vorstudien oder verworfene Textteile fanden Berücksichtigung als Paralipomena im Anhang an den Text oder im Kommentar, weil sie grundsätzlich wertvolle Hinweise auf ursprüngliche Intentionen und die Entwicklungsgeschichte enthalten. Die Eingriffe der Herausgeber beschränkten sich auf geringfügige, hauptsächlich formale Vereinheitlichungen und Normalisierungen. Einzig mutmaßliche Schreibfehler und Irrtümer wurden stillschweigend korrigiert, über einen bloßen „lapsus plumae“ hinausgehende Abweichungen im Kommentar registriert. Der Kommentar, dem in jedem Band der von 1984 bis 1994 erschienenen Ausgabe ein editorischer Bericht mit Informationen zu Text- und Kommentargestaltung vorangestellt wurde, informiert über Entstehung und Rezeption, Materiallage, Vorarbeiten des Autors, Varianten, sachliche Erläuterungen und eventuelle Eingriffe. Zur Dokumentation bevorzugte ein Teil der Herausgeber das Prinzip der nachlaßimmanenten Kommentierung und beschränkte sich auf das überlieferte Textmaterial einschließlich der Briefe und des erhaltenen Bibliotheksbestands, mit der Begründung einer „Rekonstruktion des Wissensstandes und der geistigen Haltung des Autors“,[5] – eine Praxis, von der schließlich abgegangen werden mußte, um mit dem größtmöglichen Angebot an Erläuterungen dem Leser den Einstieg in die sehr vielschichtige Welt der Texte zu erleichtern. Unfreiwillig spiegelt sich hier der Fragmentcharakter des Werks in jenem des Kommentars. Zahlreiche Hinweise von Lesern beweisen, daß jene komplexe Welt noch lange nicht zur Gänze erschlossen ist, auch, daß manch eindeutige Aussage der Vieldeutigkeit preisgegeben werden muß. Literaturverzeichnisse, Glossare und Personenverzeichnisse wurden als wissenschaftliche Standards jedem der zehn Bände angeschlossen.
Die Idee, die sehr aufwendig produzierte zehnbändige – und in einzelnen Bänden rasch vergriffene – Ausgabe des Residenz-Verlags ohne die beiden Briefbände einer weiteren Ausgabe zuzuführen, ist prinzipiell zu begrüßen. Bedauerlich ist allerdings, daß die 1997 in drei Bänden (ohne die Briefe) erschienene Lizenzausgabe des Zweitausendeins Verlags, gedruckt auf Recyclingpapier, gemäß herrschender Verlagspraxis allzurasch verwertet wurde. Sie ist mittlerweile ebenfalls vergriffen und eine Neuauflage ist nicht geplant. Die anspruchsvollen Texte

Herzmanovsky-Orlandos werden sich nie einer breiten Konjunktur bei Lesern erfreuen. Es wäre aber zu begrüßen gewesen, wenn ein (österreichischer) Verlag sich dem Zeitgeist entgegengesetzt und eine wohlfeile, handhabbare Ausgabe à la Zweitausendeins auf Stock genommen hätte, um einem Leser, der sich auf die weite Reise in die Welt des Autors begeben will, jederzeit den Besitz dieses literarischen und nach wissenschaftlichen Kriterien exzellent aufbereiteten Kleinods zu ermöglichen.

Ausgaben:
Fritz von Herzmanovsky-Orlando: Gesammelte Werke. Hg. von Friedrich Torberg. 4 Bde. München: Langen Müller 1957–1963.
Fritz von Herzmanovsky-Orlando: Sämtliche Werke in 10 Bänden. Hg. im Auftrag des Forschungsinstitutes Brenner-Archiv unter der Leitung von Walter Methlagl und Wendelin Schmidt-Dengler. Salzburg, Wien: Residenz Verlag 1984–1994.
Fritz von Herzmanovsky-Orlando: Sämtliche Werke in drei Büchern (= Reprint der Ausgabe im Residenz Verlag). Frankfurt/Main: Zweitausendeins 1997.

1 Zitiert nach Herbert Rosendorfer. In: Fritz von Herzmanovsky-Orlando: Das Gesamtwerk. Hg. und bearbeitet von Friedrich Torberg mit einem Vorwort von Herbert Rosendorfer. München, Wien: Langen Müller 1984.

2 Siehe dazu: Vorwort des Herausgebers. In: Peter Hammerschlag: Der Mond schlug grad halb acht. Grotesk-Gedichte, eingeleitet und hg. von Friedrich Torberg mit Federzeichnungen von Bil Spira. Wien, Hamburg: Paul Zsolnay 1972, S. 7–16; Bernhard Fetz: „Du Schnitzel meiner Seele! Wunschtraum eines Schefredaktehrs". Peter Hammerschlag und Friedrich Torberg. In: Kringel, Schlingel, Borgia. Materialien zu Peter Hammerschlag. Hg. von Monika Kiegler-Griensteidl und Volker Kaukoreit. Wien: Turia + Kant, 1997, S. 179–193; Nachwort des Herausgebers zum „Gaulschreck im Rosennetz". In: Fritz von Herzmanovsky-Orlando: Das Gesamtwerk. Hg. und bearbeitet von Friedrich Torberg, mit einem Vorwort von Herbert Rosendorfer. München, Wien: Langen Müller 1984, S. 125–127; Vorwort des Herausgebers zum „Maskenspiel der Genien", ebd. S. 131–138; Nachwort des Herausgebers zum vierten Band der „Gesammelten Werke", ebd. S. 741–744; Friedrich Torberg: Eine Lücke in den Gesetzen der Bühne. Zur Wiener Herzmanovsky-Premiere im Akademietheater, 13. Februar 1957, in: FORVM 4 (1957), Heft 39, S. 108–109, u. a.

3 Vorwort des Herausgebers zum „Maskenspiel der Genien". In: Herzmanovsky-Orlando: Das Gesamtwerk (vgl. Anm. 1), S. 131.

4 Ebd., S. 136.

5 Editorischer Bericht zum „Maskenspiel der Genien". In: Fritz von Herzmanovsky-Orlando: Sämtliche Werke. Hg. im Auftrag des Forschungsinstitutes Brenner-Archiv unter der Leitung von Walter Methlagl und Wendelin Schmidt-Dengler. Bd. 3: Das Maskenspiel der Genien, hg. und kommentiert von Susanne Kirschl-Goldberg. Salzburg, Wien: Residenz Verlag 1989, S. 434.

▸ Abbildungen 1 und 2: Das für die Arbeitsweise des Autors signifikante Nebeneinander von Bild und Text zeigt sich am Beispiel des zweiten Aktes einer durchgehenden Vorfassung des Dramas „Die Fürstin von Cythera". Österreichische Nationalbibliothek, Handschriften-, Autographen- und Nachlaßsammlung, Wien, NL Herzmanovsky-Orlando, Sig. Ser.nov. 13.623, Fasz. 1, fol.7v u. 8r

6

Jetzt kann ich sagen was mir Smecchia hat getreu verkündet:

Man sah die tausend bunten Türken in ein Schiff steigen, von dem auch Kriegsmusik erschallte, hallende Kriegsmusik, voll grauser ~~...~~ Wildheit..

Vom ~~das~~ Schiff, das vorhat wohl ~~nur~~ ist einer grossen Flotte,

vom Schiff das Segeln Kurs genommen gen Venedig. —

Alle: Oh, oimè, noi poveri...

II. AKT.

~~Stadt~~ Im Palazzo Pantalone Vecchio in Venedig. Das Zimmer der Zerbinetta. (~~Die~~ Loggia geöffnet.) ~~Die andere Bühnenhälfte~~: ein Kanal Lackmöbel, eine Rosenholzkommode, darüber vorhängend ein Venez. Spiegel in Blumenglasrahmen. An der Wand das Gemälde eines frühen Meisters: Dido, die sich ersticht. —

Pantalone, Zerbinetta.

Pantalone (zornig auf und abgehend.)

....und was ich Dir noch sagen wollte, Zerbinetta! Du hast in mir Vater und Mutter zu ehren ... beide zugleich, jawohl, Vater und Mutter; denn ich vertrete an Dir, der Doppelwaise, Vaters und Mutters Stelle zugleich. — Da gibts keinen Widerspruch! Unser großer Dottor Graciano, diese göttliche Leuchte Bolognas, hat es so bestätigt. — Und so ist es mein elterlicher Wille, dass Du demnächst, so Du die Reife erlangt hast, meinen lieben Neffen, den hochgelahrten Don Tiburzio ehelichest. —

Zerbinetta: Aber ... —

Pant. Ich dulde keinen Widerspruch! Er ist ein prächtiger Mann, wenn er auch kein Stutzer ist. — Dazu ist er, dem Himmel sei Dank, viel zu ernst, zu tiefgründig. — Padua ist stolz auf diesen Sohn, diese Leuchte ... was Leuchte! diesen Candelaber der Wissenschaft. —

Zerb. ....Er ist so langweilig...

Pant. Ja, weil er nur von der Tugend spricht und das Laster peitscht. Und wie er es peitscht! Knall, Knall, Knall. Padua ist stolz auf seine Doctordissertation: „Mit welchem Fuss hat die h. Jungfrau der Schlange den Kopf zertreten"?

Zerb. ... Er hat zwei linke Füsse...

Pant. Das scheint nur so, Du leichtfertiges Ding! ...es ist übrigens gar nicht wahr... (Gerät in Zorn): Er hat gar keine Füsse...! höchstens, wenn er schon welche hat: zwei Rechte!... (schreit:) Ist doch Doctor beider Rechte! Schon daraus kannst Du sehen, Du leichtfertiges Kind, was bei vorschnellem Urteil heraus kommt... (wütend)... überhaupt, was gehen Dich Männerfüsse vor der Hochzeit an!...

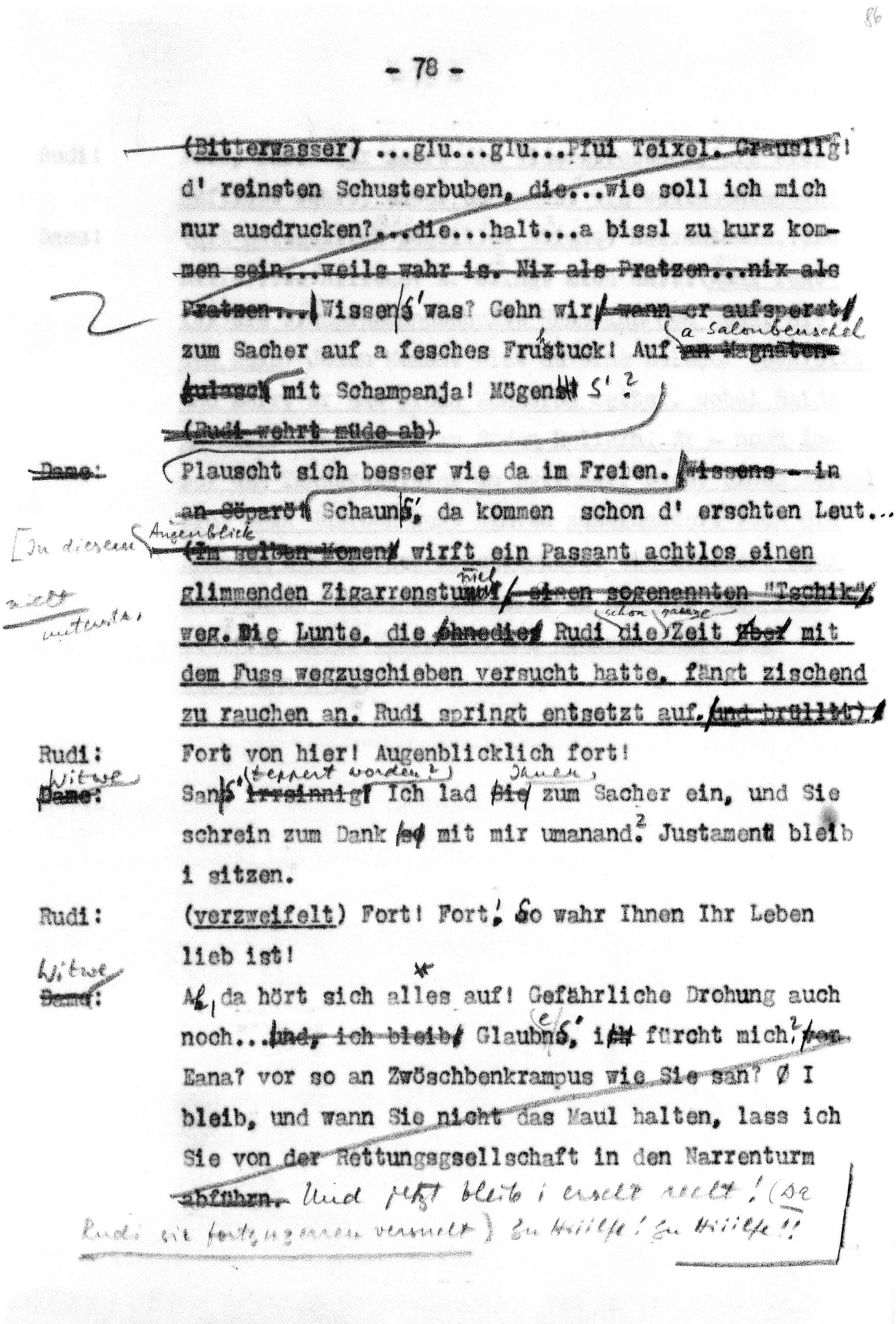

- 78 -

(Bitterwasser) ...glu...glu...Pfui Teixel. Grauslig! d' reinsten Schusterbuben, die...wie soll ich mich nur ausdrucken?...die...halt...a bissl zu kurz kommen sein...weils wahr is. Nix als Pratzen...nix als Pratzen... Wissen's was? Gehn wir, wann er aufsperrt, zum Sacher auf a fesches Frühstück! Auf an Magnatenbeuschel mit Schampanja! Mögen's?

(Rudi wehrt müde ab)

Dame: Plauscht sich besser wie da im Freien. Wissens - in an Söparöh Schaun's, da kommen schon d' erschten Leut...

(Im selben Moment wirft ein Passant achtlos einen glimmenden Zigarrenstummel, einen sogenannten "Tschik", weg. Die Lunte, die schon die ganze Zeit mit dem Fuss wegzuschieben versucht hatte, fängt zischend zu rauchen an. Rudi springt entsetzt auf.)

Rudi: Fort von hier! Augenblicklich fort!

Witwe: San's irrsinnig? Ich lad Ihnen zum Sacher ein, und Sie schrein zum Dank so mit mir umanand? Justament bleib i sitzen.

Rudi: (verzweifelt) Fort! Fort! So wahr Ihnen Ihr Leben lieb ist!

Witwe: Ah, da hört sich alles auf! Gefährliche Drohung auch noch... Glaubns', i fürcht mich? vor Eana? vor so an Zwöschbenkrampus wie Sie san? I bleib, und wann Sie nicht das Maul halten, lass ich Sie von der Rettungsgsellschaft in den Narrenturm abführn. Und jetzt bleib i erscht recht! (Sie Rudi mit fortzugehen vermeidet) Zu Hülfe! Zu Hülfe!!

▲ Abbildung 3: Das Blatt aus einer Typoskriptfassung von „Baby Wallenstein“ mit Streichungen durch Friedrich Torberg läßt neben der Eliminierung flachbrüstiger Mädchen („d'reinsten Schusterbuben“) vor allem lokalspezifische Rodungen erkennen („Magnatenbeuschl“, „Tschick“, „Narrenturm“ ...). Forschungsinstitut Brenner-Archiv, Innsbruck, NL Fritz von Herzmanovsky-Orlando, Sig. XX/3, fol. 86

Gerald Sommer/Wendelin Schmidt-Dengler

HEIMITO VON DODERER: HISTORISCH-KRITISCHE EDITION DER „DÄMONEN"[1]

Als sein Roman „Die Dämonen. Nach der Chronik des Sektionsrates Geyrenhoff" 1956[2] erschien, vollendete der österreichische Romancier Heimito von Doderer gerade sein 60. Lebensjahr. Mit diesem Werk gelang dem Autor der endgültige Durchbruch, in Österreich, in Deutschland und auch international. Das Nachrichtenmagazin „Der Spiegel" nahm den Roman zum Anlaß für eine Titelgeschichte, die den „Spätzünder" als größten Epiker deutscher Sprache feierte.

Zehn Jahre später blickt Doderer, der das Jahr 1966 nicht überleben sollte, in der ihm zu Ehren veranstalteten Festschrift „Meine neunzehn Lebensläufe" auf sein Lebenswerk und zählt „Die Dämonen" – ein nicht eben schmales Werk von 1345 Seiten – lediglich zu seinen „Nebenarbeiten". Da „relativ gelungen"[3], findet der Roman so immerhin Erwähnung, ein Vorzug, den „Die Strudlhofstiege", damals wie heute sein bekanntestes Werk, nicht genießt. Man mag in Doderers Sicht auf das eigene Schaffen das abgeklärte Urteil eines altersweisen Dichters erkennen oder auch den Versuch, durch bewußte Herabstufung des einen Werkes andere wie „Die Wasserfälle von Slunj", „Die Merowinger" oder das Divertimento „Die Posaunen von Jericho", Werke, die – so Doderer – sein eigentliches Oeuvre ausmachten, stärker zu akzentuieren.

Ob man dem Autor nun folgt oder nicht, unstrittig ist, die „Dämonen" sind, wenn nicht sein bestes, so doch sein gewichtigstes Werk, sein Opus magnum, sein Staatsroman. Sie sind aber zugleich auch sein Schmerzenskind, ein Text, dessen Niederschrift sich über 28 Jahre erstreckt, ein Roman, dessen Konzeption grundlegende Veränderungen durchläuft, ein krisengeschütteltes Projekt, das mehrfach für Jahre unterbrochen wird, kurz: ein Werk mit einer überaus komplexen Entstehungsgeschichte.

Da die Genese der „Dämonen" nicht auf eine bloße Produktion von Text beschränkt blieb, läßt sie sich – Doderer hat sie, während er den Roman schrieb, gleichsam dokumentiert – im Rahmen der historisch-kritischen Edition prinzipiell nachvollziehen: Parallel zur Niederschrift des Romans erarbeitete er Konzepte und (teils großformatige) Skizzen, die dazu beitrugen, daß Übersicht und Kontrolle über Figuren und deren Konstellationen, über weitgespannte Handlungsbögen und wiederkehrende Motive nicht verlorengingen. Hinzukommen außerdem in Tage- und Skizzenbüchern überlieferte Entwürfe und Probetexte, Reflexionen und Kommentare des Autors zum eigenen Schaffen. Alles dies ergibt ein ebenso vielgestaltiges wie unübersichtliches System von Bezügen, die zu verbinden und zu interpretieren aufgrund der schieren Menge der relevanten Nachlaßdokumente und ihrer Verteilung auf verschiedene Archive überaus aufwendig ist. Der praktische Nachvollzug der Entstehungsgeschichte der „Dämonen" wird so letztlich zu einer Frage der technischen Handhabbarkeit des Nachlasses.

Läßt man alle Zwischenstufen und Details unberücksichtigt, ergeben sich drei Stadien der Genese:

- Schreibphase 1929–1934, als deren Ertrag ein 705 Seiten starkes Typoskript, „Die Dämonen der Ostmark", vorliegt, dessen Schluß mit dem Ende von Teil I der „Dämonen" zusammenfällt;
- Unterbrechung der Niederschrift 1935–1950, eine Phase der Reflexion, der Aufarbeitung und der Neuorientierung[4], aber auch der Hinwendung zu anderen Projekten („Das letzte Abenteuer", „Ein Mord den jeder begeht", „Die erleuchteten Fenster", „Die Strudlhofstiege");
- Schreibphase 1951–1956, Überarbeitung der vorliegenden Kapitel und Niederschrift von Teil II und III der „Dämonen".

Zentraler Wendepunkt innerhalb der Romangenese ist sicherlich Doderers Abkehr von der „Wasserscheide", dem literarischen Modell einer historischen Trennung von Juden und Deutsch-Österreichern, ein Prozeß, der in den „Dämonen der Ostmark" noch als Voraussetzung für gesellschaftliche Ordnung und privates Glück dargestellt wurde. Als der Autor im Mai 1951 die Arbeit an den „Dämonen" wiederaufnimmt, gilt es naturgemäß, die antisemitische Tendenz der vorliegenden Romankapitel zu entschärfen bzw. zu tilgen; weder entspricht sie mehr den Vorstellungen des Autors, noch scheint es opportun, ein Nachkriegspublikum damit zu konfrontieren.

Doderer betrachtet die „antisemitischen Komplexe“ nunmehr als „Objekt der Darstellung“[5] und beschränkt sich im Regelfall auf geringfügige Striche und Änderungen. Nicht selten jedoch tilgt er auch längere Passagen: etwa 120 Seiten des Typoskripts fallen so weg, annähernd 70 Seiten kommen neu hinzu. Bei vergleichender Betrachtung der gestrichenen Partien zeigt sich neben der ideologischen Hypothek ein zweiter Grund für die nicht eben sparsame Überarbeitung des Textes: die heterogene literarische Qualität der „Dämonen der Ostmark“. Neben kleinen Meisterstücken wie etwa dem Kapitel „Ein entzückendes Konzil“[6] stehen Passagen, in denen das Abwerfen einer Visitkarte mehr raunend als überzeugend zur Haupt- und Staatsaktion hochstilisiert wird, und – teils seitenlange – Dialoge von kaum zu überbietender Einfallslosigkeit und Umständlichkeit.
Bewertet man die Überarbeitung als Teil des künstlerischen Prozesses, so darf man dem Lektor in eigener Sache wohl einen ebenso souveränen wie geschickten Umgang mit seinem Text bescheinigen: Mißratenes hat er glatt gestrichen, Erhaltenswertes mit minimalem Aufwand bewahrt und Neues routiniert in den bestehenden Text integriert. Über Glaubwürdigkeit und Erfolg seiner ideologischen Reparaturmaßnahmen wird man indes auch in Zukunft noch zu diskutieren haben.
Neben Neuorientierung und nachfolgender Überarbeitung des Romans gibt es eine zweite, die Textgestalt der „Dämonen“ bestimmende Besonderheit, die eine historisch-kritische Edition stets zu gewärtigen hat: die in Anbetracht des langjährigen Enstehungsprozesses überraschende – nur scheinbar triviale – Tatsache extremen Termindrucks bei der Herstellung der Druckfassung. Während das Buch bereits in Satz ging, arbeitete der Autor noch immer an der Niederschrift der letzten Kapitel. Die zugleich anfallenden Satzkorrekturen ließen sich daher nicht mit der gebotenen Sorgfalt durchführen, nicht selten führte die Doppelbelastung des Autors zu pauschalen Korrekturaufträgen an Lektor und Setzer, die sie jedoch nicht immer konsequent bzw. nicht in allen Kapiteln umsetzten. Die Auswirkungen der beschleunigten Fertigstellung auf die Textgestalt der „Dämonen“ sind (abseits aller Reserven des Autors gegen die Duden-Orthographie) gravierend, orthographische Inkonsequenzen, aber auch Fehlschreibungen wurden so zu einem Kennzeichen des 1956 publizierten Textes.
Infolgedessen endet die Genese des Romans auch nicht mit der Veröffentlichung der ersten Auflage. Die zweite von 1957 weist ihr gegenüber zahlreiche Varianten (Besserungen, Korrekturen, Streichungen) auf. In der dritten Auflage (1962) und noch in der postum erschienenen vierten (1967) kommen weitere hinzu. Die Eingriffe in den Text bilden einen ebenso kontinuierlichen wie systematischen Prozeß der Nachbearbeitung, der, da sich aus der Systematik der Veränderungen weitere ergeben, die durchzuführen lediglich übersehen wurde, noch nicht als abgeschlossen betrachtet werden sollte. Für die historisch-kritische Edition wird zu prüfen sein, inwieweit dieser Prozeß sich fortschreiben läßt. Zukünftige Eingriffe in den Text bedürfen indes der theoretischen Absicherung. Die Korrekturvorgaben, die Doderer seinem Lektor brieflich mitgeteilt hat, müssen daher eingehend analysiert und Handexemplare bzw. Korrigendalisten auf angemerkte, aber nicht durchgeführte Änderungen durchgesehen werden.

»Bászama!« fluchte Szefcsik, »dieses Schwein [...]«	1.– 6. Tausend	(1956)
»Baszom a...!« fluchte Sevczik [...]	7.–10. Tausend	(1957)
»Basszam a...!« fluchte Sevczik [...]	11.–14. Tausend	(1962)
»Baszom az...!« fluchte Sevczik [...]	15.–25. Tausend	(1967)

... auf der Suche nach dem richtigen Fluch? (vgl. „Die Dämonen“, München: Biederstein 1956, S. 548, Z. 23)

Die historisch-kritische Edition der „Dämonen“ hat vornehmlich drei Aufgaben: die Edition eines gültigen Textes, die Darstellung seiner Entstehung und die Kommentierung von Text und Genese. Die Umsetzung dieser Aufgaben hängt ganz wesentlich vom Umgang mit einigen profanen, aber folgenreichen Problemen ab. Dies sind der schiere Umfang des Textes sowie Fülle, Heterogenität und zeitliche Stufung der auszuwertenden und einzubeziehenden Materialien. Die vollständige Zusammenführung aller dieser Bestandteile in einer traditionellen Buchausgabe riskiert, daß die angestrebte Gesamtübersicht an sich selbst scheitert. Hinzukommt überdies das Problem der Finanzierung einer solchen – zwangsläufig mehrbändigen – Edition.
Text, Material und Kommentar sind also in einer Weise zu präsentieren, bei der die Übersicht nicht verlorengeht. Ziel ist ein multifunktionales, aber trotzdem leicht zu nutzendes Forschungsinstrument für Philologen, das aber auch wissenschaftlich nicht vorgebildeten Lesern einen lesbaren Text und bei Bedarf und Interesse weitergehende

Informationen zur Verfügung stellt – und das zu einem Preis, der auch von nichtinstitutionellen Käufern als erschwinglich angesehen wird.
Die Lösung für die vorgestellte Problematik ist nach Meinung der Herausgeber eine Aufteilung der historisch-kritischen Edition in eine Buchausgabe, die den kritischen Text der „Dämonen" sowie notwendige Basisinformationen enthält, und in eine CD-ROM-Edition, die den Text der Buchausgabe um Materialien und Kommentare ergänzt und sämtliche Bestandteile, in zweckdienlicher Weise aufbereitet, organisiert. Beide Teile der Edition lassen sich bei Bedarf auch separat vertreiben, wobei der Text der Buchausgabe die im Handel befindlichen Nachdrucke der vierten Auflage der „Dämonen" mittelfristig ersetzen sollte.
Der Wechsel des Mediums eröffnet neue Wege der Text-, Material- und Kommentarpräsentation. Die Möglichkeiten, auf bekannte Interessen und potentielle Fragestellungen der Leser zu reagieren, werden durch die CD-ROM-Edition deutlich erweitert: Inhalte lassen sich – unterschiedlichen Bedürfnissen entsprechend – variabel organisieren und weniger komplex, also verständlicher, präsentieren, zusätzliche Inhalte wie etwa digitale Faksimiles von Manuskripten oder Romanskizzen können mit geringem Aufwand aufgenommen werden. Die in Buchausgaben übliche, weniger philologisch denn medienökonomisch bedingte Bündelung der Informationen, das heißt die Präsentation eines hochkomplexen Textes mit in diesen integrierten Varianten aller Textstufen, editorischen Eingriffen etc. sowie gegebenenfalls einem im Fußnotenapparat untergebrachten Kommentar kann bei einer CD-ROM-Edition durch zahlreiche Präsentationen ausgewählter oder kombinierter Informationen ergänzt werden, die jeweils schnell und unkompliziert unterschiedlichen Erkenntnisinteressen Rechnung tragen. Informationen über den Text, die nicht nur gebündelt, sondern auch gestaffelt präsentiert werden, stehen so auch separat zur Verfügung und müssen nicht mehr aufwendig abgeleitet werden. Die Überwindung einer von den Herausgebern erzeugten Komplexität ist so nicht länger die Voraussetzung spezifischer Erkenntnis.
Um etwa die Entstehung des Textes transparent zu machen, ist es angebracht, sämtliche (bekannten) Entwicklungsstufen sowohl einzeln als auch in Kombinationen zu präsentieren, je nachdem, ob und welche Informationen zu Stand oder Gang der Genese gefragt sind. Textvarianten, Eingriffe der Herausgeber in den Text und andere Informationen, die in Listen erfaßt werden können, lassen sich in Indexdateien einerseits übersichtlich darstellen, andererseits aber auch durch Links an die jeweiligen Textpartien anbinden.
Im Gegensatz zur Buchausgabe erlaubt eine CD-ROM-Edition die Präsentation umfangreicher Materialbestände. Kriterium für die Aufnahme sollte primär der Nutzwert der Materialien sein. Aufzunehmen sind daher Materialien, die für die Genese der „Dämonen" (Skizzen, Manuskripte, Reflexionen etc.) oder kontextuell als Bezugstexte (Feuilletons) und durch Textübernahmen (Erzählungen) von Bedeutung sind. Texte anderer Autoren, die nachweislich als Quellen für Konzeption und Niederschrift der „Dämonen" dienten, sollten ebenfalls ganz oder teilweise einbezogen werden. Schließlich muß die Bezugnahme auf externe Materialien (z. B. wissenschaftliche Arbeiten), da auch diese bei Bedarf integriert werden können, nicht länger auf Verweise beschränkt bleiben.
Der Kommentar schließlich (Informationen zu Autor und Werk, zu Quellen, Entstehung, Stoff- und Motivgeschichte des Textes, zu Kommentaren des Autors, zur Publikationsgeschichte und Rezeption des Textes sowie die Erläuterung von Textstellen, Identifizierung und Nachweis von Zitaten und Anspielungen, Übersetzung fremdsprachlicher Textteile usw. usf.) läßt sich in einer CD-ROM-Edition anhand von Links vernetzen. Zusammenhänge können so leicht und ohne Nachschlagen in Sachregistern realisiert werden. Obendrein ergeben sich elegante Möglichkeiten zur Hierarchisierung des Kommentars.
Gerade auch bei der Reproduktion der Skizzen, die Doderer zu seinen erzählenden Texten anfertigte, werden die Vorteile der CD-ROM-Edition manifest: Der Benutzer kann diese „Fahrpläne" sowohl im Ganzen wahrnehmen und dadurch einen Eindruck von den kompositorischen Absichten erhalten, er kann aber auch mühelos die Details in Vergrößerung studieren und so deren Funktion bestimmen. Weder das aufwendige Faksimile noch die getreue Transliteration reichen an die Wiedergabe in der CD-ROM-Edition heran. Die Skizzen wollen bildhafter Ausdruck der Romantheorie Doderers sein: Sie repräsentieren die vom Autor hartnäckig behauptete Priorität der Form, wobei diese so etwas wie ein Gefäß sein soll, in das die Inhalte „einschießen" können, sie helfen ihm aber auch, den Überblick über die Stoffmassen zu bewahren, die es vor allem in den „Dämonen" zu bewältigen galt. Die 1998 vom Österreichischen Literaturarchiv aus Privatbesitz erworbene Skizze zum „Feuer"-Kapitel, das mit dem Brand des Wiener Justizpalastes den Höhepunkt des ganzen Romans enthält und auf Grund seines Umfanges schon fast als Roman im Roman bezeichnet werden kann, vermag die Praxis dieser graphischen Organisation der epischen Materie anschaulich zu machen: Es geht darum, die Schicksalshaftigkeit dieses einen Tages anhand der ineinander ver-

flochtenen Lebensläufe einiger Haupt- und Nebenfiguren transparent zu machen (vgl. Abb. 3). Durch die „Einheiten“ werden die einzelnen Sequenzen markiert und scharf voneinander abgehoben; die „Motivik“ kontrolliert die Wiederkehr von bedeutsamen Bildern, Figurenkonstellationen und Handlungsmomenten; durch die „Dynamik“ soll das Erzähltempo, seine Verlangsamung oder Beschleunigung oder der Stillstand („fast 0“), angezeigt werden. Die Leiste „Chronologie“ dient der Vermeidung von Fehlern, indem sie der peniblen Überwachung des Ablaufs dient und synchrone Ereignisse markiert, die allerdings nur nacheinander erzählt werden können. Schwer deutbar sind die schwungvollen Linien, in denen sich offenkundig die gewaltige Bewegung des Ganzen und die hängebrückenartig riskante Konstruktion des ganzen Kapitels ausdrücken soll, für das Doderer eigens ein umfängliches Inhaltsverzeichnis als „Ariadnefaden“ anzulegen sich genötigt sah.[7] Die Linien und Farben, deren symbolische Bedeutung nicht eindeutig bestimmbar ist und wohl auch nicht sein soll, machen die Qualität dieses Blattes aus, das als ein eigentümliches Dokument dafür gelten kann, wie ein Schriftsteller, der seine Kunst ganz auf die Sprache ausgerichtet wissen wollte, auch die Möglichkeit des Ausdrucks jenseits der Worte fand.

---

[1] Das Projekt wird vom Fonds zur Förderung der wissenschaftlichen Forschung gefördert und läuft seit Jänner 2000. Projektleitung: Wendelin Schmidt-Dengler; Mitarbeiter: Kai Luehrs-Kaiser und Gerald Sommer.

[2] Heimito von Doderer: Die Dämonen. Nach der Chronik des Sektionsrates Geyrenhoff. Roman. München: Biederstein 1956.

[3] Heimito von Doderer: Meine neunzehn Lebensläufe und neun andere Geschichten. Zum 70. Geburtstag des Autors. Mit 19 Fotos und einer Schallplatte. München: Biederstein 1966, S. 36.

[4] Vgl. Buch II der „Tangenten“, den „Epilog auf den Sektionsrat Geyrenhoff“. In: Heimito von Doderer: Tangenten. Tagebuch eines Schriftstellers. 1940–1950. Wien: Luckmann 1964, S. 49–100.

[5] Heimito von Doderer: Commentarii 1951 bis 1956. Tagebücher aus dem Nachlass. Hg. von Wendelin Schmidt-Dengler. München: Biederstein 1976, S. 67.

[6] Doderer, Dämonen (= Anm. 2), S. 261–277.

[7] Doderer, Commentarii (= Anm. 5), S. 584.

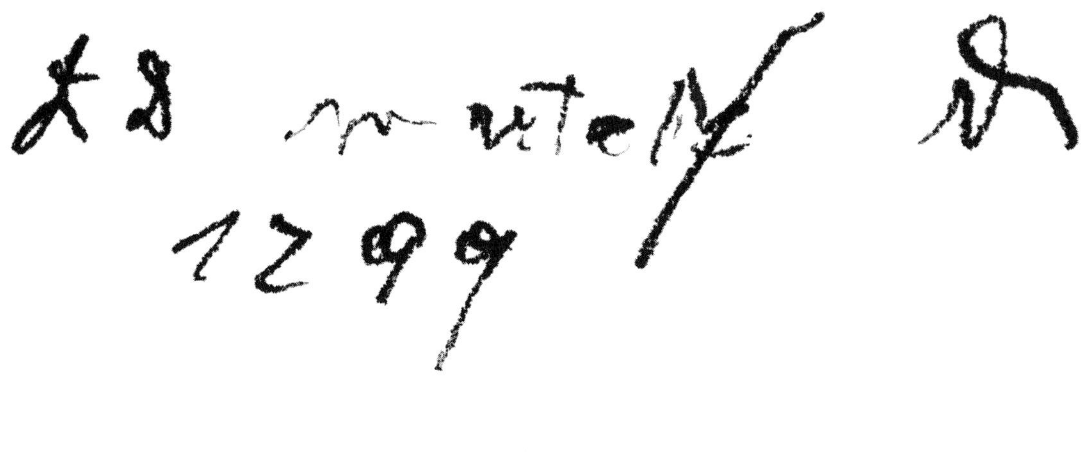

▲ Abbildung 1: Vorgemerkte, aber nicht durchgeführte Korrektur für „Die Dämonen“, S. 1299, Z. 6. Bleistiftnotiz Doderers auf der Rückseite einer Anlage zu seinem Brief an Horst Wiemer vom 29. April 1962

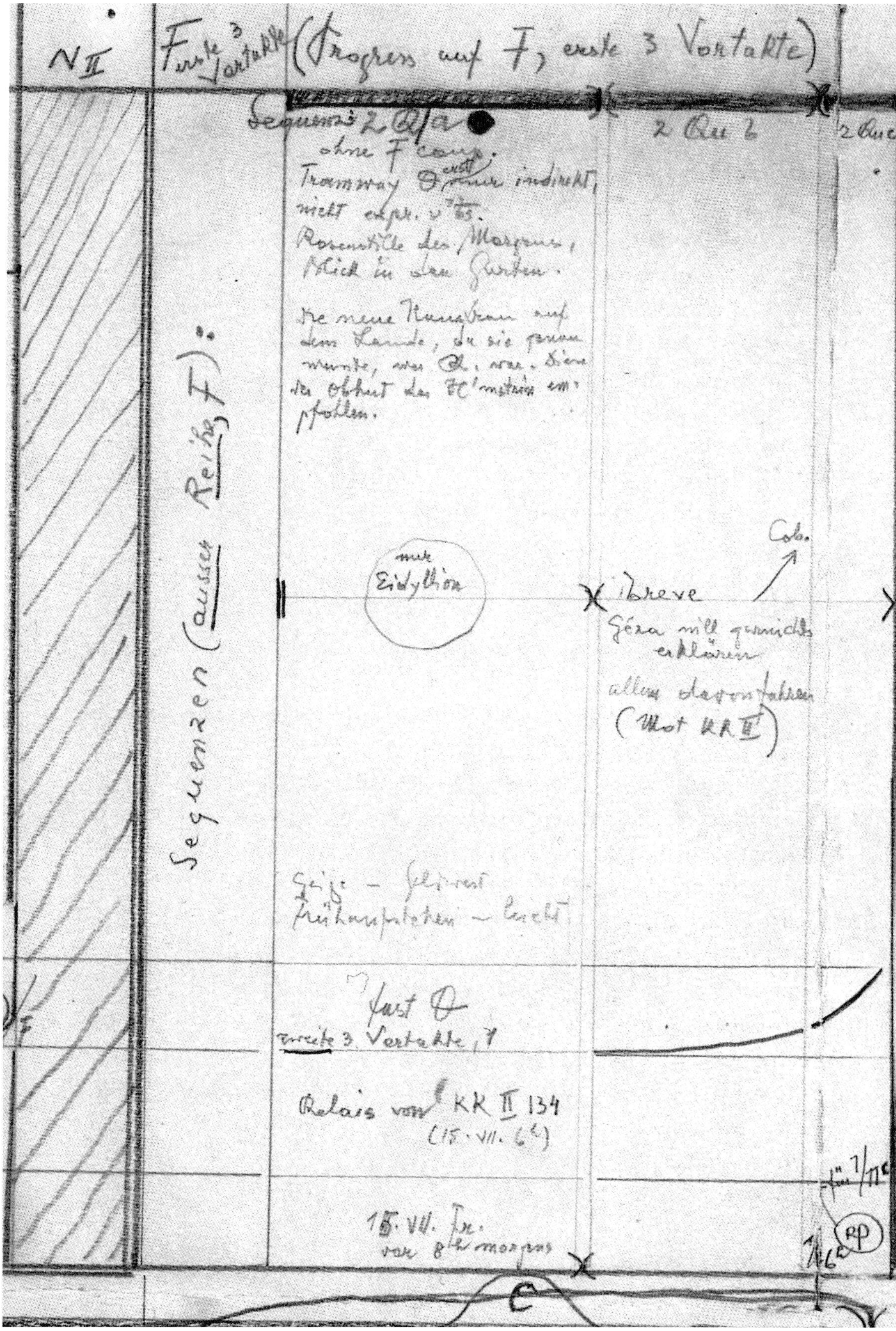

▲ Abbildung 2: Bauplan zum „Feuer"-Kapitel der „Dämonen" (Ausschnitt). Österreichische Nationalbibliothek, Handschriften-, Autographen- und Nachlaßsammlung, Wien

► Abbildung 3: Bauplan zum „Feuer"-Kapitel der „Dämonen". ÖLA

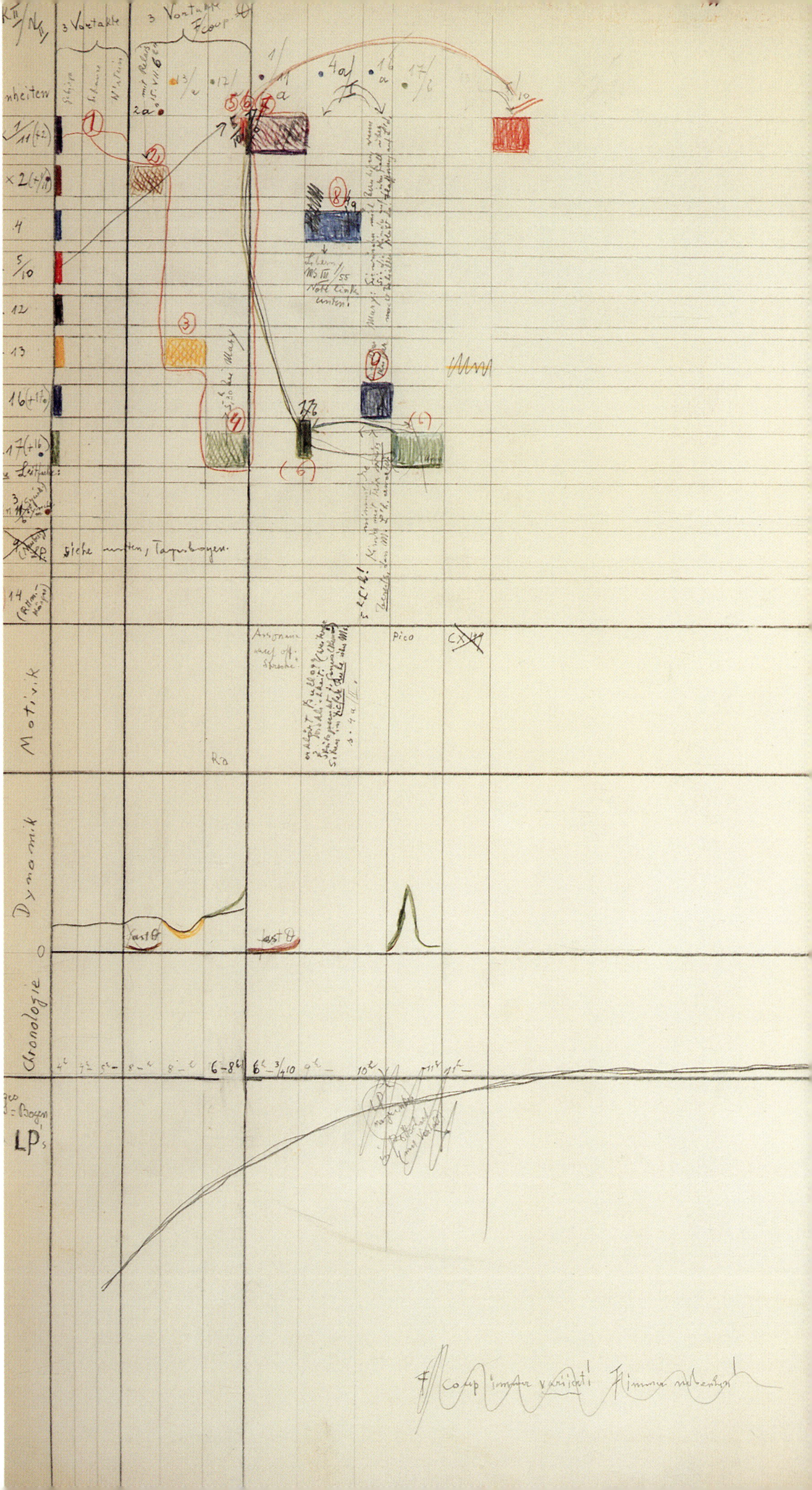
3 Vortakte
3 Vortakte
F coup
Motivik
Dynamik
Chronologie
LP
Pico

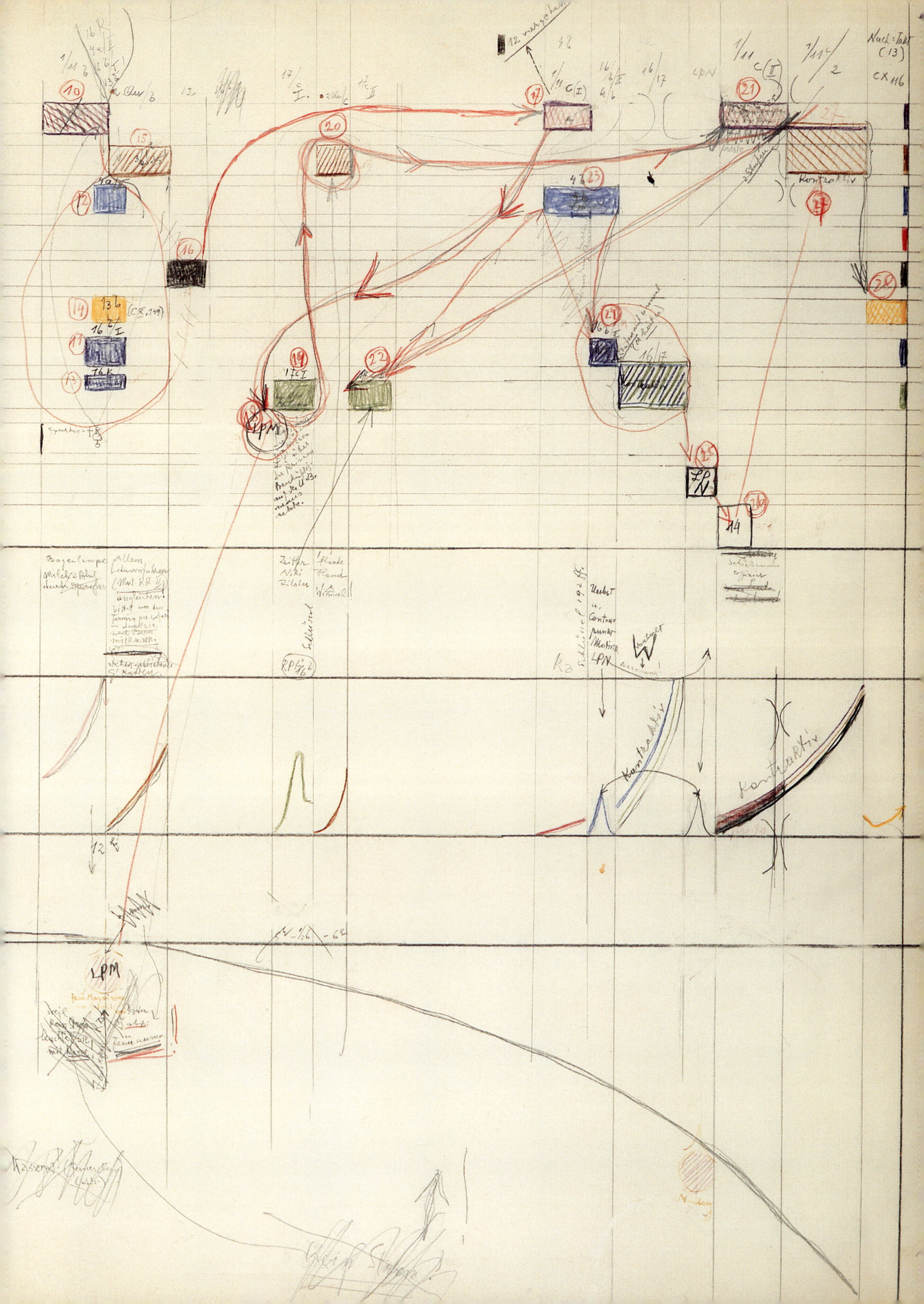
12 vorgezogen
Nach-Takt (13)
CX 116
Kontraktiv
LPM
LPN
Bogenlampe
Kontraktiv
Kontraktiv

Robert Pichl

INGEBORG BACHMANN: DAS „GIER“-FRAGMENT

Das aus dem literarischen Nachlaß Ingeborg Bachmanns restituierte Erzählfragment „Gier“ ist als emendationsbedürftige Entwurfsreinschrift im Umfang von 20 Typoskriptseiten, davon 5 mit Durchschlägen, überliefert. Dazu kommen 5 Blätter Paralipomena (Materialnotizen und Entwürfe von Inhaltsangaben). Nach philologischen und inhaltlichen Kriterien lassen sich genetisch 3 zum Teil lückenhafte Textstufen differenzieren: TS 1 betitelt „Ein reiches Mädchen“ (5 S.), TS 2 betitelt „Das Geldern Bier“ (1 S.; vgl. Abb. 1) und TS 3 als überarbeitete und weiter ausgeführte Fassung von TS 1 (ohne Titel, sog. „Hauptfragment“, 14 S.). Während TS 1 und 2 auf derselben Papiersorte (Leykam DIN A-4) getippt wurden, wechselt diese im Hauptfragment mehrmals. Jedoch verweist das Schriftbild aller drei Textstufen auf jene elektrische IBM-Kugelkopfmaschine mit Pica-Typen, die Bachmann seit Anfang 1969 bis zu ihrem Tod verwendet hat, also auch während der Hauptarbeitsphase an „Malina“ und den „Simultan“-Erzählungen.[1] Die naheliegende Vermutung einer parallelen Entstehung des „Gier“-Fragments wird zunächst bestätigt durch einen Brief der Autorin an Hans Rössner (12. 8. 1970) über ihren damaligen Aufenthalt in Klagenfurt, der sie zu einer Erzählung über das Milieu der Reichen mit ihren Jagden und Jagdhäusern angeregt habe, was auch in allen Textstufen dokumentiert ist (vgl. TOP, 4, S. 552). Eine weitere Anregung lieferte offensichtlich der spektakuläre Mordfall in der römischen Adelsfamilie Casati vom 31. 8. 1970, dessen Beteiligte, äußere Umstände und psychologische Hintergründe zum Teil modellgetreu in die abschließenden Handlungsepisoden des Hauptfragments eingegangen sind (vgl. TOP, 4, S. 606–612). Der deutlichste Hinweis auf die konzeptuelle Nähe des „Gier“-Fragments zum „Simultan“-Zyklus sowie für seine genauere Datierung ergibt sich schließlich aus intertextuellen Querverweisen zu den Erzählungen „Probleme, Probleme“ und „Drei Wege zum See“ durch die dort als Nebenfigur aufscheinende Elisabeth Mihailovics und den Zeitungsbericht über die Bluttat im Jagdhaus. Beides findet sich bereits in den „Poetologischen Entwürfen“ zum „Simultan“-Band, die im Spätsommer 1971 entstanden sind, woraus eindeutig die zeitlich frühere Entstehung der entsprechenden, im Fragment ausführlich geschilderten Episoden zu folgern ist (vgl. TOP, 4, S. 3 f. und S. 6). Aus all diesen Daten wird der Spätsommer 1970 als Entstehungszeit des überlieferten „Gier“-Textes erschließbar. In der Folge hat die Autorin, offenbar wegen der Abschlußarbeiten an „Malina“ und „Simultan“ (1971/72), seine Fortführung vorerst zurückgestellt. Doch geht aus einem Brief Siegfried Unselds (14. 2. 1972) und der Antwort Bachmanns vom Sommer d. J. der Plan einer Wiederaufnahme und Ausweitung der fragmentarischen Ansätze zu einer Erzählung von 130–150 Seiten hervor, die in der „Bibliothek Suhrkamp“ erscheinen sollte (vgl. TOP, 4, S. 553). Darauf verweisen auch Bachmanns eigenhändige fragmentarische Inhaltsangabe (Abb. 2) und der handschriftlich korrigierte Entwurf einer Verlagsanzeige der Erzählung aus dem Jahr 1972, der erstmals „Gier“ als Titel der Erzählung dokumentiert (vgl. Abb. 3). In einem Folder des Suhrkamp-Verlages wurde die Erzählung dann auch als Neuerscheinung für 1973 angekündigt. Entsprechend weitere Textentwürfe oder Reinschriften sind jedoch nicht überliefert – Ingeborg Bachmanns tragischer Tod (17. 10. 1973) ließ die Erzählung Fragment bleiben.

Die schmale, lückenhafte Textbasis, der ein im Vergleich zur Verlagsanzeige ebenso schmales Handlungsgefüge entspricht, veranlaßten die Herausgeber der Werkausgabe von 1978, das Fragment nicht in diese aufzunehmen, weil „keiner der beiden [!] Entwürfe [...] soweit ausgeführt [ist], daß die Bluttat jenes Berthold Rapatz begreiflich würde [...]“ (W, 4, S. 41). Diesem Befund nicht zustimmend, erstellte der Verfasser dieses Beitrags, besonders angeregt durch die intertextuellen Querverweise, 1982 eine kritische Erstausgabe, der ein leider fehlerhafter Teilabdruck in der „Presse“ vom 25./26. 9. 1982 vorausgegangen war (vgl. G, S. 17–67). Schließlich erwies sich die Ausgabe selbst in der Folge auch nicht ganz frei von philologischen Mängeln, besonders weil im unkritischen Vertrauen auf die von den Herausgeberinnen der Werkausgabe (1978) getroffene Ordnung des Nachlasses 2 Blätter der TS 1 als Teile der TS 2 ediert wurden. Trotzdem war damit den interessierten Bachmannlesern immerhin ein weiterer Nachlaßtext erschlossen und das thematische Spektrum der späten Prosa um einen neuen Aspekt bereichert worden. Erst im Zuge der 1989 begonnenen Arbeiten an der kritischen Ausgabe des „Todesarten“-Projekts, die seit 1995 vorliegt, konnte durch die philologisch exakte Neuordnung der einschlägigen Nachlaßteile auch der „Gier“-Text genetisch plausibel restituiert werden. Zugleich wurde aus der Gesamtperspektive

über das umfangreiche Textmaterial mit seinen mehrfach geänderten Konzeptansätzen und entsprechenden Bearbeitungsstufen auch die exemplarische Rolle des Fragments in Bachmanns Spätprosa erkennbar.
Aus textphilologischer Sicht wirkt „Gier“ exemplarisch, weil sich darin die für jede Edition von Bachmanntexten typischen Probleme gleichsam in nuce vereint finden, etwa die bei der ersten Nachlaß-Inventarisierung in Rom inkonsequent paginierten doppelseitig beschriebenen Bätter, besonders wenn Vorder- und Rückseite inhaltlich nicht zusammengehören: Das Blatt N 1217 bietet TS 2 „Das Geldern Bier“, die Rückseite von Blatt N 1218 den Schluß von TS 1 „Ein reiches Mädchen“; ferner Bachmanns Eigenart, Sofortvarianten unmittelbar an die „überholte“ Fassung anzufügen, ohne diese zu tilgen (Abb. 4) und schließlich die gelegentlich auch gegen die Überlieferung notwendigen Konjekturen. Die auf N 2546 überlieferten Arbeitsnotizen sind in die Beschreibung des Waldweges, auf dem Elisabeth und der Forstgehilfe zusammentreffen, eingegangen und lassen paradigmatisch die subtile Vorbereitungsarbeit der Autorin für ihre poetischen Werke erkennen (vgl. Abb. 5). Zuletzt stellen weitere Figurennamen im „Gier“-Fragment den intertextuellen Bezug zu noch anderen Werken des „Todesarten“-Projekts her: Antoinette Altenwyl zu „Malina“, Toni Marek zum „Requiem für Fanny Goldmann“, der Name „Geldern“ sogar zu der von 1963 bis 1965 erarbeiteten Fassung des Einzelromans „Todesarten“, auch „Eugen – Roman II“ genannt (vgl. TOP, 1, S. 620, S. 623 f. und TOP, 4, S. 614 mit Verweis auf TOP, 1, S. 145). Damit wird einerseits auf eine relativ frühe Konzeptionsphase in der Genese des späten Prosawerks verwiesen, andererseits aber auch dessen differenzierte Strukturganzheit verdeutlicht, als, nach I. Bachmanns eigenen Worten, „eine einzige große Studie aller möglichen Todesarten, ein Kompendium, ein Manuale“, das zugleich „das Bild der letzten zwanzig Jahre [...] immer mit dem Schauplatz Wien und Österreich“ geben kann.[2]

Ausgaben:
Ingeborg Bachmann. Werke. Hg. von Christine Koschel, Inge von Weidenbaum, Clemens Münster. 4 Bde. München, Zürich: Piper 1978 (= W).
Ingeborg Bachmann: Gier (Fragment). Aus dem literarischen Nachlaß hg. von Robert Pichl. In: Hans Höller: Der dunkle Schatten, dem ich schon seit Anfang folge. Ingeborg Bachmann – Vorschläge zu einer neuen Lektüre des Werks. Wien, München: Löcker 1982 (= G).
Ingeborg Bachmann: „Todesarten“-Projekt. Kritische Ausgabe. Unter Leitung von Robert Pichl hg. von Monika Albrecht und Dirk Göttsche. Bd. 4: Der „Simultan“-Band und andere späte Erzählungen. München, Zürich: Piper 1995 (= TOP).

[1] Cod. Ser. nov. 25.109: [TS 1] N 1219/1220, 1221/1222, 1218; [TS 2] N 1217; [TS 3] N 1198–1216 (mit Durchschlägen). Vgl. Ingeborg Bachmanns „Todesarten“-Projekt. Neue Teilregistratur des literarischen Nachlasses in der Österreichischen Nationalbibliothek. Unter Leitung von Robert Pichl hg. und erarbeitet von Monika Albrecht und Dirk Göttsche. Wien: Edition Praesens 1995, S. 74–76.
[2] Ingeborg Bachmann: Wir müssen wahre Sätze finden. Gespräche und Interviews. Hg. von Christine Koschel und Inge von Weidenbaum. München, Zürich: Piper 1983, S. 66.

Das Geldern Bier

Die Jaggewehre sah Elisabteh zum ersten Mal mit Grau, sie dachte auch jede Nacht daran, dass sie in einem Haus mit Waffe schlief, aber dann erklärte ihr Bertold, dass sie jetzt nach Ferlach müssten ud si begleitete ihn zu den seinem Büchsenmacher, warte in einem Gasthaus, ein Kipplaufgewehr, er nahm das Zielfernrohr ab und er zeigte ihr, dass der zweite Hann nicht funkitonierte, den hier müssen Sie einstellen, und dn drücken sie ganz leicht auf den ersten, er zeichnete ihr einen Bock auf, und erklärte ihr, warum die Schüsse, ausser wenn sie ihn den Panzen gingen oder auf die Füsse unbedingg tödlich sein müssten und wie man warten musste, wenn ein Tier getroffen war, damit es sich nierlegene udn sterben könne in Ruhe, wil man es osnt aufschreckte und Elisteh nickte verstädnisvoll, jtzt begriff sie es einigermassn, in Kopfschuss, ein Schuss der der Wirbelsäule oder die Lunge durchschlug, der musste tödlich sein, udn er heilt ihr eine Patrone hin, ach das ist eine Kugel, sagte sie, sie habe sich die anders vorgestellt, nämlich rund, und er hielt diese etallstück, und erklärte ihr, wie sich einer seiner Teile i Körper aufspilttetre und dadurch nicht etwa sienen gewöhnlchen Durschuss sondern durch hunderte von Splittern ausser dem Metallprojektil, das wirklich duchslcag, tötete.

Eisabteh erfuhr etwas über den Platzhirsch und den Beihirshc, über die zeit, in der der Platzhirsch, das war eben die natürliche Selektion.

Und eine Geiss, die sie sahen, an einem Nahcmittag mit zwei Kitzen, da deutete Herr PaEapatz aufgeregt hin, die dürfe nur ein Kitz über den Winterbehalt, das zweite konnte sie nicht durchbringen und as das schwächere musste man abschiessen.

Bei der Bezirkshauspmannschaft musste er den Wilstand angeben, jund in diesem Jahr hatte er drei Hirsche und zwei Böcke und noch einiges bewilligt worden, drie Hirshc,e die Hirschejagt, das war die edelste, so , sagte Elsiabeth, und schaute beklommen drein, aber sie ging nun schon m und sie starte das Gewehr nicht mehr an wie ein Schusswaffe, sondern deutete auf das Holz, was ist das für ein Holz, Nuss, sagte Herr Hauätz, französische, das französice Nussholz war das beste, sehen Sie, wie es gemasert ist, und dem Lauf zu war ein wenig schönes Stück verwendet worden, sehen Sie sagte er, das ist weniger sch nichts besonders, das ist einfach Nuss.

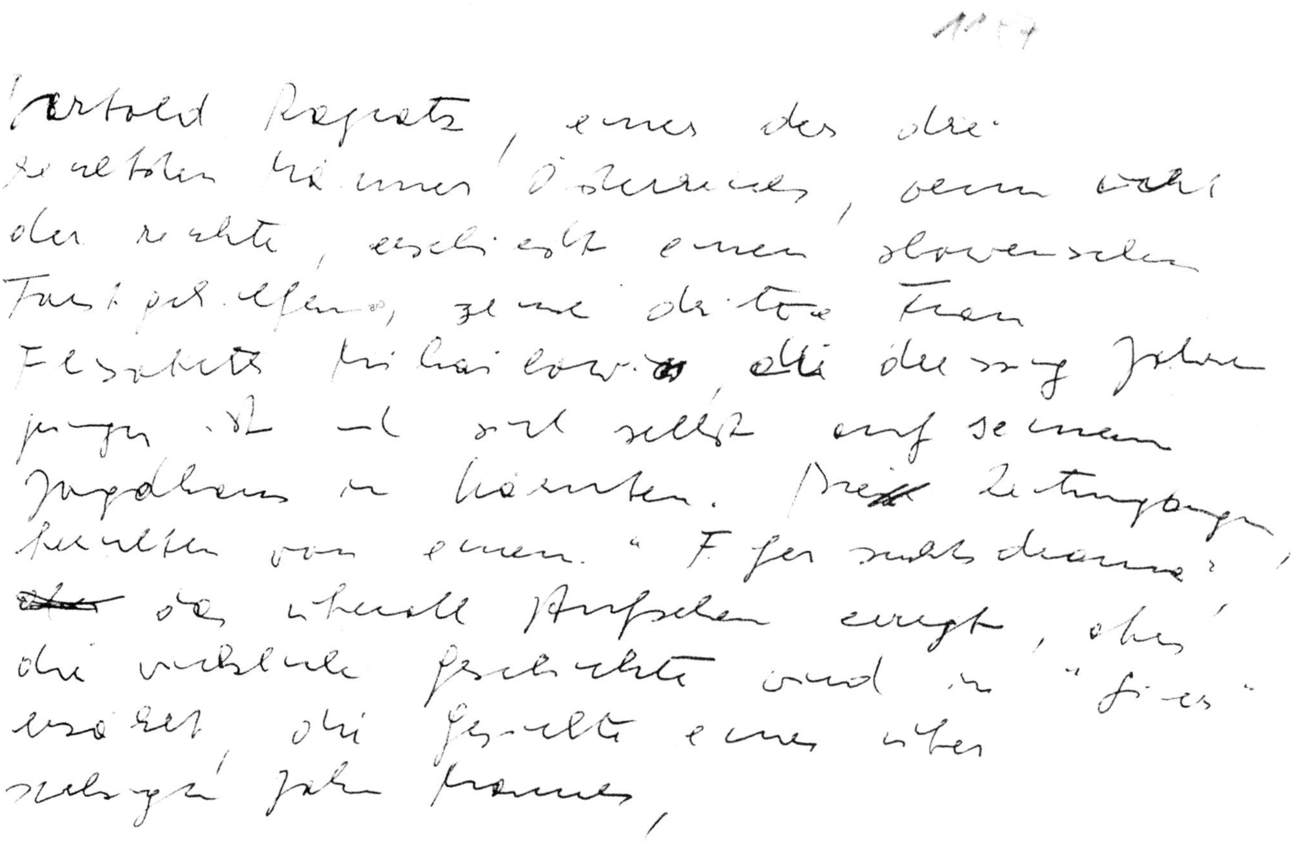

◂ Abbildung 1: „Das Geldern Bier". Textstufe 2 aus dem „Gier"-Komplex. Handschriften-, Autographen- und Nachlaßsammlung der Österreichischen Nationalbibliothek, Cod. Ser. Nov. 25.109, N 1217

▴ Abbildung 2: Von Ingeborg Bachmann verfaßte fragmentarische Inhaltsangabe der Erzählung „Gier". Handschriften-, Autographen- und Nachlaßsammlung der Österreichischen Nationalbibliothek, Cod. Ser. Nov. 25.109, N 1197

Transkription:

Bertold Rapatz, einer der drei / reichsten Männer Österreichs, wenn nicht / der reichste, erschießt einen slowenischen / Forstgehilfen, seine dritte Frau / Elisabeth Mihailowics die dreissig Jahre / jünger ist und sich selbst auf seinem / Jagdhaus in Kärnten. Die Zeitungen / berichten von einem „Eifersuchtsdrama", / das überall Aufsehen erregt, aber / die wirkliche Geschichte wird in „Gier" / erzählt, die Geschichte eines über / sechzig jähr[igen] Mannes,

Gier

Ingeborg Bachmann, als Lyrikerin wie als Erzählerin ausgewiesen, hat für die Bibliothek Suhrkamp eine neue Erzählung geschrieben. "Gier" knüpft an einen Vorgang in der letzten Erzählung von Ingeborg Bachmann, "Drei Wege zum See", an. Eine Starphotographin, eine Frau von 50 Jahren, die in Kärnten ihre Ferien verbringt, liest in einer Provinzzeitung die Nachricht eines angeblichen Eifersuchtsdramas: Der 62jährige Diplom-Ingenieur Bertold Rapatz hat seine 33jährige Frau, deren Liebhaber und sich selbst erschossen. Die Erzählung "Gier" enthüllt, wie diese Geschichte wirklich verlief. Sie entlarvt eine Doppellüge, die die Armen über die Reichen und die Reichen über sich selbst verbreiten. Im Mittelpunkt der Erzählung, die auf einer österreichischen Jagdhütte spielt, steht der Millionär Bertold Rapatz. Scott Fitzgerald hat einmal gesagt, daß ein Schriftsteller, der mit der Darstellung eines Individuums beginne, einen Typus schaffen könne; der, der mit einem Typus beginne, schaffe meistens nichts. Bertold Rapatz ist ein Typus unserer Zeit, ~~Bertold~~ Rapatz will alles und bekommt alles. Seine Gier ist Gier nach Geld, nach Macht, nach dem Besitz von Frauen, nach Leben. Doch ~~solche~~ Gier zerstört die Menschen, die in seiner Gewalt ~~waren~~ und sie zerstört letztlich auch ihn.

xxx in seiner Besonderheit und mit ihm eigenen Zügen,

06173
1626

▲ Abbildung 3: Maschinschriftlicher Entwurf für den Suhrkamp-Prospekt mit handschriftlichen Korrekturen. Handschriften-, Autographen- und Nachlaßsammlung der Österreichischen Nationalbibliothek, Cod. Ser. Nov. 25.109, N 1196

► Abbildung 4: Sofortvarianten. Handschriften-, Autographen- und Nachlaßsammlung der Österreichischen Nationalbibliothek, Cod. Ser. Nov. 25.109, N 1218

► Abbildung 5: Arbeitsnotizen auf liniertem Doppelbogen. Handschriften-, Autographen- und Nachlaßsammlung der Österreichischen Nationalbibliothek, Cod. Ser. Nov. 25.123, N 2546

er hat eine Aneinung gegen Geld, haben sie ihn je mit auch nur hundert Shlijng geshen, ich nicht, er gibt doch keinen Groschen für sich aus, uund vielleicht ist das auch gut so für die Kinder, ich meine, die könnten ja sonst überschnappen, wenn sie das Geld wie Heu und er hat eben Prinzipien, wir sind niht so befreundet wie Sie denken, aber der Vater vom Atti und sein Vater waren wirklich Freunde, der Bertold hat doch keine wirklichen Freunde, er ist **ein scheuer scheu ist er,** sagte sie nachdenklich und inhaltierte, dann ging sie zum Fensterund riss es auf, Herrgot, ich will ihm ja nicht sinkeimfreis Haus verrauchen, er mags nicht leiden, aber wenn ma aufmacht, dann kommen dieser dreitasend Fliegen und Mücken und Flatern **heriengeangeschwirı** ärger als bei uns in Wolfang, sie müssne uns unbesingt besuchen, er reist j ja nie, aber sie müssen einfahc, bitte, ja, ist das ein Versprechen. Sie kü ste Elisabteh und überlegte ishc, was für eine geboren die sein könne, und entschied, dass sie niemals ein sein könne, sonst hätte man das ein

Hochstand 2546
Hier Ruht
Unser lieber
Vogel
Edelweiß Enzian
und Feldblumen.
Privatweg, Waldgut Rapatz
Durchgang ver-
boten. (ist extra)
Schranke, wie Bahn-
schranke.
Heustadel, Bänke, (Hube.)
Gutshaus

Am 31. Dez. endet die
Hirschjagd, und Weihnachten
immer große Spannung
wegen der selten Hirsche.
Jagdklub.

Ursula A. Schneider/Annette Steinsiek

CHRISTINE LAVANT: DER GESAMTBRIEFWECHSEL[1]

Der Fülle an primärem und sekundärem Material, wie sie eine Hypertext-Datenbank auf CD-Rom aufnehmen kann, mag man vorwerfen, daß sie das, was als einzelnes Zeugnis zu gewärtigen ist und seinen eigenen Wert hat, nur auf einen großen Haufen wirft und daß man vor lauter Wald den Baum nicht mehr sieht. Doch läßt sich antworten, daß sich erst mit der Menge an Material jene Kenntnis ergibt, die das einzelne Dokument, den einzelnen Brief sinnvoll unterstützen kann, sei es im direkten Leseverständnis, sei es durch einen Kommentar. Für systematisch Auswertende bedeuten die aufbereitete Materialmenge und die Suchbarkeit jedes einzelnen Wortes eine Ökonomisierung, für unsystematisch Streifende Erkenntnisgewinn nach dem Lustprinzip.
Die Plätze, die der einzelne Brief in verschiedenen Kontexten einnehmen kann, sind erst durch die EDV als solche darstellbar. Die Linearität eines Buches wird ersetzt durch die Möglichkeit, Linien verschieden zu legen: etwa nach Daten, nach EmpfängerInnen, nach Stichworten des Inhalts, nach formalen Besonderheiten. Ein inhaltlich wenig spektakulärer Brief kann so in anderen Zusammenhängen durchaus von Wichtigkeit sein. Das Netzwerk eines Gesamtbriefwechsels ist durch eine Hypertext-Datenbank adäquat darstellbar; die Linearität eines Briefbandes würde ihm nicht gerecht. Gleichwohl wird für Nicht-Computerisierte und alle, die das Medium Buch schätzen, parallel zur CD-Rom ein Auswahlband erscheinen.
So sinnvoll Einzelpublikationen von Briefen oder Korrespondenzen bestimmte Personen oder Themen betreffend sein können – manche Zusammenhänge lassen sich erst in der Überschau der Vielfalt und in den Mustern von Überschneidungen und Wiederholungen erkennen (z. B. hat sich bei Christine Lavant die Verwendung einer bestimmten Rhetorik in der Anfangsphase einer Beziehung herausgestellt). Auch eine AdressatInnenbezogenheit wird erst durch die Übereinstimmungen in und die Kontraste zwischen den verschiedenen Konvoluten evident.
Zahlreiche oft nur knappe poetologische Andeutungen – Christine Lavant hat sich nirgends zusammenhängend oder im Sinne einer Theorie über ihr Schreiben oder ihre Auffassung von Schreiben allgemein geäußert – lassen sich in der Zusammenschau wohl zu einem Gesamtbild ihres schriftstellerischen Selbstverständnisses fassen.
Christine Lavant kamen die Möglichkeiten der Gattung Brief, räumliche Entfernungen zu überbrücken, besonders entgegen, da sie durch körperliche Einschränkungen wenig beweglich war und wegen Schwerhörigkeit ungern telefonierte. Das verbreitete Bild von ihr ist das einer kranken und isolierten Dichterin, die wenig Bildung hatte, von anderer Instanz inspiriert schuf und mit dem literarischen Leben wenig zu tun hatte. Der Briefwechsel vermag den Klischees entgegenzutreten. Erst jetzt zeigt sich, mit wie vielen Personen Christine Lavant überhaupt in Kontakt war. Der Briefwechsel Christine Lavants zeigt ein nicht-provinzielles Leben in der „Provinz". Er zeigt zudem, wie von einem Punkt der Provinz aus ein Netz an überregionalen Kontakten entstanden ist, dessen Kenntnis das Bild der literarischen und künstlerischen Zusammenhänge in Österreich erweitert. Die Bewegung über das Mittelmaß hinaus, das sich häufig in den Provinz(haupt)städten sammelte, wurde vielfach vom Medium des Briefes getragen.
Christine Lavants Briefe sind die einzigen biographischen Dokumente, die von ihr erhalten sind – wenn auch naturgemäß verstreut. Sie hinterließ keine Tagebücher, keine Tageskalender o. ä., keine Notizen, die Aufschluß geben könnten über Befindlichkeit oder Ereignisse. Die Briefe ermöglichen Feststellungen im Sinne des datierbaren und dokumentierbaren Lebens; als „documents humains" lassen sie sich im Hinblick auf Brüche und Kontinuitäten einer inneren Biographie lesen. Der Gesamtbriefwechsel ist das Fundament einer ausstehenden Biographie.
Die Briefe Christine Lavants können unter bestimmten Gesichtspunkten als Teil ihres Werkes verstanden werden: Die Literarität der Briefe kommt in einigen Briefwechseln gut zum Vorschein. Die Briefe sind zudem Zeugnisse für ein Schreiben in Krisensituationen: In Zeiten angeblichen „dichterischen Verstummens" könnten die Briefe eine Möglichkeit gewesen sein, mit Sprache dennoch literarisch umzugehen. Das Changieren zwischen literarischer Formung und pragmatischer Mitteilung, zwischen professionellem Handwerk und Unbekümmertheit, zwischen offiziellem und persönlichem Ton gehört zum Interessanten der Briefe.
Eine weitere Bedeutung hat diese Briefausgabe als unverzichtbarer Referenzbereich für die im Entstehen begriffene Werkausgabe.[2] Dort war in der anfänglichen Konzeption eine systematische Sammlung und Auswertung der

Briefe nicht geplant. Die Werkausgabe wurde in der zweiten Phase – durch Materialfunde und inhaltliche Diskussionen – in manchen Bereichen umstrukturiert. Einer dieser Bereiche ist der nun über die Briefausgabe mögliche Rekurs auf den systematisch gesammelten und aufgearbeiteten Fundus der Briefe (etwa bezüglich der Datierung und Kommentierung von Werkzeugen, aber auch bezüglich der Erkenntnisse die Arbeitsweise und Produktionsbedingungen der Autorin betreffend).[3]

Schon für „Herz auf dem Sprung"[4] waren Briefe aus dem inhaltlichen Umfeld ausfindig gemacht und für Situierung und Kommentierung ausgewertet worden, wenn auch in deutlich geringerem Umfang. 1997 begannen wir mit den Arbeiten am Gesamtbriefwechsel; seither haben wir etwa 1100 Briefe aus institutionellem und privatem Besitz in Kopie als Sammlung zusammengeführt. In die Sammlung und Edition werden auch Drittbriefe aufgenommen, sofern sie Lücken schließen, kommentieren, wertvolle Ergänzungen liefern. Die meisten der gesammelten Briefe sind bereits transkribiert und in die Datenbank transferiert. Bei der Struktur der Datenbank greifen wir auf Erfahrungen der EditorInnen des Wittgenstein-Gesamtbriefwechsels zurück, der am Forschungsinstitut Brenner-Archiv (FIBA) entsteht, wie überhaupt die Briefeditionen des FIBA einen wertvollen Erfahrungspool darstellen. Das editorische Konzept ist in Arbeit. Die Briefe werden als Dokumente ausgewertet und als Texte ediert. Der Kommentar beinhaltet archivalische Informationen, Sacherläuterungen, biographische Informationen.

Seit März 2000 wird der „Gesamtbriefwechsel Christine Lavants" vom Fonds zur Förderung der wissenschaftlichen Forschung (FWF) gefördert.

---

1 Ausführlicher behandelt wird das Thema in dem Aufsatz „Poststempel St. Stefan (Lavanttal)". Die Briefe Christine Lavants. Erscheint demnächst in: Werner Bauer, Wolfgang Wiesmüller (Hg.): „Ich an Dich". Edition, Rezeption und Kommentierung von Briefen. Publikation der Vorträge der gleichnamigen Tagung in Innsbruck, 21./22. Okt. 1999. Innsbrucker Germanistische Reihe, Innsbruck 2000. Vgl. auch die Homepage zum Briefwechsel in http://brenner-archiv.uibk.ac.at.

2 Die „Kritische Gesamtausgabe der Werke Christine Lavants" entsteht am Robert-Musil-Institut für Literaturforschung/Kärntner Literaturarchiv (RMI). Sie wird vom FWF gefördert. Weitere Informationen unter http://www.uni-klu.ac.at/groups/kuwi/forsch/lavant.htm.

3 Vgl. dazu: Ursula A. Schneider, Annette Steinsiek: Auf dem Weg zur kritischen Ausgabe der Werke Christine Lavants. In: Arno Rußegger, Johann Strutz (Hg.): Profile einer Dichterin. Beiträge des II. Internationalen Christine-Lavant-Symposions Wolfsberg 1998, Salzburg, Wien: Otto Müller 1999, S. 15–43.

4 Christine Lavant: Herz auf dem Sprung. Die Briefe an Ingeborg Teuffenbach. Im Auftrag des Brenner-Archivs (Innsbruck) hg. u. mit Erläuterungen u. einem Nachwort versehen v. Annette Steinsiek. Salzburg, Wien: Otto Müller 1997.

▸ Abbildungen 1 und 2: Christine Lavant an Ingeborg Teuffenbach, Brief vom Abend des 22. 11. 1948. Forschungsinstitut Brenner-Archiv, NL Ingeborg Teuffenbach. Veröffentlicht und kommentiert in: Christine Lavant: Herz auf dem Sprung. Die Briefe an Ingeborg Teuffenbach, S. 48–50.

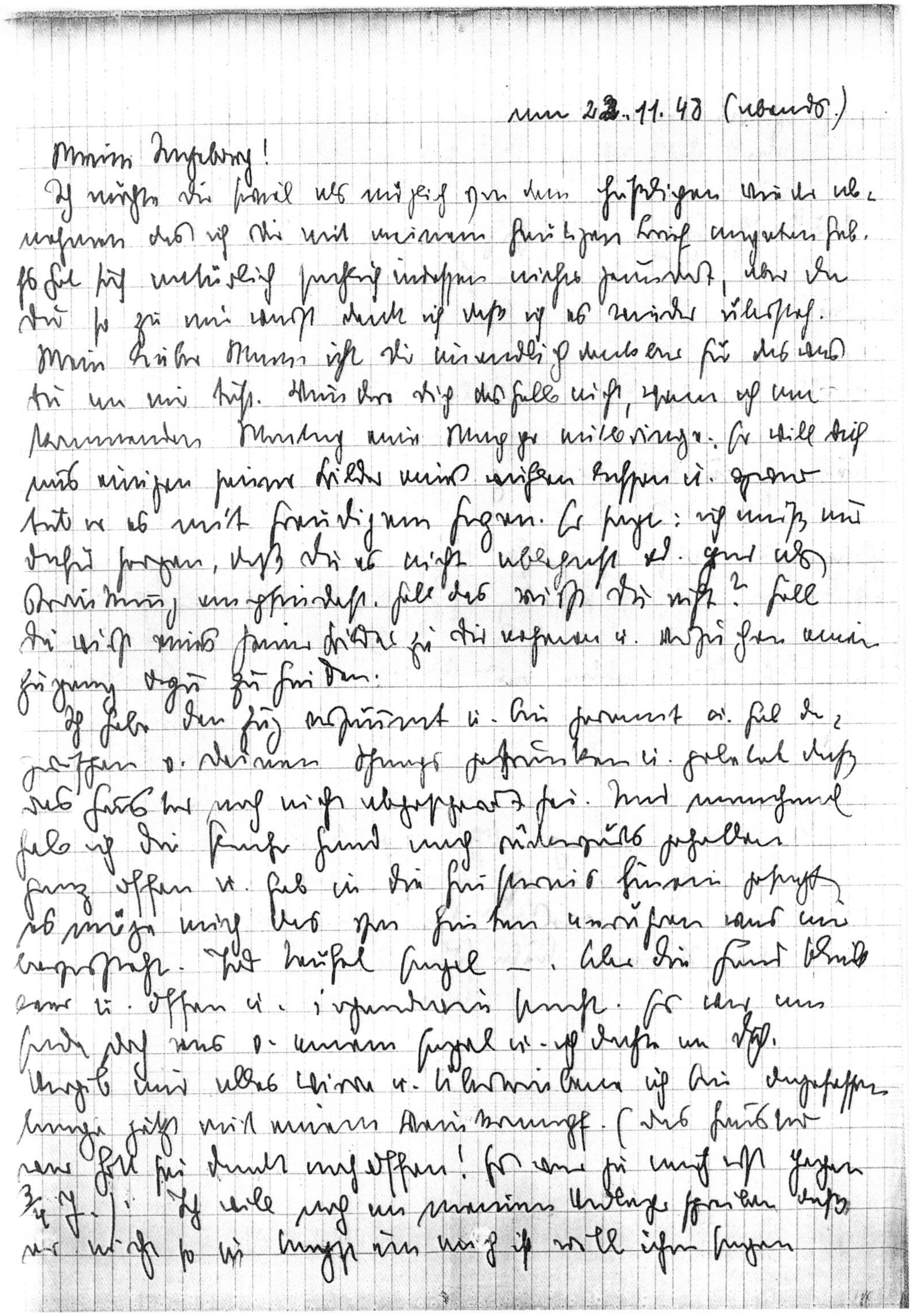

Transkription:

am 22.11.48. (abends.)

Meine Ingeborg!

Ich möchte Dir soviel als möglich von dem Häßlichen wieder abnehmen das ich Dir mit meinem heutigen Brief angetan hab. Es hat sich natürlich sachlich indessen nichts geändert, aber da Du so zu mir warst denk ich daß ich es wieder übersteh.
Mein lieber Mann ist Dir unendlich dankbar für das was Du an mir tust. Wundre Dich deshalb nicht, wenn ich am kommenden Montag eine Mappe mitbringe: Er will Dich aus einigen seiner Bilder eines wählen lassen u. zwar tut er es mit freudigem Herzen. Er sagt: ich muß nur dafür sorgen, daß Du es nicht ablehnst od. gar als Kränkung empfindest. Gelt das wirst Du nicht? Gelt Du wirst eines seiner Bilder zu Dir nehmen u. versuchen einen Zugang dazu zu finden.
Ich habe den Zug versäumt u. bin gerannt u. hab dazwischen v. Deinen Schnaps getrunken u. gebetet daß das Haustor noch nicht abgesperrt sei. Und manchmal hab ich die flache Hand nach rückwärts gehalten ganz offen u. hab in die Finsternis hinein gesagt es möge mich das von hinten anrühren was mir bevorsteht. Tod Teufel Engel –. Aber die Hand blieb leer u. offen u. irgendwie sanft. Es war am Ende doch was v. einem Engel u. ich dachte an Dich.
Vergib mir alles Wirre u. Übertriebene ich bin dagesessen lange jetzt mit einem Weinkrampf. (Das Haustor war Gott sei Dank noch offen! Es war ja auch erst gegen 3/4 7.). Ich will noch an meinen Verleger schreiben daß er nicht so in Angst um mich ist will ich ihm sagen

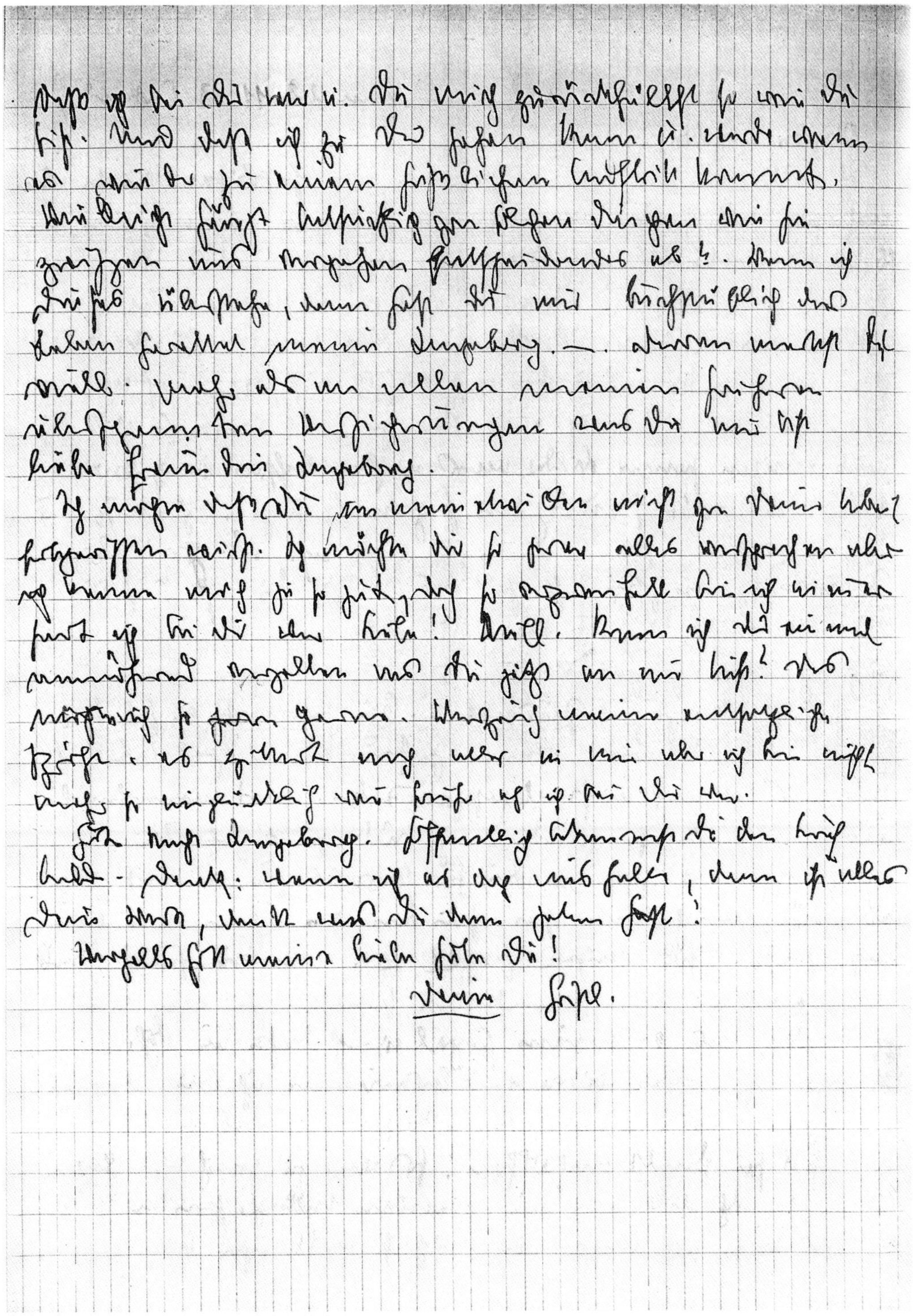

daß ich bei Dir war u. Du mich zurückhältst so wie Du bist. Und daß ich zu Dir gehen kann u. werde wenn es wieder zu einem häßlichen Auftritt kommt. Vielleicht hängt tatsächlich von solchen Dingen wie sie zwischen uns vorgehen Entscheidendes ab?. Wenn ich dieses überstehe, dann hast Du mir buchstäblich das Leben gerettet meine Ingeborg. – . Daran merkst Du viell. mehr als an allen meinen früheren überspannten Versicherungen was Du mir bist liebe Freundin Ingeborg.

Ich möchte daß Du um meinetwillen nicht von Deiner Arbeit fortgerissen wirst. Ich möchte Dir so gerne alles versprechen aber ich kenne mich ja so gut, doch so verzweifelt bin ich nimmer seit ich bei Dir war Liebe! Viell. kann ich Dir einmal annähernd vergelten was Du jetzt an mir tust? Das möchte ich so gerne. Verzeih meine entsetzliche Schrift, es zittert noch alles in mir aber ich bin nicht mehr so unglücklich wie früher eh ich bei Dir war.

Gute Nacht Ingeborg. Hoffentlich bekommst Du den Brief bald. Denk: wenn ich es doch aushalte, dann ist alles Dein Werk, denk was Du dann getan hast!

Vergelts Gott meine liebe Gute Du!

Deine Christl.

Volker Kaukoreit

ERICH FRIED: HERAUSFORDERUNGEN EINER LESEAUSGABE

Der Lyriker, Prosaautor, Übersetzer und (Rundfunk-)Journalist Erich Fried verstarb im November 1988. Der Schriftsteller, der als siebzehnjähriger Jude 1938 aus Wien nach England vertrieben wurde und bis zu seinem Tod seinen Wohnsitz in London behielt, hinterließ ein umfangreiches Werk. Dazu gehören u. a. knapp 30 Lyrik-Bände, die man behelfsmäßig als Originalausgaben bezeichnen kann, ein Roman, 4 selbständige Prosa-Sammlungen sowie eine Reihe von ‚vermischten' Sammelbänden (Lyrik und Prosa) und einzelne Misch-Publikationen, bei denen Fried als Mitverfasser auftrat. Eine postume ‚editorische Würdigung' erfuhr der Übersetzer, indem sein Berliner Verlag Klaus Wagenbach 1989 eine drei Bände und ein Begleitheft umfassende Kassette mit Frieds Shakespeare-Übersetzungen herausbrachte (27 Stücke). Weit weniger einfach als die Zusammenstellung dieser Shakespeare-Ausgabe, die – mit Ausnahme des zuletzt übertragenen „König Lear" – strikt auf die (keineswegs als Endfassungen gesicherten) Drucke der Wagenbach-Reihe „Erich Fried / Shakespeare-Übersetzungen" zurückgriff, gestaltete sich die (von Klaus Wagenbach und vom Berichterstatter getätigte) Herausgabe der „Gesammelten Werke", die anläßlich von Frieds fünftem Todesjahr 1993 erschienen. Das Projekt war eine Eigeninitiative des Wagenbach-Verlags, der das volle unternehmerische Risiko trug. Ansuchen auf Förderungsmittel der öffentlichen Hand in Österreich wurden mit der Begründung abgelehnt, daß es sich um einen deutschen Verlag handle.

Bei Aufnahme der Herausgebertätigkeit befand sich der äußerst umfangreiche literarische Nachlaß Erich Frieds (200 Kartons plus 120 Kartons mit der Nachlaßbibliothek) in der Österreichischen Nationalbibliothek gerade einmal im Zustand der Vorordnung[1]. Aufgrund der fast unheimlichen Produktivität des Lyrikers und des Wissens, daß ihm trotz seines seit 1940 kontinuierlichen Schaffens zwischen 1946 und 1957 keine Buchveröffentlichung gelang, wurde davon ausgegangen, daß sich in seinem Nachlaß Tausende unveröffentlichter Gedichte (in den verschiedensten Fassungen) befinden könnten. Allein vom Aufwand her kam eine Berücksichtigung dieser Texte für die „Gesammelten Werke" nicht in Frage. Im Sinne einer ‚transparenten' und ökonomisch leistbaren Edition mußten jedoch noch weitere Einschränkungen vorgenommen werden.

Zielvorstellungen und Grundsatzentscheidungen

Vorgabe des Verlages war es, die „Gesammelten Werke" auf die literarischen Hauptdomänen Frieds, d. h. auf die Lyrik und die erzählende Prosa zu beschränken. Die Entscheidung, von den anderen Gattungen abzusehen, wurde von Sachüberlegungen und Zielvorstellungen geleitet (handliche Leseausgabe, Finanzierbarkeit für den Verlag und den Leser), wobei etwa auf die zahlreichen verstreuten Reden, Essays und journalistischen Beiträge nicht nur aus Umfanggründen verzichtet werden mußte, sondern auch aufgrund der Tatsache, daß dieser Bereich in Gänze noch nicht einmal bibliographisch erschlossen war (einmal ganz abgesehen von den Hunderten der zum Teil extrem kommentarbedürftigen Rundfunkbeiträge, die Fried bis 1968 für das deutschsprachige Programm der BBC verfaßt hatte). Hinsichtlich dieser Lücke wurde in Betracht gezogen, der Lyrik- und Prosa-Werkausgabe zumindest kommentierte Aufsatz-Auswahlen folgen zu lassen, was mit der Veröffentlichung von „Anfragen und Nachreden. Politische Texte" (1994) und „Die Muse hat Kanten. Aufsätze und Reden zur Literatur" (1995) realisiert wurde – eine auf Dauer freilich kaum befriedigende Lösung.

Der Textkorpus und sein Aufbau

Bei der Präsentation der Gedichte und Kurzprosastücke stellte sich zunächst die Frage nach dem Umgang mit den nur in Anthologien, Zeitschriften und Zeitungen erschienenen Texten, bei denen – wie bei den Aufsätzen – nicht davon ausgegangen werden konnte, daß sie alle bekannt, d. h. bibliographisch nachgewiesen waren. Diesbezüglich lag im Bereich der Lyrik jedoch bereits der Band „Einbruch der Wirklichkeit" vor, mit dem der Berichterstatter 1991 eine Auswahl aus den ihm bis dato bekannten verstreuten und von ihrer literarischen Qualität her höchst unterschiedlichen Gedichten herausgegeben, d. h. aus ca. 220 Texten 61 zum Wiederabdruck versammelt hatte. In Zweifelsfällen war diese Auswahl, die unmittelbar das heikle Problem der (literarischen) Wertung

berührte, mit dem von Fried eigens für diese Zwecke testamentarisch eingesetzten ‚literarischen Nachlaßverwalter' Alexander von Bormann (Universität Amsterdam) abgestimmt worden.
Ließ sich dieses Verfahren für das Einzelprojekt „Einbruch der Wirklichkeit" rechtfertigen, so mußte der Sachverhalt für die Herausgabe der „Gesammelten Werke" (= GW) neu durchdacht werden: Denn für das größere Projekt gab es eigentlich nur die Möglichkeit, auf *alle* bisher bekannten verstreuten Texte zurückzugreifen und damit Gefahr zu laufen, eine zwangsläufig nur lückenhafte Textmenge vorzulegen, oder eine erweiterte Auswahl zu treffen (was im Bereich der Kurzprosa eine ganz neue Aufgabe dargestellt hätte, bei der auch die vielen frühen prosaischen ‚Brotarbeiten' Frieds hätten berücksichtigt werden müssen – meist unter Pseudonym erschienene ‚Feuilletongeschichten', von denen es die eine oder andere gewiß verdient hätte, wiederveröffentlicht zu werden). Wie komplex die diesbezügliche Herausforderung an die Editoren war, liegt auf der Hand. Sie waren mit verschiedenen Tatsachen und Eventualitäten konfrontiert wie etwa der Unsicherheit der Textmenge (Kriterium: Vollständigkeit), der Hinterfragung der Textauswahl (Kriterium: Wertung) und Vorgaben praktischer Natur, d. h. die Leseausgabe in einem leserfreundlichen, überschaubaren (und nach allen Seiten hin finanzierbaren) Rahmen zu halten.
Unter den geschilderten Umständen wurden von editorischer Seite her als oberste Gebote ‚Transparenz' und ‚Zuverlässigkeit' angesetzt. In puncto ‚Transparenz' wurde nach eindeutigen Kriterien für den dargebotenen Textkorpus gesucht, die die „Editorische Notiz" dergestalt festhielt, daß GW geschlossen die „Lyrik und Prosa" enthalte, „die Erich Fried in Buchform veröffentlicht hat" (GW 1, S. 5). Diese Angabe impliziert den Verzicht auf die verstreuten Texte – eine Entscheidung, die auch durch das Wissen darüber erleichtert wurde, daß Fried die separat publizierten Gedichte und Prosatexte, an denen ihm besonders lag, in der Regel anschließend in eine Buchveröffentlichung überführte – und bezieht sich selbstverständlich nur auf die selbständigen Publikationen und solche Buchveröffentlichungen, die Fried nachweislich autorisiert hatte (z. B. Nicht verdrängen, nicht gewöhnen. Texte zum Thema Österreich. Hg. von Michael Lewin. Wien 1987) oder in denen er explizit als Mitverfasser fungierte (z. B. Heinrich Albertz/Erich Fried: Wo liegt Nicaragua. Gedichte und ein Gespräch. Wuppertal 1987). Vor diesem Hintergrund ‚definierte' die „Editorische Notiz" weiters:

„Die Texte erscheinen in der vom Autor gewollten letzten Fassung und in der von ihm eingerichteten Abfolge innerhalb der Bände. [...] Die Textanordnung folgt dem jeweiligen Erscheinungsjahr der einzelnen Bände, mit Ausnahme der Sammlung ‚Von Bis nach Seit' (die erst 1985 erschien, aber ausschließlich Gedichte aus den Jahren 1945–1958 enthält und deswegen chronologisch eingeordnet wurde)." (ebd.)

Aus der Berechnung des auf Druckseiten umzulegenden ‚Text-Volumens', der rund 2 000 Gedichte und Gedichtzyklen, ein Roman sowie ca. 120 Kurzprosatexte und dazugehörige „Quellen und Anmerkungen" zugrunde lagen, resultierte eine Verteilung auf vier GW-Bände mit je 650 bis 690 Seiten:
Band 1: Frühe Gedichte und Gedichte der sechziger Jahre
Band 2: Gedichte der siebziger und frühen achtziger Jahre (einschließlich des Bandes „Das Nahe suchen")
Band 3: Späte Gedichte und Gedichte aus anthologischen Zusammenhängen
Band 4: Prosa
Doch nach diesem langen Vorlauf stellten sich die eigentlichen Probleme erst ein. Der Teufel steckt bekanntlich im Detail. Im folgenden kann darüber nur exemplarisch für den Bereich der Lyrik berichtet werden.

Detailprobleme und ihre Lösung

Als noch relativ einfach erwies sich die Präsentation der beiden lyrischen Exil-Erstlinge „Deutschland" (1944) und „Österreich" (1946, recte 1945). Fried hatte sie 1986 mit einem neuen Vorwort unter dem Titel „Frühe Gedichte" (= FG) wiedererscheinen lassen und zugestimmt oder selbst veranlaßt, daß dabei „die für das Londoner Exil typischen Orthographie-Eigentümlichkeiten [...] normalisiert" wurden, „z. B. ö statt oe, ß statt ss" (GW 1, 641). Gemäß der Herausgeberentscheidung, auf die ‚vom Autor gewollten letzten Druckfassungen' zurückzugreifen, wurden für GW die FG-Fassungen herangezogen, die Bände selbst aber – mit einer Titel-Abbildung der seltenen Erstausgabe – separat präsentiert, d. h. daß im Fall des „Deutschland"-Bandes die ursprüngliche Vorbemerkung von 1944 im vorderen ‚Leseteil' verblieb, während das beide Exilbände betreffende „Vorwort" vom „März 1986" in die „Quellen und Anmerkungen" (= QuA) ‚verbannt' wurde. Im Sinne der Transparenz kann sich der interessierte Leser über dieses editorische Procedere genaue Informationen in QuA zu „Deutschland" und „Österreich" einholen (vgl. GW 1, 641 f.).

In der Chronologie waren als nächstes (neben der erst später erschienenen Sammlung „Von Bis nach Seit", s. o.) Frieds „Gedichte" von 1958 (= G; vgl. Abb. 1) anzusetzen, was die Herausgeber vor eine ziemlich vertrackte Aufgabe stellte. Denn zehn Jahre nach der Erstveröffentlichung – in der Blütezeit der außerparlamentarischen Opposition – hatte der politisch engagierte Lyriker einer vom Claassen Verlag angeregten Wiederauflage nur unter der Bedingung zugestimmt, daß er einzelne der ‚älteren' G-Texte mit ‚relativierenden' „Gegengedichten" konfrontieren dürfe. Daraus entstand quasi ein neuer Band, nämlich „Befreiung von der Flucht. Gedichte und Gegengedichte" (1968) mit einer eigenen, vorangestellten „Erklärung" und dem Abdruck des Zyklus „Mutter in Vietnam", der den mittlerweile für die Sammlung „Reich der Steine. Zyklische Gedichte" (1963) überarbeiteten Zyklus „Die letzte Hand" ersetzte. Da bis auf „Die letzte Hand" alle Gedichte der Sammlung von 1958 somit später auch in „Befreiung von der Flucht" (= $BvdF^1$; vgl. Abb. 2) vertreten waren, hätte die GW-Wiedergabe der beiden Bände zu zahlreichen, in der Tat überflüssigen und unökonomischen Doppelabdrucken geführt. So wurde an der Stelle, an der in der chronologischen Gesamtabfolge die „Gedichte" von 1958 hätten stehen müssen, nur der vordere Umschlag der Erstausgabe abgebildet und auf die Tatsache der ‚Weiterwanderung' der Texte in die Sammlungen „Reich der Steine" und „Befreiung von der Flucht" verwiesen (vgl. GW 1, 69). Doch damit nicht genug, denn 1983 kam es zu einer veränderten Neuauflage von „Befreiung von der Flucht", die u. a. ein zusätzliches „Nachwort" erhielt und auch den Zyklus „Die letzte Hand" in der Version von 1963 wieder in den Textbestand integrierte (= $BvdF^2$; vgl. Abb. 3). Wie gesagt, der Teufel steckt im Detail.

Im Sinne der zuletzt vom Autor gebilligten Druckfassung hätten die Herausgeber nun $BvdF^2$ in GW aufnehmen müssen, entschieden sich aber für eine begründete Ausnahme. Die (literar-)historisch relevante BvdF-Ausgabe war zweifelsohne die von 1968, die es zu bewahren galt und deshalb mit ihrer einleitenden „Erklärung" als GW-Druckvorlage vorgezogen wurde. Indes wurden alle Abweichungen zwischen $BvdF^1$ und $BvdF^2$ minutiös in QuA zu „Befreiung von der Flucht" verzeichnet, wo auch das „Nachwort" zu den „Gedichten" von 1958 und das „Nachwort zur erweiterten Neuauflage von 1983" zu finden ist (vgl. GW 1, 651–653). Die genaue Verzahnung von ‚Leseteil' (verweisende Abbildung der G-Erstausgabe in ‚Stellvertreter-Funktion') und QuA zu „Reich der Steine" und „Befreiung von der Flucht" machen die komplizierten Zusammenhänge an allen betroffenen Stellen sowohl für den gewillten ‚Normalleser' als auch für den wissenschaftlich motivierten GW-‚Benutzer' nachvollziehbar. Insofern einzelne BvdF-Gedichte später noch einmal – und eventuell sogar mit Zusatzerläuterungen – in andere Bände (z. B. in „Höre, Israel!" von 1974) übernommen wurden, wurde auch dies in den entsprechenden Einzelanmerkungen verzeichnet.

Das Problem der Doppelabdrucke ergab sich freilich auch an vielen anderen Stellen, so etwa bei der Einrichtung des oben erwähnten Bandes „Höre, Israel!", aus dessen Textkorpus ein bereits im BvdF-Kontext abgedrucktes Gedicht nicht einfach eliminiert werden konnte. Den Doppelabdruck vermeidet die Angabe des Gedichttitels und ein Verweis, z. B. „‚Markttag' siehe 1 / 562 und Anmerkung dazu" (GW 2,97). Wiederum anders war in bezug auf von Fried selbst zusammengestellte Auswahlbände zu verfahren, die mehrheitlich bereits gedruckte Gedichte oder, anders gesagt, nur in geringerem Anteil neue Texte enthielten, so etwa im Fall des alles in allem nicht unwichtigen Bandes „100 Gedichte ohne Vaterland" von 1978. Hier wäre es unsinnig gewesen, den Textkorpus durch zahlreiche Verweise wie ein Gerippe mit zwischendurch etwas Fleisch (eben den neu hinzugekommenen Gedichten) zu präsentieren. Die wenigen neuen Gedichte wurden deshalb in den ebenfalls nach Bänden chronologisch aufgebauten Anhang des Bandes 3 gestellt (wobei die damals gewählte Zwischenüberschrift „Gedichte aus anthologischen Zusammenhängen" rückblickend etwas verunglückt erscheint). Die ursprüngliche Kontextuierung der Anhang-Gedichte und damit auch der Gesamtaufbau eines Auswahlbandes werden aus einer exakten Inhaltsangabe in den Anmerkungen zum Anhang ersichtlich. Bei der Rekonstruktion des ursprünglichen Umfeldes helfen die nach Gedichttiteln und -anfängen geordneten GW-Gedichtregister.

Von den vielen Schwierigkeiten und Herausforderungen, die sich bei der GW-Realisation einstellten, seien abschließend nur noch zwei erwähnt: Zur Sicherung der jeweils letzten in Buchform erschienenen Textfassung wurden zahlreiche Nachauflagen überprüft und Textvergleiche bei Paralleldrucken und späteren, autorisierten Buchveröffentlichungen einzelner Gedichte vorgenommen. Parallel dazu wurde sicherheitshalber zumindest noch einmal die leicht zugängliche Korrespondenz Frieds mit dem Verlag Klaus Wagenbach auf Spuren durchforstet, die eventuelle Änderungs- und Korrekturwünsche des Autors bei späteren Auflagen anzeigen konnten. Dabei erwies sich zum Beispiel, daß Fried nach dem Erstdruck seiner berühmten „Liebesgedichte" (1979) noch einmal in den Band eingegriffen hatte, was für GW, wie in QuA kommentiert, zur Konsequenz hatte:

„Der vorliegende Druck folgt der 2. Auflage von 1979 (7.–12. Tsd.), die gegenüber der Erstausgabe folgende Veränderung erfuhr: Auf S. 11 erhielt der Text ‚Eine Art Liebesgedicht' den Titel ‚Bedingung'. Hinzugefügt wurde auf der gleichen Seite das Gedicht ‚Ungewiß'." (GW 2, 692; vgl. Abb. 5 u. 6)

Ein weiteres Problem, das nach der akribischen Durchsicht der Druckvorlagen, in denen offensichtliche Druckfehler stillschweigend korrigiert wurden, zu lösen war, trat in Form der Tatsache auf, daß ein- und dasselbe Gedicht einmal mit, einmal ohne Illustration erschien, was ebenfalls in den „Quellen und Anmerkungen" verzeichnet wurde (vgl. Abb. 7).

Rückblick und Resumee

Die obigen Ausführungen mögen belegen, daß auch eine ‚zuverlässige' Leseausgabe, die ihren editorischen Ansatz transparent halten möchte, eines großes Aufwands bedarf, lange Vorarbeiten und eine äußerst genaue Werkkenntnis voraussetzt. Zur guter Letzt sei noch betont, daß der Verlag auch von der rein herstellerischen Seite her nicht geizte und zur besseren Leseorientierung GW mit Kolumnentitel am Fuß einer jeden Seite versah. Hinsichtlich des Drucks der Gedichte wurde zudem versucht, die „wohlvertraute Abneigung Erich Frieds gegen Zeilenbrüche oder Strophenteilung beim Seitenumbruch (...) zu respektieren" (GW 1, 6); die vier, mit einem Lesebändchen ausgestatteten Halbleinen-Bände erschienen zu einem Preis, der für das breite Publikum immerhin so erschwinglich erschien (DM 185.–, ÖS 1351.–), daß relativ rasch eine zweite Auflage nötig wurde, der eine dritte folgte, womit das Projekt langsam für den Verlag rentabel wurde. Anläßlich von Frieds zehntem Todesjahr kamen die „Gesammelten Werke" 1998 erneut als noch preiswertere, ebenfalls vierbändige Taschenbuchausgabe heraus (DM 68.–, ÖS 496.–).

Rückblickend läßt sich sagen, daß vielleicht eine Ausdehnung der Gedichtregister auf den Apparat und die Prosastücke, die Verstexte enthalten, sowie ein Kurzprosa-Register wünschenswert gewesen wären (was natürlich einen Mehraufwand in dem ohnehin ausgelasteten Aufgabenbereich bedeutet hätte). Richtig scheint im Nachhinein die Entscheidung, die Werkausgabe nicht weiter mit Überlegungen zur ‚Kommentierung' konfrontiert zu haben. Texterläuterungen waren im Rahmen des Projekts schlechtweg nicht leistbar, weshalb sich die „Quellen und Anmerkungen" vornehmlich darauf beschränken, auf textkritische Probleme hinzuweisen oder Anmerkungen unterzubringen, die Fried selbst in den jeweiligen Bänden seinen Texten hinzugefügt hat.

Daß auch bei einem noch so sorgfältigen und professionellen Verlagslektorat letztendlich immer noch Textverwitterungen aufscheinen können, muß natürlich schmerzen, besonders in einem Fall, wo der Textfehler die Pointe verdirbt und es an entscheidender Stelle der autobiographischen Erzählung „Mein Stipendum" nur „ein Dichter" anstatt „ein deutscher Dichter" heißt (vgl. GW 4, 602; zweiter Absatz). Dieser Fehler ist (wie die wenigen anderen) in der Taschenbuchausgabe beseitigt worden. Aber noch einmal: Der Teufel steckt im Detail, und er schläft bekanntlich nie. Zu überlisten ist er in einem Fall wie diesem nur durch größte Aufmerksamkeit und noch größere Investitionen in die Texterfassung. So könnte man, die entsprechenden (finanziellen und personellen) Ressourcen vorausgesetzt, in Zukunft auch von Verfahren lernen, die bei einzelnen wissenschaftlichen Editionen angewandt werden, und so z. B. die manuelle Erfassung eines (unkomplizierten Fließ-)Textes wie „Mein Stipendum" mit einer OCR gelesenen Version per Computer-Prüfprogrammen vergleichen, um „mögliche Fehlerquellen anzuzeigen".[2]

Ausgabe:
Erich Fried: Gesammelte Werke. 4 Bde. Hg. von Volker Kaukoreit und Klaus Wagenbach. Berlin: Verlag Klaus Wagenbach 1993 (= GW).

[1] Vgl. Einblicke. Durchblicke. Fundstücke und Werkstattberichte aus dem Nachlaß von Erich Fried. Zusammengestellt von Volker Kaukoreit. Wien: Turia+Kant 1993.

[2] Fragen an Fotis Jannidis [zur Problematik EDV-gestützter Edition]. In: Sichtungen. Archiv – Bibliothek – Literaturwissenschaft. Internationales Jahrbuch des Österreichischen Literaturarchivs der Österreichischen Nationalbibliothek. 2.Jg., Wien: Turia + Kant 1999, S. 196–203, hier S. 200.

▲ Abbildung 1: Erich Frieds erste selbständige Lyrikveröffentlichung in der Bundesrepublik Deutschland (1958)

▲ Abbildung 2: Die Wiederveröffentlichung der „Gedichte" (1958) mit „Gegengedichten" unter dem Titel „Befreiung von der Flucht" (1968)

▲ Abbildung 3: Die veränderte Neuausgabe von „Befreiung von der Flucht" (1983)

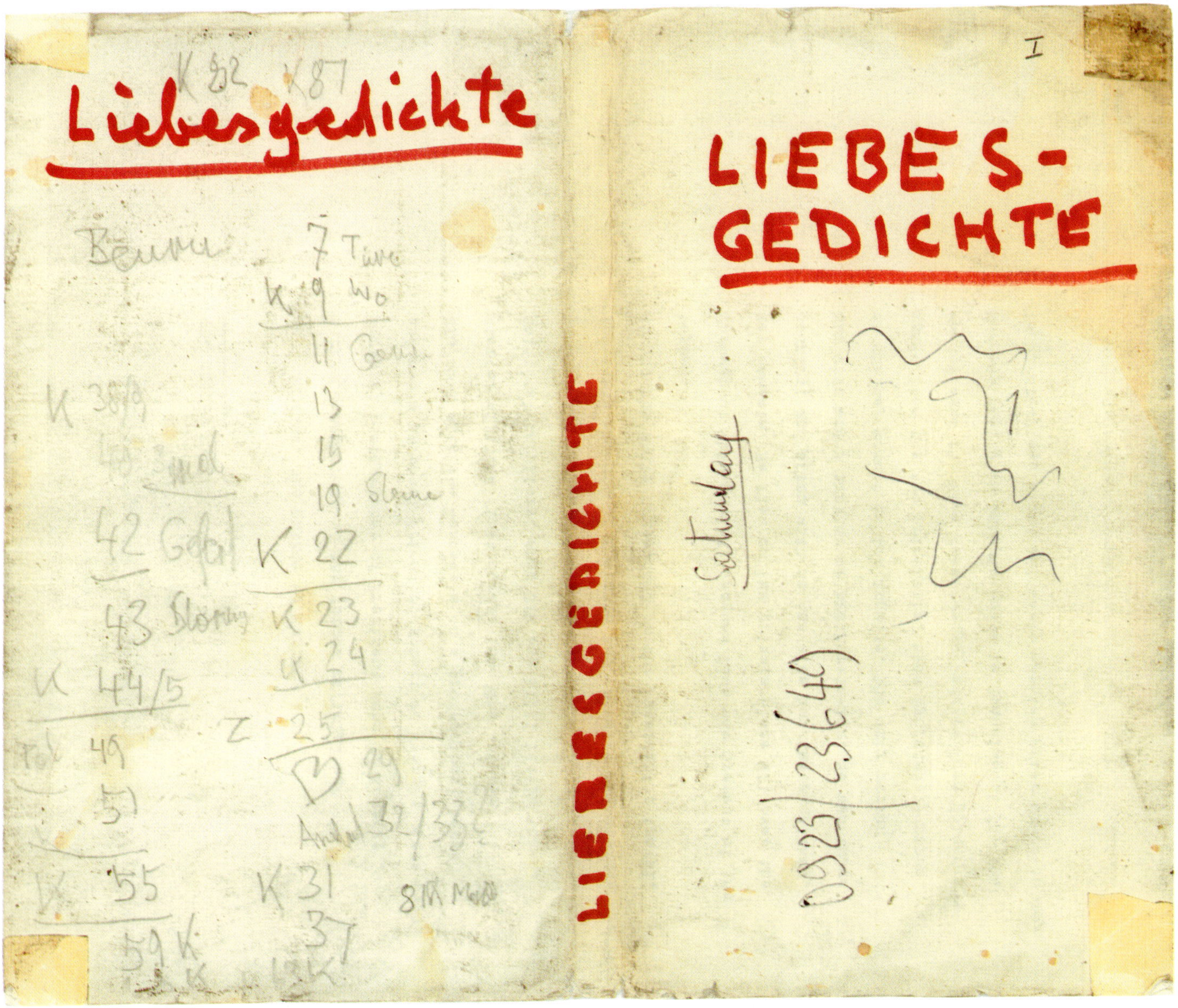

▲ Abbildung 4: Von Erich Fried beschrifteter Umschlag für sein Handexemplar der „Liebesgedichte“. ÖLA

Inhalt

Worte 9
Dich 10
Gedankenfreiheit 10
Eine Art Liebesgedicht 11
Eifriger Trost 12
Halten 13
Einer ohne Schwefelhölzer 14
Herbst 15
Notwendige Fragen 16
Was ist Leben? 17
Nachtlied 18
In dieser Zeit 19

Inhalt

Worte 9
Dich 10
Gedankenfreiheit 10
Bedingung 11
Ungewiß 11
Eifriger Trost 12
Halten 13
Einer ohne Schwefelhölzer 14
Herbst 15
Notwendige Fragen 16
Was ist Leben? 17
Nachtlied 18
In dieser Zeit 19

Anthologie *Bedenkliche Zeiten*«.

Zu S. 182

Seestück] Im *Kalender für den Frieden 1985* (Köln: Bund-Verlag 1984) und in dem Band *Wächst das Rettende auch?* (Köln: Bund-Verlag 1986) folgt dem Gedicht eine Illustration von David Fried:

▲ Abbildung 5: Auszug aus dem Inhaltsverzeichnis der ersten Auflage von Frieds „Liebesgedichten" (1979)

▲ Abbildung 6: Auszug aus dem Inhaltsverzeichnis der zweiten Auflage der „Liebesgedichte" (1979), aus dem etwa die Hinzufügung des Gedichts „Ungewiß" hervorgeht

▲ Abbildung 7: Auszug aus den „Quellen und Anmerkungen" der „Gesammelten Werke" Erich Frieds, hier eine Einzelanmerkung zu dem Gedicht „Seestück" aus dem Band „Um Klarheit" (1985) betreffend (Bd. 3, S. 610)

Bernhard Fetz/Eva Schobel

ALBERT DRACH: PROJEKT EINER WERKAUSGABE

Daß Albert Drach immer noch nicht den ihm gebührenden Platz im Kanon der deutschsprachigen Literatur gefunden hat, hängt mit der extremen Ungleichzeitigkeit seiner literarischen Produktion einerseits und der Publikation und Rezeption seines Werkes andererseits zusammen. In der Publikations- und Lebensgeschichte des Schriftstellers und Rechtsanwaltes spiegeln sich die historischen Brüche des vergangenen Jahrhunderts. Zwischen den weit auseinanderliegenden Veröffentlichungsdaten der Werke liegt die Geschichte eines österreichischen Juden, der sich seine prägenden existentiellen Erfahrungen mit Faschismus, Exil und der dumpfen Provinzialität im Österreich der Nachkriegszeit in einer distanziert-lakonischen Sprache vom Leib geschrieben hat.
Mehrmals war die literarische Öffentlichkeit auf Drach aufmerksam geworden, um ihn dann aber wieder für Jahrzehnte zu vergessen. Sein erster Gedichtband „Kinder der Träume" erscheint 1919, da ist der Autor gerade 17. Sein Drama „Das Satansspiel vom göttlichen Marquis", das er 1926/27 schreibt und 1928 vergebens für den Kleistpreis einreicht, ein Großteil seiner „Kleinen Protokolle", die 1927/28 entstehen und sein erster Roman „Das große Protokoll gegen Zwetschkenbaum", den er 1939/40 in der Emigration verfaßt, alle diese und viele andere Arbeiten erscheinen erst mehr als ein Vierteljahrhundert nach ihrem Entstehen. Einer der Gründe hierfür ist, daß Drach in der Zeit vor seiner Emigration der literarische Durchbruch (den ihm der erhoffte Kleistpreis hätte bringen sollen) noch nicht geglückt ist. Obwohl er die frühen Exiljahre in Frankreich, in denen er noch nicht an Leib und Leben bedroht war, exzessiv zum Schreiben nützt, gelingt es ihm in der Exilsituation erst recht nicht, einen Verlag zu finden. 1947/48 sukzessive nach Österreich zurückkehrend, ist er also kein remigrierender Schriftsteller, sondern ein zehn Jahre lang aus seiner Anwaltskarriere herausgerissener Jurist, der in den „Mödlinger Nachrichten" die Wiedereröffnung seiner Kanzlei annonciert. Er hat Koffer voller Manuskripte, die großteils noch in Frankreich deponiert sind, und ein zentrales Anliegen: endlich einen Verlag für sein in der Emigration angewachsenes Werk zu finden. Im restaurativen Nachkriegsösterreich und im Nachkriegsdeutschland des Wiederaufbaus stößt ein Roman wie „Das große Protokoll gegen Zwetschkenbaum", um das sich auch der kommunistische Wiener Kulturstadtrat Matekja bemüht, allerdings auf unüberwindliche Widerstände. Ähnlich wie Edgar Hilsenrath, der mit der zynischen Darstellung teils eigener Ghettoerfahrungen im Roman „Nacht" große Publikations- und Rezeptionsschwierigkeiten hat, gerät auch Drachs fiktionaler Zwetschkenbaum zwischen die fließenden Fronten eines nach wie vor virulenten Antisemitismus und eines aus schlechtem Gewissen gespeisten Philosemitismus, der erst recht wieder jene trifft, die schon unter ersterem zu leiden hatten.
Als „Das große Protokoll gegen Zwetschkenbaum" 1964 endlich bei Langen Müller in München publiziert wird, scheinen die Voraussetzungen für den Autor Drach nicht schlecht zu sein, eine achtbändige Gesamtausgabe wird sofort in Aussicht gestellt.[1] Doch bei aller anfänglicher Begeisterung im Feuilleton, die Rezeption geht von vornherein in eine fragwürdige Richtung. Drach wird als Relikt einer altösterreichischen Tradition verharmlost und gefeiert, als Meister des k. u. k. Kanzleistils, als konservativ-skurriler Autor im Geiste Herzmanovsky-Orlandos, dessen Werke im selben Verlagshaus erscheinen. Das provokative Potential seines Protokollstils, die methodische Weigerung, positive Helden zu schaffen und seinen literarischen Figuren durch eine einfühlsame Darstellung näherzukommen, die bei der Ablehnung des Romans in der unmittelbaren Nachkriegszeit eine Rolle gespielt hatte, wird nur von wenigen wahrgenommen; der Erfolg beruht bis zu einem gewissen Grad auf einem Mißverständnis. Die Enttäuschung der gestifteten Erwartungshaltung kann unter diesen Umständen also nicht ausbleiben. Zwei Bände der Gesamtausgabe mit großteils unaufgeführter Dramatik finden keine Abnehmer, lediglich „Die kleinen Protokolle und das Goggelbuch" können zumindest ansatzweise an den Erfolg des „Zwetschkenbaum" anschließen. Als 1966 Drachs Emigrationsbericht „Unsentimentale Reise" erscheint, eine auch gegen den Autor selbst rücksichtslose Überlebensbilanz der Jahre im französischen Exil, kommt das einem Tabubruch gleich. Wie sich Drachs Helden gerade als Opfer ein Recht auf Täterschaft erstreiten, wie sie als Filous, Schwerenöter, Schelme und tumbe Toren im Angesicht von Antisemitismus, Alltagsfaschismus und der drohenden Vernichtung durch die Nazis Sprache und Habitus der Täter imitieren und damit von innen aufsprengen, wirkte damals verstörend.

Die „Unsentimentale Reise“ kommt nicht einmal im Kontext der Exilliteratur vor. K. H. Kramberg, ein bis dahin kompetener Begleiter von Drachs Werk, verreißt das Buch in der „Süddeutschen Zeitung“. Drach, der sich schon mit dem Verlagsleiter von Langen Müller, Joachim Schondorff, überworfen hatte, gerät erst recht mit dessen Nachfolger Herbert Fleissner in Konflikt. Ausgerechnet aus der Umgebung Fleissners, unter dessen Leitung Langen Müller u. a. ein Buch des späteren Republikaner-Chefs Schönhuber veröffentlichen wird, kommt der Vorwurf, Drach hätte mit seinem autobiographischen „Protokoll“ über die Zeit zwischen 1934 und 1938 „Z.Z. das ist die Zwischenzeit“, in dem der Autor methodisch gegen sich selbst (also einen Juden) protokolliert, einen entsetzlich antisemitischen Text verfaßt. Der Roman erscheint schließlich 1968 als Band 6 der „Gesammelten Werke“ bei Claassen, findet aber wenig Resonanz. Eine gewisse Beachtung erreicht noch das „Kriminalprotokoll“ „Untersuchung an Mädeln“ (1971). Mit einem weiteren Dramenband und dem Mißerfolg seines 350-Seiten-Essays „In Sachen de Sade“ (1974) verschwindet der Autor Drach für weitere fünfzehn Jahre aus dem Bewußtsein der literarischen Öffentlichkeit.[2]

Als Albert Drach im Jahre 1988 der Büchnerpreis zuerkannt wird und seine Bücher neu aufgelegt werden, ist der Geehrte bereits weit über 80. Eine neue Generation von Lesern und Kritikern entdeckt einen der originellsten und radikalsten Schriftsteller der deutschsprachigen Literatur nach 1945, den das „Times Literary Supplement“ zusammen mit Elias Canetti bereits 1968 als „the most talented avant-garde writer working in the German tongue“ bezeichnet hatte. Als der Hanser-Verlag 1988 mit der „Unsentimentalen Reise“ eine Neuausgabe der Werke beginnt, scheinen die Auspizien für eine endgültige Durchsetzung des Autors so günstig wie nie zuvor. Der Germanist André Fischer, der durch einen Artikel in der „Süddeutschen Zeitung“ die Drach-Renaissance mit einleitet, legt eine richtige Spur zu Drachs Oeuvre und bringt die literarische Methode des Autors mit der stockenden Rezeption in Zusammenhang: „Drachs Darstellung von radikalen und bis dahin anscheinend nicht präsentablen literarischen Themen und seine Sprache verstoßen permanent gegen das zwar nie ausgesprochene, aber doch oft unterschwellig vorhandene Postulat der Angemessenheit bei heiklen Themen“.[3] Dieser Interpretation schließen sich auch andere Literaturwissenschaftler an, die einsetzende Rezeption der „Unsentimentalen Reise“ erfolgt auf einem gänzlich anderen historischen und literaturkritischen Niveau als 20 Jahre früher. Der Büchner-Preis stabilisiert Drachs Position, der Hanser-Verlag setzt die Herausgabe von Drachs Werk verdienstvoller Weise mit den großen Romanprotokollen fort. Doch nach der Publikation der „Untersuchung an Mädeln“ (1991) erscheint „Das Beileid“, das in unmittelbarem chronologischen und entstehungsgeschichtlichen Zusammenhang mit der „Unsentimentalen Reise“ steht, isoliert im Droschl Verlag. „Das Goggelbuch“, eine der überzeugendsten Arbeiten Drachs, kommt in einer bibliophilen Ausgabe im Wiener Verlag Der Apfel heraus, ist aber schon bald wieder vergriffen. Der Band „Ironie vom Glück“ (1994) kombiniert eine Auswahl aus Drachs „kleinen Protokollen“ und Erzählungen mit einem der zahlreichen Drachschen Essays, die der Autor geschlossen publizieren wollte.

Mitentscheidend für Drachs Außenseiterstatus ist also die Diskontinuität der Publikationsgeschichte und die Nichtexistenz eines wichtigen Teiles des Werkes, das in seiner Vielfalt und in seinen mannigfachen Bezügen nicht erschließbar ist. Jede Ausgabe wird, zumal wenn ihr Startschuß mit dem 100. Geburtstag des Autors zusammenfällt, den Status des Werks auf lange Zeit hin festlegen. Ein von der „Albert-Drach-Gesellschaft“ entwickelter Editionsplan soll ab 2002 das Gesamtwerk in einer zehnbändigen Studienausgabe greifbar machen. Auch wenn es Argumente für eine das gesamte veröffentlichte und unveröffentlichte Werk miteinbeziehende kritische Drachausgabe gibt, scheint eine „Studienausgabe“ aus finanziellen und personellen Gründen der realistischere und, was die Durchsetzung des Autors anbelangt, auch der sinnvollere Weg zu sein.

Zweifellos hatte Drach einen Willen zum Werk, das er als Gesamtkomplex gesehen hat; von früh an wurden die existierenden und projektierten Texte immer wieder aufgelistet, bis zu seinem Tod hat Drach unentwegt Editionspläne geschmiedet. Und doch hat er dieses Werk letzlich nie als abgeschlossen betrachtet, in ständiger selbstkritischer Auseinandersetzung mit seinem Oeuvre gelebt und es bis zum Schluß als work in progress gesehen. Davon zeugen häufig modifizierte schriftliche Werklisten, vor allem aber auch Drachs widersprüchliche mündliche Aussagen[4], die sich durchaus vom Konzept seiner letzten Werkliste unterscheiden. Mit manchen Texten war der Autor trotz zahlloser Überarbeitungsvorgänge niemals zufrieden (z. B. mit dem Jugenddrama „Atlantis“), andere, bereits publizierte Arbeiten, wollte er später nicht mehr veröffentlichen (z. B. die „kleinen Protokolle“ „Martyrium eines Unheiligen“ und „Apotheose der Langeweile“), von wieder anderen hat er sich gänzlich distanziert (z. B. von dem autobiographischen Fragment „Blinde Kuh“).

Deshalb sollte eine Drach-Ausgabe folgende Grundvoraussetzungen erfüllen:

1. Die kritische Revision der bereits publizierten Texte anhand der im Nachlaß befindlichen Manuskripte sowie der Druckfahnen der Erstausgaben, soferne diese noch vorhanden sind. Dies betrifft vor allem Drachs Tagebuch aus den Nachkriegsjahren, das unter dem Titel „Das Beileid" sehr fehlerhaft ediert wurde.
2. Die Neuedition vergriffener Texte wie des „Goggelbuchs" oder der für das Verständnis der Drachschen Poetik zentralen de-Sade-Monographie.
3. Die Herausgabe wichtiger Schriften aus dem Nachlaß. Dies betrifft Werkkomplexe wie die „Essays", die geschlossen vorliegen, sowie eine Auswahl der Gedichte und Theaterstücke. Damit können Drachs bekanntere autobiographische Bücher und die Romane in den Kontext der Theaterstücke, Gedichte, Essays etc. eingebettet werden.
4. Die Kommentierung einerseits der Werkkomplexe „Autobiographie", „Roman", „Dramatik", „Lyrik", „Essay", „Erzählungen" im Kontext des Protokollbegriffs sowie andererseits ein Einzelstellenkommentar, der in knapper Form biographische und historische Bezüge herstellt und Drachs Kunst der Anspielung und die zahlreichen intertextuellen Bezüge deutlich macht.

Es muß im Falle Albert Drachs in erster Linie um die Konstitution eines Gesamtwerks gehen und weniger um eine Darstellung der Textgenese, wiewohl diese an einigen signifikanten Beispielen deutlich gemacht werden kann.[5] Eine „Studienausgabe" solchen Zuschnitts verzichtet bewußt auf die Edition sämtlicher im Nachlaß befindlicher Texte zugunsten einer gesicherten und um wesentliche Elemente erweiterten Textbasis, die dem interessierten Leser als Leseausgabe und dem professionellen Leser als Grundlage wissenschaftlicher Auseinandersetzung dienen kann.

---

[1] Von den angekündigten „Gesammelten Werken" in acht Bänden erscheinen in den Jahren 1964–1966 fünf Bände bei Langen Müller.

[2] Alle ursprünglich bei Langen Müller erschienenen Werke wurden nach Drachs Wechsel zu Claassen unter Beibehaltung des Kerns mit Schutzumschlägen von Claassen versehen. Nur „Das große Protokoll gegen Zwetschkenbaum" wurde neu herausgegeben.

[3] André Fischer: „Aus der Geschichte ist noch keiner glimpflich herausgekommen." Der Fall Albert Drach. In: Bogen 23 (1988); es handelt sich um die erweiterte Fassung des in der „Süddeutschen Zeitung" vom 11. 8. 1987 erschienenen Artikels.

[4] Gespräche des Autors mit Eva Schobel in den letzten Lebensjahren.

[5] Vgl. dazu den Beitrag von Bernhard Fetz: Albert Drach. Untersuchung an Mädeln. In: Der literarische Einfall. Über das Entstehen von Texten. Hg. von Bernhard Fetz und Klaus Kastberger. Wien: Zsolnay Verlag 1998 (= Profile. Magazin des Österreichischen Literaturarchivs, Bd. 1).

Albert Drach:

Spiele < Passionsspiel, Satansspiel, Liebesspiel (Leben für eine Tote, Ballade in Rede u. Antw

Weisen < Breite Straße zu Gott, Dreizack, Hündische Weisen (Hunde bellen den Mond an)

Protokolle < Martyrium eines Unheiligen, Das große Hurenlied, Goggelbuch u. Ironie vom Glück. Zwetschkenbaum.

Albert Drach

1

Zehn Protokolle

1 Protokoll. Das große Hurenlied (1926)
2 Protokoll Apotheose der Langeweile (1929)
3 Protokoll Die reichen Armen im Geiste (1929)
4 Protokoll Das Goggelbuch (1933 begonnen)
5 Protokoll So lebt ein Unsterblicher
6 Protokoll Martyrium eines Unheiligen (1926)
7 Protokoll Vater Gibunswas
8 Protokoll Ironie vom Glück (1929)
9 Protokoll Das Erlebnis des Funkelnden Sturmes
10 Protokoll Zwetschkenbaum. (1940)

1926 –

Es Folgt:

Das Goggelbuch.

(~~Dies~~ Es beschreibt, wie ein deutscher Diener sich im Spiegel betrachtet, diesen zerschlägt und derselbe trotzdem ganz bleibt.)

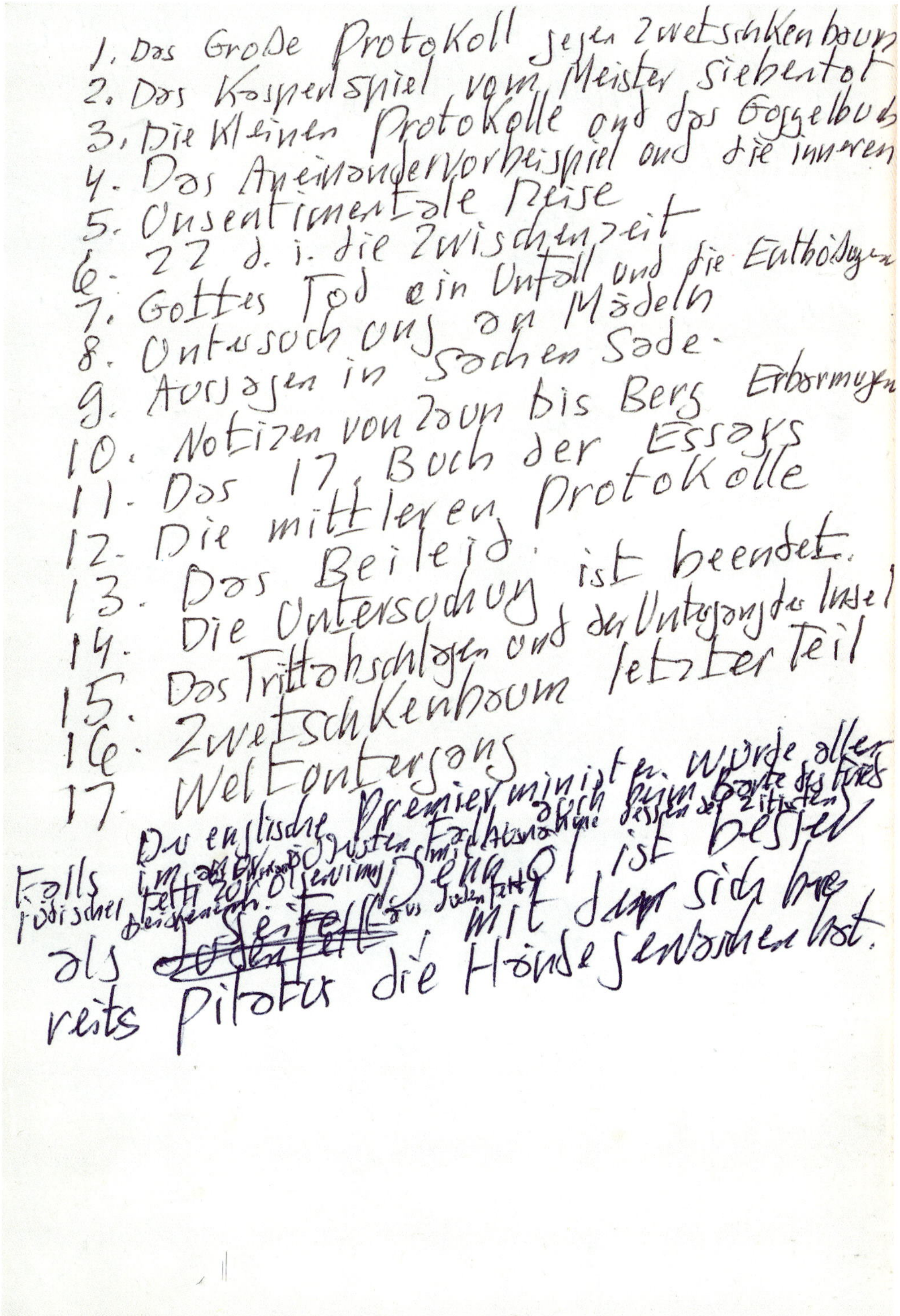

1. Das Große Protokoll gegen Zwetschkenbaum
2. Das Kasperlspiel vom Meister Siebentot
3. Die kleinen Protokolle und das Goggelbuch
4. Das Aneinandervorbeispiel und die inneren
5. Unsentimentale Reise
6. Z Z d. i. die Zwischenzeit
7. Gottes Tod ein Unfall und die Entblößungen
8. Untersuchung an Mädeln
9. Aussagen in Sachen Sade. Erbarmungen
10. Notizen von Zaun bis Berg
11. Das 17. Buch der Essays
12. Die mittleren Protokolle
13. Das Beileid ist beendet.
14. Die Untersuchung und der Untergang der Insel
15. Das Trittabschlagen und letzter Teil
16. Zwetschkenbaum
17. Weltuntergang

◂ Abbildung 1: Frühe Werkliste Albert Drachs, enthalten im Manuskript zum „Goggelbuch", ca. 1942. ÖLA, NL Albert Drach

▴ Abbildung 2: Werkliste aus einem Heft mit dem Manuskript zu „Untersuchung an Mädeln", ca. 1964. ÖLA, NL Albert Drach

Die mittleren Protokolle

1. AUS; Bericht
Protokollarische

Band 1o: 2) "Das Beileid", Protokoll und Bericht.
Entstanden 1947, bearbeitet 1978 und
1979, auszugsweise abgedruckt in Wien
1980 und 1982. in Kulturzeitschriften

Band 11 "Das 17. Buch der 17 Essays",
entstanden in Mödling.

1.) "Die Abschaffung Gottes und dessen
Ersatz durch die Behörde",
dreimal geschrieben von 1969 bis 1981,
unveröffentlicht.

2.) "Karl Kraus und die Folgen"
entstanden in den Jahren 1962 - 1979,
~~unveröffentlicht~~ auszugsweise in Zeitschrift Wien veröffentlicht

3.) "Literaturgeschichte ohne Namen",
entstanden 1961 bis 198o,
auszugsweise Veröffentlichung Wien 1967.

4.) "Zur Lösung der Antisemitenfrage",
entstanden 1971,
gelesen teilweise in Wiener Neustadt,
sonst keine Veröffentlichung.

5.) "Moral, das ist, wenn man moralisch ist",
entstanden am Ostufer des Weißensees im
Jahr 1973, veröffentlicht in der ersten
Nummer der Kulturzeitschrift Morgen, 1979,
hinsichtlich des Anfangsteiles ~~und~~ der unter
Weglassung von einigen Stellen ohne Punkt-
angabe von Sebestyén.

◂ Abbildung 3: Auszug aus einer späten Werkliste mit dem „17. Buch der 17 Essays". Typoskript mit eigenhändigen Korrekturen, ca. Mitte der 80er Jahre. ÖLA, NL Albert Drach

▴ Abbildung 4: Titelblatt von Drachs erster selbständiger Publikation „Kinder der Träume" von 1919

Thomas Eder

REINHARD PRIESSNITZ: WERKAUSGABE

Die von Ferdinand Schmatz herausgegebene „Werkausgabe Reinhard Priessnitz" (WA) ist als Leseausgabe auf der Basis des von Schmatz 1987/88 bearbeiteten Nachlasses von Reinhard Priessnitz konzipiert. Bei der Herausgabe von Bd. 4 der Werkausgabe, „texte aus dem nachlass"[1], standen der Herausgeber und Thomas Eder als Mitarbeiter vor der Schwierigkeit, eine den rigorosen Qualitätsansprüchen des Autors genügende Auswahl seiner Texte zusammenzustellen. Aus diesem Grund wurde eine große Anzahl von frühen Gedichten und das Theaterstück „Emmett Till", die deutlich unter dem Eindruck der Beschäftigung mit dem Werk Bert Brechts entstanden sein dürften und nicht einmal für Priessnitz' Frühwerk als charakteristisch gelten können, nicht aufgenommen. Die letztlich veröffentlichten Texte (Gedichte, Prosaskizzen, eine dramatische Skizze, Aufsätze, Rezensionen) sind jeweils in der Fassung gedruckt, für die die „verläßlichsten" Textzeugen im Nachlaß Reinhard Priessnitz (mittlerweile im Bestand des ÖLA, Akzessionsnummer 103/98) vorlagen. Wenn dennoch bei manchen Gedichten, vor allem bei den Übersetzungen von Shakespeare-Sonetten, nicht definitiv die „letzte", „gültige" Fassung angegeben werden konnte und ein ausführlicher Variantenapparat diesen Abschnitt der Edition begleitet, so hat dies aus der Sicht der Herausgeber vorwiegend äußere, aus dem Zustand des Nachlasses herrührende Gründe. Die „Unfertigkeit", „Vorläufigkeit", „Rudimentarität" mancher Texte bedeutet nicht die prinzipielle Ablehnung des „fertigen Texts" zugunsten einer dynamischen Lektüre seiner sämtlichen Fassungen, die den Akzent der Edition vom Produkt auf den Prozeß verlegen würde. Die Herausgeber folgen der Vorstellung einer prinzipiell möglichen Angabe der letztgültigen Fassung (sei diese nun durch eine Ausgabe letzter Hand oder durch sonstige explizite oder implizite Willensäußerungen des Autors bekundet), was den positivistischen Vorgang der Werkedition anlangt; die Problemlage hinsichtlich der „ideellen", „ästhetischen" Unabschließbarkeit eines Textes wird von Priessnitz in einigen seiner Gedichte implizit und explizit umkreist.[2] Diese ästhetische Wiederaufnahme früherer Fassungen – Ferdinand Schmatz spricht davon, daß „Priessnitz auf Vorstufen zurückgreift, die als Textvarianten vorliegen oder immateriell als Gedanken, als Auffassungen im Bewußtsein oder im Gehirn verankert sind: Prototypen der Vorstellung und des Denkens" [3] – wird im folgenden zusammen mit allgemeinen Fragen der Edition am Beispiel der editorischen Umsetzung des Gedichts „kurze welle" [4] dargelegt, dessen (auch im Apparat zur WA publizierte) einzelne Textstufen hier z. T. faksimile wiedergegeben sind.

Der Abdruck des Gedichts im Hauptteil des Bandes 4 folgt einer Stufe, die sich im Stammnachlaß Reinhard Priessnitz unter der Faszikel 214/1 (vgl. Abb. 1) findet und deren Textgestalt durch eine weitere textidente Stufe (bis auf die fehlende Interpunktion der letzten drei Verse) verifiziert wird – ebenfalls im Stammnachlaß in der von Schmatz so bezeichneten „Mappe III" unter der Faszikel 12 auffindbar. Die innerhalb der editorischen Anmerkungen in Auszügen wiedergegebene Genese des Gedichts[5] folgt einem Textbestand aus der sogenannten „Mappe Tatrangi", einem Mitte der sechziger Jahre von Priessnitz an den Buchhändler und Antiquar Julius Tatrangi gegebenen Konvolut früher Texte (mittlerweile im Bestand des ÖLA, Akzessionsnummer 23/93[6]).

Die Niederschrift des Gedichts hat Priessnitz im Sommer 1963 – also als noch nicht einmal Achtzehnjähriger – begonnen und dann innerhalb eines relativ begrenzten Zeitraums (ca. 1½ Monate) mehrere Stufen dieses Gedichts und Kommentare dazu verfaßt[7]. Ein früher Entstehungszeuge trägt einen Kommentar des Autors zur Intention und Problemlage des Gedichts und dessen Herstellung, der einen Einblick in die Priessnitzsche Arbeitsweise dieser Zeit und – so die Hypothese – auch Aufschlüsse über den Prozeß seines Dichtens, das sich im Wortsinn als ein „Ver-dichten" erweisen wird, ermöglicht:

„mit dem gedicht komme ich noch nicht so recht zu recht. ich weiss zwar, wie es lauten muss, bin jedoch nicht in der lage, ja noch weit davon entfernt, es aufzuschreiben. nach ziemlich harter arbeit war es mir möglich, titel und schluss zu formulieren. andere versuche, den anfang und die mitte darzulegen, schlugen fehl. der text geht leider so wenig in- wie auseinander; und gerade das möchte ich. womit und wie beginnen, bleibt mir somit unklar. ich halte es für nötig, gleich einem expeditionsleiter, mich in unerforschtes gebiet zu wagen und dort mit der genauigkeit eines geometers das gegebene aufzuzeichnen. mein ausgangspunkt, das wort „aus", das, einem traum ähnlich, bis zum nüchternen, desillusionierenden schluss kreisen soll, bringt schwieriges mit sich. einerseits wirkt es banal, andererseits fein konstruiert. ich jedoch lege wert auf eine sichtbare, aber doch feine maschinerie. diese aufzeichnung, von der ich glaube, dass sie, so wie ich sie meine, anderen nicht recht verständlich sein wird, weil sie zu viel mir gegebene variationen mit sich bringt, soll dem lesenden nur ein bild von meiner arbeit vermitteln, von meinen problemen." [8]

Zusätzlich zu dem erwähnten Ausgangspunkt, der durch das Wort „aus" markiert wird (vgl. auch Abb. 2) nennt Priessnitz in einer anderen handschriftlichen Notiz einen Traum als Initial für das Gedicht: „traum: ein netz aus rauch das schwebt und eine flöte"[9]. Diese beiden einem Traum entnommenen Vorstellungsbilder, in sprachliche Wendungen gesetzt, werden in dem Gedicht um verschiedene Metaphern, die aus realen oder mehr: surrealen Landschaften zusammen mit ihrer Flora und Fauna stammen, erweitert. Das dichterische Prinzip, nach dem Priessnitz dabei verfährt, ist grob zu benennen als fortschreitende Verdichtung einzelner voneinander geschiedener Metaphern. Das Gedicht soll durch die Verzahnung seiner unterschiedlichen Bildbereiche in den Metaphern so „wenig in- wie auseinandergehen", wie Priessnitz dies beschreibt. Während in den frühen Stufen einzelne metaphorische Einfälle vergleichsweise unverbunden aufeinander folgen, bzw. eine Verbindung sich ausschließlich aus dem Umstand herleitet, daß die Metaphern dem Feld des Surrealen entstammen, fallen manche dieser Metaphern in späteren Stufen einfach weg oder sie werden in Überlappungen und Verzahnungen kontrahiert, indem entweder das Prinzip der metaphorischen Verdichtung auf sich selbst angewendet wird oder indem zwei aufeinander folgende Metaphern nach Art einer Berührungsähnlichkeit, wie sie Roman Jakobson für die Metonymie beschreibt, ineinander übergleiten.
Nebenbei bemerkt: Es ist – produktionsästhetisch – wohl kaum verifizierbar und auch einigermaßen kontraintuitiv, daß die Genese des Gedichts, wie sie der Autor vorgenommen und erlebt hat, notwendigerweise eine *schriftlich*e Spur hinterlassen hat, die sich selbst erklärt oder aus deren materieller Gestalt interpretationsrelevante Schlüsse mit Hilfe anderer Wissenschaften – z. B. mit Hilfe einer psychoanalytischen Deutung der Kalligraphie – gezogen werden könnten. Wahrscheinlicher ist es, daß gerade die entscheidenden Änderungen nicht als sich selbst kommentierender Prozeß (Kritzeleien, Randbemerkungen, Exzerpte) materiell vorliegen und sich nicht z.B. als Abweichungen in der handschriftlichen Notation niederschlagen, sondern daß sie erst aus den ideellen Unterschieden zwischen den einzelnen Stufen *mittels Interpretation* nachvollziehbar gemacht werden müssen. So lassen sich Fragestellungen wie die unsere wohl niemals mit letzter Gültigkeit in den verifizierbaren Bereich der positivistischen Textedition verlagern und bedürfen eines bestimmten Maßes an interpretatorischer Spekulation, wenn sie über den Vorgang des Dichtens etwas über das materiell Evidente hinaus aussagen wollen. Gerade die Unterschiede einzelner schon vorab hinsichtlich ihres interpretatorischen Gehaltes ausgewählter Stufen, die in ihrer Differenz eine ideelle Veränderung besonders deutlich werden lassen, können zum Ausgangspunkt für eine interpretationsrelevante Edition werden. Neben den einschränkenden Vorgaben des Verlages hat dies die Herausgeber dazu geführt, nur vier für die Textgenese besonders aussagekräftige Textstufen – und nicht etwa ein Dossier sämtlicher Stufen – im Apparat zum Nachlaßband zu drucken.
Die Eindimensionalität und Erwartbarkeit der Metaphern in den Frühstufen (z. B.: „zündholz aus zorn flammt auf", „burgen aus wolken", „der dummheit bricht [...] der zahn aus", vgl. Abb. 2), die mit einer parataktischen und die Vers- mit den Satzgrenzen zusammenlegenden Syntax einhergeht, weicht in den späten Stufen und der schließlich als „fertiges" Gedicht gedruckten Fassung einer vergleichsweise komplexen Metaphorik, die sich in hypotaktisch konstruierten Sätzen über die Versgrenzen hinaus entfaltet, wobei viele der „symbolistischen" Metaphern einfach wegfallen („nebelt die muscheln in schlaf"; „sechs schimmel ziehen das elend / und bringen es weg in die gärten"; „aus beton und asphalt grünen tannen", vgl. Abb. 2). Die in den Frühstufen noch qua Analogie in der Metapher verdinglichten Sonnenstrahlen („und die finger der sonne / die zeichnen wie kinder kreise im sand", vgl. Abb. 2) werden über die Zwischenform der Identifikation des poetischen Ich mit ihnen („es ist schön und leer / ein finger der sonne kreise ich"[10]) schließlich zu einer verdichteten Wendung, die diese aus der ursprünglich verliehenen Stofflichkeit wieder in die Abstraktheit ent-stofflicht und sie ins Semiotische verweist: „im leeren kreisen schön und beschreibend / die zahllosen finger der sonne", Abb. 1). Dieses Verfahren kehrt die der Metapher gelegentlich unterstellte Leistung, qua Analogie abstrakten Entitäten Anschaulichkeit zu verleihen, wieder um: so wird z. B. der in symbolistischer Metaphorik naheliegende wilde, rote Mohn („schlägt ein wilder mohn ein rot aus"[11]), womöglich als Metapher für ländliche Ungezügeltheit, in späteren Stufen und in der End-

fassung durch den phonetisch nur minimal unterschiedenen „mond“ ersetzt, wodurch allerdings das damit signifizierte Sprachbild nach Maßgabe alltäglicher Wahrnehmung *surreal* wird („rot und wild / schlägt der mond durch das gras“, Abb. 1). War es in Abb. 3 noch „der Nebel“, der „ein riesiges Tuch“ ausgebreitet hatte, so breiten in der gedruckten Fassung (= Abb. 1) „die sonnenfinger“ dieses aus – den Sachverhalt des Abdunkelns, der mit „Tuch“ üblicherweise assoziiert wird, semantisch völlig konterkarierend; und der „wehrlose Wolf“, der in Abb. 3 noch in Apposition zum poetischen Ich „Ekel und Wut“ aus dem „wehrlosen Mund“ ausgespült hatte, wird in der Endstufe durch „herbst“ ersetzt, in den seinerseits „der nebel“ durch eine Retransformation des konkreteren *Teiles* ins abstraktere *Ganze* verlagert worden ist.
Die nur ansatzweise Analyse einzelner Verse dieser vier Stufen und des Endtextes zeigt es: Die Erschließung der gesamten Genese dieses Gedichts, die über die konkrete Entstehung des Einzeltextes hinaus typologische Aufschlüsse über Priessnitz' Dichtung und über die Dichtung überhaupt vermitteln kann, bleibt einer umfassenden Analyse ebenso vorbehalten, wie die positivistische Forderung nach Edition sämtlicher Textstufen in einer historisch-kritischen Priessnitz-Ausgabe erst erfüllt werden muß. Die Leseausgabe hat den Dichter Priessnitz zuerst einmal mit seinen nachgelassenen Texten zugänglich gemacht und mit dem Abdruck interpretationsrelevanter Stufen im Apparat einen aussagekräftigen Fundus für die Fülle weiterer Deutungen bereitgestellt, die Priessnitz' Werk noch birgt.

Ausgabe:
Reinhard Priessnitz. Werkausgabe. 4 Bde. Hg. von Ferdinand Schmatz. Linz, Wien, Graz: edition neue texte/Droschl 1978–1994.

[1] Reinhard Priessnitz: texte aus dem nachlass. Hg. von Ferdinand Schmatz unter Mitarbeit von Thomas Eder. Graz, Wien: edition neue texte/Droschl 1994 (= Werkausgabe Reinhard Priessnitz, hg. von Ferdinand Schmatz, Bd. 4).
[2] Vgl.: Thomas Eder: Reinhard Priessnitz: in stanzen. In: Der literarische Einfall. Über das Entstehen von Texten. Hg. von Bernhard Fetz und Klaus Kastberger. Wien: Zsolnay 1998. S. 95–105. (= Profile. Magazin des Österreichischen Literaturarchivs. Bd. 1).
[3] Ferdinand Schmatz: Der Wörter Fluß. Zu den Textstufen eines Gedichts von Reinhard Priessnitz. In: Walter Ruprechter: reinhard priessnitz symposion paris 1990. Graz, Wien: edition neue texte/Droschl 1992. S. 7–12. S. 11 f.
[4] Reinhard Priessnitz: texte aus dem nachlass. a. a. O., S. 28.
[5] Ebda. S. 202–205.
[6] Vgl.: Volker Kaukoreit: Reinhard Priessnitz und die ‚Mappe Tatrangi'. Zu einem Bestand des österreichischen Literaturarchivs (mit einem Gedichtregister). In: biblos. Beiträge zu Buch, Bibliothek und Schrift. Hg. von der Österreichischen Nationalbibliothek. Wien, Köln, Weimar: Böhlau 1997. Bd. 46/1. S. 199–210. Vgl. auch: Thomas Eder.: Die ‚Mappe Tatrangi' und Reinhard Priessnitz. Ihre Rolle für die ‚Leseausgabe' seiner Werke. In: Ebd. S. 211–214.
[7] Zu einer provisorischen Ansetzung der Genese des Gedichts vgl. Volker Kaukoreit: Reinhard Priessnitz und die ‚Mappe Tatrangi'. a. a. O.
[8] Diese Notiz ist datiert mit „25 VII 63“. Vgl. Reinhard Priessnitz: texte aus dem nachlass. a. a. O., S. 202 f.
[9] Ebd. S. 203.
[10] Ebd. S. 205, linke Spalte.
[11] Ebd. S. 203, rechte Spalte.

k u r z e   w e l l e

und aus dem rauchnetz voll nässe
flattert wieder die möwe
                                        die flöte
rot und wild
schlägt der mond durch das gras
das wirft seine schatten wie wellen
bis sie zerspringen
                                   und ziehen mich weg
ich fliege zu häupten der sanften
die haben kein ohr keine augen
die singen ein lied vom taifun
ich spreche von brüdern und schwestern
im leeren kreisen schön und beschreibend
die zahllosen finger der sonne
und breiten ein riesiges tuch aus
ein wehrloser herbst mit faulendem fleisch
speie ich ekel und wut aus dem mund
ringe den hemden die angst aus
die zeit zieht davon
die zeit zieht
aus

reiß doch den traum von der wand!
der himmel ist heiß! draußen
wird sturm sein

▲ Abbildung 1: Druckvorlage des Gedichtes „kurze welle". ÖLA, NL Reinhard Priessnitz, Faszikel 214/1

► Abbildung 2 und 3: Frühe Entwürfe des Gedichtes „kurze welle". ÖLA, Mappe Tatrangi, Sig. 23/W 12

und die flöte im baum im dschungel
bricht ihr herrliches lied aus
das große netz aus rauch liegt in der luft
und ~~ver~~nebelt die muscheln in schlaf
und ein zündholz aus zorn flammt auf
und zeigt und die finger der sonne
die zeichnen wie kinder kreise im sand
und der dummheit bricht endlich der zahn aus
und sechs schimmel ziehen das elend
und bringen es weg in die gärten
in die burgen aus wolken aus wolken
die weiß sind und süß dort steigen sie aus
dort steigen sie aus dort wachsen
die blitze wie blühende bäume
und die flöte im baum im dschungel
bricht ihr lied ihr herrliches lied aus
aus beton und asphalt grünen tannen
ich gieße in einem becher das leid aus
ziehe mein schweißiges hemd aus
aus mir zieht die zeit aus
und aus baum ~~und dschungel~~
~~bricht aus~~
aus
reiß doch den traum von der wand!
der himmel ist heiß!
draußen wird sturm sein.

20. VII. 63

2 VII. 85

Kurze Welle

und aus dem Netz aus Rauch
~~flattert die Möve~~ die Flöte
flattert wieder die Möve die Flöte
rot und wild
schlüpft der Mond durch das Gras
das wirft seine Schatten wie Wellen
die ziehe ich weg
und fliege zu Köpfen der Sanften
sie haben kein Ohr keine Augen
die singen ein Lied vom Täufer
ich spreche von Brüdern und Schwestern
im leeren Kreise schön und geschwind
die Finger der Sonne
der Nebel der Nebel der Nebel
breitet ein riesiges Tuch aus
ein wehrloser Wolf mit faulendem Fleisch
fühle ich Ekel und Wut
aus meinem wehrlosen Mund
wirft der Wunden
die Angst aus
Langsam
zieht mir
die Zeit aus
aus.

Jetzt doch den Traum von der Wand!
Der Himmel ist heiß.

Klaus Kastberger

FRIEDERIKE MAYRÖCKER: MODELL EINER GENETISCHEN ANALYSE

Die österreichische Autorin Friederike Mayröcker ist als eine virtuose Sprachartistin bekannt. In einem unablässigen und fortdauernden Schreibprozeß hat sie einen assoziativen Stil entwickelt, der für die Literaturwissenschaft bislang nur schwer zu greifen war und das Bedürfnis nach einer philologischen Überprüfung des Produktionsprozesses und der Textgenese geweckt hat. Die Basismaterialien für eine solche Untersuchung stellt das „Friederike-Mayröcker-Archiv" der Wiener Stadt- und Landesbibliothek bereit. Das 1988 eingerichtete Archiv enthält Notizzettel, Vorstufen, Zwischen- und Endfassungen zur Prosa und Lyrik der Autorin und wird laufend um die Werkmaterialien der neuesten Bücher ergänzt.

Die exemplarische Studie „Reinschrift des Lebens" bietet eine genetische Edition und eine Analyse des 1984 bei Suhrkamp erschienenen Prosabuches „Reise durch die Nacht"; ein Werk, in dem die Kritik damals berechtigterweise meinte, eine neue und welthaltigere Phase in Mayröckers Entwicklung feststellen zu können. In der Untersuchung wird die komplexe Entstehungsgeschichte des Buches genau ausgewiesen und mit der Edition des genetischen Konvoluts einer Analyse des Produktionsprozesses konkretes Material zur Verfügung gestellt. Philologische Genauigkeit schien als methodologisches Prinzip im Fall Mayröckers auch deshalb angebracht zu sein, weil die analytische Rede über das „Produziertsein" (Theodor W. Adorno) der Texte innerhalb dieser Literatur einen poetischen Zwilling hat. Die Autorin selbst legt in ihren Büchern die Art ihres Schreibens offen, der Verweis auf die Produktion bildet einen genuinen Bestandteil der Texte, Poetologie und Poesie fließen in eins – die sekundäre Rede aber gerät nur allzu leicht zu einer Paraphrase der primären.

Die Sprache, *mit* der sie arbeitet und *in* der sie lebt, wird von Mayröcker selbst als etwas Organisches betrachtet. Der Sprache wohnt ein spezifisches Eigenleben inne, das es im Schreiben zu wecken, zu nutzen und in die entsprechenden Richtungen zu treiben gilt. Dabei scheint diese Sprache teilweise direkt mit dem Körper der Schreibenden verwoben. Leben und Schreiben werden von Mayröcker über ein Gleichsetzungszeichen verbunden, „ich lebe ich schreibe", heißt es in dem 1988 erschienenen Buch „Mein Herz mein Zimmer mein Name", und auch in den anderen Prosabüchern der Autorin ist von einem unablässigen Schreibprozeß die Rede, vom unausgesetzten Notieren von Wahrnehmungen und Empfindungen, vom Sammeln dieser Notizen und Materialien, ihrem Anwachsenlassen und Überborden. Ebenso aber auch von sprachlicher Zucht, also von Vorgängen der „Dehydrierung" und Reduktion, die an den Texten ansetzen und so lange fortgesetzt werden, bis das Geschriebene ästhetische Autonomie erlangt hat und veröffentlicht werden kann.

Für eine adäquate Beurteilung des Mayröckerschen Produktionsprozesses (der für einen modernen, assoziativen Typus von Literatur beispielhaft ist) muß man beides im Auge behalten. Das sprachliche Eigenleben, das die Autorin – wie sie selbst sagt – während des Schreibens in einen wahren „Sog" versetzt, *und* die verbindlichen Grenzlinien, die das anarche Textwachstum in den durchaus normativen Vorstellungen und Maßstäben findet, die Mayröcker – in einer Form, die sich von Werk zu Werk flexibel zu gestalten vermag – an die ästhetische Struktur des jeweiligen Buches legt. Anhand der Textstufen zu „Reise durch die Nacht" zeigt sich, daß dieses dialektische Zusammenspiel zwischen einer übergelagerten Struktur auf der einen und ihrer individuellen Füllung auf der anderen Seite auch gewichtige editorische Konsequenzen hat. Die Varianten des Textes fügen sich bei Mayröcker nicht zu einem Stammbaum, der linear vom „ersten Einfall" bis zur „Druckfassung" reicht; ganz im Gegenteil wird an einzelnen Materialgruppen oft simultan oder aber völlig isoliert gearbeitet. So liegen beispielsweise zu „Reise durch die Nacht" zwei sogenannte „Materialsammlungen" im Ausmaß von jeweils ca. 100 Seiten vor, die voneinander unabhängig entstanden sind und erst später miteinander verzahnt und dabei in ihrem Umfang auf ca. ²/₃ dezimiert wurden.

Das Zusammenspiel freien Wachstums auf der einen und planmäßiger Reduktion auf der anderen Seite zeigt sich aber auch in der Mikrostruktur des Textes. An einzelnen Stellen schießen bei Mayröcker paradigmatische Reihen hervor, später werden diese in ein Netzwerk struktureller Äquivalenzen eingepaßt. In einer frühen Textstufe zu „Reise durch die Nacht" (dem sogenannten „ersten Versuch") zeigt sich hierfür ein markantes Beispiel. Beginnend mit der Randnotiz „zw. titel: eine mode" kommt es zu einer Häufung paradigmatischer Formen (Abb. 3):

„der zweite von rechts schreibt p.weibel über ~~xdasx~~ ein hagiographische|s| gruppenbild [deutsch Heiligenbild], der zweite von rechts mit der fliege (bart) der triumphierend lächelt weil er in flammen steht, da ist im mann der flammenengel offen, oder das foto ist nur abgeschabt und abgewetzt also abgekratzt, als säsze er mit vier anderen hagiographischen personen in einem flammenden omnibus, [während] kleist schreibt (a) über das bild von (b) [wie es ihm beim Anblick des bildes von] von cd friedrich : „mönch am meer“ [ergangen sei] : „wie wenn einem die augen weggschnitten wären“ : dieser rekurs nämlich redekurs : redakteur ~~der~~ in einer so angesehenen gazette ~~schreibt~~, dem hatte man – so schien es mir – mit der kleinen schere die nasenflügel, ohren, augendeckel ~~v~~|z|erschnitten, ~~z~~|v|erschnetzelt also weggeschnitten [-gekratzt ~~u.ab~~|-|geschabt], manchmal am morgen trage ich schon mein altersgesicht, das will ich dann auch gleich weggeschnitten, verschnitten, ausgeschnitten, ~~v~~|z|er schnitzelt [~~u.~~ abgekratzt haben]“ (erster Versuch, Teil 2, o. S.)

Eine naheliegende Vermutung erweist sich als falsch: In der vorliegenden Textpassage war es Mayröcker nicht darum zu tun, sich in der Vielzahl der erprobten Möglichkeiten auf die Suche nach dem jeweils geeigneten Einzelausdruck zu begeben. In den paradigmatischen Reihen liegt für die Autorin kein Variantenverzeichnis vor, innerhalb dessen es später den ‚richtigen‘ Ausdruck auszuwählen gilt. Ganz im Gegenteil erhalten sich die paradigmatischen Ketten bis in die Buchpublikation:

„... kann eine Perle sein in meinem Leben, aber vielleicht ist das Foto nur so abgeschabt und abgewetzt also abgekratzt : als säße ich mit vier anderen Personen in einem flammenden *Omnibus*, der zweite von rechts mit der Fliege / Bärtchen, der triumphierend lächelt weil er in Flammen steht, erinnert ein wenig an Jugendbildnisse meines Vaters, sage ich, *dieser Rekurs nämlich Redekurs*, als hätte man ihm mit einer kleinen Schere die Nasenflügel, die Augendeckel, die Ohrenklappen zurechtgestutzt also abgeschabt und zerrissen, ich habe es selbst gesehen manchmal am Morgen trage ich schon mein Altersgesicht, das will ich dann auch gleich geschnitten, zerschnitten, zurechtgestutzt bekommen, das ist ein starker Standpunkt. Nämlich wie Kleist beim Anblick eines Bildes von Caspar David Friedrich („Mönch am Meer“) gesagt haben soll : WIE WENN EINEM DIE AUGEN WEGGESCHNITTEN WÄREN.“ (Reise durch die Nacht, S. 81 f.)

Im Gegensatz zum frühen „Versuch“ liegen die Verbalreihen hier in einer streng aufeinander bezogenen Form vor. Jede einzelne Kette umfaßt jetzt exakt drei Einzelglieder; die jeweils nachfolgende Reihe übernimmt genau einen Ausdruck der vorausgehenden. Die Paradigmen der frühen Textstufe wurden einander angeglichen und haben sich ineinander verschränkt, dieser Vorgang wird vom sprachlichen Rhythmus der Passage unterstützt, der sich von Stufe zu Stufe schrittweise entwickelt hat.
Der formalen Verdichtung entspricht aber auch eine inhaltliche: Im Lauf der Textentwicklung wurden die Fremdzitate zusehends auf das schreibende Ich bezogen. So stand in der frühesten Stufe der Textpassage (Abb. 2) das Kleistzitat zunächst noch isoliert im Raum, um dann handschriftlich um weitere Eintragungen ergänzt zu werden. Bei dem Ausgangszitat handelt es sich um einen Kommentar, den Heinrich von Kleist im Jahre 1810 in den „Berliner Abendblättern“ angesichts des genannten Gemäldes von Caspar David Friedrich abgegeben hat. Kleist zufolge stelle sich in dem Bild eine „Apokalypse“ dar. Wörtlich heißt es weiter: „da es in seiner Einförmigkeit und Uferlosigkeit nichts als den Rahmen zum Vordergrund hat, so ist, wenn man es betrachtet, als wenn einem die Augenlider abgeschnitten wären.“[1] Die „Augenlider“ mutieren bei Mayröcker schon in der frühesten Fassung zu „augen“; das Partizip „abgeschnitten“ formt sich zu „weggeschnitten“ um.
Wie wir gesehen haben, wird das Kleistzitat in der genetisch nachfolgenden Textstufe (erster Versuch, Teil zwei) mit Sequenzen angereichert, in denen es ebenfalls um das „Wegfallen isolierter Körperteile“ geht. Eine grundlegende Erweiterung findet am Ende der Textstufe statt. In der Schlußsequenz wird der Vorgang des Wegschneidens, der sich schon vorher auf den im „fernsehen“ beobachteten „redakteur“ ausgedehnt hat, direkt auf das schreibende Ich übertragen. In der nachfolgenden Textstufe (Materialsammlung eins) wird dieser semantische Bereich weiter ausgedehnt. Hier kommt der Maler Francisco de Goya ins Spiel, mit dessen Biographie und Bildern sich die Autorin während der Arbeit an „Reise durch die Nacht“ ausführlich beschäftigt hat (Abb. 4):

„der zweite von rechts schreibt p.w. über ein hagiographisches gruppenbild, [des dichters p.w.’s zungenrede?] der zweite von rechts mit der fliege (bart) der triumphierend lächelt weil er in flammen steht, da ist im mann der flammenengel offen, oder das foto ist nur abgeschabt und abgewetzt also abgekratzt als ~~xsitzex~~ säsze er mit vier anderen hagiographischen personen in einem flammenden omnibus, kleist fragte ~~oft~~[~~öfters~~] seine freunde|in|, gehen wir ~~heute~~ in den weiszen engel? er schreibt über ~~xsx~~ein erlebnis als er das bild „mönch am meer" von c. d. friedrich gesehen hatte : „wie wenn einem die augen|lider| weggeschnitten wären .." dieser rekurs nämlich redekurs (redakteur!) dem hatte man so schien es mir mit der kleinen schere die nasenflügel, augendeckel, ohren|k|lappen zurechtgestutzt also zerschnitten abgeschabt, manchmal am morgen trage ich schon mein altersgesicht, das will ich dann auch gleich weggeschnitten, abge|zer|schnitten, [überschnitten zerrissen] zurechtgestutzt haben, nämlich wie ich so sitze in meiner klausur, auf meine|r| [Mongolratte] monoglotte Art [: ich meine auf meine monoglotte Art] (eine mode zu fliegen) und eselig [selig] (goyas eselserie!) [(Esel)Serien!] [betrachtend]" (Materialsammlung eins, S. 7)

In der Weiterbearbeitung der Textpassage kommt es zu umfangreichen Reduktionen, von denen hier nur eine einzige hervorgehoben werden soll. Aus der Reihe der sich phonetisch entsprechenden Substantiva „redakteur" – „redekurs" – „rekurs" fällt im Buchtext genau jener Ausdruck heraus, aus dem sich die Textstelle genetisch entwickelt hat. In der Endfassung wird das „Abgeschabt-sein-des-Gesichts", das Mayröcker ursprünglich an dem Redakteur im Fernsehen beobachtet hatte, auf jene Figuren bezogen, die in „Reise durch die Nacht" letztendlich die maßgeblichen Plätze besetzen: das schreibende Ich und der Vater der Schreibenden. Die Genese der Textpassage hat sich zu einem Knoten (*„dieser Rekurs nämlich Redekurs"*) verdichtet, der in seiner endgültigen Form kryptisch und geheimnisvoll wirkt. Aus dem Produktionsprozeß wurde ein ästhetisches Phänomen, das zwar aus seiner Genese Konturen gewinnt, ihr gegenüber aber eine letzte Autonomie behauptet.[2]

In der Edition der Textstufen wurde der Versuch unternommen, keine vorschnellen Sinnzuschreibungen aufkommen zu lassen und die Dynamik der Mayröckerschen Produktion in einer möglichst unvoreingenommenen Art darzustellen. Die Grundlage der Edition bildete die *einzelne* Textstufe, so wie sie von Gunter Martens als innerstrukturelle Beziehungseinheit im Entstehungsprozeß eines Textes definiert wurde.[3] Von einem synoptischen Verzeichnis wurde nicht nur deshalb abgesehen, weil in ihm die spezifische Bewegung in und zwischen den Textstufen nivelliert würde. Bei Mayröcker bot sich für eine synoptische Darstellung aufgrund des Umfangs der Materialien und der Vielzahl der Stufen, insbesondere aber wegen der Komplexität der Korrekturen und vor allem aufgrund der Tatsache, daß manche Textstufen eben nicht in einem syntagmatischen Verhältnis stehen, gar keine Möglichkeit. Sowohl im mikro- als auch im makrostrukturellen Bereich funktioniert das Mayröckersche Schreiben auf der Grundlage offener Paradigmen: Zwischen zwei oder mehreren Varianten einer Textpassage oder eines Einzelausdruckes wird seitens der Autorin oft bewußt *keine* Entscheidung getroffen. Mayröcker hält mehrere Möglichkeiten der konkreten textlichen Realisation in Schwebe; Ausdrücke, die sich paradigmatisch entsprechen und im grammatikalischen Sinn eine Selektion erforderlich machen würden, werden gleichberechtigt nebeneinandergestellt.

Diese Art der Mehrdeutigkeit, die sich bis in den druckfertigen Text erhält, ist freilich nicht auf Mayröcker beschränkt; sie stellt ein zentrales Merkmal moderner, assoziativer Prosatechnik dar. Der philologische Nachvollzug des Produktionsprozesses findet in den Ambivalenzen solcher Texte nicht nur einen Antrieb und eine Herausforderung, sondern auch eine methodologische Grenze. In der Fülle des verfügbaren Materials ist ohne Zweifel eine Gefahr gegeben: Nur allzu leicht könnte man verleitet sein, in den Werkmaterialien die alleinigen Beweis- und Erklärungsmittel für die Form, Art und Struktur der Texte zu sehen. Je mehr genetisches Material in unseren Archiven gesammelt wird und der Forschung zur Verfügung steht, desto stärker wird die Verlockung, an der Literatur nur mehr das wahrzunehmen, was an ihr und an ihrer Produktion positivistisch verfügbar ist.

Am Ende stellt der vom Autor legitimierte Text aber etwas anderes dar als nur die Summe seiner materiellen Prätexte. Die genetische Analyse, die der Interpretation an vielen Punkten eine wertvolle Hilfe sein kann, muß sich methodisch öffnen, um diesen letzten Schritt mitzugehen. Anhand der konkreten Form seines „Produziertseins" wird am Beispiel des Mayröckerschen Textes klar, was dieser Text an Zitaten, Paraphrasen, Exzerpten, Bildern, Wahrnehmungs- und Wirklichkeitssplittern von außen auf sich geladen und in seinem Inneren mit den Wünschen, Affekten und Emotionen der Autorin zu einem autonomen Sprachkörper verwoben hat. Würden wir die Genese dieses *einen* Textes ganz verstanden haben, hätten wir damit zwar noch immer nicht den Text ganz verstanden, es wäre aber ein Grundstein gelegt, um etwas besser sagen zu können, worin denn nun die ästhetische Qualität nicht nur dieses *einen* Textes besteht.

▲ Abbildung 1: Caspar David Friedrich: Der Mönch am Meer, Öl auf Leinwand, 1808–1810. Bildarchiv Preußischer Kulturbesitz. Foto: Jörg P. Anders

Ausgabe:
Klaus Kastberger: Reinschrift des Lebens. Friederike Mayröckers „Reise durch die Nacht". Edition und Analyse, Wien: Böhlau 2000.

1 Zit. nach: Sigrid Hinz (Hg.): Caspar David Friedrich in Briefen und Bekenntnissen, Berlin/München 1968, S. 213.

2 Theodor W. Adorno hat dieses qualitative Umschlagen von Genese in Ästhetik hinsichtlich seiner methodologischen Konsequenzen beschrieben: Kunstfremdheit befällt die Kunstwissenschaft demnach dort, wo sie das Werden zum „Generalschlüssel" des Gewordenen erklärt. Zu wissen, „daß ein Kunstwerk ein Gemachtes ist", heißt noch keineswegs zu wissen, „daß es ein Kunstwerk ist". „Die Kunstwerke folgen ihrem Formgesetz, indem sie ihre Genesis verzehren." Theodor W. Adorno: Ästhetische Theorie. Frankfurt/M.: Suhrkamp 1973, S. 267. Zu den methodischen Implikationen der genetischen Analyse vgl. auch: Klaus Kastberger: Zu welchem Ende studiert man den poetischen Geist? Am Beispiel einer Handschrift von Friedrich Hölderlin. In: Wilhelm Hemecker (Hg.): Handschrift (= Profile, Band 4), Wien: Zsolnay 1999, S. 125–138.

3 Das spezifische Merkmal der „Textstufe" besteht laut Gunter Martens in der Varianz zu anderen Textzuständen, der „Fassung" gegenüber stellt sie innerhalb des Werdeprozesses eine übergeordnete Einheit dar. Durch den Textträger selbst oder die Position auf dem Textträger von vorhergehenden oder nachfolgenden Textstufen getrennt, kann sie ihrerseits durch Korrekturschichten mehrere Textfassungen enthalten. Vgl. Gunter Martens: Textdynamik und Edition, in: Gunter Martens/Hans Zeller (Hg.): Texte und Varianten. Probleme ihrer Edition und Interpretation, München: C.H.Beck'sche Verlagsanstalt 1971, S. 164–201, S.177–179.

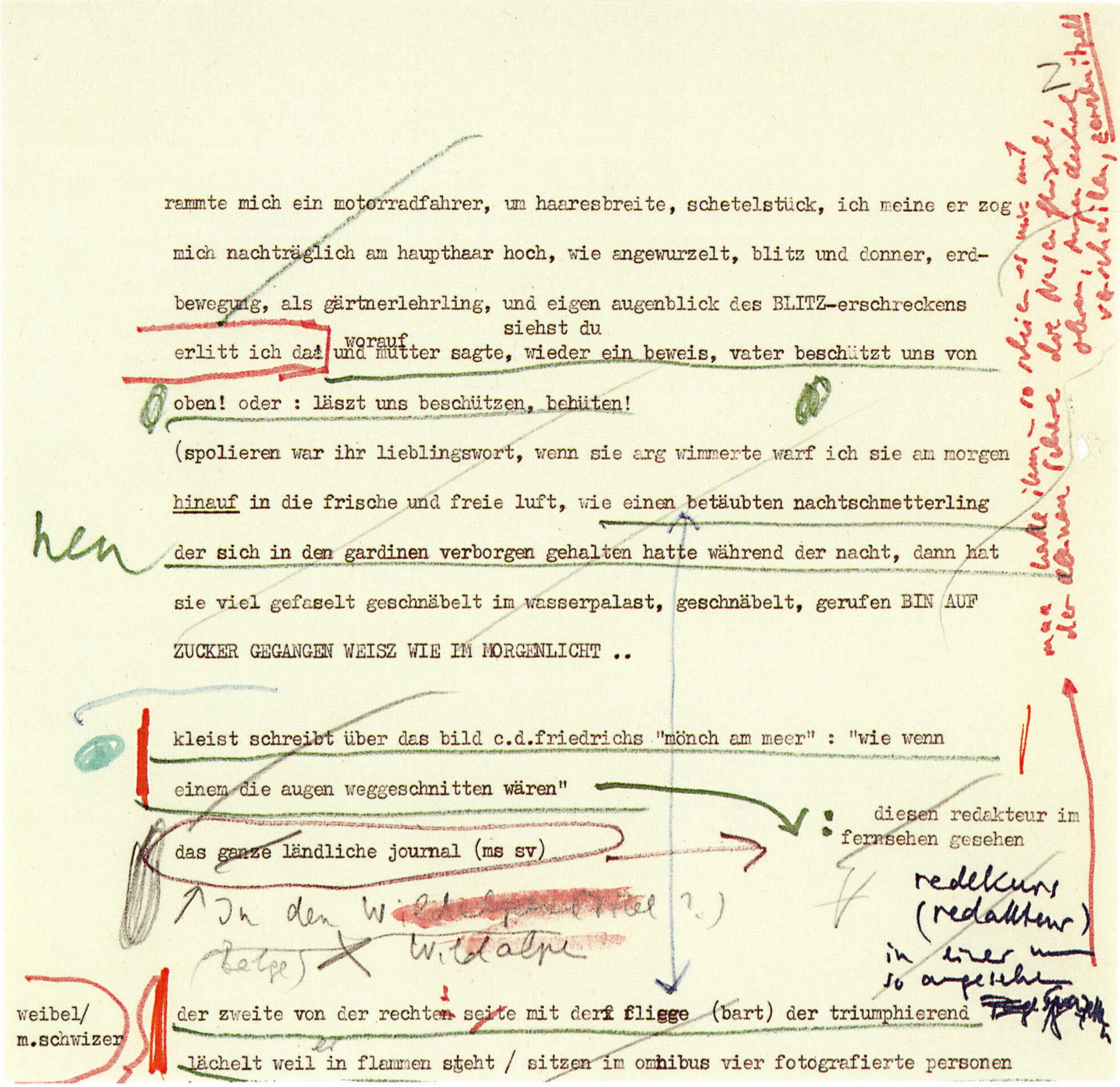

rammte mich ein motorradfahrer, um haaresbreite, schetelstück, ich meine er zog
mich nachträglich am haupthaar hoch, wie angewurzelt, blitz und donner, erd-
bewegung, als gärtnerlehrling, und eigen augenblick des BLITZ-erschreckens
siehst du
worauf
erlitt ich das und mutter sagte, wieder ein beweis, vater beschützt uns von
oben! oder : läszt uns beschützen, behüten!
(spolieren war ihr lieblingswort, wenn sie arg wimmerte warf ich sie am morgen
hinauf in die frische und freie luft, wie einen betäubten nachtschmetterling
der sich in den gardinen verborgen gehalten hatte während der nacht, dann hat
sie viel gefaselt geschnäbelt im wasserpalast, geschnäbelt, gerufen BIN AUF
ZUCKER GEGANGEN WEISZ WIE IM MORGENLICHT ..

kleist schreibt über das bild c.d.friedrichs "mönch am meer" : "wie wenn
einem die augen weggeschnitten wären"
diesen redakteur im
fernsehen gesehen
das ganze ländliche journal (ms sv)

weibel/
m.schwizer
der zweite von der rechten seite mit derf fligge (bart) der triumphierend
lächelt weil in flammen steht / sitzen im omnibus vier fotografierte personen

▲ Abbildung 2: Frühe Textstufe (erster Versuch, Teil eins) zu „Reise durch die Nacht". Wiener Stadt- und Landesbibliothek, Handschriftensammlung

► Abbildung 3: Frühe Textstufe (erster Versuch, Teil zwei) zu „Reise durch die Nacht". Wiener Stadt- und Landesbibliothek, Handschriftensammlung

► Abbildung 4: Textstufe (Materialsammlung eins) zu „Reise durch die Nacht". Wiener Stadt- und Landesbibliothek, Handschriftensammlung

zw.titel:
eine mode
zu fliegen

der zweite von rechts schreibt p.weibel über ~~xxxx~~ ein hagiographische bild, der zweite von rechts mit der fliege (bart) der triumphierend lächelt weil er in flammen steht, da ist im mann der flammenengel offen, oder das foto ist nur so abgeschabt und abgewetzt also abgekratzt, als säsze er mit vier anderen hagiographischen personen in einem flammenden omnibus, kleist schreibt über das bild von cd friedrich : "mönch am meer" : "wie wenn einem die augen weggeschnitten wären" : dieser rekurs nämlich redekurs : redakteur der in einer so angesehenen gazette schreibt, dem hatte man - so schien es mir - mit der kleinen schere die nasenflügel, ohren, augendeckel verschnitten, zerschnetzelt also weggeschnitten, manchmal am morgen trage ich schon mein altersgesicht, das will ich dann auch gleich weggeschnitten, verschnitten, ausgeschnitten, verschnitzelt

der zweite von rechts schreibt p.w. über ein hagiographisches gruppenbild, der zweite von rechts mit der fliege (bart) der triumphierend lächelt weil er in flammen steht, da ist im mann der flammenengel offen, oder das foto ist nur so abgeschabt und abgewetzt also abgekratzt als ~~sitze~~ säsze er mit vier anderen hagiographischen personen in einem flammenden omnibus, kleist fragte oft seine freunde, gehen wir heute in den weiszen engel? er schreibt über sein erlebnis als er das bild "mönch am meer" von c d friedrich gesehen hatte : "wie wenn einem die augen weggeschnitten wären .." dieser rekurs nämlich redekurs (redakteur!) dem hatte man so schien es mir mit der kleinen schere die nasenflügel, augendeckel, ohrenlappen zurechtgestutzt also zerschnitten abgeschabt, manchmal am morgen trage ich schon mein altersgesicht, das will ich dann auch gleich weggeschnitten, abgeschnitten, zurechtgestutzt haben, nämlich wie ich so sitze in meiner klause, auf meine monoglotte art (eine mode zu fliegen) und eselig (goyas eselserie!) schon die ersten altersflecken auf dem handrücken, viele möbel brauche ich aber nicht

Bernhard Fetz

ERNST JANDL: ÜBERLEGUNGEN ZU EINER WERKGENETISCHEN AUSGABE

„Ich hab' das Gefühl, es sind viel mehr Gedichte geblieben, die bekommen immer mehr Gewicht, je länger sie da sind, je öfter sie publiziert werden, während, wenn man eines wegwirft, das nimmt an Gewicht so fürchterlich ab, dann ist es nur mehr ein Zettel Papier im Papierkorb, und dann irgendwo in einer Müllverbrennungsanlage."[1]

Ernst Jandls Gedichte sind in unzähligen Schulbüchern, Anthologien, Deutsch-als-Fremdsprache-Lehrbüchern, Kalendern, Almanachen, ja gar in Predigtanleitungen für Priester verbreitet.[2] Die Stimme des Autors ist auf zahlreichen Schallplatten und CDs zu hören, ab Anfang der 80er Jahre, einhergehend mit dem internationalen Erfolg des Stückes „Aus der Fremde", kann Ernst Jandl als einer der meistgelesenen deutschsprachigen Lyriker bezeichnet werden, dessen Vortragskunst mit und ohne Jazzbegleitung ein Publikum begeisterte, das weit über den Kreis der berühmten 1500 Enzensbergerschen Lyrikleser hinausreichte. Seine Gedichte wurden vertont oder in anderer Weise künstlerisch bearbeitet; und manche wurden, in den Kreisen eines weitgestreuten literaturinteressierten Publikums, zu Gassenhauern im besten Sinne, manche der Verszeilen zu geflügelten Worten: „lechts und rinks/kann man nicht/velwechsern". Jandls „eulen" – „bist eulen / ja / bin eulen / ja ja / sehr eulen" wurde uns Mittelschülern zum Losungswort, das die illiterate Masse der Nichteingeweihten ausschloß. Elfriede Gerstl, die Randgängerin unter den vornehmlich männlichen Protagonisten der experimentellen Literatur der 50er und 60er Jahre, nennt verallgemeinerbare Gründe für die anhaltende Wirkung der Jandlschen Gedichte: „Die besondere Nähe zu Jandls Gedichten und meine Sympathie für sie erkläre ich mir unter anderem mit seiner Beachtung trivialer Alltagserfahrung, seiner traurigen Lustigkeit, seiner Selbstironie, seinem Blick für Komik und für soziales Unrecht, eine Besonderheit unter den mit der Sprache als Material arbeitenden Autoren."[3]

Wem also wäre eine Leseausgabe, wie sie der Luchterhand Verlag herausgebracht hat, angemessener als diesem „Volksdichter"? Wem wäre ein wissenschaftlicher „Apparat" unangemessener als diesem stets auf Klarheit bedachten Autor, dessen poetische Selbstaussagen in ihrer Knappheit und Präzision nicht zu überbieten sind? Die zehnbändige Ausgabe der „Poetischen Werke", der ein elfter Band mit „Aufsätzen und Reden" hinzugefügt wurde und die die vergriffene dreibändige Werkausgabe von 1985 ablöste, bringt den ganzen Jandl in chronologischer Reihenfolge, ergänzt um auf die Einzelbände verteilte „verstreute gedichte".[4]

Vereinzelt wurde Kritik laut an einer trivialisierenden, nur die Pointen wahrnehmenden Rezeption der Texte. Gerade Jandl, der Meister des Weglassens und Aussparens, läuft manchmal Gefahr, jener Bearbeitungs-, Didaktisierungs- und Unterhaltungswut zum Opfer zu fallen, die auch in Kunstdingen keinen Pardon kennt: „Das unbefugte Lachen, das wiehernde Mißverständnis geht weiter. Jandls Texte könnten noch zu Werbesprüchen werden. Seine Beliebtheit ist ein Irrtum, aus dem ein Kult werden könnte; davor muß er heute in Schutz genommen werden, vor den zeitvertreibenden Medien, den Computerwerkern und Videospielern, vor dem Zeitgeist im Trainingsanzug."[5] Vollkommen unbeeindruckt von irgendwelchen Erwartungshaltungen hat Jandl mit Gedichtbänden wie „idyllen" (1989) und „peter und die kuh" (1996) Gedichte vorgelegt, deren Radikalität erst in Ansätzen wahrgenommen wurde und die sich didaktischen Absichten oder Unterhaltungsbedürfnissen versperren. Im Gedicht „die freude an mir" wird die Verweigerung thematisiert: Unter denjenigen, bei denen „die freude an mir" nachläßt, könnten sich auch jene finden, „denen ich als lach-dichter nicht diene".[6]

Die Aura des Dichters und eine überkommene Genieästhetik hat Ernst Jandl immer abgelehnt; und immer wieder hat er auf die handwerklichen Aspekte des Schreibens hingewiesen. Das Gedicht ist etwas Gemachtes, und was über dieses Machen hinausgeht, ist eine nicht mehr verhandelbare Sache. In einem Vortrag aus dem Jahre

1969 über die „Voraussetzungen, Beispiele und Ziele einer poetischen Arbeitsweise“ spricht Jandl vom „Aufbau auf der Schreibfläche“ [7], davon, daß wer schreibt kein anderes Programm braucht „als als Schreibender seine Position auf der anderen Seite der Sprache zu beziehen, dort, wo die Sprache als Rohstoff liegt, dort beschäftigt man sich mit der Sprache – und die Themen kommen von selber“ [8]. „Jandls Poetik entzieht sich einer positiven Affirmation (von Theorien oder Programmen, B. F.), ihre Grenze ist die Grenze des Schreibprozesses, die nicht überschritten wird. So beginnt seine Schrift ‚Die schöne Kunst des Schreibens‘ folgerichtig mit einer ‚Abgrenzung des eigenen poetischen Bereichs‘, aber nicht, um aus dem Autonomieanspruch einen ‚höheren‘ (oder ‚tieferen‘) Sinn zu deduzieren, sondern in einer Konzentrierung der Perspektiven auf die Komplexität des ‚Arbeitsvorganges‘ als eines dem Schreiben immanenten Prozesses.“ [9]

Wo aber wäre der „Aufbau auf der Schreibfläche“, die Prozeßhaftigkeit des Schreibens genauer nachzuvollziehen als im Arbeitsprozeß, wie er sich uns in Gestalt von überarbeiteten Textstufen, Notizen, Streichungen etc. präsentiert? Eine kritische Edition der Werke Ernst Jandls wird sich wahrscheinlich nicht so schnell realisieren lassen. Jedoch legt der im Österreichischen Literaturarchiv befindliche Nachlaß[10] des Autors zumindest die exemplarische Aufarbeitung der Textgenese einzelner Gedichte oder auch Gedichtbände nahe. Die Druckfassung der Jandlschen Texte scheint fraglos, die Gedichte liegen in vom Autor autorisierten Fassungen vor. Die Veröffentlichung der Gedichtbände erfolgte – mit einer signifikanten Ausnahme – in der Form, die der Autor für sein jeweiliges Produkt vorgesehen hatte.[11] Ganz besonders gilt dies für Jandls ersten Gedichtband „Laut und Luise“, auch wenn die bibliophile, nach Jandl viel zu teure Erstausgabe im Walter-Verlag ihr Publikum zu großen Teilen anfänglich verfehlte.[12] Zur Konstitution einer verbindlichen „Endfassung“ benötigen wir keine kritische Ausgabe. Jedoch könnten werkgenetische Ausgaben ein Gegengewicht gegen die Tendenz einer manchmal trivialisierenden Verfestigung der Textgestalt bilden. Solche Ausgaben müßten jene Verbindung von Philologie und Kritik, von Wissenschaft und Hermeneutik realisieren, wie sie die „critique génétique“ für sich beansprucht;[13] wobei es eben nicht vorrangig um die „Herstellung des Textes, sondern das Freilegen der Schreibmechanismen, die dem Schaffensprozess zugrundeliegen“ geht.[14]

„Das Arbeiten an Form ist gleichzeitig eine Erfahrung. Form ist Erfahrung“, hat Ernst Jandl zum Entstehungsprozeß der „stanzen“ gesagt.[15] Form auch buchstäblich: als Verteilung der Zeichen auf dem meist karierten Papier des verwendeten Schreibblocks im Format DIN A4. Die „stanzen“ sind in mehrfachem Sinne Körper-Gedichte; das ‚corpus‘ ist der eigene Körper, und er ist das textuelle Archiv, in dem das Gedicht als handschriftliche Spur existiert. Hier kommt der motorisch-sensorische Akt der Niederschrift als Inhalt zu sich, der in den meisten Fällen Körperlichkeit thematisiert: körperlichen Verfall, Gewalt gegenüber Körpern, Obszönitäten, autoaggressive Attacken des lyrischen Ich: Hohes, Religion und Metaphysik ist nie zu denken und zu schreiben ohne die Niederträchtigkeiten der physiologischen Existenz; die Einzigartigkeit des Subjekts ist ein böser Witz. Das Aggressive, Obszöne der „stanzen“ ist in der Buchveröffentlichung gleich zweifach gefiltert: durch die melodisch verschleifende Sprache des Dialekts und durch die von allen Spuren der Entstehung gereinigte Druckform. Gerade im Falle der „stanzen“ öffnet eine kommentierende und interpretierende Beschreibung des handschriftlichen Materials den Raum des Verstehens (vgl. Abb. 2).[16]

„Es wird Zeit, die Geschichte der Texte zu *erfinden*“, zitiert Almuth Grésillon den französischen Textgenetiker Jean Gaudon.[17] Quell dieser Geschichten ist das „dossier génétique“ mit seinen Dokumenten zur internen (den Handschriften, korrigierten Typoskripten etc.) wie auch zur externen (Autorpoetiken, Interviews, Quellenmaterial etc.) Werkgenese. Auch im Hinblick auf eine mögliche genetische Ausgabe von Texten Ernst Jandls ist jedoch Pierre Bourdieus „soziologische“ Kritik an der „critique génétique“ ernstzunehmen. Diese läuft nicht nur Gefahr, einem Handschriftenfetischismus zu verfallen und neopositivistisch vor lauter Material den Text nicht mehr zu sehen, sondern es könnte ihr beim „Geschichtenerzählen“ auch die Geschichtlichkeit jedes Schreibens verlorengehen. Mit den Worten Pierre Bourdieus: „Die Analyse sukzessiver Versionen eines Textes erfüllt aber erst dann ihre explikative Funktion ganz, wenn sie die Logik der Arbeit am Schreiben“, worunter die „Strukturzwänge() des Feldes“ zu verstehen sind, „zu *rekonstruieren* unternähme“. Denn das literarische Feld verfügt zu jedem Zeitpunkt über bestimmte Möglichkeiten, die der Autor realisiert und dadurch Neues schafft. Diese Möglichkeiten sind Produkt historischer innerliterarischer Entwicklungen (von Formen, Genres etc.) wie von Reaktionen auf das allgemeinere Feld der Macht. Zu zeigen wäre also, „daß der Schriftsteller, wie Flaubert ihn sich vorstellt, dem Piraten (*peiratès*) gleicht, der etwas riskiert, der experimentiert (*peirao*), sich von den eingefahrenen Geleisen des Üblichen entfernt und als Experte zeigt in der Kunst, den Weg zwischen jenen Gefahren aufzuspüren, die in *Gemeinplätzen* und konventionellen Formen bestehen“.[18]

Eine Ausgabe in diesem Sinne hätte mit dem Aufweis der Textgenese gerade auch das literarische und kulturelle Feld nachzuzeichnen, in das hinein und aus dem heraus sich die Texte geschrieben haben; und damit die spezifischen Produktionsbedingungen, unter denen diese ab den frühen 50er Jahren entstanden sind. Sie hätte weiters die bis heute nachwirkenden und zum Teil durch mythisierende Zuschreibungen verwischten Bruchlinien zwischen der Avantgarde und der Restauration, zwischen den Experimentellen und den Konservativen freizulegen und vielleicht auch neu zu ziehen. Das betrifft die Beziehungen Jandls zur „Wiener Gruppe" sowie zu literarischen und kulturpolitischen Institutionen, wodurch deutlich werden könnte, wie sich durch den Anspruch auf künstlerische Autonomie einerseits und die Ausübung eines bürgerlichen Berufs als (Deutsch-)Lehrer an einem Gymnasium andererseits die Position im literarischen Feld bestimmte. Und es wäre auch der im Vergleich zu den 60er Jahren völlig veränderte Erwartungshorizont des Publikums zu rekonstruieren: In stärkerem Maße als andere hat Ernst Jandl das Verständnisterrain für Formen nicht herkömmlicher Lyrik beträchtlich erweitert; diese Formen sind in die Sprache der Werbung und die Sprache der Medien diffundiert, sie sind, meist ohne daß sich ihre Anwender dessen bewußt wären, zum sprachlichen Sozialisationsgut einer medial geprägten Jugend geworden. (Die ironische Verwendung einer „heruntergekommenen Sprache" gehört beispielsweise längst zum Umgangston in den Klassenzimmern.) Wodurch umgekehrt die Akzeptanz für den Autor und seine Produktion stieg – bis er, wie bereits angedeutet, in seinen letzten Gedichtbänden wiederum eine völlig neue Richtung einschlug, allerdings unter gänzlich anderen Produktions- und Rezeptionsbedingungen als noch in den 70er Jahren. Um nur einen Aspekt herauszugreifen: Eine Geschichte der Lyrik der letzten vier Jahrzehnte kann nicht geschrieben werden, ohne die parallel laufende Entwicklung der Medien zu beobachten.

Mit jedem Gedichtband war es Jandls Anspruch, etwas Neues zu machen, ein bereits in den Augen des Autors realisiertes formales Schema durch eine neue Ausdrucksform zu ersetzen (Sprechgedicht, Lautgedicht, „Oberflächenübersetzung", „heruntergekommene Sprache", Verwendung des Konjunktivs in „Aus der Fremde" etc.). In vielen Fällen könnte eine textgenetische Analyse zeigen, wie auf dem Weg vom Einfall zur Endfassung der Autor mit verschiedenen Verfahren experimentiert hat. Zu verfolgen ist, wie im Laufe des Schreibprozesses die Sprache ihr Thema findet, durch Reduktion, Verdichtung, Verallgemeinerung. Ein Beispiel: Im Gedicht „choral", das seinen Ausgangspunkt von der auch durch Johann Sebastian Bachs Vertonung berühmten Verszeile des Kirchenliedes „O Haupt voll Blut und Wunden" nimmt, sind es in einer Zwischenfassung Wortwiederholungen, die dem litaneihaften Sprechen seinen Rhythmus vorgeben: „und das aug und das aug / das ohr und das ohr"; dieses Verfahren wurde jedoch gleich wieder aufgegeben. Auf dem faksimilierten Blatt (vgl. Abb. 3) kommt nun die „heruntergekommene" Sprache ins Spiel, die gerade durch grammatikalische Unkorrektheiten wie die Verwendung des Infinitivs anstatt des konjugierten Verbs, die Verwendung falscher Artikel etc. bei Jandl Poesiefähigkeit erlangt. Fast scheint es, als ob im Kontext dieses religiösen Gedichtes eine biblische Botschaft beim Wort genommen wird: Im Niedrigsten kann Gott verborgen sein, ja, hier ist er viel eher anzutreffen als in den goldglänzenden (Sprach-)Tempeln. Aber noch in einem anderen Sinn ist die Verwendung der „heruntergekommenen" Sprache von Bedeutung. Sie steigert den Unbestimmtheitsgrad ganz banaler Sachverhalte und bringt sie zum Schweben. Ein Gedicht wie „der beschriftete sessel" aus dem Gedichtband „die bearbeitung der mütze" (1978) wurde zuerst in ‚Normalsprache' geschrieben und dann in die „heruntergekommene" Sprache transponiert. Die einfache Frage, die das Gedicht stellt, ob nämlich der, der auf einem Sessel sitzt, auf dem hinten „Jandl" draufsteht, auch wirklich er selbst ist oder vielleicht ein anderer, wird durch die Formel „sein ich es oder sein ich es nicht" zur philosophischen Kardinalfrage. Jetzt steht Identität überhaupt zur Disposition. Dieses Verfahren scheint aber für das Gedicht „choral" kein gangbarer Weg gewesen zu sein. Nach mehreren Ansätzen wird die Verwendung des Infinitivs, die auch einen konjunktivischen Effekt hat, wieder zugunsten einer indikativischen Aussageweise aufgegeben. In einer mit der Druckfassung fast identischen Typoskriptfassung lautet das letzte Wort „mir": „bis herunter gerissen er wird / einmal für immer / mir". Daß der Bezug zum Ich des Gedichts schließlich gelöscht wurde, entspricht der Tendenz Ernst Jandls, alle Realien, eben alles was das Gedicht „dingfest" machen könnte, zu verwerfen, zu streichen, umzuformulieren im Sinne einer allgemeineren Aussage vom Ende, das alle trifft.[19]

Zusammen mit einer Analyse des größeren literarischen Feldes kann eine textgenetische Rekonstruktion des Schreibprozesses die Komplexität von Entstehungsgeschichten belegen: Sie kann zeigen, wie, im Falle des Gedichtes „choral" etwa, sich die „Kategorie" des religiösen Gedichtes durch das gesamte Werk zieht (vgl. Abb. 5), wie groß ihre Variationsbreite ist, wie diese Kategorie im Kontext der Biographie des Autors (der religiösen Erziehung durch die Gedichte religiösen Inhalts schreibende Mutter), der Entwicklung der literarischen

Formensprache innerhalb des Werkes, des Verhältnisses von Schrift und Stimme zu sehen ist (etwa durch Verweise auf die frühe und radikale Nutzung der technischen Möglichkeiten des „stereophonen Hörspiels"). Dadurch gelangte das in Reichweite, was im Sinne Pierre Bourdieus die historischen Determinierungen oder neutraler: die Dispositionen der Schreib- und Rezeptionsweisen freilegt und unseren Verstehenshorizont durchbricht, wenn wir besser verstehen, wie wir verstehen und wenn wir besser verstehen, wie der Autor versteht. Was Ernst Jandl in einem kurzen Text von 1970 über das „Schreiben als Produktion von Kunst" anmerkt, gilt vice versa für das interpretierende Verstehen von Kunst: Wenn die Sprache „das Material zur Produktion von Kunst" ist und wenn die Sprache zugleich die Eigenschaft besitzt, „Material meines Denkens und Sprechens" zu sein, dann müssen objektiver sprachlicher Materialvorrat und „subjektive() Materialvorräte" aufeinander bezogen werden. Letztere sind:

„Mein Vorrat an Wörtern und Redewendungen; mein Sprech-Repertoire (mein Vorrat an Möglichkeiten der Stimme), und mein Vorrat an Gedachtem, d. h. an Sprache in Fixierungen, die mein Leben weitgehend bestimmen (Einstellungen, Ansichten, Überlegungen, Erinnerungen etc.). Diese Vorräte enthalten das Material, aus dem in Arbeitsprozessen jeweils ein Ganzes entstehen soll, das durch Eigenschaften bestimmt wird, die außerhalb meiner bisherigen Erfahrung liegen: ein Ding, das ich bisher nicht kannte, und von dem ich, da ich mich umsehe, annehmen darf, daß es das bisher nicht gab".[20]

Dem „Gewicht" der kanonisierten, ‚fertigen' Gedichte Ernst Jandls würde ein Gegengewicht erwachsen, wenn Korrigiertes, Gestrichenes, Verworfenes als Medium eines umfassenden Schreibprozesses Teil einer Ausgabe neuen Typs wird, die die Darstellung der Textgenese und die Rekonstruktion des literarischen Feldes verbindet. Die Texte würden transparenter und disponibler sowohl in Richtung auf den Schreiber als auch auf den Leser. Der Weg der Texte führt vom Flüssigen der Handschriften und Vorstufen zum Festen der Druckgestalt, und er führt von einem Kraftfeld, in dem sich die Position des Autors und seines Werkes jeweils neu herausbildet, zu historisch kumulierten „Determinierungen"[21] der Rezeption. Es kommt darauf an, diesen Weg auch in die entgegengesetzte Richtung zu verfolgen.

---

1 Aus einem Gespräch des Verfassers mit Ernst Jandl, abgedruckt in: Bernhard Fetz: Ernst Jandl. Gedichte. In: Der literarische Einfall. Über das Entstehen von Texten. Hg. von Bernhard Fetz und Klaus Kastberger. Wien: Zsolnay 1998 (= Profile. Magazin des Österreichischen Literaturarchivs, Bd.1), S. 94.

2 Bücher, in denen Texte Ernst Jandls abgedruckt sind, füllen als Bestandteil des Ernst-Jandl-Nachlasses am Österreichischen Literaturarchiv der Österreichischen Nationalbibliothek mehrere Stellmeter Regale.

3 Elfriede Gerstl: Vom damaligen Jandl in meinem jetzigen Kopf. In: Ernst Jandl. Hg. von Volker Kaukoreit und Kristina Pfoser-Schewig. Text + Kritik 129 (Januar 1996), S. 10.

4 Ernst Jandl: Poetische Werke in 11 Bänden. Hg. von Klaus Siblewski. München 1997 (Band 11: München 1999), im folgenden abgekürzt als PW.

5 Franz Haas: „Ich pfeife aufs Gesamtkunstwerk". Ernst Jandls Minimalismus auf der Bühne. In: Ernst Jandl: Proposte di lettura. Hg. von Luigi Reitani. Udine: Forum 1997, S.109. Vgl. dazu auch: Hans Mayer: Kurze Verteidigung Ernst Jandls gegen die Lacher. In: Für Ernst Jandl. Texte zum 60. Geburtstag. Werkgeschichte. Hg. von Kristina Pfoser-Schewig. Wien: Dokumentationsstelle für neuere österreichische Literatur 1985 (= Zirkular Sondernummer 6).

6 „die freude an mir". In: PW 9, S. 87.

7 PW 11, S. 48.

8 Ebd., S. 49.

9 Hermann Korte: „stückwerk ganz". Ernst Jandls Poetik. In: Text und Kritik (= Anmerkung 3), S. 70.

10 Bereits zu Lebzeiten hat das Österreichische Literaturarchiv Vereinbarungen mit Ernst Jandl bezüglich der Übernahme der Werkmaterialien getroffen und einen Teil auch schon übernommen. Vorliegender Beitrag verdankt sich der Kenntnis dieser Materialien; er wurde vor Ernst Jandls Tod verfaßt.

11 Die Ausnahme ist der Gedichtband „peter und die kuh", der auf Initiative des Lektors durch eine „Autoren-Simulation" zustande kam. Dies ist der Fall einer Edition, die ohne den Impuls von außen nicht zustande gekommen wäre. Gemeinsam mit dem Autor hat der Lektor Kriterien entwickelt, um zu entscheiden, welches der beim Autor aufgefundenen Gedichte die „Reifeprüfung" besteht und welches nicht in den Band aufgenommen wird. Vgl. den Bericht von Klaus Siblewski: „die rache der sprache ist das gedicht" oder Wie Ernst Jandls Gedichtband „peter und die kuh" doch noch zustande kam. In: manuskripte 134 (Dezember 1996), S. 4–10.

12 In den Anmerkungen des Autors zu Band 2 der Poetischen Werke heißt es: „Wenn ich je ein Gedichtbuch sorgfältig durchkomponierte, dann ‚Laut und Luise' (...)." In: PW 2, S. 231.

13 Vgl. Almuth Grésillon: Literarische Handschriften. Einführung in die „critique génétique". Bern, Berlin, Frankfurt/M. u. a.: Peter Lang 1999, S. 43 f.

14 Ebd., S. 125.

15 Bernhard Fetz: Ernst Jandl: Gedichte (= Anmerkung 1).

16 An anderer Stelle wurde versucht, ausgehend vom handschriftlichen Material eine exemplarische Analyse einiger „stanzen" zu leisten: Bernhard Fetz: Psychische Schrift. Am Beispiel von Ernst Jandls „stanzen". In: Handschrift. Hg. von Wilhelm Hemecker. Wien: Zsolnay 1999 (= Profile. Magazin des Österreichischen Literaturarchivs. Bd. 4), S. 85–98.

17 Grésillon, Einführung (= Anmerkung 13), S. 155.

18 Pierre Bourdieu: Die Regeln der Kunst. Genese und Struktur des literarischen Feldes. Frankfurt/M.: Suhrkamp 1999, S. 315 f.

19 Zu einer ausführlichen Interpretation des Gedichtes „choral" vgl. Bernhard Fetz: Der Dichter und der liebe Gott. Ernst Jandls Gedicht „choral" im Kontext seiner religiösen Gedichte. In: Interpretationen. Gedichte von Ernst Jandl. Hg. von Volker Kaukoreit und Kristina Pfoser. Stuttgart: Reclam 2001.

20 In: PW 11, S. 60.

21 Vgl. dazu Bourdieu (= Anmerkung 18), S. 487 ff. und passim.

muster brust schuß brunz schlund funzel fugel (fugel?)

himmel ~~xxxxxxx~~
~~xxxxxxx~~ schlampe ~~xxxxxx~~ schluck schlamm lampe lamm
stink

muster brust schuß bronze

muster brust bronze ~~xxxxxx~~ ranzen schlund fugel (fugel?)

muster brust bronze ranzen schlund fugel (fugel?)

ficken zackel (zackel?) zorki kikeriki-kamera

mull müll fut fuschl tuscheln pfimpfi (pfimfi?)

kiks (kiks?) ~~schitzl (schitzl?)~~

kiks schitzl

(schitzl?)

~~tschul~~

(tschul?) schälen

schwül ~~xxxxxxxxxxxxx~~ schwall schwelen schwiele ~~xxxxxxx schwipf (schwipf?)~~

~~xxxxx~~ klohn (klohn?) ~~xxxxxxxxx~~ lodern

nur uhr hur forz

▲ Abbildung 1: Aus einer Mappe mit der Aufschrift „entwürfe und notizen zu lautgedichten“, undatiert. ÖLA, NL Ernst Jandl

► Abbildung 2: Beispiel aus Ernst Jandls „stanzen“ Produktion: „hood mä foda“. Handschriftliche Korrekturfassung mit Kommentar zur Dialektdichtung, entstanden im August 1991. ÖLA, NL Ernst Jandl

natürlich wird sich diese art
von dichtung in konkurrenz
zu anderer gegenwärtigen dialekt-
dichtung bewähren müssen.
behaupten

---

hood mi foda ~~zu~~ z'mia
~~gr~~ xogd bäääädschallbrun

hooovema ima denkt
wos maaaaaand [dea] mia

hooovesbanedrn froooogn
draut

hedd ma oma ~~an~~ ~~oa~~ ~~daum~~ xillard
ane hinterghaud
(deppat) ghaut
~~gruaaz~~ ~~olzaut~~

choral

so oft nach nasen ich greifen es sein
mein nasen allein - o haupt
voll blut ohne wunden; innen xäxxxxx
sein das doch voll bluten das haupt
in geordneten bahnen

sein geordnet der blut

sein der blut geordnet in bahnen
und sein
etwa das mund
einen wunden

so oft nach nasen ich greifen es sein
meinen nasen allein - o haupt
voll blut ohne wunden; darinnen
sein das blut noch geordnet in bahnen
xxäxxxxxxxxxxxxxxx
ånd fest sei
und fest sein verbunden durch haupt
die erbwunden mund aug ohr nasen
daß nicht sickert kein blut durch
doch es sickert das atmen und wörtern
das lärm xxxx und farbene formen   das
ununterbrochen durch das verband durch nach drinnen
das verband das nie wechselt
bis herunter gerissen es werde
ein einziges mal bloß

▲ Abbildung 3: Varianten zum Gedicht „choral" aus dem Gedichtband „der gelbe hund", datiert mit 10. 6. 1979. ÖLA, NL Ernst Jandl

► Abbildung 4: Textstufe zum Gedicht „zeilen" aus dem Gedichtband „idyllen", undatiert. ÖLA, NL Ernst Jandl

a e i o u

da der ich dort du

tat es ihm oft gut

als er mir gott schuf

war mensch

gar ernst nicht gott zu

gut

da der ist doch gut

ja er ist voll blut

dann lebt ihr noch um

was lebt ist voll blut

darf denn ich dort ruhn

das werd ich wohl tun

dann erst bist tot du

ja es ist schon zu

bald

~~wann~~ er dich fort ruft

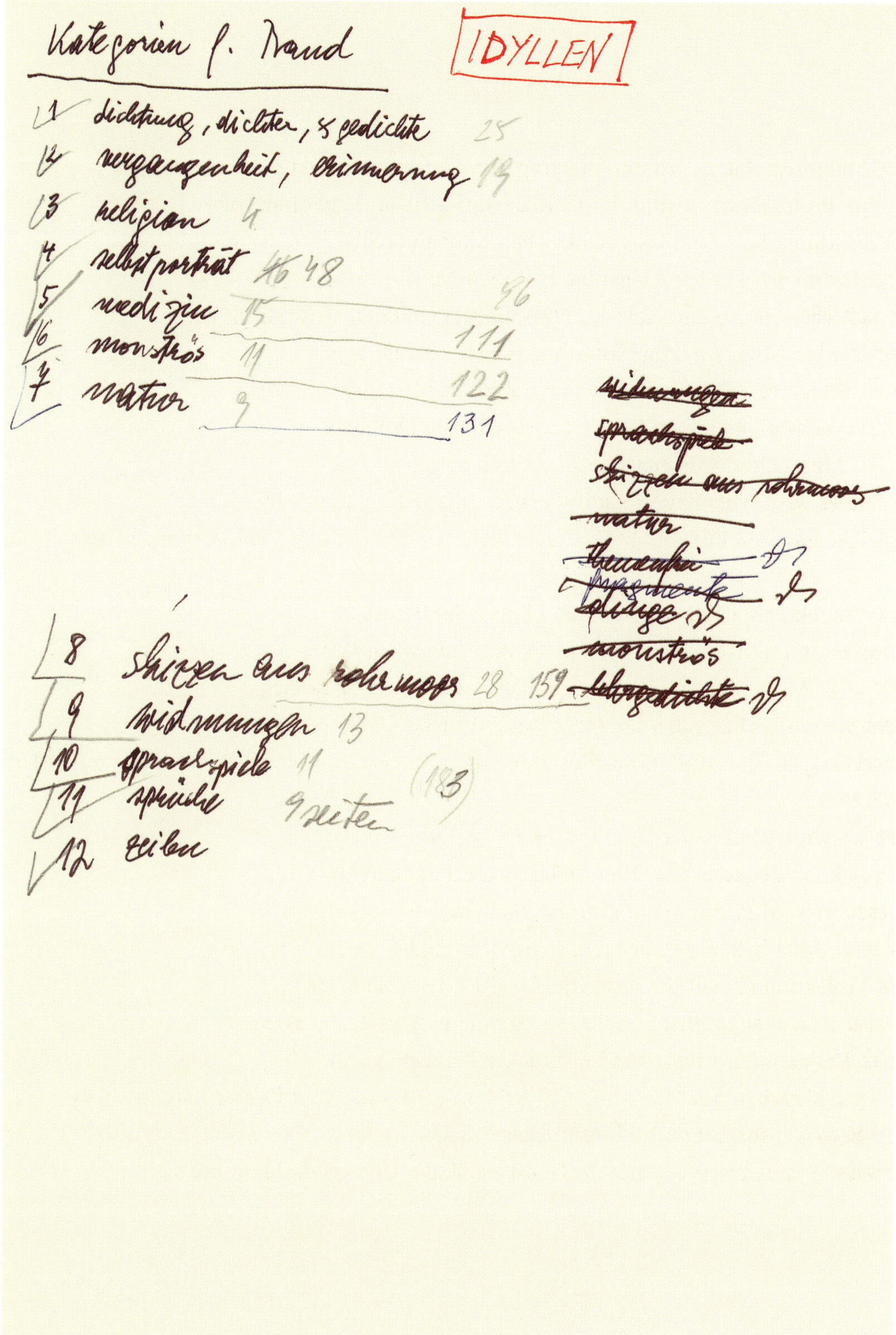

Kategorien f. Band IDYLLEN

1 dichtung, dichter, & gedichte 25
2 vergangenheit, erinnerung 19
3 religion 4
4 selbstporträt 46 48
5 medizin 15 96
6 monströs 11 111
7 natur 9 122 131

8 skizzen aus rohrmoos 28 159
9 widmungen 13
10 sprachspiele 11
11 sprüche 9 seiten (183)
12 zeilen

~~widmungen~~
~~sprachspiele~~
~~skizzen aus rohrmoos~~
~~natur~~
~~monströs~~

▲ Abbildung 5: Inhaltsverzeichnis mit „Kategorien“ für den Band „idyllen“. Handschriftliche Korrekturfassung, undatiert. ÖLA, NL Ernst Jandl

BEITRÄGER

Hermann Böhm, Leiter der Handschriftensammlung der Wiener Stadt- und Landesbibliothek
Alfred Doppler, em. Professor am Institut für Germanistik der Universität Innsbruck
Thomas Eder, Projektmitarbeiter am Österreichischen Literaturarchiv
Walter Fanta, Projektmitarbeiter am Klagenfurter Robert-Musil-Institut
Jan-Christoph Hauschild, wiss. Mitarbeiter des Düsseldorfer Heinrich-Heine-Instituts
Wilhelm Hemecker, wiss. Mitarbeiter am Österreichischen Literaturarchiv
Richard Hörmann, Projektmitarbeiter am Innsbrucker Brenner-Archiv
Volker Kaukoreit, wiss. Mitarbeiter am Österreichischen Literaturarchiv
Ulrike Lang, wiss. Mitarbeiterin am Innsbrucker Brenner-Archiv
Klaralinda Ma-Kircher, wiss. Mitarbeiterin am Wiener Stadt- und Landesarchiv
Walter Methlagl, Professor am Institut für Germanistik der Universität Innsbruck, Leiter des Innsbrucker Brenner-Archivs
Walter Obermaier, Direktor der Wiener Stadt- und Landesbibliothek
Robert Pichl, Professor am Institut für Germanistik der Universität Wien
Gerhard Renner, wiss. Mitarbeiter an der Wiener Stadt- und Landesbibliothek
Eberhard Sauermann, wiss. Mitarbeiter am Innsbrucker Brenner-Archiv
Wendelin Schmidt-Dengler, Professor am Institut für Germanistik der Universität Wien, Leiter des Österreichischen Literaturarchivs
Ursula A. Schneider, wiss. Mitarbeiterin am Innsbruck Brenner-Archiv
Eva Schobel, Projektmitarbeiterin am Österreichischen Literaturarchiv
Monika Seekircher, wiss. Mitarbeiterin am Innsbrucker Brenner-Archiv
Ilse Somavilla, wiss. Mitarbeiter am Innsbrucker Brenner-Archiv
Gerald Sommer, Projektmitarbeiter der hist.-krit. Ausgabe der „Dämonen"
Johann Sonnleitner, Assistent am Institut für Germanistik der Universität Wien
Annette Steinsiek, Projektmitarbeiterin am Innsbrucker Brenner-Archiv
Jürgen Thaler, wiss. Mitarbeit des Franz-Michael-Felder-Archivs der Vorarlberger Landesbibliothek
Anton Unterkircher, wiss. Mitarbeiter des Innsbrucker Brenner-Archivs
Wolfgang Wiesmüller, Professor am Institut für Germanistik der Universität Innsbruck

Willi Rolfes · Hartmut Elsner

Unterwegs im Land der

Kraniche

Tecklenborg Verlag

Umwelthinweis:
Der Inhalt dieses Buches wurde auf Papier
mit chlorfrei gebleichtem Zellstoff gedruckt.
Das Einbandmaterial ist recyclebar.

Die Deutsche Bibliothek – CIP Einheitsaufnahme

Kraniche
Willi Rolfes, Hartmut Elsner
Steinfurt, Tecklenborg Verlag, 2006
ISBN 3-934427-91-x

1. Auflage 2006

Siemensstraße 4, D-48565 Steinfurt

Gesamtherstellung: Druckhaus Tecklenborg, Steinfurt

Verlag und die Autoren garantieren, dass es
sich bei den Fotografien in diesem Werk um
Originalaufnahmen handelt, die nicht digital
verändert wurden.

ISBN 3-934427-91-x

Inhalt

9 Vorwort

10 Die Diepholzer Moorniederung in Niedersachsen

30 Am Hornborga-See in Südschweden

62 Die Langenhägener Seewiesen in Mecklenburg

78 Am Schaalsee zwischen Schleswig-Holstein und Mecklenburg

94 Die Rügen-Bock-Region in Vorpommern

114 Anhang

Vorwort

Dieses Buch begleitet den Leser an fünf ausgewählte Plätze in Norddeutschland und Schweden, an denen man sicher Kraniche beobachten kann: die Diepholzer Moorniederung, den Hornborga See, die Langenhägener Seewiesen in Mecklenburg, den Schaalsee und die Rügen-Bock-Region.
Dazu gibt das Buch Informationen zur Rast, zur Jungenaufzucht, zum Nahrungserwerb und Zugverhalten dieser außergewöhnlichen Vögel.
Das bewährte Autorenteam Hartmut Elsner und Willi Rolfes hat sich über Jahre dem Kranich verschrieben und fantastisches und ausführliches Bild- und Textmaterial zusammengetragen.
Zunächst vermitteln sie einen Eindruck von der jeweiligen Landschaft mit einfühlsamen Texten und großformatigen, sensibel fotografierten Bildern.
Ihr Augenmerk liegt darauf, den Kranich im Kreislauf des Jahres in seinem Lebensraum zu zeigen.
Die Autoren wünschen sich, dass dieses Buch eine Anregung ist, sich mit dem Kranich und seinen Lebensgewohnheiten vertraut zu machen. Daneben ist es ein leidenschaftliches Plädoyer für den Schutz des grauen Kranichs und seines Lebensraums. Eindringliche Bilder wecken die Begeisterung für den Schutz des Kranichs: Denn nur was man kennt, das schützt man. Der Kranich ist ein Symbolvogel für den Naturschutz über Ländergrenzen hinweg. Den Autoren ist es ein Anliegen, mit diesem Buch einen aufklärenden und Verständnis weckenden Beitrag zum Schutz des Kranichs zu leisten, was ihnen ohne Zweifel großartig gelungen ist.
Willi Rolfes ist ein hervorragender Fotograf, und seine Bilder zeigen die Faszination des Augenblickes, wie es nur die Fotografie kann. Seine Aufnahmen sind aber auch zum Teil Impressionen der Wirklichkeit, in subtilen und stimmungsvollen fotografischen Skizzen, welche die Atmosphäre in der Welt der Kraniche beeindruckend einfangen.
Der Kranich ist in Deutschland zum Glück wieder auf dem Vormarsch und hat viele alte Brutgebiete zurückerobert. Möge dieses wunderbare Buch aus der Welt des Kranichs dazu beitragen, diesen Trend zu verstärken.

Herzlich, Ihr

Fritz Pölking

Fritz Pölking

Die Diepholzer Moorniederung in Niedersachsen

Kraniche gelten als Sinnbild des Vogelzugs. Mit ruhigen Flügelschlägen ziehen sie über das weite Land.

Es sind etwa 50 Vögel, die Keilform, in der sie fliegen, ist eindeutig. Mit gleichmäßig ruhigen Flügelschlägen ziehen die Kraniche in geringer Höhe über uns hinweg. Weitere Gruppen folgen. Musik ist in der Luft. Laut rufend fliegen die Vögel in der Abenddämmerung in Richtung ihres nächtlichen Schlafplatzes im nahegelegenen Wietingsmoor.

Wir haben am Rand der Bundesstraße zwischen Sulingen und Diepholz angehalten. Mit Ferngläsern beobachten wir die gleichmäßigen Flugformationen am Himmel. Hals, Kopf und Schnabel haben die Kraniche gerade nach vorne gestreckt. Die eng aneinander gelegten Füße stehen gerade nach hinten ab. Die Flügel sind weit gespannt. An ihren Enden erkennen wir einzelne Federn. Wir zählen fünf Schwungfedern an jeder Flügelspitze. Der Schwanz ist fächerförmig gespreizt. Beim gleichmäßig langsamen Auf und Ab der Schwingen bleibt der Körper nahezu regungslos in der Flugbahn. Es ist ein würdevoller, fast majestätischer Anblick. Als die Kraniche über uns hinweg gezogen sind und wir kaum noch etwas erkennen können, setzen wir unsere Fahrt fort. Bei völliger Dunkelheit erreichen wir die Kleinstadt Diepholz, unser Standquartier zur Erkundung der Kranichregion Diepholzer Moorniederung.

Naturraum Diepholzer Moorniederung

„Kraniche gibt es hier schon immer." Der Herr stellt sein Glas ab und wendet sich uns zu. „Meist waren es Durchzügler. Erst seit fünf, sechs Jahren legen die Vögel eine längere Rast ein. Und es werden immer mehr!" Wir sitzen in einer Gaststätte in der Diepholzer Innenstadt. Der Herr hat sich zu uns an den Tisch gesetzt. Wir nutzen die Gelegenheit, mit einem Fachkundigen ins Gespräch zu kommen.

Die Diepholzer Moorniederung ist ein etwa 1.200 Quadratkilometer großer Naturraum im westlichen Niedersachsen. In ihm befinden sich 15 größere Hochmoore mit einer Fläche von 240 Quadratkilometern.

Sie sind weiträumig von landwirtschaftlichen Flächen umgeben, auf denen Getreide und Mais angebaut wird. 70 Quadratkilometer der Hochmoorflächen sind seit den 70er Jahren des vorigen Jahrhunderts renaturiert worden. Was bedeutet das für den Lebensraum und für den Kranich?
In früherer Zeit wurden die Hochmoore entwässert, trocken gelegt und von Hand oder maschinell abgetorft. Moorheide breitete sich aus. Birken und Kiefern begannen, die Flächen nach der Abtorfung zu besiedeln. Das Moor verschwand und konnte sich nach der Nutzung nicht wieder regenerieren.
Im Zuge der Renaturierungsmaßnahmen begann der Mensch, die Gräben zuzuschütten und den Baumbewuchs zu entfernen. Dadurch steigt der Wasserspiegel so weit an, dass der Oberboden wieder feucht wird. An zahlreichen Stellen entstehen offene Wasserflächen, sogenannte Mooraugen. Typische Pflanzen wie Torfmoose und Wollgras können sich wieder ansiedeln und verbreiten. Um einer erneuten Ausbreitung von Bäumen und Sträuchern vorzubeugen, werden einige Moorbereiche mit Schafherden beweidet, die den Bewuchs niedrig halten.
Die wieder vernässten Hochmoorflächen sind ein guter Schlafplatz für die Kraniche. Hier stehen sie vor Feinden geschützt im offenen seichten Wasser. 17 solcher Schlafplätze befinden sich in der Diepholzer Moorniederung. Die angrenzenden landwirtschaftlichen Flächen bieten eine gute Nahrungsgrundlage mit reichhaltigem Angebot. Von ihnen aus lassen sich verschiedene Schlafplätze in kurzer Entfernung gut erreichen. Auch wenn die Verbesserung der Schlafplätze für die Kraniche nicht das primäre Ziel der Wiedervernässung der Moorflächen ist, ist der Erfolg quantitativ beträchtlich. So wurden in den letzten Jahren im Frühjahr bis zu 10.000, im Herbst sogar bis zu 30.000 Vögel gezählt. Davon überwintern 300 bis 500 Kraniche in der Moorniederung, die übrigen ziehen weiter. Im Jahr 2005 blieben 14 Paare auch über den Sommer und verrichteten ihr Brutgeschäft erfolgreich im östlichen Teil der Diepholzer Moorniederung.

Der Graue Kranich

Unser erstes Ziel am folgenden Tag ist das Rhedener Geestmoor, 10 km östlich von Diepholz.
Wir finden die Kraniche auf den Äckern beiderseits der kleinen Straße von Rheden nach Düversbruch. Es sind mindestens 100 Vögel. Vom Auto aus beobachten wir die Tiere. Sie sind mit Nahrungssuche und -aufnahme beschäftigt und nehmen von unserem Auto kaum Notiz.
Kraniche sind die größten einheimischen Vögel in Deutschland. Sie erreichen eine Gesamthöhe von knapp 120 Zentimetern und sind damit höher als Graureiher oder Weißstörche. Die Flügelspannweite beträgt 220 Zentimeter. Das optisch auffälligste Merkmal ist der kontrastreiche Kopf-Hals-Bereich: Der Grundton Schwarz an der Halsunterseite, dem Hinterkopf, der Stirn und der Kehle hebt sich deutlich vom Weiß der Seiten des Kopfes und des Halses ab.

Gründliche Gefiederpflege gehört zum Alltag. Hierfür entnehmen die Kraniche Fette aus der Bürzeldrüse. So werden sie vor Nässe und Kälte geschützt.

Raureif kündigt den nahen Winter an. Mit den ersten Nachtfrösten kommen die Kraniche im Spätherbst in die Diepholzer Moorniederung.

Am Scheitel befindet sich eine rote Färbung. Es ist ein Bereich nackter Haut, der im Erregungszustand des Vogels an- und abschwellen kann. Der Schnabel ist spitz und gelbgrünlich gefärbt. Das Gefieder hat eine graue Grundfarbe. Lediglich die Hand- und Armschwingen sind schwarz. Am auffälligsten sind die Federn am Ende des Körpers, die Schmuckfedern. Es sind die Ellenbogenfedern der inneren Armschwingen, die sichelförmig verlängert und gekräuselt sind. Beim Schreiten wippt dieses Federbüschel auf und ab. Es ist ein gutes und sicheres Bestimmungsmerkmal für den heimischen Kranich. Neben dem Grauen Kranich (grus grus), der in Europa beheimatet ist, gibt es in der Familie der Kraniche 14 weitere Arten, die überwiegend in Asien, aber auch in Afrika und Amerika beheimatet sind. Nächste Verwandte der Kraniche sind Rallen und Trappen.

Wir beobachten zwei Rehe, die sich von schräg hinten auf die Gruppe der Kraniche zu bewegen. Sie zeigen keinerlei Scheu, als sie quer durch die Vogelschar laufen. Die Kraniche selbst weichen einige Schritte zur Seite, lassen sich aber letztendlich nicht weiter beunruhigen und nehmen die kurzzeitig unterbrochene Nahrungssuche wieder auf. Wie fast alle Tiere können die Vögel leicht zwischen Freund und Feind unterscheiden. Wie ist ihre Reaktion auf den Menschen?

Regeln zur Beobachtung von Kranichen

Kraniche sind dem Menschen gegenüber sehr scheu. Ihre Fluchtdistanz liegt bei 300 Metern. Daher sollte der Mensch sich bei der Beobachtung der Kraniche an einige einfache Regeln halten:

- Kraniche sollten vom Auto aus beobachtet werden.
- Dabei sollte man auf öffentlichen Straßen bleiben und nicht auf Feldwegen die abgelegenen Rückzugsgebiete aufsuchen.
- Wenn sämtliche Kraniche die Köpfe heben, sehen sie die Gefahr. Dann sollte man sich zurückziehen.
- Auf dem Wasser sollten rastende Vogelschwärme mit gedrosseltem Bootsmotor umfahren werden.
- Die Tiere sollten nicht mit Blitzlicht fotografiert werden.
- An Beobachtungseinrichtungen sollte man sich leise und unauffällig verhalten.

Der „Kranichschutz Deutschland“ hat einen eigenen Flyer zum Thema „Kraniche beobachten – ohne zu stören“ entworfen. Er ist über das Kranich-Informationszentrum Groß Mohrdorf zu beziehen.

Im Süden des Rhedener Geestmoores ist im vergangenen Jahr ein Aussichtsturm eigens zur Beobachtung der Kraniche errichtet worden. Er steht direkt am Rand des Moores neben dem Fahrweg, der das Moor in Richtung Kellenberg durchquert. Von hier aus lässt sich der abendliche Einflug der Vogelschwärme in das Geestmoor hervorragend beobachten. Mit einem guten Fernglas kann der Besucher die Vögel sogar an ihrem Schlafplatz im seichten Wasser ausmachen – sofern es nicht bereits zu dunkel ist.

Am Neustädter Moor

Am folgenden Tag besuchen wir am Spätnachmittag das Neustädter Moor, zwanzig Kilometer östlich von Diepholz. Bereits bei der Anfahrt sehen wir zahlreiche Kraniche unweit der Straße auf den Äckern stehen. Sie wenden nicht einmal die Köpfe, als wir an ihnen vorbeifahren. Es ist ein bedeckter Tag. Die geschlossene Wolkendecke lässt es zeitig dämmerig werden. Wir lassen das Auto unweit der BUND-Station im Südosten des Moores stehen. Der Weg führt durch einen sandigen Kiefernwald. Unvermittelt öffnet sich der Blick über die freie weite Moorfläche. Dieser landschaftliche Gegensatz zwischen einem geschlossenen Hochwald und der offenen Freifläche eines Hochmoores ist jedes Mal von Neuem beeindruckend. Wir schauen schweigend. Entlang des Moorrandes führt uns der Weg zu einem recht neuen Beobachtungsturm. Schon von weitem sind die Rufe der Kraniche zu hören. Wir nähern uns vorsichtig dem Turm, steigen hinauf – und sind plötzlich mitten drin! Ungefähr 200 Kraniche sind zu sehen – es wirkt allerdings so, als seien es tausend! Das hat zum einen damit zu tun, dass sich die Vögel auf den Flächen rund um den Turm weiträumig verteilt haben: Überall stehen kleine Gruppen beisammen, putzen ihr Gefieder, suchen Nahrung und sichern die Umgebung. Zum anderen liegt es an der Lautstärke! Von überall her ertönen Rufe. Als sich ein weiterer Schwarm nähert, wird es richtig laut. Dienen die Rufe der Verständigung? Sind es Lockrufe oder eher Warnlaute?

Die Verständigung der Kraniche

Kraniche verständigen sich sowohl mittels Lautäußerungen als auch mit Körperbewegungen. Bei den Lauten werden bis zu zehn verschiedene Arten von Rufen unterschieden. Einer der häufigsten ist der Kontaktruf beim Flug, jener Laut, der uns gen Himmel schauen lässt. Beim Fliegen im Nebel oder in der Dunkelheit erschallt er häufiger, da die Sicht eingeschränkt und die Kommunikation mit den Artgenossen dann umso wichtiger ist. Was wir von unserem Beobachtungs-

Erstes Licht und Morgenrot. Die Kraniche haben ihre Schlafplätze verlassen und finden sich im Herbst bereits bei Sonnenaufgang in den abgeernteten Maisfeldern ein. Wer sie beobachten will muss früh auf den Beinen sein – wird aber auch mit fantastischen Anblicken belohnt.

Goldener Oktober – Birken am Rand des Rhedener Geestmoores. Rund um die Rastplätze der Kraniche verfärben sich die Blätter der Bäume in wunderschönen Farbtönen.

Die Flachwasserzonen des Goldenstedter Moores sind ein bevorzugter Schlafplatz der Kraniche. Im 30 cm tiefen Wasser finden sie Ruhe und Schutz vor möglichen Gefahren.

punkt aus hören, sind Lock- und Kontaktrufe, die anderen Kranichen den Standort mitteilen. Sie helfen auch, die Nahrungssuche aufeinander abzustimmen.
Bevor sich ein Schwarm Kraniche in die Luft erhebt, wird es stets unruhig und laut. Auch hier helfen Kontaktrufe, den Ortswechsel zu koordinieren. Fühlen sich die Vögel bedroht, so ertönen Warn- oder Angstrufe. Besondere Rufe sind die „Duettrufe" eines Kranichpaares. Dabei beginnt ein Vogel mit aufwärts gerichteten Kopf und zurückgelegtem Hals mit einem schmetternden Ton. Sein Partner schließt sich in gleicher Haltung mit weiteren Tönen an. Dabei sind die Schmuckfedern aufgestellt und die Schwingen leicht gehoben. Die eng beieinander stehenden Partner bewegen sich langsam vorwärts. Diese Duettrufe ertönen vor allem im Brutrevier, können aber auch in anderen Situationen erschallen, wenn die Kraniche erregt sind. Ermöglicht werden diese lauten schmetternden Rufe durch eine sehr lange Luftröhre. Sie ist über einen Meter lang und längs des Brustbeins mehrfach gewunden. Dadurch entsteht ein guter Resonanzraum.
Die Flächen rund um den Beobachtungsturm dienen den Kranichen als eine Art Vorrastplatz. Es ist eine Zwischenstation zwischen den Feldern, auf denen sie tagsüber nach Nahrung gesucht haben und den Schlafquartieren im Moor. Letztere werden sie erst bei Dunkelheit aufsuchen. So haben wir ausreichend Zeit, das Verhalten der Vögel genauer zu beobachten.

Das Verhalten der Kraniche

Auffällig ist das häufige Sichern der Umgebung. Dabei hebt ein Tier den Kopf und schaut sich einige Zeit in alle Richtungen um. Dies geschieht ruhig, ohne schnelle Bewegungen. Anschließend senkt es den Kopf zur erneuten Nahrungsaufnahme. Andere Tiere putzen sich ausdauernd. Dies zeigt Sicherheit und Muße.
Kommen zwei Kraniche in Konflikt, so zeigen sie Imponierhaltungen und Drohgesten. Dabei stehen sie sich eine Weile bewegungslos gegenüber, beugen den Körper leicht nach vorn und richten den Schnabel nach unten, so dass der Gegner die geschwollene rote Scheitelkappe zu sehen bekommt. Manchmal greifen die Rivalen sich an. Mit leicht aufgestellten Schwingen und gesträubten Nackenfedern stolzieren sie auf den Gegner zu, springen in die Luft und stoßen mit nach vorn gestreckten Läufen in Richtung des Kontrahenten. Ein Kampf endet stets mit dem Rückzug eines Tieres.
Als es dunkler wird, können wir bei einem Schwarm Kraniche ein Verhalten beobachten, das auf den baldigen Abflug der Vögel hinweist. Einige Tiere stehen aufrecht, wobei Hals und Kopf schräg nach vorne zeigen. Zusätzlich ertönen Rufe, die ihre Absicht bestärken. Und richtig, kurz darauf steigen die Kraniche auf und fliegen über das Moor hinweg in Richtung der offenen Wasserflächen. In den flachen Gewässern werden sie die Nacht verbringen. Wir verlassen den Beobachtungsstand bei Dunkelheit und kehren zufrieden und voller Eindrücke zu unserem Auto zurück.

Kraniche erreichen im Schnitt eine Körpergröße von 120 Zentimetern. Die Flügelspannweite beträgt 220 cm. Männchen sind etwas größer als Weibchen. Der lange Hals und die im Brustbeinbereich dreifach einmal gewundene 100 cm lange Luftröhre ermöglichen den Vögeln das laute imposante Schmettern.

Die trompetenden Rufe des Kranichs werden bei der Balz und bei der Begrüßung vorgetragen. Häufig werden dabei die Schmuckfedern aufgestellt und die Gefiederdecke gespreizt. Die sehr dunklen Handschwingen stehen seitlich ab.

Die Pflege des Gefieders nimmt einen breiten Raum im Tagesablauf der Kraniche ein. Es ist erstaunlich, wie weit der Hals dabei im oberen Bereich gebogen werden kann.

Hauptbestandteile des Bürzelsekrets sind Monoesterwachse. Ihre öligen Bestandteile machen das Gefieder wasserabstoßend. Eine ähnliche Zusammensetzung weist das Sekret der Rallen auf – ein Hinweis auf eine Verwandtschaft der Vogelfamilien.

Hand- und Armschwingen sind schwarz. Das übrige Gefieder ist aschgrau gefärbt. Das Federbüschel am Körperende wippt beim Schreiten auf und ab. Es ist der prunkvollste Teil des Kranichgefieders.

In großen Formationen ziehen die Kraniche im Spätherbst von den Nahrungsflächen zur abendlichen Ruhe in das Moor. Die scheinbar ungeordnete Flugformation täuscht: Jeder Vogel hat seinen Platz.

Kiebitze und Stare sammeln sich zu Tausenden in der Moorniederung. Am Abendhimmel tragen die Stare ihr wirbelndes Flugspiel vor. Es sind die häufigsten Vögel der Kulturlandschaft in den mittleren Breiten. In Deutschland wird der Bestand auf über vier Millionen Brutpaare geschätzt. Für seine Vermehrung wird die Entwicklung der Landwirtschaft und die Klimaänderungen in Nordeuropa verantwortlich gemacht.

Der Graue Kranich, auch Graukranich oder Eurasischer Kranich genannt ist mit seinen 1,20 m die größte einheimische Vogelart – er ist damit größer als Graureiher oder Weißstorch, mit denen er nicht verwandt ist. Mit seinen langen Beinen kann er bis zu knietiefes Wasser durchwaten.

Rechte Seite:
Die schwarz-weiße Kopf- und Halszeichnung und die rote federlose Kopfplatte heben sich deutlich vom grauen Gefieder ab. Bei Erregung schwillt die Kopfplatte leuchtend rot an.

Kraniche starten mit weit gespreizten Flügeln. Sie benötigen häufig einige wenige Schritte Anlauf, bevor sie abheben können. Erstaunlich ist hierbei die Koordination unter den Tieren bei einem Massenstart.

Im Flug ist der Kranich an seinem langen, gerade vorgestreckten Hals zu erkennen. Die Läufe sind in entgegengesetzter Richtung gestreckt. Die breiten Flügel ermöglichen Kranichen einen kräftigen, recht schnellen Flug. Je nach Thermik können sie eine Geschwindigkeit von bis zu 130 Kilometern, pro Stunde erreichen.

Am Hornborga-See in Südschweden

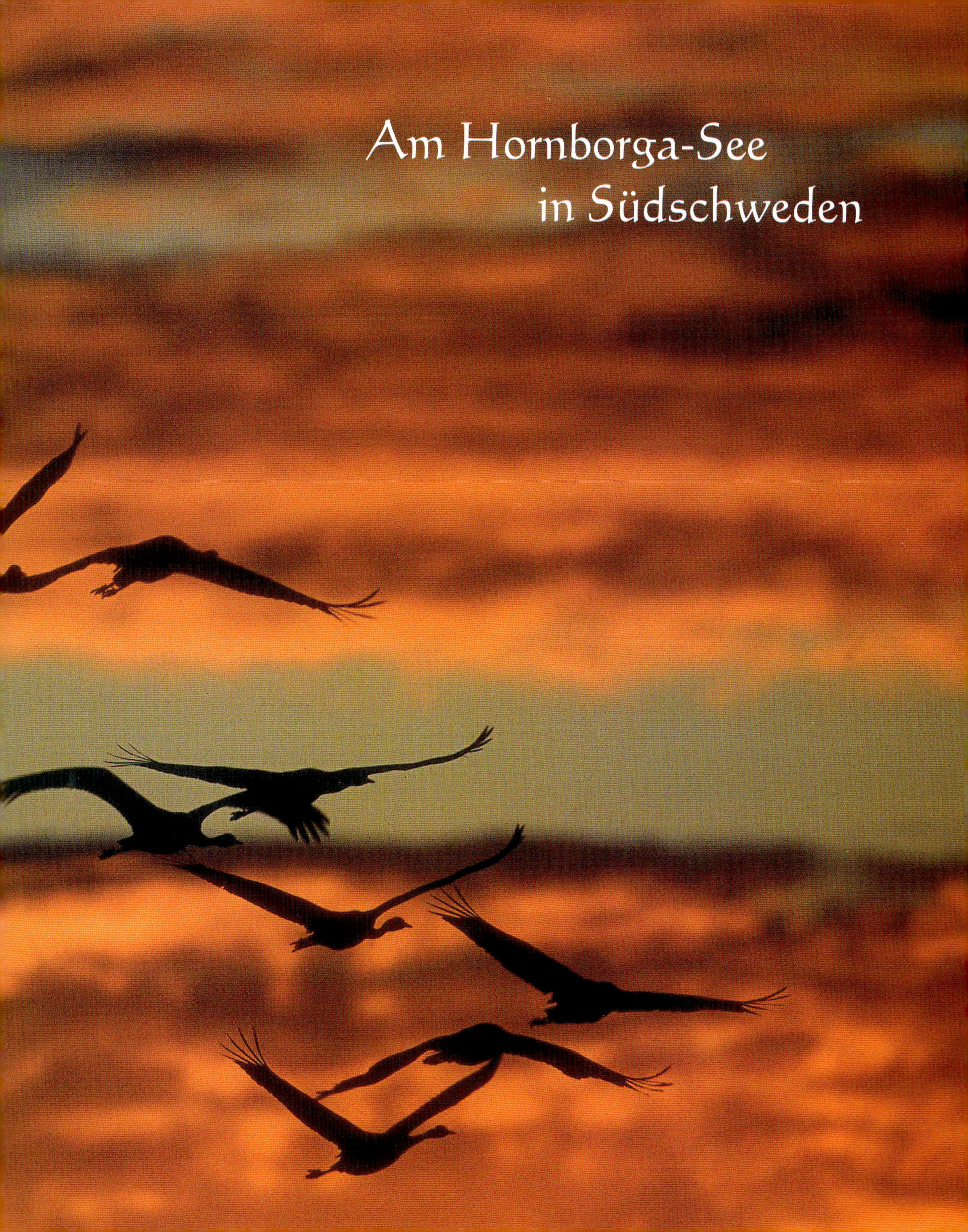

Morgennebel in Västergötland. In der mittelschwedischen Provinz liegen die beiden größten Seen des Landes: Vännern und Vättern. Der Hornborgasee befindet sich ziemlich genau in der Mitte zwischen den großen Gewässern.

Es ist bereits dunkel, als wir in Falköping südlich des Hornborga-Sees ankommen. Die schwedische Kleinstadt liegt zwischen den beiden größten Seen des Landes, dem Vänern im Westen und dem Vättern im Osten, etwa 400 Kilometer nördlich des Fährhafens Trelleborg. Es war nicht einfach, um diese Jahreszeit ein Quartier zu bekommen: Zahlreiche Vogelbeobachter zieht es im April aus einem einzigen Grund an den Hornborga-See: Sie wollen den berühmten „Tanz der Kraniche" beobachten, das Balz- und Paarungsverhalten dieser Vögel.

Früh am nächsten Morgen sind wir auf den Beinen. Das Wetter ist freundlich, aber kalt: Temperaturen um den Gefrierpunkt. Wir fahren an die Südwestseite des Sees zum Beobachtungspunkt Trandansen zwischen Bjurum und Dagsnäs. Das gesamte Seegebiet steht unter Naturschutz. Der Zugang für Besucher ist streng geregelt. Rund um den See befinden sich acht Beobachtungspunkte und zwei „Naturums", Ausstellungs- und Informationsgebäude. 250.000 Besucher pro Jahr verlangen ein ausgefeiltes Natur-Management!

Als wir eine Stunde nach Sonnenaufgang Trandansen erreichen, sind die Kraniche bereits eingetroffen. Sie haben ihre Schlafplätze in den Flachwasserzonen des Sees schon vor Sonnenaufgang verlassen. Der überwiegende Teil der etwa 12.000 zurzeit anwesenden Kraniche wird bei wärmerem Wetter und günstigerer Witterung weiter nach Norden ziehen, um in den abgelegenen Gebieten Skandinaviens zu brüten. In den letzten drei Jahren sind jedoch jeweils 35 Paare zum Brüten am Hornborga-See geblieben.

Der Tanz der Kraniche

Wir werden in unseren Erwartungen nicht enttäuscht. Im Laufe des Tages können wir das Balz- und Paarungsverhalten hervorragend beobachten. Das Balzritual ist eine arttypische Bewegungsabfolge: Der männliche Vogel beginnt spontan mit dem „Paarungsmarsch". Dabei stolziert er in aufrechter Haltung mit steifen Beinen hinter dem Weibchen her. Der rote Bereich des Kopfes ist geschwollen. Rufe ertönen. Plötzlich beginnen die Tanzbewegungen. Mit ausgebreiteten schlagenden Flügeln umläuft das Männchen das Weibchen. Dabei macht es Luftsprünge und schleudert Pflanzenteile in die Luft. Ist das Weibchen stimuliert, beginnt es ebenfalls zu tanzen und zu rufen. Zum rechten Zeitpunkt springt das Männchen auf den Rücken des stehenden Weibchens, wobei beide mit schlagenden Flügeln das Gleichgewicht halten. Die Kopulation dauert wenige Sekunden. Sofort springt das Männchen wieder herab und beide Partner beginnen mit lauten schmetternden Ruffolgen. Dabei schütteln sie sich, putzen ihr Gefieder und lassen erneut Tanzbewegungen sehen. Allmählich nimmt der Erregungszustand ab. Dieser Begattungsvorgang findet in der Fortpflanzungsperiode fast täglich statt, häufig mehrmals nacheinander. Haben die Männchen noch keine feste Partnerin – Kraniche führen eine lebenslange Einehe –, so rufen sie tagelang in kurzen Abständen mit einsilbigen Lauten nach einem Weibchen. Warum aber haben die Kraniche gerade den Hornborga-See als großen Rastplatz auf ihrem Frühlings- und Herbstzug ausgewählt?

Rastplatz Hornborga-See

Der Hornborgasjö bietet große Nahrungsflächen rund um einen See, der reichlich Flachwasserzonen hat, in denen die Kraniche optimale Schlafbedingungen finden. Zu diesen beiden Grundbedingungen für jeden Rastplatz kommt die Lage auf der Zugroute: Die Entfernung zum nächsten großen Rastplatz in südlicher Richtung, der Bock-Rügen-Region in Nordostdeutschland beträgt bei günstiger Witterung etwa sieben bis acht Flugstunden. Vögel, die einen Platz vor 10.00 Uhr vormittags verlassen, erreichen am selben Tag vor Einbruch der Dämmerung den nächsten Rastplatz. Die Tiere fliegen überwiegend in Höhen von 200 bis 700 m und bleiben dabei möglichst unterhalb der Wolkendecke. 50 % der Frühjahrsflüge finden aufgrund günstiger Thermik nachts statt. Im Herbst sind Nachtflüge hingegen eine Ausnahme. Die Fluggeschwindigkeit beträgt je nach Windverhältnissen und Thermik 80 bis 130 Kilometer pro Stunde, wobei die Eigengeschwindigkeit 45 bis 65 km/h beträgt. Es geht bei dem Flug demnach eher um Ausdauer als um Geschwindigkeit. In nördlicher Richtung ziehen die Kraniche an einem Tag zu ihren Brutplätzen in Schweden und Finnland.

Zahlreiche Singschwäne finden sich ebenfalls an den Ablenkfütterungen am See ein.

Die Entwicklung des Vogelsees

Im Bereich des heutigen Sees lag ursprünglich eine große Senke mit einer offenen Wasserfläche. Aus allen Himmelsrichtungen mündeten Bäche in das Sumpfgebiet. Die Anwohner betrieben Viehzucht. Zu Beginn des 19. Jahrhunderts begannen die Menschen, den Wasserstand künstlich zu

Blick auf den „Tanzplatz" am Informationszentrum Trandansen.

senken, um die umliegenden Gebiete vor Überschwemmungen zu schützen und somit ihren Ertrag zu steigern. Seit der letzten Absenkung in den 30er Jahren des 20. Jahrhunderts lagen weite Flächen des Sees trocken. Schilf, Gebüsch und Bäume breiteten sich aus. Die Vogelwelt zog sich zurück. In den 90er Jahren begannen nach längeren Voruntersuchungen die Renaturierungsmaßnahmen mit dem Ziel, den See für die biologische Vielfalt zurückzugewinnen. Das Zuschütten von Kanälen und der Bau eines drei Kilometer langen Dammes im Westen ließen den Wasserspiegel wieder um 85 Zentimeter steigen. Große Flächen Baum- und Buschland wurden gerodet und das Schilfrohr mit speziellen Amphibienfahrzeugen gemäht. Die Vogelwelt reagierte positiv. Zahlreiche Arten haben sich seitdem wieder angesiedelt und vermehrt. Der Erhalt der Uferwiesen wird heute mit Weidetieren gewährleistet. Hierbei werden bevorzugt lokale Tierrassen wie das Väne-Rind und das Gotland-Schaf eingesetzt.

Der Hornborgasee ist heute ein etwa 40 Quadratkilometer großes Naturreservat. Der See selbst ist gut zehn Kilometer lang und zwei bis drei Kilometer breit. Er hat eine maximale Tiefe von eineinhalb Metern, der Wasserstand kann aber beträchtlich schwanken. Im Naturreservat leben etwa 50 nistende feuchtgebietsabhängige Vogelarten. Insgesamt hat man gut 270 Vogelarten gesichtet.

Die Entwicklung der Kranichpopulation

Kraniche rasten bereits seit über 100 Jahren am Hornborga-See. Früher ernährten sie sich von den Kartoffeln, die hier in großen Mengen angebaut wurden, um in den Schnapsbrennereien von Dagsnäs und Bjurum verarbeitet zu werden. Über 6.000 Vögel zählte man damals. Als zu Beginn der 70er Jahre die Brennereien geschlossen und der Kartoffelanbau eingestellt wurde, ging die Anzahl der Kraniche auf einige wenige Exemplare zurück. Erste Versuche mit einem eigens für Kraniche gepflanzten neuen Kartoffelfeld, auf dem die Kartoffeln den Winter über liegen blieben, waren Erfolg versprechend. Dabei wurde allerdings auch deutlich, dass die Kraniche ohne eine nahe gelegene Wasserfläche als Schlafplatz vor Ort nicht längerfristig rasten können.
Seit dem Abschluss der Renaturierungsmaßnahmen in den 90er Jahren steigt die Kranichpopulation an. So zählte man im Jahr 2005 beim Frühjahrszug Anfang April 12.000 Vögel, beim Herbstzug Ende September waren es 8.000 Tiere. Um Schäden an der Landwirtschaft vorzubeugen, werden von Ende März bis Ende April täglich bis zu sechs Tonnen Futter als Ablenkfütterung für die Kraniche ausgebracht. An diesen großen Futterplätzen lassen sich die Vögel hervorragend beobachten.

Männchen und Weibchen lassen sich bei den Kranichen am Gefieder nicht unterscheiden. Wenn sie nebeneinander stehen, zeigt sich jedoch, dass der Hahn etwas größer ist und dass seine Schmuckfedern prächtiger ausfallen.

Der Tanzplatz der Kraniche befindet sich unweit der Kirche St. Bjurum. Beeindruckend steht der alte Bau auf einer kleinen Anhöhe.

Holzwindmühle in Västergötland auf einem Granitbuckel. Die schwedische Provinz ist reich an Bauwerken in traditioneller Holzbauweise.

Am Ostufer des Sees liegt das Informationszentrum Naturum. Hier kann sich der Besucher ausführlich über den See und seine „Bewohner“ informieren. Im Außenbereich befinden sich Beobachtungsstände, von denen aus die Vogelwelt gut zu beobachten ist.

Die Duettrufe der Kraniche helfen, die Paarbindung zu festigen. Sie ertönen ganzjährig, auch im Flug. Dabei beginnt zunächst ein Tier, das andere folgt. Die Einzelrufe folgen so dicht aufeinander, dass sie in einen Paarruf, den Duettruf übergehen.

Der althochdeutsche Name des Kranichs lautet „cranuh“. Damit haben die Menschen lautmalerisch seinen trompetenartigen Rufe nachgeahmt. Im offenen Gelände sind rufende Altvögel bei günstiger Witterung bis zu zwei Kilometer weit zu hören.

Mit weit ausgebreiteten Flügeln lädt das Weibchen zur Kopulation ein. Zum rechten Zeitpunkt springt das Männchen auf den Rücken des horizontal stehenden Weibchens, wobei beide mit schlagenden Flügeln das Gleichgewicht halten.

Plötzlich beginnen die Tanzbewegungen. Mit ausgebreiteten schlagenden Flügeln umläuft das Männchen das Weibchen. Dabei macht es Luftsprünge und schleudert Pflanzenteile in die Luft. Ist das Weibchen stimuliert, beginnt es ebenfalls zu tanzen und zu rufen. Kurz darauf erfolgt die Paarung.

Das Baderitual beginnt häufig mit dem Trinken am Rand des Gewässers. Allmählich wandert der Vogel in tiefere Bereiche. Mit dem Schnabel testet der Kranich das Wasser. Findet es Gefallen, lässt er das Wasser hoch aufspritzen. Kopf, Hals und Brust werden mehrmals unter die Wasseroberfläche getaucht. Dabei sollen Federparasiten beseitigt werden.

Bis zum Brutbeginn Anfang April halten sich die Paare auf ihren Nahrungsflächen nahe beim Brutrevier auf. Früh am Morgen lassen sich in dieser Zeit fantastische „Tänze“ der Tiere beobachten. Sie sind Ausdruck innerer Erregung. Auf den Rastplätzen der Frühjahrsrast ist das Schauspiel ebenfalls zu beobachten. Die unterschiedlichen Tanzbewegungen sind durch Sprünge, Flügelschlagen, Zickzack- und Kreisläufe geprägt. Dabei werden auch Pflanzenteile, Federn und Steine in die Luft geworfen.

Singschwäne treffen am Hornborga-See ein. Im Unterschied zum Höckerschwan besitzen sie ein flaches Stirnprofil und einen gelb gefärbten Schnabel. Der Name rührt daher, dass die Vögel auch im Flug hörbar rufen. Höckerschwäne geben dabei keinen Laut von sich.

Balz und Paarung der Singschwäne findet bereits vor dem Eintreffen im Brutrevier statt. Die Anzahl der Brutpaare ist seit der Renaturierung des Hornborga-Sees gestiegen.

Die Balz der Singschwäne wird mit anmutendem Paarschwimmen eingeleitet.

Am späten Vormittag baden die Singschwäne ausgiebig. Anschließend findet eine sorgfältige Gefiederpflege statt.

Facetten eines Bades im seichten Bereich des Sees.

Schaukelnder Sinkflug der Kraniche vor der Landung. Häufig erreichen die Tiere den Hornborga-See im Nonstopflug von der Bock-Rügen-Region in Nordostdeutschland aus. Bei günstiger Witterung benötigen sie etwa sieben bis acht Flugstunden. Vögel, die Rügen vor 10.00 Uhr vormittags verlassen, erreichen am selben Tag vor Einbruch der Dämmerung den Hornborga-See.

Im letzten Licht verlassen die Kraniche den Tanzplatz und fliegen zum Schlafen in die flachen Uferbereiche des Sees.

Beim Informationszentrum Naturum am Ostufer des Sees befindet sich eine größere Brutkolonie der Lachmöwen. Von den Stegen im Außenbereich des Zentrums kann das Balzgeschehen und der Nestbau der Möwen gut beobachtet werden.

Nicht nur zur Zugzeit am Hornborga-See zu Hause: Kanadagans (oben), Singschwan (rechts oben) und Lachmöwe (rechts). Im Naturreservat leben etwa 50 nistende, feuchtgebietsabhängige Vogelarten. Insgesamt hat man gut 270 Vogelarten gesichtet.

Die Langenhägener Seewiesen in Mecklenburg

Frühblüher im Unterholz:
Buschwindröschen und Leberblümchen

Lichte Eichen-Buchen-Wälder mit Kleinmooren und versumpften Bereichen sind ein ideales Brutrevier für den Kranich. Die Vögel sind Bodenbrüter. Um sich vor Gefahren zu schützen, brüten sie in unwegsamem und unzugänglichem Gelände: in Feuchtgebieten auf kleinen Bodenerhebungen.

Mecklenburgische Landschaft mit Rapsfeldern und Solitärbäumen – Löwenzahn blüht am Wegesrand.

Von Schwerin aus geht es nach Osten. Schnurgerade verläuft die Straße durch das sanft geschwungene Land. Lange Zeit bestimmen große Felder beidseitig des mit Alleebäumen bestandenen Weges das Bild. In den Senken liegen einzelne Ortschaften. Es ist September, Spätsommer. Das frische Grün der Natur hat eine volle dunkle Farbe angenommen. Die kühleren Nächte kündigen den nahen Herbst an.

Dort, wo in Goldberg der große Naturpark Nossentiner-Schwinzer-Heide beginnt, biegen wir links ab. Der Ort Dobbertin am gleichnamigen See wird unser Ausgangspunkt für einen weiteren Kranichrastplatz in Norddeutschland sein: das Naturschutzgebiet Langenhägener Seewiesen.

Erste Beobachtungen

Am selben Abend bereits fahren wir zu der kleinen Ortschaft Langenhagen. Das Dorf zieht sich im Halbkreis östlich um den See herum. Lediglich ein schmaler Wiesenbereich trennt die Hauptstraße vom Seeufer. Gleich am Ortseingang befindet sich rechterhand eine größere Kranich-Beobachtungsstation. Sie ist gut besucht. Zahlreiche Hobby-Ornithologen schrauben eifrig an ihren Stativen und Ferngläsern. Neueste Digitalrohre stehen neben Holzgestellen und Ferngläsern aus alter Zeit, ein Querschnitt aus 50 Jahren Optik. Alles will gut vorbereitet sein. Doch noch fehlen die Hauptakteure des Schauspiels, die Kraniche. Lediglich einige Höckerschwäne ziehen auf dem Wasser ihre

Blick auf die Langenhägener Seewiesen, die 1996 endgültig als Naturschutzgebiet ausgewiesen wurden.

Kreise. Wir nutzen die Zeit bis zur Ankunft der Kraniche, um uns am gegenüber extra geparkten Imbisswagen zu stärken – auch eine Geschäftsidee!
Es dämmert bereits, als die ersten Kranichzüge jenseits des Sees über dem Wald auftauchen. Sofort heben die Besucher des Beobachtungsstandes einmütig die Ferngläser. In weiten Bögen setzen die Vögel zur Landung im hinteren Teil des Sees an. Weitere Tiere folgen. Es ist wieder einmal ein imposantes Schauspiel! Im letzten Tageslicht sehen wir die Kraniche dicht an dicht im flachen Uferbereich stehen – Hunderte. Jeden Herbst nutzen sie einige Wochen lang das Nahrungsangebot auf den abgeernteten Feldern im weiten Umkreis, bevor sie bei kühlerer Witterung weiter in Richtung Südwesten, nach Frankreich und Spanien ziehen. Im zeitigen Frühjahr werden sie auf ihrem Weg in den Norden, nach Schweden und Finnland erneut an den Seewiesen Station machen. Einige wenige werden dann auch im norddeutschen Raum bleiben, um hier zu brüten. Wo finden die Tiere im Frühjahr einen geeigneten Platz für ihr Brutgeschäft?

Brut- und Jungenaufzucht

Kraniche sind Bodenbrüter. Um sich vor Gefahren zu schützen, brüten sie in unwegsamem und unzugänglichem Gelände: in Feuchtgebieten auf kleinen Bodenerhebungen. Unter optimalen Bedingungen bevorzugen die Vögel etwa knietiefes Wasser. Sie nisten aber auch bei höherem oder tieferem Wasserstand. Wichtig ist, dass mögliche Feinde abgeschreckt werden. Das Brutrevier hat eine Größe von mindestens einem Hektar. Hinzu kommt das Nahrungsrevier, umliegende Wiesen und Äcker, auf denen ausreichend Fressbares zu finden ist. Der Brutplatz selbst liegt bevorzugt im Wald bzw. am Waldrand, einige Paare brüten auch auf dem Feld, wenige an Seen. Im Bereich der Langenhägener Seewiesen brüten jährlich ein bis zwei Kranichpaare, weitere Brutplätze finden sich in ähnlich strukturierten Gebieten im Bereich der Mecklenburgischen Seenplatte. Der Zugang zu Nestern ist nur mit einer extra beantragten schriftlichen Erlaubnis der offiziell zuständigen Behörde gestattet. Diese wird nur in Ausnahmefällen gewährt.
Die Nester selbst werden mit Hilfe des Materials aus der Umgebung gebaut: Schilf- und Rohrkolbenhalme, Seggen, Gräser, selten Zweige von Sträuchern oder Bäumen. Während der gesamten Brutzeit wird weiter gebaut, da das Nest unter dem Gewicht der brütenden Altvögel in sich zusammen sackt. Die Ablage der Eier erfolgt in Norddeutschland Ende März / Anfang April. Das Kranichweibchen legt in der Regel zwei Eier im Abstand von zwei Tagen. Die Bebrütung dauert etwa 30 Tage und wird von beiden Alttieren abwechselnd durchgeführt. Bei der Ablösung verständigen sich die Vögel durch ein leises Kontaktgurren. Nach dem Schlüpfen hudern die Kranicheltern mit aufgeplustertem Gefieder und leicht angehobenen Schwingen, solange das Junge trocknet. Dabei stehen sie mit den Jungen in Stimmkontakt. Doch bereits nach einem Tag können die Jungen stehen und die Familie setzt sich in Bewegung: Kraniche sind Nestflüchter, was bedeutet, dass die Alttiere die

Wenn die Sumpfdotterblumen zu Beginn des Frühjahrs blühen, haben die Kraniche ihre Brutreviere bereits bezogen.

Jungen führen und füttern und mit ihnen abends gemeinsam das Nest wieder aufsuchen. Das Futter will gut gewählt sein: Innerhalb von 10 Wochen müssen die Jungen ihr Gewicht von etwa 150 g zum Zeitpunkt der Geburt auf 4000 - 5000 g steigern. Männchen werden dabei etwas schwerer als Weibchen. Dafür benötigen sie eiweiß- und mineralstoffreiche Nahrung: in erster Linie Insekten. Hier zeigen sich Risiken: Ist das Wetter kühl, sind die Insekten wenig aktiv. Die Nahrung ist knapp und der Bruterfolg ist gefährdet. Gleiches gilt für ein intensiv bewirtschaftetes Nahrungsrevier: Monokulturen wie Raps, Mais oder Getreide bieten wenigen Insekten Lebensraum, extensiv bewirtschaftete Flächen sind vielfältiger in ihrem Angebot.
Der Bruterfolg wird von weiteren Faktoren beeinflusst: Ein zu niedriger Wasserstand im Brutrevier ermöglicht es Räubern wie Wildschweinen und Füchsen, an das Nest heran zu kommen. Ein Viertel aller Gelege gehen so verloren. In der Zeit zwischen Schlüpfen und Flügge werden sind es außer den Räubern nass-kalte Witterungsverhältnisse und Störungen durch den Menschen und die Zivilisation, die zu Verlusten führen.
Über einen längeren Zeitraum gerechnet haben Kraniche in Norddeutschland einen Bruterfolg von etwa 50 Prozent.

Es ist dunkel geworden. Selbst mit lichtstärksten Spektiven sind die Kraniche nur noch als dunkle Masse zu erkennen. Nach und nach verlassen die Beobachter den Stand. „Sind hier immer so viele Leute?", fragt ein Kind seine Mutter. Diese lächelt: „Nur, wenn die Kraniche kommen. Dann kannst du aber sicher sein!" Zwei gut ausgerüstete Herren fachsimpeln beim Abbau ihrer Ausrüstung über die Mauser der Kraniche. Wann findet der Federwechsel statt? Werden alle Federn ausgetauscht? Sind die Tiere dann über einen längeren Zeitraum hinweg flugunfähig?

Die Mauser

Bei den Kranichen muss zwischen der Mauser des Kleingefieders und derjenigen der Schwungfedern unterschieden werden. Das Kleingefieder wird jährlich zwischen Frühjahr und Herbst nahezu durchgehend gemausert. Die Federn sind an den Rast- und Sammelplätzen regelmäßig zu finden.
Anders die Schwungfedern: Altvögel mausern diese nur alle drei bis vier Jahre. Dies findet zur Brutzeit im Brutrevier statt. Meistens ist in dieser Zeit nur ein Elternteil für fünf bis sechs Wochen flugunfähig. Die Mauser der Schwungfedern findet bei allen älteren Tieren statt, unabhängig davon, ob sie Junge führen. Junggesellen ziehen sich für die Mauser in Gruppen an ruhige Plätze zurück, die gut geschützt sind. Es gelingt recht selten, sie in dieser Zeit zu beobachten.

Die Naturkontaktstation

Am nächsten Morgen erkunden wir die Seewiesen zu Fuß. Die Kraniche sind längst auf der Suche nach Nahrung auf die Felder hinaus geflogen. Zahlreiche Enten bevölkern den See. Nahe der Naturkontaktstation können wir sie von einem weiteren Beobachtungsstand aus in Ruhe betrachten. Am Himmel kreisen Mäusebussarde. Plötzlich

taucht ein weiterer Raubvogel auf, größer als die Bussarde. An den rechteckigen und gleich breiten Flügeln, sowie dem weißen keilförmigen Schwanz erkennen wir einen ausgewachsenen Seeadler. Majestätisch zieht er seine Kreise. Seeadler sind die größten Greifvögel Nordeuropas. Im Nordosten Deutschlands brüten sie in großen Baumnestern und sind daher regelmäßig zu beobachten.
Die Naturkontaktstation ist eine Begegnungsstätte für Menschen, die interessante Stunden in der Natur verbringen wollen. Sie wird vom Förderverein Langenhägener Seewiesen e.V. betreut und bietet Führungen, Beobachtungen und Untersuchungen in der Natur sowie kreative Gestaltungsmöglichkeiten an. Übernachtungen von Gruppen sind ebenfalls möglich. Die Zeit des Kranichzuges ist hierbei natürlich ein besonderer Höhepunkt.

Die Geschichte der Seewiesen

Wir folgen der Dorfstraße entlang des Ufers bis in den angrenzenden Wald. Ein Natur- und ein Waldlehrpfad informieren über die Tier- und Pflanzenwelt. Wir erfahren ebenfalls etwas über die Geschichte der Langenhägener Seewiesen, ein nicht immer rühmlicher Werdegang. Bereits Ende des 18. Jahrhunderts wird der See erstmals über den Seegraben, der eine Mühle antreibt, abgelassen, um neue Weideflächen zu erschließen. Zu Beginn des 20. Jahrhunderts wird ein Schneckenschöpfwerk zur Senkung des Wasserspiegels gebaut. Bis in die 80er Jahre hinein erfolgt der Bau weiterer Pumpen und Rohrleitungen. Erst 1990 wird die noch überflutete Fläche erstmals unter Schutz gestellt und innerhalb kurzer Zeit entwickelt sich ein reich strukturiertes Feuchtbiotop mit Wasserflächen, Gehölzgruppen und Grünland. Es hat eine Größe von etwa 150 Hektar, wobei der See selbst 45 Hektar umfasst und rund 70 Zentimeter tief ist. 1996 werden die Langenhägener Seewiesen endgültig als Naturschutzgebiet ausgewiesen. In der Folge entstehen die Naturkontaktstation und die Kranichbeobachtungsstation.

Die eigentliche Balz findet in der Nähe des Brutplatzes statt und dient sowohl der Einstimmung der Partner aufeinander als auch der Vorbereitung der Paarung selbst.

Mauserfedern bleiben nach Verlassen des Brutplatzes zurück.

Kraniche brüten besonders gern in Sumpfwäldern und in verlandenden Seen und Teichen. Der häufigste Brutplatztyp in Deutschland ist der Erlen-Bruchwald. Die Schwarzerle ist eine Baumart, deren Wurzeln gerne lang im Wasser stehen. Sie besiedelt die feucht-nassen Stellen innerhalb eines Buchenwaldes.

Kraniche sind als Bodenbrüter besonderen Gefahren ausgesetzt. Sie müssen sich, ihr Gelege und später die Jungen vor Feinden wie Füchsen und Wildschweinen, aber auch vor Menschen schützen. Deshalb bauen sie ihre Nester auf Bodenhöhen, die von knietiefem Wasser umgeben sind. Je nach Untergrund und Wasserstand türmen sie ihre Nester aus Pflanzenmaterial bis zu einem Meter Durchmesser auf.

Die Jungen wachsen schnell heran und sind etwa zehn Wochen nach dem Schlüpfen flugfähig. Ab Ende Juli können sie den Eltern zu entfernteren Nahrungs- und Sammelplätzen folgen. Auf abgeernteten Getreidefeldern suchen sie dort nach Ernterückständen. Die Jungvögel sind dabei an ihrem braun gefärbten Kopf gut zu erkennen.

Am Schaalsee zwischen Schleswig-Holstein und Mecklenburg

Abendstimmung am Schaalsee

Es ist Abend geworden. Sieben Mal schlägt die Uhr der Klosterkirche in Zarrentin am Schaalsee – es sind lange, weit klingende Schläge. Die Dämmerung ist angebrochen. Wir sind auf dem Uferweg vom Beobachtungsstand zum Ort zurück gewandert. Alte Kastanienbäume säumen den Pfad. Das Laub ist Mitte Oktober bereits stark verfärbt und fällt herab. Reste der Kastanienschalen und einzelne Früchte liegen auf dem Weg. Die Schritte rascheln in den trockenen Blättern. Bei der Kirche geht es die Stufen empor. Von oben ist die stille Wasserfläche des Sees bis zum jenseitigen Ufer gut zu überblicken. Wir genießen die Abendstimmung und warten ...

Jungvögel

Es war ein erlebnisreicher Nachmittag. Per Fahrrad fuhren wir längs der mecklenburgischen Seite des Sees durch die Landschaft. Es ist erstaunlich hügelig. Baumalleen, kleinere Waldstücke, Bacheinschnitte und Seen wechseln mit weiten Feldern. Ihre Größe zeugt von der Zeit, als Mecklenburg Teil der ehemaligen DDR war und die Äcker von landwirtschaftlichen Produktionsgenossenschaften bewirtschaftet wurden. Bei dem Café in Neuenkirchen lassen wir die Räder stehen und gehen langsam in einen Taleinschnitt hinab. Da stehen sie! Auf der Wiese sind Hunderte von Kranichen. Ihr Rufen schallt laut zu uns herüber. Möglichst lautlos besteigen wir einen eigens aufgestellten Vogelbeobachtungsturm. Durch die Ferngläser lassen sich die Tiere von hier aus gut beobachten.

Unser Augenmerk liegt diesmal auf den zahlreichen Jungvögeln. Sie sind an ihrem Jugendkleid gut zu erkennen: In den Federn überwiegen graubraune Farbtöne. Der Kopf ist rotbraun gefärbt. Die typische Kopfzeichnung der Altvögel fehlt noch: Der rote Schwellkörper, die Schmuckfedern und das insgesamt grauere Federkleid entwickeln sich erst gegen Ende des ersten Lebensjahres. Die Größe der Jungvögel entspricht jedoch bereits derjenigen eines ausgewachsenen Tieres. Selbst wir als Laien können daher den Nachwuchs eindeutig seinen Eltern zuordnen.

Kraniche führen ihre Jungen häufig bis zum nächsten Frühjahr. Dies hat für den Nachwuchs den Vorteil, dass sie sich intensiver mit der Nahrungssuche beschäftigen können – die Eltern kümmern sich vermehrt um die Sicherheit. Während des Herbstzuges ist die

Bindung noch so stark, dass erschöpfte Jungtiere nicht verlassen werden: die Eltern warten, bis ihr Junges wieder bei Kräften ist. Erst zum Winter lösen sich die Alttiere allmählich von den Jungtieren. Diese schließen sich in den Wintergebieten zu Jungvogeltrupps zusammen, die das Rastquartier später als die Altvögel verlassen. Wir beobachten einige Kleinfamilien genauer. Immer wieder blickt einer der beiden Altvögel während der Nahrungssuche auf und sichert die Umgebung. Das Junge hält sich beständig in der Nähe seiner Eltern auf. Nur wenige Alttiere führen zwei Junge. Plötzlich kommt Bewegung in die Gruppe. Unruhig schauen die Tiere umher. Auf einmal beginnen rechterhand einige Tiere aufzusteigen. Die Übrigen folgen ihnen. In einem weiten Bogen steigen die Kraniche aus der Senke auf und verschwinden über dem hinteren Waldstück. Was hat sie dazu bewogen, den Standort zu wechseln?

Wasservögel am Kirchensee

Abends stehen wir auf der Fußgängerbrücke, die den Kirchensee nördlich von Zarrentin vom Schaalsee trennt. Zahlreiche Wasservögel bevölkern den kleinen See: Schellenten und Reiherenten, letztere mit dunklem Kopf und herabhängendem Nackenschopf. Ein Zwergtaucher plustert sein helles Hinterteil auf. Ein Haubentaucherweibchen wird von seinem halbstarken Nachwuchs um Nahrung angebettelt. Wir genießen die Stimmung am Kirchensee, nachdem wir auf unserem Gang um ihn herum durch schöne Laubwaldbereiche, auf moorigem Untergrund und längs von steilen Uferböschungen gewandert sind. Angesichts dieser Vielfalt stellt sich die Frage: Wie ist diese Landschaft entstanden?

Landschaft Schaalsee

Der Schaalsee und die umgebende Seenlandschaft sind ein Produkt der jüngsten Eiszeit, die vor etwa 10.000 Jahren zu Ende ging. Die mächtigen Eismassen drückten den Untergrund regelrecht ein. Bei ihrem Rückzug nach Norden schliffen die Gletscher tiefe Täler aus, in denen sich Wasser sammelte und Seen entstanden. Der Schaalsee entstand in einer dieser Abflussrinnen. Durch zurückgebliebene Steinmassen entstanden Inseln und Buchten. Mit 71 Metern Tiefe ist der Schaalsee der tiefste See Norddeutschlands. Seine Oberfläche beträgt 23,5 Quadratkilometer. Im Jahr 2000 wurde der Schaalsee mit der umgebenden Landschaft aufgrund seiner Vielfalt an Lebensräumen als Biosphärenre-

Gänse im Abendlicht. Einzelne Kranichtrupps ziehen mit.

Stockentenerpel.

servat der UNESCO anerkannt. Gleichzeitig hat er damit internationale Bedeutung als europäisches Vogelschutzgebiet erlangt. Große Teile des Sees sind zudem seit Jahren als Naturschutzgebiete ausgewiesen. Hierzu gehört unter anderem der gesamte schleswig-holsteinische Teil des Gewässers. Dennoch gibt es eine Infrastruktur mit ausgewiesenen Badeplätzen und der Möglichkeit, eine Angelerlaubnis zu erwerben oder Teile des Sees mit gemieteten Booten selbst zu erkunden. Dabei sind allerdings die Schutzbestimmungen genau zu beachten.

Das Warten nahe der Klosterkirche hat ein Ende, als in der Dämmerung am Himmel von Westen her die ersten Kranichzüge auftauchen. Auf der gegenüberliegenden Seite des Sees beziehen sie im seichten Wasser unweit des Ufers bei dem Ort Schaliß ihr Nachtquartier. In weiten Bögen gleiten sie herunter. Die anfängliche Unruhe legt sich bald. Ruhig stehen die Vögel im Wasser. In der zunehmenden Dunkelheit sind sie bald nicht mehr zu erkennen.

Nahrungserwerb

Früh am nächsten Morgen sind wir auf den Beinen. Bei unserem Aufbruch steht die Sonne gerade eben über den Baumwipfeln. Aus den Wiesen steigt Nebel auf. Eine herrliche Stimmung! Wir müssen nicht weit fahren, bis wir erneut auf Kraniche treffen. Auf einem abgeernteten Acker stehen die Vögel unweit der Straße und „frühstücken". Wir halten an. Vom Auto aus sind die Tiere gut zu beobachten. Es ist wichtig, dass man das Auto nicht verlässt, da die Vögel an die „Blechmaschinen" gewöhnt sind – an sich bewegende, zweibeinige, Laute ausstoßende Wesen hingegen nicht. Die Kraniche sind nicht allein. Gruppen von Graugänsen nutzen dasselbe Feld zum selben Zweck: Die liegen gebliebenen Reste der abgeernteten Feldfrucht – in diesem Fall Mais – zu fressen. Wie verläuft der Nahrungserwerb und die -aufnahme bei den Kranichen während des Zuges? Kraniche sind keine Spezialisten. Sie ernähren sich außerhalb der Fortpflanzungsperiode überwiegend von Pflanzenteilen: Beeren, Samen und Wurzelschösslingen. Dies ist notwendig, da sie sich auf ihrem Zug auf verschiedene Angebote einstellen müssen. Darüber hinaus nehmen sie Würmer, Larven und anderes Getier zu jeder Jahreszeit als Eiweißlieferanten gerne mit. Während des Herbstzuges suchen Kraniche mit Vorliebe in großen Gruppen landwirtschaftlich genutzte abgeerntete Flächen auf: Weizen und Mais werden aufgrund des hohen Eiweißgehaltes bevorzugt. Gerste, Hafer, Roggen und Triticale werden ebenfalls gerne genommen, Kohl und Gemüse sind weniger interessant. Wintersaaten werden erst aufgesucht, wenn die abgeernteten Felder nichts mehr zu bieten haben.

Anders ist dies auf ihrem Zug im Frühjahr. Das Nahrungsangebot ist ungünstiger und der Energiebedarf der Tiere ist höher. Neben den letzten Resten auf noch unbestellten Feldern suchen die Vögel auf frisch ausgesäten Feldern nach Körnern. Bereits aufgelaufene Neusaaten sind für sie nicht interessant. Die Kraniche müssen bis zu 80 % ihrer Zeit für den Nahrungserwerb aufwenden.

Ablenkungsfütterung

Immer wieder wird diskutiert, ob Kraniche als Ernteschädlinge zu betrachten sind. In der ehemaligen DDR wurden als Vorbeugung bewusst bis zu 10 % mehr Saatgut auf den Feldern ausgebracht als notwendig war. Gleichzeitig hinterließen die damaligen Erntemaschinen bis zu 5 % der Körner auf dem Feld. Dies führte allerdings zu einem kontinuierlichen Anstieg der Bestandszahlen. Moderne Erntetechniken hinterlassen nur wenige Körner – sehr zum Nachteil für die Kraniche. An verschiedenen Stellen werden heutzutage Ablenkfütterungsplätze angelegt. Dort wird während der Rastzeiten regelmäßig Futter ausgebracht. Kann dies nicht dazu führen, dass sich die Kraniche umso länger in umso größerer Menge dort aufhalten? Die Erfahrungen bestätigen die Befürchtungen nicht. Die Schäden an Neusaaten im Frühjahr wurden deutlich verringert. Darüber hinaus werden die Tiere auf diesen Flächen weniger gestört.
Die Kraniche stehen gruppenweise auf dem abgeernteten Maisacker. Wie bereits gestern sind einzelne Familien mit Alt- und Jungvögeln deutlich zu erkennen. Die Tiere bewegen sich nur wenig und langsam vorwärts. Mit ihren Schnäbeln picken sie die Maiskörner auf, zum Schlucken wird der Kopf kurz hochgezogen. Trifft ein Kranich eher zufällig auf eine Maus, so wird diese mit dem spitzen Schnabel aufgespießt und als willkommener Leckerbissen verzehrt.

Informationszentrum Pahlhuus

Mittags besichtigen wir das Informationszentrum Pahlhuus am Südufer des Schaalsees.
In dem neu errichteten Gebäude befindet sich eine sehr eindrucksvolle und informative ständige Ausstellung zu Geschichte, Gegenwart und Zukunft der Schaalsee-Region. Darüber hinaus ist hier der Sitz des Amtes und der Stiftung für das Biosphärenreservat Schaalsee. Der interessant gestaltete Außenbereich lädt zu Erkundung und Auseinandersetzung mit den Lebensräumen am Schaalsee ein.

Der Uferbereich des Schaalsees ist größtenteils dicht mit Schilf bestanden und nur an wenigen Stellen zugänglich. Dem Schilfbereich folgt ein Streifen dichten Laubholzes. Im Vordergrund befindet sich das Naturschutzgebiet ‚Möwenburg'.

Der Schaalsee ist ein idealer Rast- und Mauserplatz für Enten und Gänse. Graugänse sind ganzjährig am See zu beobachten. Zur Zugzeit gesellen sich große Schwärme von Saat- und Blässgänsen hinzu. Tagsüber sind die Vögel bei der Nahrungsaufnahme auf den Äckern rund um den See anzutreffen.

Zu den verschiedenen Entenarten, die den Schaalsee während der Rastzeit aufsuchen, zählen Pfeifente und Schellente (oben), sowie Spießente und Krickente (unten).

Höckerschwäne werden bis zu 20 kg schwer. Beim Start klatschen die Flügel laut auf die Wasseroberfläche. Einige Schrittbewegungen unterstützen das Manöver. Höckerschwäne sind von den Gewässern nicht mehr wegzudenken. Das war nicht immer so. Erst nach dem 2. Weltkrieg explodierte der europäische Bestand dieses ursprünglich in Asien beheimateten Vogels – zuvor wurden sie fast ausschließlich als Parkvögel gehalten. Ihre Ausbreitung regulieren die Tiere aufgrund ihres ausgeprägten Territorialverhaltens selbst.

Der Kranichzug ist eines der spektakulärsten und auffälligsten Schauspiele, die die Vogelwelt zu bieten hat. Meistens wird ihr Zug von Rufen begleitet, die uns Menschen zum Himmel schauen lassen. Die Züge bestehen zum Teil aus einzelnen Paaren oder Familien, zum Teil aber auch aus Tausenden von Vögeln, die sich an bekannten Überwinterungs- und Rastplätzen zum Abflug sammeln.

Formationsflug: Die Eleganz und Parallelität ist eine Augenweide für jeden Betrachter.

Von der Stadt Zarrentin am südlichen Schaalsee aus lassen sich im Licht des Vollmondes die letzten Kraniche beobachten, die ihre Schlafplätze am gegenüberliegenden Ufer unweit von Schaliß aufsuchen.

Der Vollmond erhebt sich über das Ostufer des Schaalsees und sein Widerschein spiegelt sich auf der Wasseroberfläche. Mit den Jahres- und Tageszeiten wechseln die Stimmungen am See und der Besucher wird immer wieder von neuen Eindrücken überrascht.

Die Rügen-Bock-Region
in Vorpommern

Abendstimmung am Bodden – Wasser, schilfbestandene Uferbereiche und eine weite Ruhe kennzeichnen die Landschaft im Nationalpark an der Ostsee.

An der Drehbrücke nach Zingst

Als wir die Drehbrücke erreichen, die Zingst vom Festland trennt, kommen wir kaum noch hinüber. Der Fußweg ist voller Menschen. Beidseitig parken die Autos dicht an dicht. Mit Mühe ergattern wir einen Platz am Geländer und blicken über den Bodden. Linkerhand liegt Zingst hinter der Großen Kirr, einer Halbinsel. Rechterhand ist der schilfige Uferbereich nahe Bresewitz mit der Vogelinsel Oie im Hintergrund zu sehen. Ein Schleppkahn schiebt ein kleineres Schiff seitlich durch den Bodden. Wir warten. Worauf?

Jeden Abend treffen sich auf der Brücke zahlreiche Menschen, um während der Zugzeiten ein faszinierendes Schauspiel am Himmel zu beobachten: Den Einflug der Kraniche zu ihren Schlafplätzen auf der Großen Kirr. Die Vögel kommen in der Dämmerung von ihren Futterplätzen zurück und passieren die Brücke in geringer Höhe, so dass sie gut zu beobachten sind. Zahlreiche Ferngläser und Spektive sind bereits in Position gebracht. Fotoapparate liegen einsatzbereit daneben. Hin und wieder schiebt sich ein Auto langsam über die einspurige Brücke. Die Menschen stehen herum, unterhalten sich – und warten.

„Die kommen heute nicht mehr – das habe ich im Urin!" Der Mann neben uns blickt auf die Uhr. „Es ist schon viel zu spät, da passiert nichts mehr. Außerdem kann ich nicht mehr stehen." Er bleibt dennoch dort, bearbeitet sein Handy und ist entzückt, kurz darauf dem Anrufer lautstark die Ankunft des ersten Kranichschwarms ins Telefon brüllen zu können.

Sie kommen aus Südwesten über den Bodstedter Bodden herangeflogen, eine herrliche Keilform bildend. Kurze Zeit später ist der zweite Schwarm zu sehen – und auf einmal ist der Himmel voller Kraniche! Hunderte nähern sich in strenger Flugformation aus südlicher Richtung. Sind sie beim Flug noch recht ruhig, so nimmt ihr Rufen zu, je näher sie ihrem Schlafplatz kommen. In weiten Bögen kreisen sie eine Weile über der ‚Großen Kirr', nehmen rufend Kontakt mit ihren Artgenossen auf und landen anschließend. Wir beobachten das Schauspiel und sind beeindruckt. Zwischen den Kranichschwärmen sind Gruppen von Graugänsen unterwegs. Einzelne Tiere haben sich den Kranichen direkt angeschlossen. „Nu wartet doch mal auf den Kleinen!“, ruft eine Frau dem Schwarm zu, an den sich eine Gans, heftig mit den Flügeln schlagend, angeschlossen hat. Die Stimmung auf der Brücke ist heiter und persönlich. Es ist schön, festzustellen, dass die Kraniche die Gemüter der Menschen so sehr anregen können!

Rastplatz „Rügen-Bock-Region“

Die Rügen-Bock-Region ist der größte Kranichrastplatz Deutschlands. Alljährlich treffen zwischen August und November etwa 40.000 (25.000 - 60.000) Kraniche aus Skandinavien, dem Baltikum und Polen ein. Der überwiegende Teil verlässt Anfang November den Rastplatz in Richtung Frankreich, Spanien und Ungarn. Bei ihrer Rückkehr im März sind es 5.000 - 10.000 Vögel, die im Nationalpark „Vorpommersche Boddenlandschaft“ Station machen. Ihre Hauptschlafplätze sind die Inselgruppe des Bock mit dem „Großen Werder“, die Inseln „Große Kirr“ und „Oie“, sowie der Westteil der Insel Rügen: das „Udarser Wiek“, das „Unrower Ufer“ und der „Mittelsee“. Wie haben sich die Bestände entwickelt?

Bestandsentwicklung

Kraniche rasten bereits seit den 60er Jahren des 20. Jahrhunderts auf der Insel Rügen. Schon damals wurden 10.000 Vögel gezählt. Später wurde die Insel „Bock“ und seit den 80er Jahren die „Große Kirr“ als Schlafplatz angenommen. Seit dieser Zeit haben sich die Bestandszahlen erhöht. 1989 wurden erstmals über 30.000, 1999 über 40.000 Kraniche gezählt. Im Rekordjahr 2001 waren es Ende Oktober 59.445 Vögel.
Die positive Bestandsentwicklung in der Bock-Rügen-Region spiegelt sich auch an anderen Kranichrastplätzen in Deutschland wieder. So stieg die Zahl der rastenden Vögel in der Rhin-/Havelluch nordöstlich von Berlin ebenfalls auf über 50.000 Tiere an. Im übrigen Inland sind es östlich der Weser noch einmal 50.000 und westlich der Weser über 20.000 Kraniche. Im Herbst 2004 wurden bei einer Simultanzählung in Deutschland an einem Tag 160.000 Vögel gezählt.

Nahrungssuche

Die Nahrungsgebiete der Tiere liegen bis zu 30 Kilometer von ihren Schlafplätzen entfernt. Dabei bevorzugen die Kraniche abgeerntete Maisfelder. Auch Getreide und Raps werden genommen. Probleme entstehen, wenn die Nahrung nicht ausreicht. Dann weichen die Tiere auf frische, neu eingesäte Flächen aus. Das kann zu Konflikten mit der Landwirtschaft führen. Um dem vorzubeugen, werden in der gesamten Region Ablenkfütterungsflächen angelegt. Beinahe ein Viertel der Vögel nutzen dieses günstige Nahrungsangebot. Die Erfahrung zeigt, dass diese Ablenkfütterungen nicht zu einem Anstieg des Kranichbestandes führt.

Ein Zeesenboot segelt am schilfbestandenen Ufer entlang. Auf diesen letzten Arbeitsbooten der Küstenfischer werden heute Fahrten für Touristen angeboten.

Die Schlafplätze auf den Inseln „Kirr“ und „Oie“ befinden sich direkt im Nationalpark „Vorpommersche Boddenlandschaft“.

Schutz der Kraniche

Kranichschutz ist heutzutage in aller Munde. Selbstverständlich steht der Vogel in Deutschland unter Naturschutz und wird nicht bejagt. Das war aber nicht immer so. Vor 200 Jahren wurde die Landbevölkerung in Preußen direkt dazu aufgerufen, Kraniche zu jagen und zu fangen, da sie in großen Scharen die aufkeimende Saat verzehrten.
In der Mitte des 20. Jahrhunderts ging die Zahl der Tiere dann stark zurück. Es war die Zeit, in der zahlreiche Brut- und Rastmöglichkeiten Flurbereinigungen, Entwässerungen, Flusslaufbegradigungen, Aufforstungen und Straßenbau zum Opfer fielen. Die Natur stand hinten an.
Ein neues Bewusstsein für die Belange der Kraniche begann sich in beiden deutschen Staaten Ende der 60er, Anfang der 70er Jahre zu regen. Im Westen betrieben der Naturschutzbund Deutschland e.V. (NABU) und die Umweltstiftung WWF-Deutschland (World Wide Fund for Nature) erste Kranichschutz-Projekte, im Osten war es der „Arbeitskreis zum Schutz vom Aussterben bedrohter Tierarten in der DDR“. 1991 gründeten die Organisationen gemeinsam mit der Lufthansa Umweltförderung die Arbeitsgemeinschaft Kranichschutz Deutschland, die verschiedene Ziele verfolgt: Neben Schaffung und Erhalt sicherer Brutplätze sowie störungsfreier Sammel- und Rastplätze gehören dazu auch Beiträge zum Internationalen Kranichschutz und Öffentlichkeitsarbeit.

Was bedeuten diese Ziele in der Praxis?

Beispiele für Schutzmaßnahmen sind Wiedervernässungen in Brutgebieten, Beratung von Behörden bei Eingriffen in die Landschaft und die bereits erwähnte Anlage von Ablenkfütterungen. Im Bereich des internationalen Kranichschutzes geht es darum, sich mit anderen europäischen Kranichschutzgruppen auszutauschen und zusammenzuarbeiten.
Die Öffentlichkeitsarbeit ist in einem dicht besiedelten Land wie der Bundesrepublik mit einer hohen Individualisierung der Bevölkerung von großer Bedeutung. Aufklärung und gezielte Besucherlenkung sind zwei Ziele dieser Arbeit. Dazu gehört das Aufstellen und die Unterhaltung von Informationstafeln in Rastgebieten, die Lenkung der Vogelfreunde

zu besonderen Beobachtungsplätzen und Aussichtsplattformen, der Einsatz von Kranich-Rangern, die Durchführung von Veranstaltungen und Führungen und das Angebot, Faltblätter, Broschüren, Fachliteratur und Videos zu erwerben.
Mittelpunkt der Aktivitäten ist das Kranich-Informationszentrum in Groß Mohrdorf nordwestlich von Stralsund. Hier können Besucher eine sehr informative Dauerausstellung mit Dia- und Videoshow besuchen und sich über Rastsituationen und günstige Beobachtungsplätze in der Umgebung informieren. Eine Aufgabe des Zentrums ist die Koordination der wissenschaftlichen Arbeit zum Kranich in Deutschland. Diese umfasst das Kranichmonitoring, die Bestandsaufnahme der Frühjahrs- und Herbstrast in der Rügen-Bock-Region, Untersuchungen zu Themen wie Nahrungswahl, Habitatnutzung, Brutbiologie und Zugverhalten der Kraniche, sowie die Beringung und Besenderung einzelner Vögel.
In einem europaweiten Projekt werden junge Vögel eingefangen und mit Kunststoffringen versehen. Die Beringung ermöglicht es, die Tiere während ihres Zuges längerfristig zu beobachten und Erkenntnisse über Sozial- und Altersstruktur, Mauser, Zugrouten und Rast- und Überwinterungsgebiete zu gewinnen. Die Farben Deutschlands sind blau-weiß-blau, blau-rotblau oder blau-schwarz-blau. Hinzu kommt eine Individualmarkierung, die aus weiteren drei Ringen besteht. Einigen wenigen Jungkranichen werden seit 1995 zudem Telemetriesender auf dem Rücken befestigt. Mit Hilfe der Radiometrie lassen sich so Daten zur Größe von Aufzuchtsrevieren, Nahrungflächen und den Einflüssen von Störungen erheben und auswerten.
Die Ergebnisse fließen in die Landschaftsplanung ein.

Beobachtungsmöglichkeiten am Nationalpark

Zeitig am Abend des folgenden Tages erreichen wir den Beobachtungsstand nahe Bisdorf am Rand des Nationalparks Vorpommersche Boddenlandschaft. Der Stand liegt am Rande eines Waldstückes neben einer großen Wiese fast unmittelbar gegenüber dem Großen Werder, einem der Schlafplätze der Kraniche. Schilfrohr wiegt sich im sanften abendlichen Wind. Heute sind nur wenige Besucher dort. Ein Kranich-Ranger erklärt zwei älteren Herrschaften die Einflugrichtungen der Vögel. Wieder heißt es warten, was uns bei der schönen Aussicht aber nicht schwer fällt.
Der Nationalpark Vorpommersche Boddenlandschaft umfasst die Ostseeküste von Ahrenshoop bis Rügen einschließlich der Halbinseln Darß und Zingst und der Insel Hiddensee mit Ausnahme der Ortschaften. Der Große Werder und die Insel Bock befinden sich in der Kernzone des Nationalparks. Neben dem Stand bei Bisdorf gibt es einige weitere Möglichkeiten, den Einflug der Kraniche zu beobachten: Die Beobachtungstürme nahe Pramort auf Zingst und der Turm bei Barhöft gegenüber von Bock. Auch auf Westrügen befindet sich ein größerer Beobachtungsplatz: Tankow auf Ummanz. Nahe der Ortschaft Zingst sind die Kraniche ebenfalls gut zu beobachten.
Pünktlich mit einsetzender Dämmerung tauchen die ersten Schwärme von Süden kommend über dem Festland auf. In weiten Bögen lassen sie sich mit lautem Rufen auf den geschützten flachen Inseln in der Boddenlandschaft nieder. Mit großem Staunen verfolgt der Mensch den abendlichen Einflug der Vögel – schon seit vielen Jahren. Es bleibt zu hoffen, dass das Verständnis für die Schönheiten und Einzigartigkeiten der Natur auch weiterhin wächst.

Während des Herbstzuges suchen Kraniche mit Vorliebe in großen Gruppen landwirtschaftlich genutzte abgeerntete Flächen auf: Weizen und Mais werden aufgrund des hohen Eiweißgehaltes bevorzugt. Gerste, Hafer, Roggen und Triticale werden ebenfalls gerne genommen, Kohl und Gemüse sind weniger interessant. Wintersaaten werden erst aufgesucht, wenn die abgeernteten Felder nichts mehr zu bieten haben.

Neben der Beringung der Kraniche werden einige Tiere mit kleinen Sendern auf dem Rücken ausgestattet. Jeder Vogel erhält eine eigene Frequenz. Vom Boden aus können die Signale über eine Entfernung von bis zu sieben Kilometern geortet werden, mit Flugzeugen sind 50 Kilometer möglich. Hierdurch können Daten über Reviergrößen und -verhalten, aber auch über Brut- und Überwinterungsplätze gewonnen werden.

Kraniche können auf landwirtschaftlichen Kulturen Schäden verursachen. Aus diesem Grund versuchen einige Landwirte, die Vögel von ihren Flächen zu verscheuchen. Durch das häufige Aufsteigen und Landen verbrauchen die Tiere viel Energie, die für einen langen Zugweg die entscheidende Voraussetzung ist.

Um Landwirten und Kranichen gleichermaßen zu helfen, haben staatliche Stellen in enger Zusammenarbeit mit betroffenen Bauern mit der Arbeitsgemeinschaft Kranichschutz Deutschland e.V. und dem Verein zum Schutze und Erhalt des Kranichrastplatzes Rügen-Bock-Region e.V. ein System von Flächen zur „Ablenkungsfütterung“ geschaffen.

Nachts schlafen die Kraniche stehend in den flachen Gewässern des Boddens. Hier sind sie vor Bodenfeinden sicher. Morgens fliegen sie in langen Formationen zu den Nahrungsflächen, abends kehren sie zum Schlafplatz zurück. Von zahlreichen Beobachtungsstellen kann der Betrachter den Flug über eine große Distanz verfolgen. Die Schlafplätze sind uneingeschränkt zu schützen. Störungen verunsichern die Vögel, trennen Eltern von ihren Jungen. Eine Flucht bedeutet zusätzlich Energieverlust, der durch vermehrte Nahrungsaufnahme ausgeglichen werden muss.

Abendlicher Einflug der Kraniche – in zahlreichen Formationen kommen sie laut rufend von ihren Futterplätzen. Gute Beobachtungsplätze können beim Kranich-Informationszentrum Groß Mohrdorf erfragt werden.

Landschaften an der Ostsee. Dünenbewuchs am Ufer bei Ahrenshoop und windzerzauste Kiefern im Darß-Wald. Die Ostsee ist über weite Teile von Steilufern geprägt. Weniger das Meer selbst als vielmehr der Wind nagt an der Küste. Die Kiefern hängen bereits schräg an der Uferkante. Wird das Steilufer durch die Natur abgetragen, stürzen die Bäume hinunter an den Strand. Zahlreiche Exemplare zeugen von diesem Schicksal.

Anhang

a) Kranich – Informationszentrum Groß Mohrdorf

Lindenstraße 27
D – 18445 Groß Mohrdorf
Tel.: 03 83 23 / 8 05 40
gruidae@aol.com
www.kraniche.de
Öffnungszeiten:
Februar: Mo - Fr 10 - 16 Uhr
März bis Mai: Mo - So 10 - 16 Uhr
Juni und Juli: Mo - Sa 10 - 16.30 Uhr
August: Mo - So 10 - 16.30 Uhr
September und Oktober:
Mo - So 9.30 - 17.30 Uhr
November: Mo - So 10 - 16.30 Uhr

b) Beobachtungs- und Informationsstellen für Interessenten

- Kranich-Informationszentrum Groß Mohrdorf (Adresse s.o.)
- Kranichbeobachtungstürme in der Rügen-Bock-Region; Lage siehe www.kraniche.de

- Informationszentrum Paalhuus; Wittenburger Chaussee 13; 19246 Zarrentin; Tel.: 03 88 51 / 3 21 36; kontakt@kranich-schutz.de; Öffnungszeiten: Di - So (10 - 18 Uhr)
- Kranichbeobachtungsstände am Schaalsee in Zarrentin und Kneese; Lage siehe www.stiftung-biosphaere-schaalsee.de
- Kranichbeobachtungsstation an den Langenhägener Seewiesen; Lage siehe www.seewiesen.de
- BUND Diepholzer Moorniederung; Langer Berg 15; 49419 Wagenfeld-Ströhen; Tel.: 05774 / 371; info@bund-dhm.de; Öffnungszeiten: Mo - Fr (8 - 17 Uhr) bitte zuvor anmelden;
- Beobachtungstürme in der Diepholzer Moorniederung (Rhedener Geestmoor und Neustädter Moor); Lage siehe www.bund-dhm.de
- Hornborga Naturum; (Ostseite des Sees: Ausstellung, Aussichtsturm, Cafeteria) Öffnungszeiten: 19.3 - 10.6 (09 - 19 Uhr); 11.6 - 31.8 (11 - 18 Uhr)
- Naturum Trandansen (Südseite des Sees: Ausstellung; Tourist-Info, Cafeteria)
- Beobachtungstürme Fågeludden; Hornborga Naturum; Ytterberg; Fäholmen; Die Mündung (Utloppet); Hånger; Ore nabb und Almeö; Lage siehe www.hornborga.com
- Weitere bedeutende Kranichrastplätze in der Bundesrepublik Deutschland (Auswahl): Kölpingsee und Müritz; Kreis Neustrelitz; Kreis Prenzlau; Oderniederung; Lenzener Wische; Elbeniederung; Havelmündung; Luckau und Grünhaus; Helme-Stausee; Ekelmoor bei Sittensen

- Weitere bedeutende Kranichrastplätze in Schweden (Auswahl): Kvismaren bei Örebro; Tåkern östlich des Vättern; südliche Insel Öland

c) Vereine und Verbände

- BUND Diepholzer Moorniederung; Langer Berg 15; 49419 Wagenfeld-Ströhen; 05774 / 371; info@bund-dhm.de; www.bund-dhm.de
- Förderverein Langenhägener Seewiesen e.V.; Lindenstraße 24; 19399 Langenhagen; 038736 / 42259; seewiesen@t-online.de; www.seewiesen.de
- Stiftung Biosphäre Schaalsee; Hauptstraße 33; 19246 Zarrentin; 038851 / 32136; kontakt@stiftung-biosphaere-schaalsee.de; www.stiftung-biosphaere-schaalsee.de
- Verein zum Schutze und Erhalt des Kranichrastplatzes Rügen-Bockregion e.V.; Fischerweg 06; 18445 Klausdorf
- Stiftung Europäisches Naturerbe (EURONATUR); Konstanzer Str. 22; 78315 Radolfzell; Tel.: 07732 / 92720; info@euronatur.org; www.euronatur.org

d) Weiterführende Literatur

- Edman, S.; Hagman, T.; Töve, J.: Hornborgasjön; Naturvardsverket och författarna, 2001
- Hachfeld, B.: Der Kranich; Hannover 1989
- Lundin, G.: Cranes – where, when and why?; Falköping, 2005
- Mewes, W.; Nowald, G.; Prange, H.: Kraniche – Mythen Forschung, Fakten; Karlsruhe, 1999
- Reich, J.: Ein Kranichjahr in Mecklenburg-Vorpommern; Rostock, 2004
- Schmidt, C.: Begegnungen im Reich der Kraniche; Neunkirchen 2003
- Treuenfels, C.-A. von: Kranich – Vogel des Glücks; Hamburg 1998
- Treuenfels, C.-A. von: Zauber der Kraniche; München 2005

e) Internetadressen und Links

- www.bund-dhm.de: BUND Diepholzer Moorniederung
- www.craneworld.de: Plattform für Kranichforschung und -schutz
- www.hornborga.com: Der Hornborga-See mit speziellem Kranichteil (schwedisch – englisch – deutsch)
- www.kraniche.de: Kranichschutz Deutschland in Groß Mohrdorf
- www.kraniche.vogelfreund.net: Europäische Kranich-Arbeitsgemeinschaft (deutsch – englisch)
- www.kranich-schutz.de: Kranich-Schutz am Schaalsee
- www.kranichschutzverein.de: Verein zum Schutze und Erhalt des Kranichrastplatzes Rügen-Bockregion e.V.
- www.kranichzug.info: Projekt der schwedischen Kranicharbeitsgruppe zur telemetrischen Untersuchung des Kranichzuges (deutsch – dänisch – schwedisch)
- www.vogelforen.de: deutschsprachiges Portal für Vogelfreunde
- www.euronatur.org: deutschsprachiges Portal der Stiftung europäisches Naturerbe

Dank

Die Autoren bedanken sich bei nachstehenden Personen für Rat und Tat

Jürgen Borris, Neuhaus i. S.
Herman Dirks, Löningen
Gösta Eriksson, Falköping
Jörg Gast, Passow
Hubert Haskamp, Vechta
Erich Hoyer, Galenbeck
Dr. Wolfgang Mewes, Karow
Dr. Günther Nowald, Groß Mohrdorf
Fritz Pölking, Greven
Adelheid Rolfes, Vechta
Stefanie Tecklenborg, Steinfurt
Hubert Tecklenborg, Steinfurt
Henrik Svengren, Ängelholm
Bernhard Volmer, Osnabrück
Dr. Lothar Wölfel, Güstrow
Petra Wolters, Oldenburg
Berna Smith, Vechta

On the Road in the Land of the Crane

Cranes have never been rare in Northern Europe. But in recent years more and more people have come face to face with them – not only as migrant birds in the sky but also as resting birds feeding in fields near their sleeping grounds. Contact creates interest. People have come to start talking about the birds, watching them and go out of their way to see them close up. In this book a description is given as to the whereabouts of the cranes' most frequented resting places in Northern Germany and Sweden. The reader will obtain information about the bird to help him observe the largest native bird better and more closely.

Cranes reach a total height of nearly 120 cm. The wingspan amounts to nearly 250 cm. The most significant feature is the color contrast in the head/neck area: the deep black of the underside of the neck, of the back of the head, of the forehead and of the throat clearly stands out against the white on the sides of the head and the neck. There is a distinct red coloring on the crown of the head. The bill is pointed and of a greenish/yellowish color. The plumage is gray, except for the hand and arm feathers, which are black. Most significant are the tail feathers. They are formed into a tuft and will wag up and down with each of the crane's strides. These are significant features by which to safely identify the native crane.

The Diepholzer Moorniederungen are a large area of lowlands in the west of Lower Saxony. The lowlands are surrounded extensively by agriculture areas, consisting mainly of grain and cornfields. Parts of these lowlands have been re-naturalized since the 70s of the last century and offer good resting places for cranes, because here they are protected from enemies by the shallow open waters. During the day they feed in the surrounding fields. Observation towers in the "Neustaedter Moor" and the "Rheedener Geestmoor" offer a good opportunity to watch the birds in their natural habitat.

The Hornborga See in Sweden is frequented by many cranes because it offers a perfect feeding ground around the water's edge as well as an ideal sleeping place with large areas of shallow water. Numerous observation points and two information centers allow the visitors to watch the birds closely.

In early spring the "dance of the cranes" can be admired. This mating ritual always follows the same pattern: the male begins with the "mating march" by prancing, head up, with stiff legs behind the female. The red part of the head swells up and you can hear the distinct mating call. Suddenly he proceeds with dancing movements. With widespread, flapping wings the male circles the female, jumping up and down, flinging pieces of vegetation into the air. When the

NORWEGEN
Vänern See
Vättern See
Hornborga-See
Falköping
Göteborg
SCHWEDEN
DÄNEMARK
Kopenhagen
Malmö
Ostsee
Nordsee
Rügen
Rügen-Bock-Region
Stralsund
Rostock
Schaalsee
Schwerin
Goldberg
Zarrentin
Hamburg
Langenhägener Seewiesen
Bremen
NIEDERLANDE
Diepholzer Moorniederung
Diepholz
DEUTSCHLAND
POLEN
Berlin

female is stimulated enough, she also begins dancing and sounding mating calls. This is the moment when the male mounts the female, with both of them trying to keep their balance by flapping their wings. Copulation only lasts a few seconds. Immediately afterwards the male dismounts and both make blaring sounds while shaking themselves, cleaning their plumage and start dancing anew.

The Langenhaegener Seewiesen in Mecklenburg has been re-naturalized and put under protection since 1990. Within a very short period of time a well-structured damp biotope developed, containing shallow waters, woodland and grassland. It measures about 15,000 acres of which the lake measures roughly 4,500 acres, with a depth of only about 70 cm. Here is a contact station for nature lovers and an observation ward for cranes from which the birds can be observed taking off from and landing in the shallow waters.

With a depth of 71 meters, the Schaalsee, situated between the North German provinces Schleswig-Holstein and Mecklenburg-Vorpommern, is the deepest inland lake in Northern Germany. It is regularly frequented by cranes as a resting place. In 2000, the lake, together with the surrounding landscape, was recognized by UNESCO as a biosphere reserve because of its variety in habitat. At the same time it is internationally important as a European bird sanctuary. On the south side of the lake, near Zarrentin, you will find the information center Pahlhuus. This newly erected building houses an impressive and informative ongoing exhibition about the history, present and future of the Schaalsee-Region.

The Ruegen-Bock-Region on the Baltic Coast in Vorpommern houses the largest resting place for cranes in Germany. Every year in August 25,000 to 60,000 cranes gather here on their way from Scandinavia, the Baltic States and Poland. Beginning in November, most of them leave for destinations in France, Spain and Hungary. Between 5,000 and 10,000 of them return in March for a stop-over in the National Park Vorpommersche Boddenlandschaft. Their main sleeping places are around the isles of Bock as well as the western part of the isle of Ruegen. The Crane Information Center Gross Mohrdorf, northwest of the city of Stralsund is not only the center for crane research but also the seat of the project group "Crane-Protection-Germany". Here the visitor can gather comprehensive information on and about cranes. Numerous observation points along the coast and around feeding places offer a lively picture of the cranes. Here, every year at the end of September, the "Week of the Crane" takes place, an event in which every interested visitor can participate.